国家教师资格考试指导教材
"互联网＋"教材

数学学科知识与教学能力

（高级中学）

主　编	张景斌		
副主编	张海山	李延林	王瑞霖
参　编	董　武	黎栋材	刘向军
	马　萍	王　坤	王芝平
	关　健	王立东	

图书在版编目(CIP)数据

数学学科知识与教学能力.高级中学/张景斌主编. —北京：北京大学出版社，2017.4
（国家教师资格考试指导教材）
ISBN 978-7-301-28191-8

Ⅰ.①数… Ⅱ.①张… Ⅲ.①中学数学课–教学法–高中–中学教师–资格考试–自学参考资料 Ⅳ.①G633.602

中国版本图书馆 CIP 数据核字（2017）第 052585 号

书　　　名	数学学科知识与教学能力（高级中学） SHUXUE XUEKE ZHISHI YU JIAOXUE NENGLI（GAOJI ZHONGXUE）
著作责任者	张景斌　主编
责任编辑	姚成龙　巩佳佳
标准书号	ISBN 978-7-301-28191-8
出版发行	北京大学出版社
地　　　址	北京市海淀区成府路 205 号　100871
网　　　址	http://www.pup.cn　　新浪微博：@北京大学出版社
电子信箱	zyjy@pup.cn
电　　　话	邮购部 62752015　发行部 62750672　编辑部 62754934
印　刷　者	北京溢漾印刷有限公司
经　销　者	新华书店
	787 毫米×1092 毫米　16 开本　21 印张　462 千字 2017 年 4 月第 1 版　2017 年 4 月第 1 次印刷
定　　　价	48.00 元

未经许可，不得以任何方式复制或抄袭本书之部分或全部内容。
版权所有，侵权必究
举报电话：010-62752024　电子信箱：fd@pup.pku.edu.cn
图书如有印装质量问题，请与出版部联系，电话：010-62756370

出版前言

中小学教师资格考试(以下简称教师资格考试)是评价申请教师资格的人员是否具备从事教师职业所必需的教育教学基本素质和能力的考试。参加教师资格考试合格是教师职业准入的前提条件。申请幼儿园、小学、初级中学、普通高级中学、中等职业学校教师和中等职业学校实习指导教师资格的人员须分别参加相应类别的教师资格考试。教师资格考试实行全国统一考试。考试坚持育人导向、能力导向、实践导向和专业化导向,坚持科学、公平、安全、规范的原则。

教师资格考试包括笔试和面试两部分。笔试主要考查:申请人从事教师职业所应具备的教育理念、职业道德、法律法规知识、科学文化素养、阅读理解、语言表达、逻辑推理和信息处理等基本能力;教育教学、学生指导和班级管理的基本知识;拟任教学科领域的基本知识,教学设计实施评价的知识和方法,运用所学知识分析和解决教育教学实际问题的能力。

幼儿园教师资格考试笔试科目为"综合素质""保教知识与能力"两科;小学教师资格考试笔试科目为"综合素质""教育教学知识与能力"两科;初级中学、普通高级中学教师和中等职业学校文化课教师资格考试笔试科目为"综合素质""教育知识与能力""学科知识与教学能力"3科;中等职业学校专业课教师和实习指导教师资格考试笔试科目为"综合素质""教育知识与能力""专业知识与教学能力"3科。

为了配合教师资格考试在全国推广后师范院校的课程设置和教学计划的调整,方便师范院校对报名参加教师资格考试的在校学生进行有效指导和系统培训,提高教师资格考试的通过率,方便考生系统复习,提高考试成绩,北京大学出版社组织了全国数十所师范院校的教师及部分中小学、幼儿园一线教师联合编写了这套"国家教师资格考试指导教材",作为教师资格考试指导课的配套教材使用。

本系列教材充分体现了我国教师职业对综合素质和教育教学能力的要求,以现行考试大纲为编写依据,科学、系统、严谨地阐释大纲对各学段教师考核所要求的知识体系,旨在帮助考生有效备考,提高其自身教育理念、职业道德、科学文化素养以及相关教育教学能力。

本系列教材在编写中着力强调并体现以下特色:

一、教材架构性原则:教材体系清晰完整,知识严谨规范

在编写教材时注意并把握教材的基本属性,即系统性、知识性、科学性和先进性的统一,突出考试标准与考试大纲所要求的知识性和实用性,总体结构、章节布局合理,内容详略得当,繁简适宜,概念、定义、名词等准确、规范。

二、理念先进性原则：反映考试标准、考试大纲所要求的全新教育理念、教育精神、教育方向

本系列教材在观念、内容、文字上鲜明凸显考试标准、考试大纲所传达的时代性、先进性、高度性。针对考生群体学科专业知识已能够基本满足教学需要、科学文化素养已基本达到教育要求的情况，教材特别强调考生群体自身的教育理念、法律意识、组织教育教学的基本知识与能力、教学设计实施及评价的基本方法。

三、基本指导性原则：较为科学地指导考生掌握各学段教育教学的基本素养、基本原理，以及学科专业领域的基本框架、基本知识

本系列教材的重要功能之一是指导考生有效而科学地掌握、运用教师资格考试所要求的教育知识与教学能力，因此，在编写过程中贯彻大纲对于知识、能力"了解、理解、熟练、掌握、运用"等各个层级的要求，在体例设置与内容表达上突出重点，提纲挈领，避免面面俱到式的罗列与堆砌。

四、能力拓展性原则：注重对考生拓展性思维的启发与创造性能力的培养

新的考试标准、考试大纲强调教师要具备"自主发展意识和自我教育的能力"，拓展性思维与创造性能力是自主发展与自我教育的重要构成与体现，教材就此在内容的表达与形式、板块上做出了适当的设置。

五、备考实效性原则：展现便于考生实际学习、备考的学习功能

本系列教材注重把握好素质培养与应试备考之间的平衡，在内容与形式上兼顾教材的考试指导属性，以利考生理顺考试理念、要求，了解考试趋向、动态，熟悉考试内容、方法，掌握考试重点、难点，帮助考生深入学习、有效应考。

六、教材立体化原则：提供多种教学资源，最大限度满足学生学习需要

除了主教材外，我们还精心设计了形成性练习手册、网络学习课程、模拟试卷等。

总之，本系列教材作为教师资格考试指导课教材，突出地体现了权威性、系统性、先进性、实用性和指导性等特色。

本系列教材在编写过程中得到了各参编院校和参编老师的大力支持，在此一并表示感谢。

---

1. 本系列教材配有由作者提供的教学课件供教师使用，需要者请通过"教师资格考试交流群"(QQ群号：316689173，581389674，572532579)索取。

2. 关注"教师资格考试服务网"(微信公众号：jsfw-pup)公众平台，获取最新的考试资讯、权威的考纲解读、全面的考试技巧及复习方法，以及模拟试题，自测练习题等复习资料。

国家教师资格考试指导教材编委会

学术顾问
  丁 钢 华东师范大学终身教授,华东师范大学教育高等研究院院长,中国教育学会副会长
  陈向明 北京大学教育学院教授,学术委员会主任,基础教育与教师教育研究中心主任

常务编委(按姓名拼音排序)
  蔡 春 首都师范大学教育学院副院长,教授
  陈建华 上海师范大学教育学系主任,教授
  傅建明 浙江师范大学教师教育学院教授
  葛明贵 安徽师范大学教育科学学院院长,教授
  郝文武 陕西师范大学教育学院教授
  何兆华 陕西学前师范学院教务处处长,教授
  洪 明 福建师范大学教育学院副院长,教授
  侯怀银 山西大学教育科学学院院长,教授
  胡金平 南京师范大学教育科学学院副院长,教授
  李松林 四川师范大学教育科学学院副院长,教授
  刘云杉 北京大学教育学院副院长,教授
  龙宝新 陕西师范大学教育学院副院长
  卢晓中 华南师范大学教育科学学院院长,教授
  孟繁胜 东北师范大学教育学部副部长
  瞿亚红 重庆师范大学教育科学学院副院长
  桑青松 安徽师范大学教育科学学院副院长,教授
  唐汉卫 山东师范大学教育学院院长,教授
  王凤秋 哈尔滨师范大学教育科学学院副院长,教授
  吴刚平 华东师范大学教育科学学院教授
  肖 川 北京师范大学教育学部教授
  肖庆伟 闽南师范大学副校长,教授
  杨立范 北京大学出版社副总编辑,编审
  张景斌 首都师范大学教育学院副院长,教授
  钟毅平 湖南师范大学教育科学学院院长,教授
  朱德全 西南大学教育学部部长,教授

编 委(按姓名拼音排序)
  蔡勇强 闽南师范大学教育科学学院副院长,教授
  曹 莹 西安文理学院教育学院副院长,副教授
  车广吉 东北师范大学政法学院教授
  陈国良 闽南师范大学继续教育学院院长,教授

陈焕章	上海师范大学教育学院副教授
陈　鹏	福建教育学院教务处处长，副研究员
邓大河	四川幼儿师范高等专科学校副校长，副教授
邓岳敏	泉州师范学院教育科学学院副教授
冯展极	大庆师范学院外语学院副院长，教授
何　冰	吉林省国试教育咨询有限公司董事长
何华松	九江职业大学师范学院院长，教授
何善平	陕西学前师范学院学前教育系主任，教授
黄　清	闽南师范大学发展规划处处长，教授
黄　重	宁德职业技术学院人文科学系主任，副教授
经柏龙	沈阳师范大学教育科学学院教授
鞠玉翠	华东师范大学教育科学学院教授
李宝良	大庆师范学院继续教育学院院长，教授
廖贵英	九江职业大学学前教育学院院长，教授
林　钢	北京大学出版社福建省教学服务中心主任
刘俊卿	沈阳师范大学教育科学学院教授
舒志定	湖州师范学院教师教育学院院长，教授
宋　祥	东北师范大学文学院教授
汪　明	阜阳师范学院教育科学学院院长，教授
王　葎	北京师范大学哲学与社会学学院副教授
王俏华	浙江师范大学杭州幼儿师范学院副教授
王　祥	贵州师范学院教育科学学院教授
王永胜	东北师范大学生命科学学院教授
魏继宗	延安大学教育科学学院副院长，教授
向　华	西安文理学院教育学院教授
谢先国	湖南省中小学教师发展中心科长，湖南师范大学兼职教授
闫　祯	天水师范学院职业培训学院院长，教授
杨秀莲	东北师范大学教师教育研究中心主任，教授
姚成龙	北京大学出版社职业教育编辑部主任
余清臣	北京师范大学教育学部教育基本理论研究院副院长，副教授
虞伟庚	丽水学院教师教育学院副院长，教授
查晓虎	安徽师范大学教育科学学院教授
张昌勋	闽江师范高等专科学校副校长，教授
张锦坤	福建师范大学教育学院院长助理，副教授
张灵聪	闽南师范大学教育科学学院院长，教授
张永明	陇南师范高等专科学校教授
郑先如	龙岩学院教育科学学院院长，教授
郑燕林	东北师范大学计算机科学与信息技术学院副院长，教授
仲丽娟	上海交通大学第二附属中学教师发展中心主任，高级教师
周兴国	安徽师范大学教育科学学院教授
朱成科	渤海大学教师发展学院副院长，教授
朱晓宏	首都师范大学教育学院教育基本理论研究所副所长，教授

目 录

第一篇 数学学科基础知识 (1)
 第一章 数学分析基础知识 (3)
  第一节 函数、极限与函数的连续性 (4)
  第二节 导数与微分 (15)
  第三节 一元函数积分学 (29)
 第二章 高等代数基础知识 (46)
  第一节 行列式 (47)
  第二节 矩阵 (53)
  第三节 线性方程组 (62)
  第四节 特征值、特征向量与二次型 (69)
 第三章 空间解析几何基础知识 (80)
  第一节 向量 (80)
  第二节 平面 (83)
  第三节 直线 (84)
  第四节 曲面方程与空间曲线方程 (86)
 第四章 概率论与数理统计基础知识 (90)
  第一节 随机事件 (90)
  第二节 古典概率 (92)
  第三节 离散型随机变量的分布 (94)
  第四节 随机变量的数学期望与方差 (95)
  第五节 正态分布 (97)

第二篇 高中数学基本知识 (101)
 第五章 高中数学基础知识 (103)
  第一节 集合 (103)
  第二节 常用逻辑用语 (105)
  第三节 推理与证明 (107)
  第四节 数系的扩充及复数 (109)
 第六章 函数与数列 (114)
  第一节 函数及函数的性质 (114)
  第二节 基本初等函数 (117)
  第三节 数列 (122)

第七章	不等式 …………………………………………………… (128)
第一节	不等式的性质 ……………………………………… (128)
第二节	一元二次不等式及其解法 ………………………… (129)
第三节	基本不等式及几个重要不等式 …………………… (131)
第四节	不等式的证明方法 ………………………………… (135)
第五节	简单线性规划 ……………………………………… (136)

第八章　向量与立体几何 …………………………………………… (141)
　　第一节　平面向量与空间向量 ………………………………… (141)
　　第二节　空间几何体 …………………………………………… (144)
　　第三节　空间点、线、面的位置关系 …………………………… (145)

第九章　平面解析几何 ……………………………………………… (153)
　　第一节　直线与方程 …………………………………………… (153)
　　第二节　圆与方程 ……………………………………………… (155)
　　第三节　圆锥曲线与方程 ……………………………………… (157)
　　第四节　极坐标与参数方程 …………………………………… (161)

第十章　统计与概率 ………………………………………………… (168)
　　第一节　统计 …………………………………………………… (168)
　　第二节　概率 …………………………………………………… (172)

第十一章　数学史选讲 ……………………………………………… (182)
　　第一节　数学发展简史 ………………………………………… (182)
　　第二节　社会文明与数学发展 ………………………………… (184)
　　第三节　数学枝繁叶茂 ………………………………………… (188)
　　第四节　中国现代数学的发展 ………………………………… (190)

第三篇　高中数学课程与教学的理论与实践 ………………………… (195)

第十二章　高中数学课程 …………………………………………… (197)
　　第一节　高中数学课程的基本理念与目标 …………………… (197)
　　第二节　高中数学课程的框架 ………………………………… (202)
　　第三节　高中数学课程的内容线索 …………………………… (203)
　　第四节　教材编写和校本课程建设 …………………………… (212)

第十三章　高中数学教学 …………………………………………… (218)
　　第一节　高中数学教学原则 …………………………………… (218)
　　第二节　高中数学教学方法 …………………………………… (225)
　　第三节　概念、命题与问题解决教学 …………………………… (234)

第十四章　数学教学设计 …………………………………………… (251)
　　第一节　数学教学设计的基本理念 …………………………… (251)
　　第二节　数学教学设计的主要环节 …………………………… (253)
　　第三节　数学教学设计的一般结构 …………………………… (259)

第十五章　数学教学实施 …………………………………………… (262)

> 第一节 有效数学教学 …………………………………………………… (262)
> 第二节 数学教学技能 …………………………………………………… (267)
> 第三节 数学课堂生成 …………………………………………………… (291)

第十六章 数学教学评价 …………………………………………………… (299)
> 第一节 学生数学学习评价 ……………………………………………… (300)
> 第二节 教师数学教学评价 ……………………………………………… (311)

后记 …………………………………………………………………………… (323)

第一篇　数学学科基础知识

第一章 数学分析基础知识

考纲内容

数学学科知识包括大学本科数学专业基础课程和高中课程中的数学知识.

大学本科数学专业基础课程的知识是指：数学分析、高等代数、解析几何、概率论与数理统计等大学课程中与中学数学密切相关的内容，包括数列极限、函数极限、连续函数、一元函数微积分、向量及其运算、矩阵与变换等内容及概率论与数理统计的基础知识. 本章属于大学本科数学专业基础课程知识.

其内容要求是：准确掌握基本概念，熟练进行运算，并能够利用这些知识去解决中学数学的问题.

考纲解读

数学分析是大学本科数学专业主要基础课程之一，考纲要求准确掌握基本概念，熟练进行运算，并能够利用这些知识去解决中学数学的问题，这在考题中均有充分的体现.

准确掌握基本概念，包括函数定义，函数的奇偶性、有界性、凹凸性的定义，数列与函数极限定义，导数定义，微分定义，原函数与不定积分定义，定积分定义等.

熟练进行运算，包括求极限、求导数、求微分、求高阶导数、求不定积分、求定积分等.

能够利用数学分析知识去解决中学数学的问题，包括函数的单调性、凹凸性的判断，函数极值与最值的求解，函数作图，不等式的证明及应用定积分求平面图形的面积与旋转体的体积及曲线的弧长.

数学分析这几部分基本内容的要求及其相互关系是：

(1) 会求导数，就会求微分，$dy = y' dx$；

(2) 会求导数，就会求二阶导数，$y'' = (y')'$；

(3) 会求导数，就会求变上限定积分函数的导数，$\left[\int_a^{g(x)} f(t) dt\right]' = f[(g(x))]g'(x)$；

(4) 会求导数，就会求极限，对满足洛必达法则条件 $\dfrac{0}{0}$，$\dfrac{\infty}{\infty}$ 不定型有：$\lim\limits_{x \to x_0} \dfrac{f(x)}{g(x)} = \lim\limits_{x \to x_0} \dfrac{f'(x)}{g'(x)}$；

(5) 会求极限，就能判定函数的连续性，$f(x)$ 在 x_0 处连续的充要条件为 $\lim\limits_{x \to x_0} f(x) = f(x_0)$；

(6) 会求导数,就会求函数的单调区间、极值和最值;

(7) 会求二阶导数,就会求函数的凹凸区间和拐点;

(8) 会求不定积分,就会求定积分,牛-莱公式 $\int_a^b f(x)\mathrm{d}x = F(x)\big|_a^b = F(b)-F(a)$,这里 $F(x)$ 是 $f(x)$ 的一个原函数;

(9) 会求定积分,就会求平面图形的面积和旋转体的体积及曲线的弧长.

第一节 函数、极限与函数的连续性

一、函数

(一) 函数

1. 定义

设 x 和 y 是两个变量,D 是实数集 $\mathbf{R}$ 的某个非空子集,若对于 D 中的每一个值 x,变量 y 按照一定的法则有一个确定的值 $y\in\mathbf{R}$ 与之对应,称变量 y 为变量 x 的函数,记作 $y=f(x)$,数集 D 称为函数的定义域,y 的范围 $\{f(x)|x\in D\}\subseteq\mathbf{R}$ 称为函数的值域.

2. 函数的两要素

定义域和对应规则是构成函数的两要素.

3. 函数的表示法

函数通常有三种表示方法:解析法、图像法和列表法.

4. 分段函数

分段函数是在函数定义域的不同部分用不同的解析式表示的函数.

5. 隐函数

隐函数是由方程 $F(x,y)=0$ 确定的 y 是 x 的函数 $y=y(x)$.

6. 函数的基本性质

(1) 奇偶性. 设函数 $y=f(x)$ 的定义域 D 关于坐标原点对称,对任意给定 $x\in D$,若 $f(-x)=-f(x)$,则称 $f(x)$ 为奇函数;若 $f(-x)=f(x)$,则称 $f(x)$ 为偶函数.

(2) 单调性. 任意给定 $x_1<x_2\in D$,若 $f(x_1)<f(x_2)$,则称 $f(x)$ 为单调增函数;若 $f(x_1)>f(x_2)$,则称 $f(x)$ 为单调减函数.

(3) 周期性. 若存在数 $T>0$,使得对于任意的 $x\in D$ 都有 $f(x+T)=f(x)$,则称 $f(x)$ 为周期函数. 使 $f(x+T)=f(x)$ 成立的最小正数 T 称为函数 $f(x)$ 的周期.

(4) 有界性. 对于任意的 $x\in D$,如果存在 $M>0$,使 $|f(x)|\leqslant M$ 成立,则称 $f(x)$ 为有界函数.

7. 反函数

设函数 $f:D_f\to R_f$ 为一一映射,其中 D_f 为函数 f 的定义域,R_f 为函数 f 的值域,则称逆映射 $f^{-1}:R_f\to D_f$ 为函数 f 的反函数,记为 $y=f^{-1}(x)$.

8. 复合函数

设函数 $y=f(u)$ 的定义域为 D_f,函数 $u=\varphi(x)$ 的定义域为 D_φ,值域为 R_φ,当 $D_f \cap R_\varphi \neq \varnothing$ 时,记 $D=\{x \mid u=\varphi(x), x \in D_\varphi, u \in D_f\} \subseteq D_\varphi$. 对于任意 $x \in D$,有 $u=\varphi(x) \in R_\varphi \cap D_f$ 与之对应,进而有 $y=f(u)$ 与之对应,这样通过 u 得到了以 x 为自变量,y 为因变量的函数,称为由 $y=f(u)$ 与 $u=\varphi(x)$ 构成的复合函数,记作 $y=f[\varphi(x)]$.

(二) 初等函数

1. 基本初等函数(5 类)

(1) 幂函数:$y=x^\mu$;

(2) 指数函数:$y=a^x$ $(a>0, a \neq 1)$;

(3) 对数函数:$y=\log_a x$ $(a>0, a \neq 1)$;

(4) 三角函数:正余弦,正余切,正余割;

(5) 反三角函数:$y=\arcsin x, y=\arccos x, y=\arctan x, y=\operatorname{arccot} x$.

2. 初等函数

常数和基本初等函数的有限次四则运算和复合.

(三) 例题

例 1 已知函数 $f(x)$ 的定义域为 $[0,1]$,则函数 $g(x)=f\left(x+\dfrac{1}{3}\right)+f\left(x-\dfrac{1}{3}\right)$ 的定义域为(   ).

A. $[0,1]$ B. $\left[\dfrac{1}{3}, \dfrac{2}{3}\right]$ C. $\left[\dfrac{1}{2}, \dfrac{2}{3}\right]$ D. $\left[\dfrac{1}{3}, 1\right]$

解:由 $\begin{cases} 0 \leqslant x+\dfrac{1}{3} \leqslant 1, \\ 0 \leqslant x-\dfrac{1}{3} \leqslant 1, \end{cases}$ 得 $g(x)$ 的定义域为 $\left[\dfrac{1}{3}, \dfrac{2}{3}\right]$.

或用排除法:由 $g(1)$ 无意义,排除 A 和 D;由 $g\left(\dfrac{1}{3}\right)$ 有意义,排除 C. 答案为 B.

例 2 设 $f(x)$ 在 $(-\infty, \infty)$ 有定义,则下列函数为奇函数的是(   ).

A. $y=f(x)+f(-x)$ B. $y=x[f(x)-f(-x)]$

C. $y=x^3 f(x^2)$ D. $y=f(-x)f(x)$

解:$y=x^3 f(x^2)$ 的定义域为 $(-\infty, +\infty)$,$y(-x)=(-x)^3 f[(-x)^2]=-x^3 f(x^2)=-y(x)$. 答案为 C.

例 3 已知函数 $f(x)$ 的最小正周期是 2,$g(x)$ 的最小正周期是 3. 则函数 $h(x)=f(x)+g(x)$ 的最小正周期是(   ).

A. 2   B. 3   C. 5   D. 6

解:2 和 3 的最小公倍数是 6. 答案为 D.

例 4 下列函数中,单调增区间为 $(-\infty, 0]$ 的是(   ).

A. $y=-\dfrac{1}{x}$ B. $y=-(x-1)$ C. $y=x^2-2$ D. $y=-|x|$

解:画图可知答案为 D.

例5 函数 $f(x)=x^2-2ax+a$ 在区间 $(-\infty,1)$ 内有最小值，则 a 的取值范围是（　　）.

A. $a<1$　　　　B. $a\leqslant 1$　　　　C. $a>1$　　　　D. $a\geqslant 1$

解：$y=x^2-2ax+a$ 的对称轴方程为 $x=a$ 且在区间 $(-\infty,1)$ 内有最小值，则 $a<1$. 答案为 A.

例6 已知函数 $f(x)=2^x+1$ 的反函数为 $f^{-1}(x)$，则 $f^{-1}(x)<0$ 的解集是（　　）.

A. $(-\infty,2)$　　　　B. $(1,2)$　　　　C. $(2,+\infty)$　　　　D. $(-\infty,1)$

解：反函数为 $y=\log_2(x-1)$，$\log_2(x-1)<0 \Rightarrow 0<x-1<1 \Rightarrow 1<x<2$. 答案为 B.

例7 求函数 $y=\sqrt{(x-1)(x-3)}+\sqrt{x-1}+\dfrac{x}{\ln(x-3)^2}$ 的定义域.

解：由 $\begin{cases} x-1\geqslant 0, \\ (x-1)(x-3)\geqslant 0, \\ (x-3)^2\neq 0, \\ (x-3)^2\neq 1 \end{cases}$ 得函数的定义域为 $\{1\}\cup(3,4)\cup(4,+\infty)$.

例8 讨论函数 $f(x)=\ln(x+\sqrt{1+x^2})$ 的奇偶性.

解：因为对任意的 $x\in(-\infty,+\infty)$，$f(x)=\ln(x+\sqrt{1+x^2})$ 都有定义，且

$f(-x)=\ln(-x+\sqrt{1+x^2})=\ln\dfrac{-x^2+(1+x^2)}{x+\sqrt{1+x^2}}=-\ln(x+\sqrt{1+x^2})=-f(x)$，所以 $f(x)=\ln(x+\sqrt{1+x^2})$ 是奇函数.

或因为 $f(x)+f(-x)=\ln 1=0 \Rightarrow f(-x)=-f(x)$，所以函数 $f(x)$ 是奇函数.

例9 设 $f(x^3)+2f\left(\dfrac{1}{x^3}\right)=3x$，$x\neq 0$，求 $f(x)$ 的表达式.

解：根据 $f(x^3)+2f\left(\dfrac{1}{x^3}\right)=3x$，$x\neq 0$ 得 $f\left(\dfrac{1}{x^3}\right)+2f(x^3)=3\dfrac{1}{x}$，$x\neq 0$，解方程组

$$\begin{cases} f(x^3)+2f\left(\dfrac{1}{x^3}\right)=3x, \\ f\left(\dfrac{1}{x^3}\right)+2f(x^3)=3\dfrac{1}{x} \end{cases}$$

得 $f(x^3)=\dfrac{2}{x}-x$，令 $x^3=t$ 得 $f(t)=\dfrac{2}{\sqrt[3]{t}}-\sqrt[3]{t}$，所以 $f(x)=\dfrac{2}{\sqrt[3]{x}}-\sqrt[3]{x}$.

例10 已知函数 $f(x)$ 满足 $f(x)+f(x+2)=0$，且在 $[0,2]$ 上有 $f(x)=e^x+x^2-1$，求 $f(x)$ 在 $[-2,0]$ 上的表达式.

解：因为 $x\in[-2,0]$ 时，$x+2\in[0,2]$，且 $f(x+2)=e^{x+2}+(x+2)^2-1$，又因为 $f(x)+f(x+2)=0$，所以 $f(x)=-f(x+2)=-e^{x+2}-(x+2)^2+1$.

链接阅读 ▼

阿基米德（前287—前212），生于西西里岛（今属意大利）的叙拉古．阿基米德把数学研究和力学、机械学紧密结合起来，用数学研究力学和其他实际问题．他运用穷举法解决了几何图形的面积、体积、曲线弧长等大量计算问题，这些方法是微积分的先导．

二、极 限

（一）数列的极限

1. 数列定义

自变量取正整数的函数称为数列. 记为 $x_n = f(n)$ 或 $\{x_n\}$，x_n 通常称为通项或一般项.

2. 数列的极限

$\lim\limits_{n\to\infty} x_n = A \Leftrightarrow \forall \varepsilon > 0, \exists$ 正整数 N，当 $n > N$ 时，$|x_n - A| < \varepsilon$.

即：n 无限增大时，x_n 无限趋近于某个确定的常数 A.

3. 数列极限的四则运算

设数列 $\{x_n\}$、$\{y_n\}$ 极限存在，则

(1) $\lim\limits_{n\to\infty}(x_n \pm y_n) = \lim\limits_{n\to\infty} x_n \pm \lim\limits_{n\to\infty} y_n$；

(2) $\lim\limits_{n\to\infty}(x_n y_n) = \lim\limits_{n\to\infty} x_n \lim\limits_{n\to\infty} y_n$；

(3) $\lim\limits_{n\to\infty} k x_n = k \lim\limits_{n\to\infty} x_n$；

(4) $\lim\limits_{n\to\infty} \dfrac{x_n}{y_n} = \dfrac{\lim\limits_{n\to\infty} x_n}{\lim\limits_{n\to\infty} y_n}$，其中 $\lim\limits_{n\to\infty} y_n \neq 0$.

4. 收敛数列的性质

(1) 极限的唯一性.

若数列 $\{x_n\}$ 极限存在，则其极限必唯一.

(2) 收敛数列的有界性.

若数列 $\{x_n\}$ 极限存在，则 $\{x_n\}$ 必有界.

(3) 保号性.

若 $\lim\limits_{n\to\infty} x_n = A > 0$，则当 n 相当大时，有 $x_n > 0$；

若 $x_n > 0$，且 $\lim\limits_{n\to\infty} x_n = A$，则 $A \geqslant 0$.

(4) 单调性.

若 $x_n < y_n (n > N)$，又 $\lim\limits_{n\to\infty} x_n = A, \lim\limits_{n\to\infty} y_n = B$，则 $A \leqslant B$.

5. 判定数列极限存在的两个常用准则

(1) 单调有界定理.

单调有界的数列必有极限.

(2) 夹逼定理.

如果数列 $\{x_n\}, \{y_n\}$ 及 $\{z_n\}$ 满足下列条件：

$$y_n \leqslant x_n \leqslant z_n \quad (n = 1, 2, 3, \cdots), \lim\limits_{n\to\infty} y_n = A, \lim\limits_{n\to\infty} z_n = A$$

那么数列 $\{x_n\}$ 的极限存在，且 $\lim\limits_{n\to\infty} x_n = A$.

（二）函数极限

1. 函数极限的定义

$\lim\limits_{x\to\infty} f(x) = A \Leftrightarrow \forall \varepsilon > 0, \exists X > 0$，当 $|x| > X$ 时，$|f(x) - A| < \varepsilon$.

$$\lim_{x\to x_0}f(x)=A \Leftrightarrow \forall \varepsilon>0, \exists \delta>0, 当 0<|x-x_0|<\delta 时, |f(x)-A|<\varepsilon.$$

2. 函数的左右极限

$$\lim_{x\to\infty}f(x)=A \Leftrightarrow \lim_{x\to+\infty}f(x)=A 且 \lim_{x\to-\infty}f(x)=A.$$

$$\lim_{x\to x_0}f(x)=A \Leftrightarrow \lim_{x\to x_0^+}f(x)=A 且 \lim_{x\to x_0^-}f(x)=A.$$

3. 函数极限的四则运算

若 $\lim_{过程}f(x), \lim_{过程}g(x)$ 存在,则

(1) $\lim_{过程}[f(x)\pm g(x)] = \lim_{过程}f(x) \pm \lim_{过程}g(x)$;

(2) $\lim_{过程}[f(x)g(x)] = \lim_{过程}f(x) \lim_{过程}g(x)$;

(3) $\lim_{过程}kf(x) = k\lim_{过程}f(x)$;

(4) $\lim_{过程}\dfrac{f(x)}{g(x)} = \dfrac{\lim_{过程}f(x)}{\lim_{过程}g(x)}, \lim_{过程}g(x)\neq 0.$

4. 复合函数的极限

设 $\lim_{x\to x_0}\varphi(x)=a$,又 $\lim_{u\to a}f(u)=f(a)$,则有 $\lim_{x\to x_0}f[\varphi(x)]=f(a).$

5. 两个重要极限

(1) $\lim\limits_{x\to 0}\dfrac{\sin x}{x}=1$;

(2) $\lim\limits_{x\to\infty}\left(1+\dfrac{1}{x}\right)^x = e$ 或 $\lim\limits_{x\to 0}(1+x)^{\frac{1}{x}}=e.$

6. 无穷小量

(1) 定义.

若 $\lim_{过程}f(x)=0$,则称 $f(x)$ 为此过程下的无穷小量;常用 α, β, γ 等表示无穷小量.

(2) 性质.

① 有限个无穷小的代数和仍为无穷小,无穷多个无穷小的代数和未必是无穷小.

② 无穷小量的积是无穷小量.

③ 有界变量与无穷小量的乘积是无穷小量.

(3) 无穷小的比较.

如果 $\lim_{过程}\dfrac{\alpha}{\beta}=C\neq 0$,就说 α 与 β 是同阶的无穷小;特殊地,如果 $\lim_{过程}\dfrac{\alpha}{\beta}=1$,则称 α 与 β 是等价的无穷小,记作 $\alpha\sim\beta$. 如果 $\lim_{过程}\dfrac{\alpha}{\beta}=0$,就说 α 是比 β 高阶的无穷小,记为 $\alpha=o(\beta).$

(4) 常用等价无穷小.

当 $x\to 0$ 时,

$\sin x \sim x, \tan x \sim x, \arcsin x \sim x, \arctan x \sim x, \ln(1+x)\sim x, e^x-1\sim x, a^x-1\sim x\ln a,$

$1-\cos x \sim \dfrac{1}{2}x^2, (1+x)^\lambda -1 \sim \lambda x.$

7. 无穷大量

(1) 定义.

$$\lim_{x\to\infty}f(x)=\infty \Leftrightarrow \forall G>0, \exists X>0, 当|x|>X时, |f(x)|>G;$$

$$\lim_{x\to x_0}f(x)=\infty \Leftrightarrow \forall G>0, \exists \delta>0, 当0<|x-x_0|<\delta时, |f(x)|>G.$$

(2) 定理(抓大头,兵将关系).

$$\lim_{x\to\infty}\frac{a_k x^k+a_{k-1}x^{k-1}+\cdots+a_1 x+a_0}{b_l x^l+b_{l-1}x^{l-1}+\cdots+b_1 x+b_0}=\begin{cases}0, & k<l,\\ \infty, & k>l,\\ \dfrac{a_k}{b_k}, & k=l.\end{cases}$$

(3) 无穷小分之一是无穷大,无穷大分之一是无穷小.

(三) 例题

例 1 设 $\lim\limits_{x\to 0}\dfrac{x}{f(3x)}=2$,则 $\lim\limits_{x\to 0}\dfrac{f(-2x)}{x}=$ ( ).

A. $\dfrac{1}{2}$ B. $\dfrac{1}{6}$ C. $-\dfrac{1}{3}$ D. $\dfrac{1}{3}$

解:由 $\lim\limits_{x\to 0}\dfrac{x}{f(3x)}=2$,令 $t=3x$ 则 $\lim\limits_{t\to 0}\dfrac{t}{f(t)}=6$,从而 $\lim\limits_{x\to 0}\dfrac{x}{f(x)}=6\Rightarrow\lim\limits_{x\to 0}\dfrac{f(x)}{x}=\dfrac{1}{6}$,所以 $\lim\limits_{x\to 0}\dfrac{f(-2x)}{x}=(-2)\lim\limits_{x\to 0}\dfrac{f(-2x)}{-2x}=-\dfrac{1}{3}$. 答案为 C.

例 2 已知 $\lim\limits_{x\to\infty}\left(\dfrac{x-a}{x+2a}\right)^x=\mathrm{e}^3$,则 $a=$ ( ).

A. 1   B. -1 C. -2 D. 2

解:因为 $\lim\limits_{x\to\infty}\left(\dfrac{x-a}{x+2a}\right)^x=\lim\limits_{x\to\infty}\left[\left(1-\dfrac{3a}{x+2a}\right)^{-\frac{x+2a}{3a}}\right]^{-\frac{3a}{x+2a}x}=\mathrm{e}^{-3a}=\mathrm{e}^3$,所以 $a=-1$. 答案为 B.

例 3 设 $\lim\limits_{x\to 0}f(x)=\infty$,则当 $x\to 0$ 时,以下变量一定是无穷小量的是( ).

A. $x^2 f(x)$ B. $\dfrac{|x|}{xf(x)}$

C. $\mathrm{e}^{-f(x)}$ D. $f(x)-\dfrac{1}{x}$

解:用排除法.

依题可设符合条件的 $f(x)=\dfrac{1}{x^2}$,可排除 A 和 D 选项;设 $f(x)=-\dfrac{1}{x}$,可排除 C 选项. 故答案为 B.

或 $\lim\limits_{x\to 0}f(x)=\infty\Rightarrow\lim\limits_{x\to 0}\dfrac{1}{f(x)}=0\Rightarrow\lim\limits_{x\to 0}\dfrac{1}{f(x)}\dfrac{|x|}{x}=0$(有界变量与无穷小量的乘积是无穷小量). 答案为 B.

例 4 极限 $\lim\limits_{x\to\infty}x(\mathrm{e}^{\frac{1}{x}}-1)$ 的值是( ).

A. -1 B. 0   C. 1   D. 正无穷

解:$\lim\limits_{x\to\infty}x(\mathrm{e}^{\frac{1}{x}}-1)=\lim\limits_{x\to\infty}x\dfrac{1}{x}=1$. 答案为 C.

【注】 本题考查等价无穷小代换法求极限，$x\to\infty$，$e^{\frac{1}{x}}-1\sim\frac{1}{x}$.

例 5 求极限 $\lim\limits_{x\to 1}\dfrac{x^2-1}{\sqrt{3-x}-\sqrt{1+x}}$.

解：$\lim\limits_{x\to 1}\dfrac{x^2-1}{\sqrt{3-x}-\sqrt{1+x}}=\lim\limits_{x\to 1}\dfrac{(x+1)(x-1)(\sqrt{3-x}+\sqrt{1+x})}{(\sqrt{3-x})^2-(\sqrt{1+x})^2}$

$=\lim\limits_{x\to 1}\dfrac{(x+1)(x-1)(\sqrt{3-x}+\sqrt{1+x})}{2(1-x)}=-2\sqrt{2}$.

例 6 已知 $\lim\limits_{x\to\infty}\left(\dfrac{x^2-2}{x-1}-ax-b\right)=0$，求 a,b 的值.

解：因为 $\lim\limits_{x\to\infty}\left(\dfrac{x^2-2}{x-1}-ax-b\right)=\lim\limits_{x\to\infty}\dfrac{(1-a)x^2+(a-b)x-2+b}{x-1}=0$，所以 $\begin{cases}1-a=0,\\a-b=0,\end{cases}$ 解得 $a=1,b=1$.

例 7 已知 $\lim\limits_{x\to 0}\dfrac{\ln\left(1+\dfrac{f(x)}{1-\cos x}\right)}{2^x-1}=4$，求 $\lim\limits_{x\to 0}\dfrac{f(x)}{x^3}$.

解：

因为 $\lim\limits_{x\to 0}\dfrac{\ln\left(1+\dfrac{f(x)}{1-\cos x}\right)}{2^x-1}=4$，所以 $\lim\limits_{x\to 0}\dfrac{f(x)}{1-\cos x}=0\Rightarrow\lim\limits_{x\to 0}\dfrac{f(x)}{(1-\cos x)(2^x-1)}$

$=\lim\limits_{x\to 0}\dfrac{f(x)}{\dfrac{\ln 2}{2}x^3}=4\Rightarrow\lim\limits_{x\to 0}\dfrac{f(x)}{x^3}=2\ln 2$.

例 8 设函数 $f(x)=\begin{cases}\dfrac{\sin ax}{\sqrt{1-\cos x}}, & x<0,\\ \dfrac{\ln x-\ln(x+x^2)}{x}, & x>0,\end{cases}$ $\lim\limits_{x\to 0}f(x)$ 存在，求 a.

解：因为 $\lim\limits_{x\to 0}f(x)$ 存在，所以 $\lim\limits_{x\to 0^-}f(x)=\lim\limits_{x\to 0^+}f(x)$，$\lim\limits_{x\to 0^-}f(x)=\lim\limits_{x\to 0^-}\dfrac{\sin ax}{\sqrt{1-\cos x}}=-\sqrt{2}a$，

$\lim\limits_{x\to 0^+}f(x)=\lim\limits_{x\to 0^+}\dfrac{\ln x-\ln(x+x^2)}{x}=-\lim\limits_{x\to 0^+}\dfrac{\ln(1+x)}{x}=-1\Rightarrow a=\dfrac{1}{\sqrt{2}}$.

例 9 求极限 $\lim\limits_{x\to 0}\dfrac{e^{x^4}-1}{1-\cos(x\sqrt{1-\cos x})}$.

解：$\lim\limits_{x\to 0}\dfrac{e^{x^4}-1}{1-\cos(x\sqrt{1-\cos x})}=\lim\limits_{x\to 0}\dfrac{x^4}{\dfrac{1}{2}x^2(1-\cos x)}=\lim\limits_{x\to 0}\dfrac{x^4}{\dfrac{1}{4}x^4}=4$.

【注】 本题考查用等价无穷小代换法求极限，$x\to 0$，$e^{x^4}-1\sim x^4$，$1-\cos x\sim\dfrac{1}{2}x^2$.

例 10 求极限 $\lim\limits_{x\to 0}\dfrac{\left(\dfrac{1+\cos x}{2}\right)^{2x}-1}{\ln(1+2x^3)}$.

解: $\lim\limits_{x\to 0}\dfrac{\left(\dfrac{1+\cos x}{2}\right)^{2x}-1}{\ln(1+2x^3)}=\lim\limits_{x\to 0}\dfrac{e^{\ln\left(\dfrac{1+\cos x}{2}\right)^{2x}}-1}{2x^3}=\lim\limits_{x\to 0}\dfrac{\ln\left(\dfrac{1+\cos x}{2}\right)^{2x}}{2x^3}$

$=\lim\limits_{x\to 0}\dfrac{2x\ln\left(\dfrac{2+\cos x-1}{2}\right)}{2x^3}=\lim\limits_{x\to 0}\dfrac{\ln\left(1+\dfrac{\cos x-1}{2}\right)}{x^2}=\lim\limits_{x\to 0}\dfrac{\dfrac{\cos x-1}{2}}{x^2}=\lim\limits_{x\to 0}\dfrac{-\dfrac{1}{2}x^2}{2x^2}=-\dfrac{1}{4}.$

【注】 本题考查变形后应用等价无穷小代换法求极限,$e^{\ln a}=a$ 是数学分析中常用的一个恒等变形,$x\to 0$,$e^x-1\sim x$,$1-\cos x\sim\dfrac{1}{2}x^2$,$\ln(1+x)\sim x$.

例 11 求下列极限:

(1) $\lim\limits_{n\to\infty}\dfrac{3^n}{n!}$； (2) 设 $\lim\limits_{n\to\infty}x_n=2$,求 $\lim\limits_{n\to\infty}\dfrac{x_n^n}{n!}$.

解: (1) 因为 $0<\dfrac{3^n}{n!}=\dfrac{3\cdot 3\cdot 3\cdot 3\cdots 3}{1\cdot 2\cdot 3\cdot 4\cdots n}<\dfrac{9}{2}\cdot\dfrac{3}{n}$,且 $\lim\limits_{n\to\infty}\dfrac{9}{2}\cdot\dfrac{3}{n}=0$,所以由夹逼定理知 $\lim\limits_{n\to\infty}\dfrac{3^n}{n!}=0.$

(2) 由 $\lim\limits_{n\to\infty}x_n=2\Rightarrow\exists N,n>N$ 时,$0<x_n<3\Rightarrow n>N$ 时,$0<\dfrac{x_n^n}{n!}<\dfrac{3^n}{n!}$,又 $\lim\limits_{n\to\infty}\dfrac{3^n}{n!}=0$,由夹逼定理知 $\lim\limits_{n\to\infty}\dfrac{x_n^n}{n!}=0.$

【注】 (1) 本题考查应用夹逼定理求极限;

(2) $n\to\infty$,$\ln n\ll n^a\ll b^n\ll n!\ll n^n$,这里 $a\geq 1,b>1$,"$\ll$"表示远远小于,即:$n\to\infty$ 时,不等式中较小的与较大的比值极限为 0.例如,$\lim\limits_{n\to\infty}\dfrac{3^n}{n!}=0$ 这个结论单项选择题可直接应用.

例 12 判断下列结论是否正确,并证明你的判断.

若 $x_n<y_n(n>N)$,又存在极限 $\lim\limits_{n\to\infty}x_n=A$,$\lim\limits_{n\to\infty}y_n=B$,则 $A<B$.

解: 不正确.

取 $x_n=\dfrac{1}{n}$,$y_n=\dfrac{2}{n}$,则 $x_n<y_n$,条件满足,但 $A=B=0$.

【注】 (1) 本题考查极限的单调性;(2) 这类题要先给出判断,正确的给予证明,错误的举出反例.

例 13 判断下列结论是否正确,并证明你的判断.

若 $\lim\limits_{x\to a}f(x)=\infty$,则 $\exists\delta>0$,当 $0<|x-a|<\delta$ 时,$\dfrac{1}{f(x)}$ 有界.

解: 正确.

$\lim\limits_{x\to a}f(x)=\infty\Rightarrow\lim\limits_{x\to a}\dfrac{1}{f(x)}=0\Rightarrow$ 对 $\varepsilon=1$,$\exists\delta>0$,当 $0<|x-a|<\delta$ 时,$\left|\dfrac{1}{f(x)}\right|<1.$

【注】 本题考查无穷小与无穷大之间的关系及极限与有界的定义.

> **小贴士**
>
> 求极限的步骤如下：
>
> (1) 定型 $\left(\dfrac{0}{0}, \dfrac{\infty}{\infty}, 0 \cdot \infty, \infty - \infty, 1^{\infty}, 0^{0}, \infty^{0}\right)$；
>
> (2) 转化 $\dfrac{0}{0}, \dfrac{\infty}{\infty} \leftarrow 0 \cdot \infty, \infty - \infty \leftarrow 1^{\infty}, 0^{0}, \infty^{0}$；
>
> (3) 对 $\dfrac{0}{0}$ $\begin{cases} 洛必达, \\ 等价无穷小代换, \\ 重要极限 I, \\ 换元, \\ 因式分解, \\ 有理化因式, \\ 四则法则; \end{cases}$
>
> (4) 对 $\dfrac{\infty}{\infty}$ $\begin{cases} 洛必达, \\ 抓大头（兵将关系）. \end{cases}$
>
> 其他方法：① 左右极限法；② 无穷小量乘有界变量法；③ 夹逼定理法；④ 重要极限法.

三、函数的连续性

（一）函数连续性的基本概念

1. 函数连续的定义

设 $f(x)$ 在 x_0 某个邻域内有定义，若 $\lim\limits_{x \to x_0} f(x) = f(x_0)$，则称 $f(x)$ 在 x_0 处连续.

2. 构成连续性的三要素

(1) 函数 $f(x)$ 在 x_0 点有定义；

(2) $\lim\limits_{x \to x_0} f(x)$ 存在；

(3) 极限值等于函数值，即 $\lim\limits_{x \to x_0} f(x) = f(x_0)$.

3. 函数左、右连续定义

若 $\lim\limits_{x \to x_0^-} f(x) = f(x_0)$，则称 $f(x)$ 在 x_0 处左连续；

若 $\lim\limits_{x \to x_0^+} f(x) = f(x_0)$，则称 $f(x)$ 在 x_0 处右连续.

4. 判定函数连续定理

函数 $f(x)$ 在 x_0 处连续 $\Leftrightarrow f(x)$ 在 x_0 处既是左连续又是右连续.

5. 间断点及其分类

若函数 $f(x)$ 在 x_0 处不连续，则称 x_0 为 $f(x)$ 的间断点.

函数连续性的三个要素得不到满足的点，必为函数的间断点.间断点分为两类：

(1) 第一类间断点.

设 x_0 是 $f(x)$ 的间断点,当 $\lim\limits_{x \to x_0^-} f(x)$ 与 $\lim\limits_{x \to x_0^+} f(x)$ 都存在时,称 x_0 为 $f(x)$ 的第一类间断点,其中 $\lim\limits_{x \to x_0^-} f(x) = \lim\limits_{x \to x_0^+} f(x)$ 时,称 x_0 是可去间断点;$\lim\limits_{x \to x_0^-} f(x) \neq \lim\limits_{x \to x_0^+} f(x)$ 时,称 x_0 是跳跃间断点.若 x_0 是 $f(x)$ 的可去间断点,则补充或修改定义 $f(x_0) = \lim\limits_{x \to x_0} f(x)$ 可使 $f(x)$ 在 x_0 处连续.

(2) 第二类间断点.

当 $\lim\limits_{x \to x_0^-} f(x)$ 与 $\lim\limits_{x \to x_0^+} f(x)$ 至少有一个不存在时,称 x_0 为 $f(x)$ 的第二类间断点.

(二) 连续函数的性质

1. 反函数的连续性

若 $f(x)$ 在其定义域内连续,则反函数也在其定义域内连续.

2. 复合函数的连续性

若 $f(x), g(x)$ 都是连续函数,则 $f[g(x)]$ 也是连续函数,且 $\lim\limits_{x \to x_0} f[g(x)] = f[\lim\limits_{x \to x_0} g(x)] = f[g(x_0)]$. 即:连续函数符号与极限符号可交换顺序.

3. 初等函数的连续性

初等函数在有定义的点连续.

4. 闭区间上连续函数的性质

(1) 有界性.

若函数 $f(x)$ 在 $[a, b]$ 上连续,则其在 $[a, b]$ 上有界.

(2) 最大、最小值定理.

若函数 $f(x)$ 在 $[a, b]$ 上连续,则存在 $\xi, \eta \in [a, b]$,使得 $f(\xi) \leqslant f(x) \leqslant f(\eta)$ 对任意的 $x \in [a, b]$ 都成立.

(3) 零点存在定理.

设函数 $f(x)$ 在 $[a, b]$ 上连续,且 $f(a) \cdot f(b) < 0$,则存在 $\xi \in (a, b)$,使得 $f(\xi) = 0$.

(4) 介值定理.

设函数 $f(x)$ 在 $[a, b]$ 上连续,M, m 是 $f(x)$ 在 $[a, b]$ 上的最大值与最小值,$m \leqslant c \leqslant M$,则存在 $\mu \in [a, b]$,使得 $f(\mu) = c$.

5. 一致连续

(1) 设 $f(x)$ 为定义在区间 I 上的函数,若对任给的 $\varepsilon > 0$,存在 $\delta = \delta(\varepsilon) > 0$,使得对任何 $x', x'' \in I$,只要 $|x' - x''| < \delta$,就有 $|f(x') - f(x'')| < \varepsilon$,则称函数 $f(x)$ 在区间 I 上一致连续.

(2) 若函数 $f(x)$ 在 $[a, b]$ 上连续,则 $f(x)$ 在 $[a, b]$ 上一致连续.

(三) 例题

例 1 已知函数 $f(x) = \begin{cases} \dfrac{x^2 - 4}{x - 2}, & x \neq 2, \\ a, & x = 2 \end{cases}$ 在 $(-\infty, +\infty)$ 上连续,则 $a = ($　　$)$.

A. -1　　　　　　B. 2　　　　　　C. 4　　　　　　D. 1

解：因为 $f(x)$ 在 $x=2$ 处连续，所以 $a=f(2)=\lim\limits_{x\to 2}f(x)=\lim\limits_{x\to 2}\dfrac{x^2-4}{x-2}=4$. 答案为 C.

例 2 设 $f(x)=\dfrac{\sqrt{1+x}-\sqrt{1-x}}{x}$，则补充定义 $f(0)=(\quad)$，可使 $f(x)$ 在 $x=0$ 处连续.

　　A. -1　　　　B. 2　　　　C. 0　　　　D. 1

解：因为 $\lim\limits_{x\to 0}f(x)=\lim\limits_{x\to 0}\dfrac{\sqrt{1+x}-\sqrt{1-x}}{x}=\lim\limits_{x\to 0}\dfrac{2x}{x(\sqrt{1+x}+\sqrt{1-x})}=1$，所以 $f(0)=1$ 时，$f(x)$ 在 $x=0$ 处连续. 答案为 D.

例 3 设 $f(x)=\lim\limits_{n\to\infty}\dfrac{(n-1)^2 x}{n^2 x^2-1}$，则 $f(x)$ 的间断点为（　）.

　　A. 0　　　　B. 1　　　　C. $\dfrac{1}{n}$　　　　D. $\pm\dfrac{1}{n}$

解：$f(x)=\lim\limits_{n\to\infty}\dfrac{(n-1)^2 x}{n^2 x^2-1}=\begin{cases}\dfrac{1}{x}, & x\neq 0,\\ 0, & x=0\end{cases}\Rightarrow \lim\limits_{x\to 0}f(x)=\lim\limits_{x\to 0}\dfrac{1}{x}=\infty$，则 $x=0$ 是间断点且为无穷间断点. 答案为 A.

【注】 本题主要考查抓大头法求极限及间断点的判定方法.

例 4 设 $f(x)=\begin{cases}\dfrac{\sin x}{x}, & x<0,\\ a, & x=0,\\ x\sin\dfrac{1}{x}+b, & x>0,\end{cases}$ 其中 $a、b$ 为常数. 问：

(1) a,b 为何值时，$\lim\limits_{x\to 0}f(x)$ 存在？　(2) a,b 为何值时，$f(x)$ 在点 $x=0$ 处连续？

解：

(1) $\lim\limits_{x\to 0^-}f(x)=1$，$\lim\limits_{x\to 0^+}f(x)=b$，所以 $b=1$ 且 a 为任意常数时，$\lim\limits_{x\to 0}f(x)$ 存在；

(2) 欲使 $f(x)$ 在 $x=0$ 点连续，应有 $a=b=1$.

例 5 已知函数 $f(x)=\lim\limits_{n\to\infty}\dfrac{x^{2n-1}+ax^2+bx}{x^{2n}+1}$ 在 $(-\infty,+\infty)$ 上连续，求 a,b 的值.

解：由于 $f(x)=\begin{cases}\dfrac{1}{x}, & |x|>1,\\ \dfrac{1}{2}(a-b-1), & x=-1,\\ \dfrac{1}{2}(a+b+1), & x=1,\\ ax^2+bx, & |x|<1,\end{cases}$ 所以 $\lim\limits_{x\to 1^+}f(x)=\lim\limits_{x\to 1^+}\dfrac{1}{x}=1$，$\lim\limits_{x\to 1^-}f(x)=$

$\lim\limits_{x\to 1^-}(ax^2+bx)=a+b$；$\lim\limits_{x\to -1^+}f(x)=\lim\limits_{x\to -1^+}(ax^2+bx)=a-b$，$\lim\limits_{x\to -1^-}f(x)=\lim\limits_{x\to -1^-}\dfrac{1}{x}=-1$，根据连续性可知 $\begin{cases}a+b=1,\\ a-b=-1,\end{cases}$ 解得 $a=0,b=1$.

例6 判断函数 $f(x)=\lim\limits_{n\to\infty}\dfrac{x^n}{1+x^n}, x\geqslant 0$ 间断点的类型.

解：由于 $f(x)=\begin{cases}1, & x>1,\\ \dfrac{1}{2}, & x=1,\\ 0, & 0\leqslant x<1,\end{cases}$ 所以 $\lim\limits_{x\to 1^+}f(x)=1, \lim\limits_{x\to 1^-}f(x)=0$, 从而 $x=1$ 是跳跃型间断点.

例7 求证方程 $x=a\sin x+b(a>0,b>0)$ 至少有一个正根, 并且它不超过 $a+b$.

证明：令 $f(x)=x-a\sin x-b$, 则 $f(x)$ 在 $[0,a+b]$ 内连续, 且 $f(0)=-b<0, f(a+b)=a[1-\sin(a+b)]\geqslant 0$. 若 $f(a+b)=0$, 则 $a+b$ 是方程 $x=a\sin x+b(a>0,b>0)$ 的一个正根; 若 $f(a+b)>0$, 则由零点存在定理, $\exists \xi \in(0,a+b)$, 使 $f(\xi)=0$, 即 $\xi=a\sin\xi+b$, 则方程 $x=a\sin x+b(a>0,b>0)$ 至少有一个正根, 并且它不超过 $a+b$.

> **链接阅读** ▼
>
> 柯西(1789—1857), 法国数学家、物理学家. 柯西在数学上的最大贡献是在微积分中引进了极限概念, 并以极限为基础建立了逻辑清晰的分析体系, 这是微积分发展史上的精华.

第二节 导数与微分

一、函数的导数与微分

（一）函数的导数

1. 导数的定义

若在点 x_0 处极限 $\lim\limits_{\Delta x\to 0}\dfrac{f(x_0+\Delta x)-f(x_0)}{\Delta x}$ 存在, 则称函数 $y=f(x)$ 在点 x_0 可导, 并称此极限为函数 $y=f(x)$ 在点 x_0 处的导数, 记作 $f'(x_0), y'(x_0), \dfrac{\mathrm{d}y}{\mathrm{d}x}\Big|_{x=x_0}$ 或 $\dfrac{\mathrm{d}f(x)}{\mathrm{d}x}\Big|_{x=x_0}$, 即

$$f'(x_0)=\lim_{\Delta x\to 0}\dfrac{f(x_0+\Delta x)-f(x_0)}{\Delta x}.$$

2. 单侧导数

(1) 右导数：$f'_+(x_0)=\lim\limits_{\Delta x\to 0^+}\dfrac{f(x_0+\Delta x)-f(x_0)}{\Delta x}=\lim\limits_{x\to x_0^+}\dfrac{f(x)-f(x_0)}{x-x_0}$.

(2) 左导数：$f'_-(x_0)=\lim\limits_{\Delta x\to 0^-}\dfrac{f(x_0+\Delta x)-f(x_0)}{\Delta x}=\lim\limits_{x\to x_0^-}\dfrac{f(x)-f(x_0)}{x-x_0}$.

> **小贴士**
>
> 函数 $f(x)$ 在点 x_0 处可导 $\Leftrightarrow f'_-(x_0)=f'_+(x_0)$.

3. 导数的几何意义

$f'(x_0)$ 表示曲线 $y=f(x)$ 在点 $(x_0,f(x_0))$ 处切线的斜率.

(1) 切线方程：$y=f(x_0)+f'(x_0)(x-x_0)$.

(2) 法线方程：$y=f(x_0)-\dfrac{1}{f'(x_0)}(x-x_0)$.

4. 可导与连续的关系

函数 $f(x)$ 在点 x_0 处可导 $\Rightarrow$ 函数 $f(x)$ 在点 x_0 处连续，即可导必连续，但反过来不一定成立，即连续不一定可导. 反例：$y=|x|$ 在 $x=0$ 处连续但不可导（因为左导数和右导数不相等）.

5. 基本初等函数的导数

$(C)'=0$; $(x^\alpha)'=\alpha x^{\alpha-1}$（$\alpha$ 为常数）;

$(a^x)'=a^x\ln a$; $(e^x)'=e^x$;

$(\log_a x)'=\dfrac{1}{x\ln a}$; $(\ln x)'=\dfrac{1}{x}$;

$(\sin x)'=\cos x$; $(\cos x)'=-\sin x$;

$(\tan x)'=\sec^2 x$; $(\cot x)'=-\csc^2 x$;

$(\sec x)'=\sec x\cdot\tan x$; $(\csc x)'=-\csc x\cdot\cot x$;

$(\arcsin x)'=\dfrac{1}{\sqrt{1-x^2}}$; $(\arccos x)'=-\dfrac{1}{\sqrt{1-x^2}}$;

$(\arctan x)'=\dfrac{1}{1+x^2}$; $(\operatorname{arccot} x)'=-\dfrac{1}{1+x^2}$.

6. 导数的四则运算

设函数 $f(x),g(x)$ 在 x 处可导，则

(1) $[f(x)\pm g(x)]'=f'(x)\pm g'(x)$;

(2) $[f(x)\cdot g(x)]'=f'(x)\cdot g(x)+f(x)\cdot g'(x)$;

(3) $[kf(x)]'=kf'(x)$;

(4) $\left[\dfrac{f(x)}{g(x)}\right]'=\dfrac{f'(x)g(x)-f(x)g'(x)}{[g(x)]^2}$, $g(x)\neq 0$.

7. 复合函数求导法则

$y=f[g(x)]$ 的导数与函数 $y=f(u),u=g(x)$ 的导数间的关系为 $y'_x=y'_u\cdot u'_x$. 即 y 对 x 的导数等于 y 对 u 的导数与 u 对 x 的导数的乘积.

8. 隐函数的求导法则

若可导函数 $y=f(x)$ 满足方程 $F(x,y)=0$，则用复合函数求导法直接对方程 $F(x,y)=0$ 两边求导得到 $\dfrac{\mathrm{d}f}{\mathrm{d}x}$.

9. 反函数的导数

如果函数 $y=f(x)$ 在点 x_0 处可导,且 $f'(x_0)\neq 0$,其反函数为 $x=\varphi(y)$,则 $\varphi(y)$ 在 $y_0=f(x_0)$ 处可导,且 $\varphi'(y_0)=\dfrac{1}{f'(x_0)}$.

10. 幂指函数求导

若 $y=f(x)^{g(x)}$,则可令 $\ln y=g(x)\ln f(x)$,再求导 $\dfrac{1}{y}y'=g'\ln f+g\dfrac{1}{f}f'$,即求得 y'.

11. 参数方程所确定的函数的求导法

若参数方程 $\begin{cases}x=\phi(t),\\ y=\psi(t)\end{cases}$ $(\alpha<t<\beta)$,其中 $\phi(t),\psi(t)$ 为可导的函数,且 $\phi'(t)\neq 0$,则

$$\frac{dy}{dx}=\frac{\dfrac{dy}{dt}}{\dfrac{dx}{dt}}=\frac{\psi'(t)}{\phi'(t)}.$$

12. 高阶导数

如果函数 $f(x)$ 的导数 $f'(x)$ 在点 x 处可导,则称 $(f'(x))'$ 为函数 $f(x)$ 在点 x 处的二阶导数. 记为 $f''(x), y'', \dfrac{d^2 y}{dx^2}$ 或 $\dfrac{d^2 f(x)}{dx^2}$.

二阶导数的导数称为三阶导数,记为 $f'''(x), y''', \dfrac{d^3 y}{dx^3}$ 或 $\dfrac{d^3 f}{dx^3}$. 二阶和二阶以上的导数统称为高阶导数.

参数方程 $\begin{cases}x=\phi(t),\\ y=\psi(t)\end{cases}$ 的二阶导:$\dfrac{d^2 y}{dx^2}=\dfrac{d}{dx}\left(\dfrac{dy}{dx}\right)=\dfrac{d}{dt}\left(\dfrac{\psi'(t)}{\phi'(t)}\right)\dfrac{dt}{dx}$.

(二) 微分

设函数 $f(x)$ 在点 x_0 的某个邻域内有定义,A 是一个常数,若函数增量 $\Delta y=f(x_0+\Delta x)-f(x_0)$ 可表示为 $\Delta y=A\Delta x+o(\Delta x)$,则称函数 $y=f(x)$ 在点 x_0 处可微,并且称 $A\Delta x$ 为函数 $y=f(x)$ 在点 x_0 处相应于自变量的改变量 Δx 的微分,记为 dy,即 $dy=A\Delta x$.

函数 $y=f(x)$ 在点 x_0 处可微 $\Leftrightarrow$ 函数 $y=f(x)$ 在点 x_0 处可导,且 $dy=f'(x_0)\Delta x$.

自变量的微分 dx 等于自变量的改变量 Δx,从而 $dy=f'(x_0)dx$.

函数 $y=f(x)$ 在任意点 x 处的微分,称为函数 $y=f(x)$ 的微分,记为 $dy=f'(x)dx$.

(三) 微分学基本定理

罗尔定理:设函数 $y=f(x)$ 在 $[a,b]$ 上连续,在 (a,b) 上可导,且 $f(a)=f(b)$,则 $\exists\xi\in(a,b)$,使得 $f'(\xi)=0$.

拉格朗日中值定理:设函数 $f(x)$ 在 $[a,b]$ 上连续,在 (a,b) 上可导,则 $\exists\xi\in(a,b)$,使得 $f(b)-f(a)=f'(\xi)(b-a)$.

柯西定理:如果函数 $f(x)$ 和 $g(x)$ 满足:(1) 在闭区间 $[a,b]$ 上连续;(2) 在开区间 (a,b) 内可导;(3) 对任一 $x\in(a,b), g'(x)\neq 0$,那么在 (a,b) 内至少有一点 ξ,使等式 $\dfrac{f(b)-f(a)}{g(b)-g(a)}=\dfrac{f'(\xi)}{g'(\xi)}$ 成立.

（四）洛必达法则

(1) $\dfrac{0}{0}$ 型：$\lim\limits_{x\to x_0}\dfrac{f(x)}{g(x)}=\lim\limits_{x\to x_0}\dfrac{f'(x)}{g'(x)}$；

(2) $\dfrac{\infty}{\infty}$ 型：$\lim\limits_{x\to x_0}\dfrac{f(x)}{g(x)}=\lim\limits_{x\to x_0}\dfrac{f'(x)}{g'(x)}$；

(3) $0\cdot\infty,\infty-\infty,1^{\infty},\infty^{0},0^{0}$ 等各种不同形式的不定型可转化为 $\dfrac{0}{0}$ 型或 $\dfrac{\infty}{\infty}$ 型后利用洛必达法则计算；

注意洛必达法则成立的条件是 $\dfrac{0}{0}$ 或 $\dfrac{\infty}{\infty}$ 型且 $\lim\limits_{x\to x_0}\dfrac{f'(x)}{g'(x)}=A$ 或 $\lim\limits_{x\to x_0}\dfrac{f'(x)}{g'(x)}=\infty$.

（五）例题

例 1 已知函数 $f(x)$ 在 $x=0$ 处连续，且 $\lim\limits_{x\to 0}\dfrac{f(x)}{e^{\frac{1}{2}x}-1}=3$，则 $f(0)+f'(0)=(\quad)$.

A. 1　　　　　　B. $\dfrac{1}{2}$　　　　　　C. $\dfrac{3}{2}$　　　　　　D. $\dfrac{2}{3}$

解：因为 $f(x)$ 在 $x=0$ 处连续，且 $\lim\limits_{x\to 0}\dfrac{f(x)}{e^{\frac{1}{2}x}-1}=3$，所以 $\lim\limits_{x\to 0}f(x)=0$，故 $f(0)=0$. 从而 $\lim\limits_{x\to 0}\dfrac{f(x)}{e^{\frac{1}{2}x}-1}=\lim\limits_{x\to 0}\dfrac{f(x)}{\frac{1}{2}x}=2\lim\limits_{x\to 0}\dfrac{f(x)-f(0)}{x-0}=2f'(0)\Rightarrow f'(0)=\dfrac{3}{2}$，所以 $f(0)+f'(0)=\dfrac{3}{2}$. 答案为 C.

例 2 函数 $f(x)=\begin{cases}x^{\alpha}\sin\dfrac{1}{x}, & x>0, \\ 0, & x=0\end{cases}$ 在 $x=0$ 处右导数存在，则 α 的取值范围为（　　）.

A. $\alpha>1$　　　　B. $0<\alpha\leqslant 1$　　　　C. $\alpha<0$　　　　D. $\alpha=0$

解：因为 $f'_+(0)=\lim\limits_{x\to 0^+}\dfrac{f(x)-f(0)}{x}=\lim\limits_{x\to 0^+}x^{\alpha-1}\sin\dfrac{1}{x}$，所以当 $\alpha-1>0$，即 $\alpha>1$ 时，$f'_+(0)=0$ 时；当 $\alpha\leqslant 1$ 时，$f'_+(0)=\lim\limits_{n\to 0^+}x^{\alpha-1}\sin\dfrac{1}{x}$ 不存在. 答案为 A.

本题也可用排除法.

$\alpha\leqslant 0$ 时，$f(x)$ 在 $x=0$ 处不连续，当然不可导，排除 C 和 D；$\alpha=1$ 时，$f(x)$ 在 $x=0$ 处连续，但不可导，排除 B. 答案为 A.

例 3 极限 $\lim\limits_{x\to 0}\dfrac{x-x\cos x}{x-\sin x}=(\quad)$.

A. 0　　　　　　B. 1　　　　　　C. 2　　　　　　D. 3

解：$\lim\limits_{x\to 0}\dfrac{x-x\cos x}{x-\sin x}=\lim\limits_{x\to 0}\dfrac{\frac{1}{2}x^3}{x-\sin x}=\lim\limits_{x\to 0}\dfrac{\frac{3}{2}x^2}{1-\cos x}=3$. 答案为 D.

例 4 设 $f(x)=\sin x$,则 $f^{(1002)}(x)=(\quad)$.

A. $\sin x$ B. $\cos x$ C. $-\sin x$ D. $-\cos x$

解：$f^{(1002)}(x)=f''(x)=-\sin x$. 答案为 C.

例 5 如图 1-1 所示, $f(x),g(x)$ 是两个逐段线性的连续函数, 设 $u(x)=f[g(x)]$, 则 $u'(1)$ 的值为( ).

A. $\dfrac{3}{4}$ B. $-\dfrac{3}{4}$ C. $-\dfrac{1}{12}$ D. $\dfrac{1}{12}$

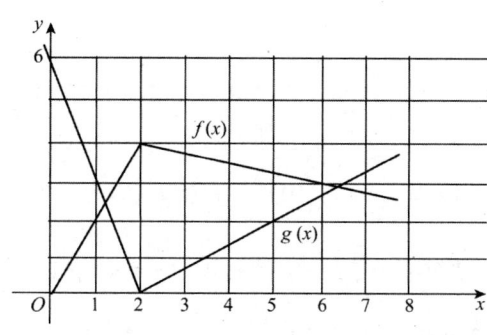

图 1-1

解：由于 $u'(1)=f'[g(1)]g'(1), g(1)=3, g'(1)=-3, f'[g(1)]=f'(3)=-\dfrac{1}{4}$,所以 $u'(1)=\dfrac{3}{4}$. 答案为 A.

例 6 设 $f(x)$ 是 $(-1,1)$ 内可导的奇函数,则 $f'(x)(\quad)$.

A. 是 $(-1,1)$ 内的偶函数   B. 是 $(-1,1)$ 内的奇函数

C. 是 $(-1,1)$ 内的非奇非偶函数   D. 可能是奇函数,也可能是偶函数

解：$f(-x)=-f(x) \Rightarrow -f'(-x)=-f'(x) \Rightarrow f'(-x)=f'(x) \Rightarrow f'(x)$ 是偶函数. 答案为 A.

【**注**】 本题考查复合函数求导及奇函数与偶函数的定义;可导的奇函数其导函数是偶函数,可导的偶函数其导函数是奇函数,这个结论可直接使用.

例 7 求极限 $\lim\limits_{x \to 1}\left(\dfrac{x}{x-1}-\dfrac{1}{\ln x}\right)$.

解：$\infty-\infty$ 不定型,

$\lim\limits_{x \to 1}\left(\dfrac{x}{x-1}-\dfrac{1}{\ln x}\right)=\lim\limits_{x \to 1}\dfrac{x\ln x-x+1}{(x-1)\ln x}=\lim\limits_{x \to 1}\dfrac{x\ln x}{x\ln x+x-1}=\lim\limits_{x \to 1}\dfrac{\ln x+1}{\ln x+2}=\dfrac{1}{2}$.

例 8 设函数 $g(x)$ 导数连续,其图像在原点与曲线 $y=\ln(1+2x)$ 相切,若函数

$$f(x)=\begin{cases}\dfrac{g(x)}{x},& x\neq 0 \\ a,& x=0\end{cases}$$

在原点可导,求 a.

解：由题意 $g(0)=0, g'(0)=\dfrac{2}{1+2x}\bigg|_{x=0}=2$,由于 $\lim\limits_{x \to 0}\dfrac{\dfrac{g(x)}{x}-a}{x}$ 存在,所以 $\lim\limits_{x \to 0}\dfrac{g(x)}{x}=a$,

而 $\lim\limits_{x\to 0}\dfrac{g(x)}{x}=\lim\limits_{x\to 0}\dfrac{g(x)-g(0)}{x}=g'(0)=2$，则 $a=2$.

例9 若函数 $y=y(x)$ 由方程 $x-y+\dfrac{1}{2}\sin y=0$ 确定，求 $y'|_{x=0}$.

解：$x-y+\dfrac{1}{2}\sin y=0$ 两边对 x 求导，$1-y'+\dfrac{1}{2}\cos y\cdot y'=0\Rightarrow y'=\dfrac{1}{1-\dfrac{1}{2}\cos y}$，当 $x=0$ 时，$y=0$，所以 $y'|_{x=0}=\dfrac{1}{1-\dfrac{1}{2}}=2$.

例10 设可导函数 $f(x)$ 满足 $f'(x)=f^2(x)$，且 $f(0)=-1$，$f(x)$ 二阶可导，求 $f(x)$ 在点 $x=0$ 处的三阶导数 $f'''(0)$.

解：$f''(x)=2f(x)f'(x)$，$f'(0)=1$，$f''(0)=2f(0)f'(0)=-2$，故 $f'''(0)=\lim\limits_{x\to 0}\dfrac{f''(x)-f''(0)}{x}$
$=\lim\limits_{x\to 0}\dfrac{2f(x)f'(x)+2}{x}=\lim\limits_{x\to 0}[2f'^2(x)+2f(x)f''(x)]=2+2\times(-1)\times(-2)=6$.

例11 求证不等式 $\arctan x_2-\arctan x_1\leqslant x_2-x_1$（$x_1<x_2$）.

证明：设 $f(x)=\arctan x$，$f(x)$ 在 $[x_1,x_2]$ 上满足拉格朗日中值定理的条件，因此有 $\arctan x_2-\arctan x_1=\dfrac{1}{1+\xi^2}(x_2-x_1)$，$\xi\in(x_1,x_2)$. 因为 $\dfrac{1}{1+\xi^2}\leqslant 1$，所以可得 $\arctan x_2-\arctan x_1\leqslant x_2-x_1$.

例12 设函数 $f(x)$ 在 $[0,\pi]$ 上连续，在 $(0,\pi)$ 内可导. 求证：存在 $\xi\in(0,\pi)$，使得 $f'(\xi)=-f(\xi)\cot\xi$.

证明：设 $F(x)=f(x)\sin x$，则 $F(x)$ 在 $[0,\pi]$ 上连续，在 $(0,\pi)$ 内可导，$F(0)=F(\pi)=0$，由罗尔定理，$\exists\xi\in(0,\pi)$，使得 $F'(\xi)=0$，而 $F'(x)=f'(x)\sin x+f(x)\cos x$，有 $f'(\xi)\sin\xi+f(\xi)\cos\xi=0\Rightarrow f'(\xi)=-f(\xi)\cot\xi$.

例13 设函数 $f(x)$ 在 $[0,1]$ 上连续，在 $(0,1)$ 内可导，且 $f(0)=0$，$f(1)=\dfrac{1}{3}$. 求证：存在 $\xi\in\left(0,\dfrac{1}{2}\right)$，$\eta\in\left(\dfrac{1}{2},1\right)$，使得 $f'(\xi)+f'(\eta)=\xi^2+\eta^2$.

证明：令 $F(x)=f(x)-\dfrac{1}{3}x^3$，则 $F(x)$ 在 $\left[0,\dfrac{1}{2}\right]$ 上连续，在 $\left(0,\dfrac{1}{2}\right)$ 内可导，由拉格朗日中值定理，存在 $\xi\in\left(0,\dfrac{1}{2}\right)$，使得

$$F\left(\dfrac{1}{2}\right)-F(0)=F'(\xi)\left(\dfrac{1}{2}-0\right)\Rightarrow f\left(\dfrac{1}{2}\right)-\dfrac{1}{24}=\dfrac{1}{2}(f'(\xi)-\xi^2), \quad (1)$$

同理，存在 $\eta\in\left(\dfrac{1}{2},1\right)$，使得

$$F(1)-F\left(\dfrac{1}{2}\right)=F'(\eta)\left(1-\dfrac{1}{2}\right)\Rightarrow\dfrac{1}{24}-f\left(\dfrac{1}{2}\right)=\dfrac{1}{2}[f'(\eta)-\eta^2], \quad (2)$$

$(1)+(2)\Rightarrow$ 存在 $\xi\in\left(0,\dfrac{1}{2}\right)$，$\eta\in\left(\dfrac{1}{2},1\right)$，使得 $f'(\xi)+f'(\eta)=\xi^2+\eta^2$.

【注】 本题考查构造证明法和拉格朗日中值定理的应用;因为是函数值与导数值的关系,所以想到用拉格朗日中值定理;结论中有两个参数 ξ,η,从而想到两次应用拉格朗日中值定理.

例 14 设函数 $f(x)$ 在 $[a,b]$ 上连续,在 (a,b) 内可导,$0<a<b$,$f(a)=f(b)=0$. 证明:存在 $\xi\in(a,b)$,使得 $f'(\xi)=\dfrac{f(\xi)}{\xi}$.

证明: 令 $F(x)=\dfrac{f(x)}{x}$,则 $F(x)$ 在 $[a,b]$ 上连续,在 (a,b) 内可导,$F(a)=F(b)=0$,由罗尔定理,存在 $\xi\in(a,b)$,使得 $F'(\xi)=0$,而 $F'(x)=\dfrac{xf'(x)-f(x)}{x^2}\Rightarrow\dfrac{\xi f'(\xi)-f(\xi)}{\xi^2}=0\Rightarrow\xi f'(\xi)-f(\xi)=0\Rightarrow f'(\xi)=\dfrac{f(\xi)}{\xi}$.

【注】 本题考查构造证明法和罗尔定理的应用;若要证明 $f'(\xi)=-\dfrac{f(\xi)}{\xi}$,即 $\xi f'(\xi)+f(\xi)=0$,则令 $F(x)=xf(x)$ 即可(积的导数是和的形式);本题要证 $f'(\xi)=\dfrac{f(\xi)}{\xi}$,即 $\xi f'(\xi)-f(\xi)=0$,想到令 $F(x)=\dfrac{f(x)}{x}$(商的导数以差的形式出现).

小贴士

(1) 天下无难导!记住导数表,导数的四则运算法则和复合函数求导法则,所有导数都会求.

(2) 会求导数,就会求二阶导数,$y''=(y')'$.

(3) 会求导数,就会求微分,$\mathrm{d}y=y'\mathrm{d}x$.

(4) 微分 $\mathrm{d}y$ 是函数改变量 Δy 的近似值.

(5) 会求导数,就会求极限(洛必达法则),洛必达法则与等价无穷小代换法联合威力更大.

(6) 遇到导数等于 0 的问题想罗尔,遇到函数值与导数值之间关系的问题想拉格朗日,遇到两个函数值与导数值之间关系的问题想柯西.

链接阅读 ▽

牛顿(1642—1727),物理学家、数学家和天文学家.生于英国林肯郡.他完成了微积分发明中最关键的一步,引入了微分和积分运算.单就数学方面的成就,就使牛顿与阿基米德、高斯一起,被称为人类有史以来最杰出的三大数学家.

二、导数的应用

(一) 函数的单调性与极值

1. 函数的单调性判定定理

设函数 $y=f(x)$ 在 $[a,b]$ 上连续，在 (a,b) 内可导，

(1) 如果在 (a,b) 内 $f'(x)>0$，那么函数 $y=f(x)$ 在 $[a,b]$ 上单调增加；

(2) 如果在 (a,b) 内 $f'(x)<0$，那么函数 $y=f(x)$ 在 $[a,b]$ 上单调减少.

2. 单调性的判别步骤

(1) 求函数 $y=f(x)$ 的定义域；

(2) 求 $f'(x)$；

(3) 求 $f'(x)=0$ 的点和 $f'(x)$ 不存在的点 x_k（统称为一阶可疑点）；

(4) 利用点 x_k 将函数 $f(x)$ 的定义域分成几个小区间，列表判定.

3. 函数的极值

设函数 $f(x)$ 在 x_0 的某个邻域内有定义，

(1) 若对此邻域内的任一点 $x(x \neq x_0)$，总有 $f(x) < f(x_0)$，则称 $f(x_0)$ 为函数 $f(x)$ 的一个极大值，称 x_0 为函数 $f(x)$ 的一个极大值点；

(2) 若对此邻域内的任一点 $x(x \neq x_0)$，总有 $f(x) > f(x_0)$，则称 $f(x_0)$ 为函数 $f(x)$ 的一个极小值，称 x_0 为函数 $f(x)$ 的一个极小值点.

函数的极大值与极小值统称极值，极大值点与极小值点统称极值点.

4. 函数极值点的必要条件

设函数 $f(x)$ 在 x_0 处可导，且 x_0 为 $f(x)$ 的一个极值点，则 $f'(x_0)=0$. 称满足 $f'(x_0)=0$ 的 x_0 为 $f(x)$ 的驻点，驻点和导数不存在的点统称为一阶可疑点. 函数 $f(x)$ 的极值点一定是一阶可疑点，反之不然.

5. 函数极值点的充分条件

定理：设函数 $f(x)$ 在 x_0 的某个邻域内连续，在 x_0 两侧可导，

(1) 若在 x_0 左侧，$f'(x)>0$，在 x_0 右侧，$f'(x)<0$，则 $f(x_0)$ 为函数 $f(x)$ 的一个极大值.

(2) 若在 x_0 左侧，$f'(x)<0$，在 x_0 右侧，$f'(x)>0$，则 $f(x_0)$ 为函数 $f(x)$ 的一个极小值.

定理：设 x_0 是函数 $f(x)$ 的一个驻点，且 $f''(x_0)$ 存在，

(1) 若 $f''(x_0)>0$，则 $f(x_0)$ 为函数 $f(x)$ 的一个极小值.

(2) 若 $f''(x_0)<0$，则 $f(x_0)$ 为函数 $f(x)$ 的一个极大值.

6. 函数极值点的求法

(1) 求函数 $y=f(x)$ 的定义域；

(2) 求导数 $f'(x)$；

(3) 求 $f(x)$ 一阶可疑点；

(4) 列表判定求极值.

（二）函数的凹凸性和拐点

1. 函数的凹凸性

设函数 $f(x)$ 在区间 (a,b) 内连续，若对区间 (a,b) 上的任意两点 x_1,x_2 恒有 $f\left(\dfrac{x_1+x_2}{2}\right) < \dfrac{f(x_1)+f(x_2)}{2}$，那么称 $f(x)$ 在区间 (a,b) 上的图形是凹的（上凹的，下凸的）；如果恒有 $f\left(\dfrac{x_1+x_2}{2}\right) > \dfrac{f(x_1)+f(x_2)}{2}$，那么称 $f(x)$ 在区间 (a,b) 上的图形是凸的（上凸的，下凹的）.

2. 函数凹凸性的判定定理

如果 $f(x)$ 在 $[a,b]$ 上连续，在 (a,b) 具有一阶和二阶导数，在 (a,b) 内，

(1) $f''(x) > 0$，则 $f(x)$ 在 $[a,b]$ 上的图形是上凹（凹）的；

(2) $f''(x) < 0$，则 $f(x)$ 在 $[a,b]$ 上的图形是下凹（凸）的.

3. 函数凹凸性的判别法

(1) 求函数 $y=f(x)$ 的定义域；

(2) 求出 $f''(x)$；

(3) 求出 $f''(x)=0$ 和 $f''(x)$ 不存在的点 x_k（统称为 $f(x)$ 的二阶可疑点）；

(4) 利用点 x_k 将函数 $f(x)$ 的定义域分成几个小区间，列表判定.

4. 函数的拐点

连续曲线上凹与凸的分界点称为曲线的拐点；

若点 $(x_0,f(x_0))$ 是曲线 $y=f(x)$ 的拐点，则 x_0 是 $f(x)$ 的二阶可疑点，反之不然.

5. 函数拐点的判定

设函数 $f(x)$ 在 x_0 处连续，在 x_0 两侧二阶可导，且 x_0 是二阶可疑点.

(1) x_0 两近旁 $f''(x)$ 变号，点 $(x_0,f(x_0))$ 为拐点；

(2) x_0 两近旁 $f''(x)$ 不变号，点 $(x_0,f(x_0))$ 不是拐点.

（三）曲线的渐近线

1. 水平渐近线

若 $\lim\limits_{x\to+\infty} f(x)=A$ 或 $\lim\limits_{x\to-\infty} f(x)=A$，则 $y=A$ 是水平渐近线.

2. 垂直渐近线

若 $\lim\limits_{x\to x_0^+} f(x)=\infty$ 或 $\lim\limits_{x\to x_0^-} f(x)=\infty$，则 $x=x_0$ 是垂直渐近线.

3. 斜渐近线

若 $\lim\limits_{x\to+\infty(-\infty)} \dfrac{f(x)}{x}=a\neq 0$，$\lim\limits_{x\to+\infty(-\infty)} [f(x)-ax]=b$，则 $y=ax+b$ 是斜渐近线.

（四）函数最值求法

1. 求函数 $f(x)$ 在 $[a,b]$ 上的最大值和最小值的方法

(1) 求 $f'(x)$；

(2) 求 $f(x)$ 在 (a,b) 内的一阶可疑点 $x_1,\cdots,x_k$；

(3) $f_{最大} = \max\{f(x_1), \cdots, f(x_k), f(a), f(b)\}$，$f_{最小} = \min\{f(x_1), \cdots, f(x_k), f(a), f(b)\}$.

2. 解最值应用题的步骤

(1) 寻找题目中的等量关系；

(2) 设未知量，列出函数表达式 $y = f(x)$，据实际意义写出定义域；

(3) 求 $f'(x)$；

(4) 求 $f(x)$ 的一阶可疑点（一般只有一个）；

(5) 判定（只有一个可疑点必是最值点）；

(6) 求最值并答.

（五）函数作图

描绘函数 $y = f(x)$ 的图形可依下述步骤进行：

(1) 确定函数 $y = f(x)$ 的定义域；

(2) 确定函数 $y = f(x)$ 的奇偶性和周期性；

(3) 确定曲线 $y = f(x)$ 与坐标轴的交点坐标；

(4) 求 $f'(x)$ 和 $f''(x)$；

(5) 求 $f(x)$ 的一阶可疑点和二阶可疑点；

(6) 列表判定函数 $y = f(x)$ 的单调区间、凹凸区间、极值点和拐点；

(7) 确定曲线 $y = f(x)$ 的渐近线；

(8) 画出图形.

（六）泰勒公式

(1) 定理：若函数 $f(x)$ 在含有 x_0 的某个开区间 (a, b) 内存在直到 $n+1$ 阶导数，则对任意 $x \in (a, b)$，有 $f(x) = f(x_0) + f'(x_0)(x - x_0) + \dfrac{f''(x_0)}{2!}(x - x_0)^2 + \cdots + \dfrac{f^{(n)}(x_0)}{n!}(x - x_0)^n + R_n(x)$，其中 $R_n(x) = \dfrac{f^{(n+1)}(\xi)}{(n+1)!}(x - x_0)^{n+1}$，$\xi$ 在 x_0 与 x 之间.

(2) 定义：$f(x) = f(x_0) + f'(x_0)(x - x_0) + \dfrac{f''(x_0)}{2!}(x - x_0)^2 + \cdots + \dfrac{f^{(n)}(x_0)}{n!}(x - x_0)^n + R_n(x)$ 称为 $f(x)$ 按 $(x - x_0)$ 的幂展开的 n 阶泰勒公式，其中 $R_n(x) = \dfrac{f^{(n+1)}(\xi)}{(n+1)!}(x - x_0)^{n+1}$ 称为拉格朗日型余项.

(3) 泰勒公式在 $x_0 = 0$ 时的特殊形式 $f(x) = f(0) + f'(0)x + \dfrac{f''(0)}{2!}x^2 + \cdots + \dfrac{f^{(n)}(0)}{n!}x^n + \dfrac{f^{(n+1)}(\xi)}{(n+1)!}x^{n+1}$，$\xi$ 在 0 与 x 之间，称为麦克劳林公式.

(4) 若对于固定的 n，当 $x \in (a, b)$ 时，$|f^{(n+1)}(x)| \leqslant M$，则 $x \to x_0$ 时，$R_n(x) = o[(x - x_0)^n]$，写成 $R_n(x) = o[(x - x_0)^n]$ 的余项称为皮亚诺余项.

(七)例题

例 1 若 a,b,c,d 成等比数列,则函数 $y=\dfrac{1}{3}ax^3+bx^2+cx+d$ ( ).

A. 有极大值,而无极小值   B. 无极大值,而有极小值

C. 有极大值,也有极小值   D. 无极大值,也无极小值

解:由题意,$a\neq 0$,$y'=ax^2+2bx+c$,$\Delta=4b^2-4ac$. 当 $a>0$ 时,$y'=ax^2+2bx+c\geqslant 0$,y 单调上升;当 $a<0$ 时,$y'=ax^2+2bx+c\leqslant 0$,y 单调下降,所以函数 $y=\dfrac{1}{3}ax^3+bx^2+cx+d$ 没有极值点. 答案为 D.

例 2 已知导函数 $f'(x)$ 的图形如图 1-2 所示,则函数 $f(x)$ 的极大值点为( ).

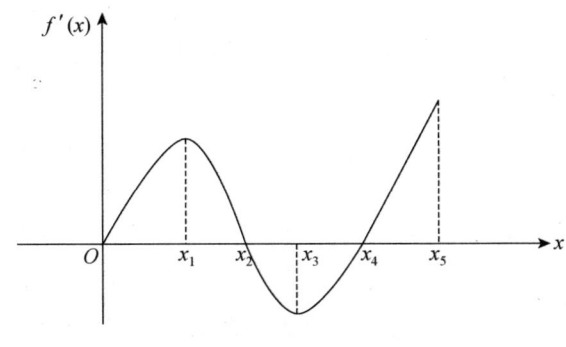

图 1-2

A. $x=x_1$ B. $x=x_2$ C. $x=x_4$ D. $x=x_5$

解:当 $0\leqslant x\leqslant x_2$ 时,$f'(x)\geqslant 0$,从而 $f(x)$ 单调递增;当 $x_2\leqslant x\leqslant x_4$ 时,$f'(x)\leqslant 0$,从而 $f(x)$ 单调递减. 故函数的极大值点为 $x=x_2$. 答案为 B.

例 3 设函数 $f(x)$ 在 $[-1,1]$ 上二阶连续可导,且 $f'(0)=0$,$\lim\limits_{x\to 0}\dfrac{|x|}{1-\cos x}f''(x)=1$,则( ).

A. $(0,f(0))$ 是拐点   B. $f(0)$ 是极大值

C. $f(0)$ 是极小值   D. $f(0)$ 不是极值

解:因为 $\lim\limits_{x\to 0}\dfrac{|x|}{1-\cos x}f''(x)=1>0$,所以在 $x=0$ 的某个空心邻域内 $\dfrac{|x|}{1-\cos x}f''(x)>0$,从而 $f''(x)>0$,因此 $(0,f(0))$ 不是 $f(x)$ 的拐点;由于 $f''(x)>0$,所以 $f'(x)$ 单调递增,又 $f'(0)=0$,从而易知 $x=0$ 是 $f(x)$ 的极小值点. 答案为 C.

例 4 曲线 $y=\dfrac{x^2}{x-1}$ 的斜渐近线方程为( ).

A. $y=2x+1$ B. $y=x+1$ C. $y=2x-1$ D. $y=x-1$

解:因为 $\lim\limits_{x\to\infty}\dfrac{x^2}{x(x-1)}=1$,$\lim\limits_{x\to\infty}\left(\dfrac{x^2}{x-1}-x\right)=\lim\limits_{x\to\infty}\dfrac{x}{x-1}=1$,所以,曲线 $y=\dfrac{x^2}{x-1}$ 的斜渐近线的方程为 $y=x+1$. 答案为 B.

例 5 若方程 $x-e\ln x-k=0$ 在 $(0,1]$ 上有解,则 k 的最小取值为( ).

A. -1 B. $\dfrac{1}{e}$ C. 1 D. e

解：令 $f(x)=x-e\ln x$，则 $f'(x)=1-\dfrac{e}{x}<0$，$x\in(0,1]$，即 $f(x)$ 在 $(0,1]$ 上单调递减，则 $k_{\min}=f_{\min}(x)=f(1)=1$. 答案为 C.

例 6 设 $y=f(x)$ 是方程 $y''-2y'+4y=0$ 的一个解，且 $f(x_0)>0$，$f'(x_0)=0$，则函数 $f(x)$ 在点 x_0 处（　　）.

A. 取得极大值　　　　　　　　　　　B. 取得极小值

C. 某邻域内单调增加　　　　　　　　D. 某邻域内单调减少

解：因为 $y''(x_0)-2y'(x_0)+4y(x_0)=0$，且 $f(x_0)>0$，$f'(x_0)=0$，所以 $y''(x_0)=-4y(x_0)<0$，则 $f(x_0)$ 是极大值. 答案为 A.

【注】 本题主要考查极值判定定理的应用和微分方程解的概念.

例 7 函数 $f(x)=1+x+\dfrac{x^2}{2}+\dfrac{x^3}{3}$ 的图像与 x 轴交点的个数是（　　）.

A. 0　　　　　　B. 1　　　　　　C. 2　　　　　　D. 3

解：因为 $f'(x)=1+x+x^2=\left(x+\dfrac{1}{2}\right)^2+\dfrac{3}{4}>0$，所以函数 $f(x)$ 单调递增；又 $f(0)=1$，$f(-2)=-\dfrac{5}{3}$，由零点存在定理，$\exists\xi\in(-2,0)$，使得 $f(\xi)=0$，$f(x)$ 的图像与 x 轴交点的个数是 1 个. 答案为 B.

【注】 本题主要考查零点存在定理和函数单调性的应用；函数 $y=f(x)$ 的零点，方程 $f(x)=0$ 的根，曲线 $y=f(x)$ 与 x 轴交点的横坐标三者相同.

例 8 已知点 $(1,3)$ 为曲线 $y=ax^3+bx^2+1$ 的拐点，求 a,b 的值.

解：由点在曲线上和拐点处的二阶导数为零，得 $\begin{cases}a+b=2,\\ 6a+2b=0,\end{cases}$ 解得 $a=-1$，$b=3$.

例 9 在曲线 $y=1-x^2(x>0)$ 上求一点 M 的坐标，使曲线在该点处的切线与两坐标轴所围三角形面积最小.

解：设曲线在点 $M(t,1-t^2)$ 处的切线与坐标轴所围的三角形面积 S 为最小. 因为 $y'=-2x$，所以曲线在点 M 处的切线斜率为 $k=-2t$，则切线方程为 $y-1+t^2=-2tx+2t^2$，即 $\dfrac{y}{1+t^2}+\dfrac{x}{\dfrac{1+t^2}{2t}}=1$，于是此切线与两坐标轴所围的面积 $S(t)=\dfrac{(1+t^2)^2}{4t}(t>0)$，

$S'(t)=\dfrac{(1+t^2)(3t^2-1)}{4t^2}$；令 $S'(t)=0$，得 $t_1=\dfrac{1}{\sqrt{3}}$，$t_2=-\dfrac{1}{\sqrt{3}}$（舍）；当 $0<t<\dfrac{1}{\sqrt{3}}$ 时，$S'(t)<0$；当 $t>\dfrac{1}{\sqrt{3}}$ 时，$S'(t)>0$. 所以 $t=\dfrac{1}{\sqrt{3}}$ 是唯一的极小值点，因此它是最小值点，于是所求 M 点的坐标为 $\left(\dfrac{1}{\sqrt{3}},\dfrac{2}{3}\right)$.

例 10 画出函数 $y=\dfrac{x^2}{x+1}$ 的图形.

解：（1）该函数的定义域为 $(-\infty,-1)\cup(-1,+\infty)$；（2）$y=\dfrac{x^2}{x+1}$ 是非奇非偶非周期

函数；

(3) 该曲线与坐标轴的交点为$(0,0)$；(4) $f'(x)=\dfrac{x^2+2x}{(x+1)^2}$，$f''(x)=\dfrac{2}{(x+1)^3}$；

(5) 该函数的一阶可疑点为$x=0, x=-2, x=-1$；二阶可疑点为$x=-1$；

(6) 列表判定该函数的单调区间、凹凸区间、极值点和拐点（如表1-1所示）.

表 1-1

x	$(-\infty,-2)$	-2	$(-2,-1)$	-1	$(-1,0)$	0	$(0,+\infty)$
y'	$+$		$-$		$-$		$+$
y''	$-$		$-$		$+$		$+$
y	单增下凹	极大值-4	单减下凹	间断	单减上凹	极小值0	单增上凹

(7) $x=-1$为该曲线的铅垂渐近线，$y=x-1$为该曲线的斜渐近线；

(8) 画出函数的图形（如图1-3所示）.

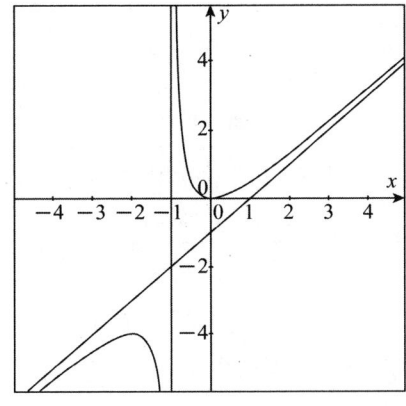

图 1-3

例11 求极限 $\lim\limits_{x\to+\infty}\left[\left(x^3-x^2+\dfrac{x}{2}\right)\cdot e^{\frac{1}{x}}-\sqrt{x^6+1}\right]$.

解：$e^{\frac{1}{x}}=1+\dfrac{1}{x}+\dfrac{1}{2!}\dfrac{1}{x^2}+\dfrac{1}{3!}\dfrac{1}{x^3}+o\left(\dfrac{1}{x^3}\right)$，$\sqrt{x^6+1}=x^3\left(1+\dfrac{1}{x^6}\right)^{\frac{1}{2}}=x^3\left(1+\dfrac{1}{2}\dfrac{1}{x^6}+o\left(\dfrac{1}{x^6}\right)\right)=x^3+\dfrac{1}{2x^3}+o\left(\dfrac{1}{x^3}\right)$，$\lim\limits_{x\to+\infty}\left[\left(x^3-x^2+\dfrac{x}{2}\right)\cdot e^{\frac{1}{x}}-\sqrt{x^6+1}\right]=\lim\limits_{x\to+\infty}\left(\dfrac{1}{6}+\dfrac{1}{12x}+\dfrac{1}{12x^2}-\dfrac{1}{2x^3}\right)=\dfrac{1}{6}$.

例12 请简述如何估算e的近似值，使其误差不超过10^{-4}.

解：由麦克劳林公式 $e^x=1+x+\dfrac{x^2}{2!}+\dfrac{x^3}{3!}+\cdots+\dfrac{x^n}{n!}+\dfrac{e^\xi}{(n+1)!}x^{n+1}$，$\xi$在0与$x$之间.

$e=1+1+\dfrac{1}{2!}+\dfrac{1}{3!}+\cdots+\dfrac{1}{n!}+\dfrac{e^\xi}{(n+1)!}$，$\xi$在0与1之间. 误差 $\left|\dfrac{e^\xi}{(n+1)!}\right|<\dfrac{e}{(n+1)!}<\dfrac{3}{(n+1)!}<10^{-4}\Rightarrow n=7$，$e\approx 1+1+\dfrac{1}{2!}+\dfrac{1}{3!}+\cdots+\dfrac{1}{7!}=2.7181$，

【注】 本题主要考查麦克劳林公式在近似计算中的应用.

例13 设函数$f(x)=x\ln x$. (1) 画出函数$f(x)$的草图；

(2) 若$\sum\limits_{i=1}^{n}x_i=1$，$x_i>0$，求函数$g(x_1,x_2,\cdots,x_n)=-\sum\limits_{i=1}^{n}x_i\ln x_i$的最大值.

解:(1) $f(x)=x\ln x$ 的定义域为 $(0,+\infty)$;曲线与坐标轴的交点为 $(1,0)$;$f'(x)=\ln x+1$,$f''(x)=\dfrac{1}{x}$;令 $f'(x)=\ln x+1=0 \Rightarrow x=\dfrac{1}{e}$,$0<x<\dfrac{1}{e}$ 时,$f'(x)<0$,$f(x)$ 单调递减,$x>\dfrac{1}{e}$ 时,$f'(x)>0$,$f(x)$ 单调递增;$f\left(\dfrac{1}{e}\right)=-\dfrac{1}{e}$ 为极小值;$f''(x)=\dfrac{1}{x}>0$,$f(x)$ 在 $(0,+\infty)$ 内上凹;无渐近线.画出函数的草图(如图1-4所示).

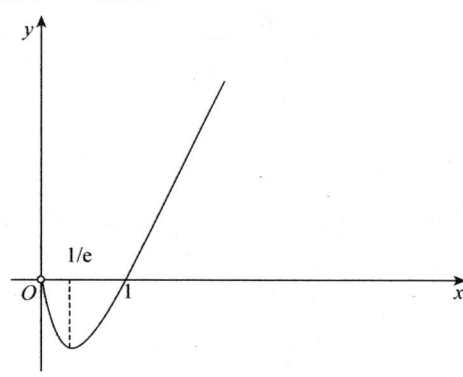

图 1-4

(2) $f(x)=x\ln x$ 在 $(0,+\infty)$ 内上凹(下凸),由詹森不等式 $\forall x_1,x_2,\cdots,x_n \in (0,+\infty)$,$f\left(\dfrac{x_1+x_2+\cdots+x_n}{n}\right) \leqslant \dfrac{f(x_1)+f(x_2)+\cdots+f(x_n)}{n}$;因为 $\sum\limits_{i=1}^{n}x_i=1$,$x_i>0$,所以 $\dfrac{\sum\limits_{i=1}^{n}f(x_i)}{n} \geqslant f\left(\dfrac{\sum\limits_{i=1}^{n}x_i}{n}\right)=f\left(\dfrac{1}{n}\right)=-\dfrac{1}{n}\ln n \Rightarrow -n\dfrac{\sum\limits_{i=1}^{n}f(x_i)}{n} \leqslant \ln n$,则 $g(x_1,x_2,\cdots,x_n)=-\sum\limits_{i=1}^{n}x_i\ln x_i=-n\dfrac{1}{n}\sum\limits_{i=1}^{n}x_i\ln x_i=-n\dfrac{\sum\limits_{i=1}^{n}f(x_i)}{n} \leqslant \ln n$.又 $g\left(\dfrac{1}{n},\dfrac{1}{n},\cdots,\dfrac{1}{n}\right)=\ln n$,则 $g\left(\dfrac{1}{n},\dfrac{1}{n},\cdots,\dfrac{1}{n}\right)=\ln n$ 是 $g(x_1,x_2,\cdots,x_n)$ 的最大值.

【注】 本题主要考查函数作图的方法及函数凹凸性的应用.

例 14 (1) 叙述函数 $f(x)$ 在区间 $[a,b]$ 中的图形是上凸的定义,并求证 $f(x)=\sin x$ 在 $[0,\pi]$ 中上凸;

(2) 若 A,B,C 是某三角形的三个内角,求证 $\sin A+\sin B+\sin C \leqslant \dfrac{3\sqrt{3}}{2}$.

(1) **解**:若对区间 $[a,b]$ 上任意两点 x_1,x_2 恒有 $f\left(\dfrac{x_1+x_2}{2}\right) \geqslant \dfrac{f(x_1)+f(x_2)}{2}$,那么称 $f(x)$ 在区间 $[a,b]$ 中的图形是上凸的.

因为 $f(x)=\sin x$,$f'(x)=\cos x$,$f''(x)=-\sin x<0$,所以 $f(x)=\sin x$ 在 $[0,\pi]$ 中上凸.

(2) **证明**:A,B,C 是某三角形的三个内角,则 $A,B,C \in (0,\pi)$;又 $f(x)=\sin x$ 在 $[0,\pi]$ 中上凸,则 $f\left(\dfrac{A+B+C}{3}\right) \geqslant \dfrac{f(A)+f(B)+f(C)}{3} \Rightarrow \sin\dfrac{\pi}{3} \geqslant \dfrac{\sin A+\sin B+\sin C}{3} \Rightarrow \sin A+\sin B$

$+\sin C \leqslant \dfrac{3\sqrt{3}}{2}.$

【注】 本题主要考查函数凹凸性的判定方法及函数凹凸性的应用.

知识拓展

1. 詹森不等式

若函数 $f(x)$ 在区间 $[a,b]$ 上的图形是上凸(下凹)的,则对有 $\forall x_1,x_2,\cdots,x_n \in [a,b]$,有 $f\left(\dfrac{x_1+x_2+\cdots+x_n}{n}\right) \geqslant \dfrac{f(x_1)+f(x_2)+\cdots f(x_n)}{n}$,若函数 $f(x)$ 在区间 $[a,b]$ 上的图形是下凸(上凹)的,则对有 $\forall x_1,x_2,\cdots,x_n \in [a,b]$,有 $f\left(\dfrac{x_1+x_2+\cdots+x_n}{n}\right) \leqslant \dfrac{f(x_1)+f(x_2)+\cdots f(x_n)}{n}.$

2. 常见的麦克劳林公式

(1) $e^x = 1+x+\dfrac{x^2}{2!}+\dfrac{x^3}{3!}+\cdots+\dfrac{x^n}{n!}+o(x^n), x\in(-\infty,+\infty);$

(2) $\sin x = x-\dfrac{x^3}{3!}+\dfrac{x^5}{5!}-\dfrac{x^7}{7!}+\cdots+(-1)^n\dfrac{x^{2n+1}}{(2n+1)!}+o(x^{2n+2}), x\in(-\infty,+\infty);$

(3) $\cos x = 1-\dfrac{x^2}{2!}+\dfrac{x^4}{4!}-\dfrac{x^6}{6!}+\cdots+(-1)^n\dfrac{x^{2n}}{(2n)!}+o(x^{2n+1}), x\in(-\infty,+\infty);$

(4) $\ln(1+x) = x-\dfrac{x^2}{2}+\dfrac{x^3}{3}-\dfrac{x^4}{4}+\cdots+(-1)^{n-1}\dfrac{x^n}{n}+o(x^n), x\in(-1,1];$

(5) $(1+x)^m = 1+mx+\dfrac{m(m-1)}{2!}x^2+\cdots+\dfrac{m(m-1)\cdots(m-n+1)}{n!}x^n+o(x^n), x\in(-1,1).$

链接阅读

拉格朗日(1736—1813),生于意大利都灵,是18世纪伟大的数学家、力学家和天文学家.几乎在当时所有的数学领域中,拉格朗日都做出了重要贡献,其最突出的贡献是在使数学分析的基础脱离几何与力学方面起了决定性的作用.

第三节 一元函数积分学

一、不定积分

(一)原函数与不定积分

1. 原函数的定义

设 $f(x)$ 是定义在某区间的已知函数,若存在函数 $F(x)$,使得 $F'(x)=f(x)$ 或

$dF(x) = f(x)dx$，则称 $F(x)$ 为 $f(x)$ 的一个原函数.

若 $F(x)$ 是 $f(x)$ 的一个原函数，则 $F(x)+C$ 是 $f(x)$ 的全体原函数，这里 C 是任意常数.

2. 不定积分的定义

函数 $f(x)$ 的全体原函数叫作 $f(x)$ 的不定积分，记为 $\int f(x)dx$. 即

$$\int f(x)dx = F(x) + C,\text{其中 } F'(x) = f(x).$$

3. 不定积分的性质

(1) $\left[\int f(x)dx\right]' = f(x)$，即 $d\left[\int f(x)dx\right] = f(x)dx$；

(2) $\int f'(x)dx = f(x) + C$，即 $\int df(x) = f(x) + C$；

(3) $\int kf(x)dx = k\int f(x)dx$；

(4) $\int [f(x) \pm g(x)]dx = \int f(x)dx \pm \int g(x)dx$.

4. 基本积分表

$\int 1dx = \int dx = x + C$；　　　　　　　$\int kdx = k\int dx = kx + C$；

$\int x^a dx = \dfrac{x^{a+1}}{a+1} + C \, (a \neq -1)$；　　$\int \dfrac{1}{x}dx = \ln|x| + C$；

$\int e^x dx = e^x + C$；　　　　　　　　　$\int a^x dx = \dfrac{a^x}{\ln a} + C \, (a > 0, a \neq 1)$；

$\int \cos x dx = \sin x + C$；　　　　　　$\int \sin x dx = -\cos x + C$；

$\int \sec^2 x dx = \tan x + C$；　　　　　$\int \csc^2 x dx = -\cot x + C$；

$\int \sec x \tan x dx = \sec x + C$；　　$\int \csc x \cot x dx = -\csc x + C$；

$\int \dfrac{dx}{\sqrt{1-x^2}} = \arcsin x + C$；　　　　$\int \dfrac{dx}{1+x^2} = \arctan x + C$.

（二）不定积分的积分法

1. 换元积分法

(1) 第一换元积分法（凑微分法）（主要解决带有复合函数乘积形式的不定积分）.

设 $f(u)$ 具有原函数 $F(u)$，$u = \varphi(x)$ 可导，则有换元公式

$$\int f[\varphi(x)]\varphi'(x)dx \xrightarrow{\varphi(x)=u} \int f(u)du = F(u) + C = F[\varphi(x)] + C.$$

常见凑微分的八种形式：

① $\int f(ax+b)dx = \dfrac{1}{a}\int f(ax+b)d(ax+b)$；

② $\int f(x^a)x^{a-1}dx = \dfrac{1}{a}\int f(x^a)dx^a$；

③ $\int f(\ln x)\dfrac{1}{x}\mathrm{d}x = \int f(\ln x)\mathrm{d}\ln x$；

④ $\int f(\mathrm{e}^x)\mathrm{e}^x\mathrm{d}x = \int f(\mathrm{e}^x)\mathrm{d}\mathrm{e}^x$；

⑤ $\int f(\sin x)\cos x\mathrm{d}x = \int f(\sin x)\mathrm{d}\sin x$；

⑥ $\int f(\cos x)\sin x\mathrm{d}x = -\int f(\cos x)\mathrm{d}\cos x$；

⑦ $\int f(\tan x)\sec^2 x\mathrm{d}x = \int f(\tan x)\mathrm{d}\tan x$；

⑧ $\int f(\sec x)\sec x\tan x\mathrm{d}x = \int f(\sec x)\mathrm{d}\sec x$.

(2) 第二换元积分法(主要解决带根号且不能凑微分的不定积分).

设 $x=\varphi(t)$ 是单调的可导函数, 并且 $\varphi'(t)\neq 0$, 又设 $f[\varphi(t)]\varphi'(t)$ 具有原函数 $F(t)$, 则 $F[\varphi^{-1}(x)]$ 是 $f(x)$ 的原函数, 即有换元公式

$$\int f(x)\mathrm{d}x \xrightarrow{x=\varphi(t)} \int f[\varphi(t)]\varphi'(t)\mathrm{d}t = F(t)+C = F[\varphi^{-1}(x)]+C.$$

其中 $\varphi^{-1}(x)$ 是 $x=\varphi(t)$ 的反函数.

2. 分部积分法(主要解决一般乘积形式的不定积分)

$$\int u(x)\mathrm{d}v(x) = u(x)v(x) - \int v(x)\mathrm{d}u(x).$$

(三) 例题

例1 已知 $\dfrac{1}{x}$ 是 $f(x)$ 的一个原函数, 则 $f'(x)=(\quad)$.

A. $\dfrac{1}{x}$ B. $\dfrac{1}{x^2}$ C. $\ln x$ D. $\dfrac{2}{x^3}$

解: $f(x)=\left(\dfrac{1}{x}\right)'=-\dfrac{1}{x^2} \Rightarrow f'(x)=\dfrac{2}{x^3}$. 答案为 D.

例2 已知 $\int f(x)\mathrm{d}x = \ln\sin 4x + C$, 则 $f(x)=(\quad)$.

A. $\csc 4x$ B. $\tan 4x$ C. $4\cot 4x$ D. $4\tan 4x$

解: $f(x)=(\ln\sin 4x)'=\dfrac{1}{\sin 4x}\cdot\cos 4x\cdot 4 = 4\cot 4x$. 答案为 C.

例3 已知 $f(x)$ 的一个原函数为 e^{x^2}, 则 $\int f(x)f'(x)\mathrm{d}x=(\quad)$.

A. $\mathrm{e}^{x^2}+C$ B. $2x^2\mathrm{e}^{2x^2}+C$ C. $x^2\mathrm{e}^{2x^2}+C$ D. $2x^2\mathrm{e}^{x^2}$

解: $f(x)=(\mathrm{e}^{x^2})'=2x\mathrm{e}^{x^2}$, $\int f(x)f'(x)\mathrm{d}x = \int f(x)\mathrm{d}f(x) = \dfrac{1}{2}f^2(x)+C = 2x^2\mathrm{e}^{2x^2}+C$. 答案为 B.

例4 设 $\int xf(x)\mathrm{d}x = \arctan x + C$, 则 $\int \dfrac{1}{f(x)}\mathrm{d}x=(\quad)$.

A. $\dfrac{1}{4}x^4+\dfrac{1}{2}x^2+C$ B. $\dfrac{1}{1+x^2}+C$ C. $x^2\arctan x + C$ D. $\dfrac{x}{1+x^2}+C$

解： $\int xf(x)dx = \arctan x + C \Rightarrow xf(x) = \dfrac{1}{1+x^2} \Rightarrow f(x) = \dfrac{1}{x(1+x^2)}, \int \dfrac{1}{f(x)}dx = \int (x+x^3)dx = \dfrac{1}{4}x^4 + \dfrac{1}{2}x^2 + C.$ 答案为 A.

例 5 若函数 $f(x)$ 满足 $xf'(x) + f(x) = 1 - x$，且 $f(1) = \dfrac{1}{2}$，则 $f(2) = ($ $)$.

A. $-\dfrac{1}{2}$ B. 0 C. $\dfrac{1}{2}$ D. 1

解： $[xf(x)]' = xf'(x) + f(x) = 1 - x \Rightarrow xf(x) = \int (1-x)dx = x - \dfrac{1}{2}x^2 + C, f(x) = \dfrac{x - \dfrac{1}{2}x^2 + C}{x} = 1 - \dfrac{1}{2}x + \dfrac{C}{x}, f(1) = \dfrac{1}{2} \Rightarrow C = 0,$ 即 $f(x) = 1 - \dfrac{x}{2}, f(2) = 0.$ 答案为 B.

例 6 已知 $F(x)$ 是 $f(x)$ 的一个原函数，则 $\int e^{-x} f(e^{-x})dx = ($ $)$.

A. $F(e^{-x}) + C$ B. $e^{-x} F(e^{-x}) + C$
C. $-F(e^{-x}) + C$ D. $-e^{-x} F(e^{-x}) + C$

解： $\int e^{-x} f(e^{-x})dx = -\int f(e^{-x})de^{-x} = -F(e^{-x}) + C.$ 答案为 C.

例 7 求不定积分 $\int e^{-x^3 + 2\ln x} dx.$

解： $\int e^{-x^3 + 2\ln x} dx = \int x^2 e^{-x^3} dx = -\dfrac{1}{3} \int e^{-x^3} d(-x^3) = -\dfrac{1}{3} e^{-x^3} + C.$

例 8 已知 $f(x)$ 的一个原函数为 $\dfrac{\sin x}{x}$，求 $\int x^3 f'(x)dx.$

解： $f(x) = \left(\dfrac{\sin x}{x}\right)' = \dfrac{x\cos x - \sin x}{x^2}, \int x^3 f'(x)dx = \int x^3 df(x) = x^3 f(x) - \int f(x)dx^3 = x^3 f(x) - 3\int x^2 f(x)dx = x^3 f(x) - 3\int (x\cos x - \sin x)dx = x(x\cos x - \sin x) - 3\int x d\sin x + 3\int \sin x dx = x(x\cos x - \sin x) - 3\left[x\sin x - \int \sin x dx\right] - 3\cos x = (x^2 - 6)\cos x - 4x\sin x + C.$

例 9 求不定积分 $\int e^{\sqrt{x}} dx.$

解： 令 $\sqrt{x} = t \Rightarrow x = t^2 \Rightarrow dx = 2tdt \Rightarrow \int e^{\sqrt{x}} dx = 2\int te^t dt = 2\int t de^t = 2te^t - 2\int e^t dt = 2te^t - 2e^t + C = 2(\sqrt{x} - 1)e^{\sqrt{x}} + C.$

例 10 设函数 $f(x)$ 的定义域为 $(0, +\infty)$，且 $f'(x) = \dfrac{\ln x}{x(1+\ln^2 x)}, f(1) = 0$，求 $f(x)$ 的表达式.

解： $f(x) = \int \dfrac{\ln x}{x(1+\ln^2 x)} dx = \dfrac{1}{2} \int \dfrac{1}{1+\ln^2 x} d(1+\ln^2 x) = \dfrac{1}{2} \ln(1+\ln^2 x) + C,$ 又因为 $f(1) = 0,$ 所以 $C = 0, f(x) = \dfrac{1}{2} \ln(1+\ln^2 x).$

例 11 求不定积分 $\int \dfrac{2 \cdot 3^x - 5 \cdot 2^x}{3^x} dx.$

解：$\int \dfrac{2\cdot 3^x - 5\cdot 2^x}{3^x}\mathrm{d}x = \int\left[2 - 5\left(\dfrac{2}{3}\right)^x\right]\mathrm{d}x = 2x - \dfrac{5}{\ln 2 - \ln 3}\left(\dfrac{2}{3}\right)^x + C.$

例 12 已知 $F(x)$ 是 $f(x)$ 的一个原函数，且当 $x \geqslant 0$ 时有 $f(x)F(x) = \sin^2 2x$，又 $F(0) = 1, F(x) \geqslant 0$，求 $f(x)$．

解：$F'(x) = f(x)$ 且 $f(x)F(x) = \sin^2 2x \Rightarrow F'(x)F(x) = \sin^2 2x$，$\int F'(x)F(x)\mathrm{d}x = \int \sin^2 2x \mathrm{d}x \Rightarrow \int F(x)\mathrm{d}F(x) = \int \dfrac{1-\cos 4x}{2}\mathrm{d}x \Rightarrow \dfrac{1}{2}F^2(x) = \dfrac{1}{2}\int \mathrm{d}x - \dfrac{1}{8}\int \cos 4x \mathrm{d}4x = \dfrac{1}{2}x - \dfrac{1}{8}\sin 4x + C \Rightarrow F^2(x) = x - \dfrac{1}{4}\sin 4x + C$，又 $F(0) = 1$ 且 $F(x) \geqslant 0 \Rightarrow C = 1$．则 $F(x) = \sqrt{x - \dfrac{1}{4}\sin 4x + 1} \Rightarrow f(x) = F'(x) = \dfrac{1 - \cos 4x}{2\sqrt{x - \dfrac{1}{4}\sin 4x + 1}}.$

小贴士

不定积分常用方法分析

（1）凑微分法充分体现了"把困难留给自己，把方便让给别人"这一高尚美德，以及"我为人人，人人为我"的互助思想．这就是凑微分法的本质所在．具体说明如下：凑微分法主要用于解决带有复合函数乘积形式的不定积分 $\int f[\varphi(x)]\varphi'(x)\mathrm{d}x$，则可如下考虑，复合函数 $f[\varphi(x)]$ 称为困难函数，较简单的函数 $\varphi'(x)$ 称为方便函数，把困难函数 $f[\varphi(x)]$ 留下，把方便函数 $\varphi'(x)$ 让给 $\mathrm{d}x$ 凑成 $\mathrm{d}\varphi(x)$（称为凑微分），从而有 $\int f[\varphi(x)]\varphi'(x)\mathrm{d}x \xrightarrow{\text{凑积分}} \int f[\varphi(x)]\mathrm{d}\varphi(x)$，在 $\int f[\varphi(x)]\mathrm{d}\varphi(x)$ 中，把 $\varphi(x)$ 看成一个变量（相当于换元），变成一个较易求的不定积分（一般是基本积分表中有的不定积分形式），进而 $\int f[\varphi(x)]\mathrm{d}\varphi(x) \xrightarrow{\text{积分}} F[\varphi(x)] + C$．

（2）分部积分法主要解决被积函数为一般乘积形式的不定积分，其主要工具是分部积分公式，$\int u(x)v'(x)\mathrm{d}x = \int u(x)\mathrm{d}v(x) = u(x)v(x) - \int v(x)\mathrm{d}u(x)$，这就是说分部积分法的主要思想是把一个较困难的不定积分 $\int u(x)v'(x)\mathrm{d}x$ 分成两个部分 $u(x)v(x)$ 和 $\int v(x)\mathrm{d}u(x)$，且不定积分 $\int v(x)\mathrm{d}u(x) = \int v(x)u'(x)\mathrm{d}x$ 易求．由分部积分公式可知，使用分部积分法求不定积分的难点在于 $u(x)v'(x)$ 中如何区分 $u(x)$ 和 $v'(x)$，也就是 $v'(x)$ 的确定问题．这个难点的解决可采取如下方法，分部积分法主要适用被积函数为以下几类函数乘积的不定积分：指数函数类 e^x（家里人）；三角函数类 $\sin x, \cos x$（对门）；幂函数类 x^n（近邻）；对数函数类和反三角函数类 $\ln x, \arcsin x$（远亲）．我们可按照"家里人""对门""近邻""远亲"的顺序优先选择 $v'(x)$，把 $\int u(x)v'(x)\mathrm{d}x$ 凑成 $\int u(x)\mathrm{d}v(x)$ 的形式，再套用分部积分公式即可．记忆口诀为："远亲不如近邻，近邻不如对门，对门不如家里人．"

知识拓展

补充积分表：

$\int \tan x \, dx = -\ln|\cos x| + C;$ $\quad\int \cot x \, dx = \ln|\sin x| + C;$

$\int \sec x \, dx = \ln|\sec x + \tan x| + C;$ $\quad\int \csc x \, dx = \ln|\csc x - \cot x| + C;$

$\int \dfrac{1}{\sqrt{a^2 - x^2}} dx = \arcsin \dfrac{x}{a} + C (a > 0);$ $\quad\int \dfrac{1}{a^2 + x^2} dx = \dfrac{1}{a} \arctan \dfrac{x}{a} + C;$

$\int \dfrac{1}{a^2 - x^2} dx = \dfrac{1}{2a} \ln\left|\dfrac{a+x}{a-x}\right| + C;$ $\quad\int \ln x \, dx = x \ln x - x + C.$

$\int \dfrac{1}{\sqrt{a^2 + x^2}} dx = \ln(x + \sqrt{a^2 + x^2}) + C;$

二、定积分

（一）定积分的概念

1. 定积分的定义

设函数 $f(x)$ 在 $[a,b]$ 上有界，在 (a,b) 中任意插入 $n-1$ 个分点，$a = x_0 < x_1 < x_2 < x_3 \cdots < x_{n-1} < x_n = b$，把区间 $[a,b]$ 分成 n 个小区间 $[x_{i-1}, x_i](i=1,2,\cdots,n)$，第 i 个小区间的长度记为 $\Delta x_i = x_i - x_{i-1}(i=1,2,\cdots,n)$。任取 $\xi_i \in [x_{i-1}, x_i]$，作和 $\sum\limits_{i=1}^{n} f(\xi_i) \Delta x_i$，记 $\lambda = \max\limits_{i}\{\Delta x_i\}$，如果不论对 $[a,b]$ 怎样分法，也不论在小区间 $[x_{i-1}, x_i]$ 上点 ξ_i 怎样取法，只要当 $\lambda \to 0$ 时，和 $\sum\limits_{i=1}^{n} f(\xi_i) \Delta x_i$ 总趋于确定的极限 A，这时我们称这个极限 A 为函数 $f(x)$ 在区间 $[a,b]$ 上的定积分，记为 $\int_a^b f(x) dx$，即 $\int_a^b f(x) dx = \lim\limits_{\lambda \to 0} \sum\limits_{i=1}^{n} f(\xi_i) \Delta x_i$，其中 $f(x)$ 叫作被积函数，$f(x)dx$ 叫作被积表达式，x 叫作积分变量，a 叫作积分下限，b 叫作积分上限，$[a,b]$ 叫作积分区间。此时也称函数 $f(x)$ 在 $[a,b]$ 上可积。

2. 定积分的几何意义

设由曲线 $y = f(x)$ 及直线 $x = a, x = b$ 和 $y = 0$ 围成的曲边梯形的面积为 A。

(1) 若在区间 $[a,b]$ 上，$y = f(x) \geqslant 0$（如图 1-5 所示），则 $\int_a^b f(x) dx = A$ 表示曲边梯形的面积。

(2) 若在区间 $[a,b]$ 上，$y = f(x) \leqslant 0$（如图 1-6 所示），则 $\int_a^b f(x) dx = -A$ 表示曲边梯形的面积的相反数。

(3) 若在区间 $[a,b]$ 上，$y = f(x)$ 有正有负（如图 1-7 所示），则 $\int_a^b f(x) dx$ 表示图形在 x 轴上方的面积与下方面积之差。

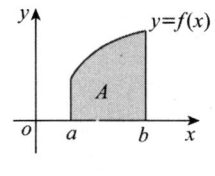 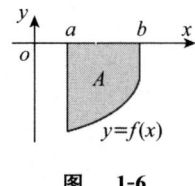 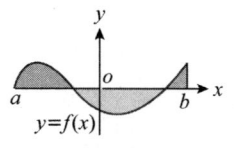

图 1-5 　　　　　　　图 1-6 　　　　　　　图 1-7

(二) 定积分的性质

(1) $\int_a^b f(x)\mathrm{d}x = -\int_b^a f(x)\mathrm{d}x$;

(2) $\int_a^b f(x)\mathrm{d}x = \int_a^b f(t)\mathrm{d}t$;

(3) $\int_a^b [k_1 f(x) + k_2 g(x)]\mathrm{d}x = k_1\int_a^b f(x)\mathrm{d}x + k_2\int_a^b g(x)\mathrm{d}x$;

(4) $\int_a^b f(x)\mathrm{d}x = \int_a^c f(x)\mathrm{d}x + \int_c^b f(x)\mathrm{d}x$;

(5) $\int_{-a}^a f(x)\mathrm{d}x = \begin{cases} 0, & f(x) \text{ 是奇函数}, \\ 2\int_0^a f(x)\mathrm{d}x, & f(x) \text{ 是偶函数}; \end{cases}$

(6) $f(x) \geqslant g(x), x \in [a,b] \Rightarrow \int_a^b f(x)\mathrm{d}x \geqslant \int_a^b g(x)\mathrm{d}x$;

(7) 若 $f(x)$ 在 $[a,b]$ 上连续,则 $\exists \xi \in [a,b]$,使得 $\int_a^b f(x)\mathrm{d}x = f(\xi)(b-a)$,其中 $f(\xi)$ 称为 $f(x)$ 在 $[a,b]$ 内的平均高度(平均值).

(三) 变上限定积分函数

(1) 变上限定积分函数的定义.

设 $f(x)$ 在 $[a,b]$ 上连续,则 $\Phi(x) = \int_a^x f(t)\mathrm{d}t$ 称为 $f(x)$ 在 $[a,b]$ 上的变上限定积分函数,也称为面积函数.

(2) 变上限定积分函数的导数.

$\left(\int_a^b f(t)\mathrm{d}t\right)' = f(x)$,即 $\Phi(x) = \int_a^x f(x)\mathrm{d}t$ 是 $f(x)$ 的一个原函数.

(四) 定积分的计算

(1) 牛顿-莱布尼兹公式.

$\int_a^b f(x)\mathrm{d}x = F(x)\big|_a^b = F(b) - F(a)$,这里 $F(x)$ 是 $f(x)$ 的一个原函数.

(2) 换元积分法.

设函数 $f(x)$ 在区间 $[a,b]$ 上连续,函数 $x = \varphi(t)$,满足条件:① $\varphi(\alpha) = a, \varphi(\beta) = b$, ② $\varphi(t)$ 在 $[\alpha,\beta]$ 在上单调,且 $\varphi'(t)$ 连续,则 $\int_a^b f(x)\mathrm{d}x = \int_\alpha^\beta f[\varphi(t)]\varphi'(t)\mathrm{d}t$.

(3) 分部积分公式.

$\int_a^b u(x)\mathrm{d}v(x) = u(x)v(x)\big|_a^b - \int_a^b v(x)\mathrm{d}u(x)$.

（五）广义积分

$$\int_a^{+\infty} f(x)\mathrm{d}x = \lim_{b \to +\infty}\int_a^b f(x)\mathrm{d}x = \lim_{b \to +\infty}[F(b)-F(a)] = F(+\infty) - F(a),$$ 这里 $F(x)$ 是 $f(x)$ 的一个原函数.

（六）定积分的几何应用

1. 平面图形的面积

（1）由曲线 $y=f(x)$ 和 $y=g(x)$ 以及直线 $x=a, x=b$ 围成的平面图形的面积 $S = \int_a^b [f(x)-g(x)]\mathrm{d}x$, 这里 $f(x) \geqslant g(x)$.

（2）由曲线 $x=\varphi(y)$ 和 $x=\psi(y)$ 以及直线 $y=c, y=d$ 围成的平面图形的面积 $S = \int_c^d [\varphi(y)-\psi(y)]\mathrm{d}y$, 这里 $\varphi(y) \geqslant \psi(y)$.

（3）求平面图形面积的步骤：

① 画图定出图形所在范围；

② 求围成平面图形的各条曲线的交点坐标；

③ 确定关于 x 积分还是关于 y 积分或需分成几部分，然后定出积分限；

④ 写出面积的积分表达式；

⑤ 求出积分值（面积）.

2. 旋转轴为坐标轴的旋转体体积

（1）由连续曲线 $y=f(x)$，直线 $x=a, x=b$ 及 x 轴所围成的曲边梯形绕 x 轴旋转一周所形成的旋转体体积 $V_x = \pi \int_a^b f^2(x)\mathrm{d}x$.

（2）由连续曲线 $x=\varphi(y)$，直线 $y=c, y=d$ 及 y 轴所围成的曲边梯形绕 y 轴旋转一周所形成旋转体体积 $V_y = \pi \int_c^d \varphi^2(y)\mathrm{d}y$.

3. 曲线的弧长

（1）设曲线弧的参数方程为 $\begin{cases} x=x(t), \\ y=y(t) \end{cases}$ $(\alpha \leqslant t \leqslant \beta)$，且 $x'(t)$ 和 $y'(t)$ 连续，则曲线弧的长度 $S = \int_\alpha^\beta \sqrt{x'^2(t)+y'^2(t)}\mathrm{d}t$.

（2）设曲线弧的方程为 $y=f(x), x \in [a,b]$，且 $f'(x)$ 连续，则曲线弧的长度 $S = \int_a^b \sqrt{1+y'^2}\mathrm{d}x$.

知识拓展

（1）若 $F(x) = \int_a^{g(x)} f(t)\mathrm{d}t$，则 $F'(x) = \left(\int_a^{g(x)} f(t)\mathrm{d}t\right)' = f[g(x)]g'(x)$.

（2）若 $F(x) = \int_{h(x)}^{g(x)} f(t)\mathrm{d}t$，则 $F'(x) = \left(\int_{h(x)}^{g(x)} f(t)\mathrm{d}t\right)' = f[g(x)]g'(x) - f[h(x)]h'(x)$.

(七) 例题

例 1 $\int_{-2}^{2}(x+2)\sqrt{4-x^2}dx = ($ $)$.

A. π B. 2π C. 0 D. 4π

解：$\int_{-2}^{2}(x+2)\sqrt{4-x^2}dx = \int_{-2}^{2}x\sqrt{4-x^2}dx + \int_{-2}^{2}2\sqrt{4-x^2}dx = 0 + 4\pi = 4\pi$，这里 $\int_{-2}^{2}\sqrt{4-x^2}dx = 2\pi$ 是半径为 2 的圆的面积的一半. 答案为 D.

例 2 设函数 $g(x)$ 在 $\left[0,\frac{\pi}{2}\right]$ 上连续，若在 $\left(0,\frac{\pi}{2}\right)$ 内 $g'(x) \geqslant 0$，则对于任意的 $x \in \left(0,\frac{\pi}{2}\right)$，有( ).

A. $\int_{x}^{\frac{\pi}{2}}g(t)dt \geqslant \int_{x}^{\frac{\pi}{2}}g(\sin t)dt$ B. $\int_{x}^{1}g(t)dt \geqslant \int_{x}^{1}g(\sin t)dt$

C. $\int_{x}^{1}g(t)dt \leqslant \int_{x}^{1}g(\sin t)dt$ D. $\int_{x}^{\frac{\pi}{2}}g(t)dt \leqslant \int_{x}^{\frac{\pi}{2}}g(\sin t)dt$

解：$x \in \left(0,\frac{\pi}{2}\right)$，当 $t \in \left(x,\frac{\pi}{2}\right)$ 时，$t \geqslant \sin t$，再由 $g(x)$ 递增性知，$g(t) \geqslant g(\sin t)$，再由积分的性质即得答案为 A.

例 3 如果函数 $f(x)$ 在区间 $[1,2]$ 上连续，且 $\int_{1}^{2}f(x)dx = a$，则 $\int_{1}^{4}\frac{1}{\sqrt{x}}f(\sqrt{x})dx = ($ $)$.

A. a B. $2a$ C. $3a$ D. $4a$

解：$\int_{1}^{4}\frac{1}{\sqrt{x}}f(\sqrt{x})dx = 2\int_{1}^{4}f(\sqrt{x})d\sqrt{x} = 2\int_{1}^{2}f(t)dt = 2a$. 答案为 B.

例 4 若对任何不高于三次的多项式函数 $f(x)$，均有 $\int_{-1}^{1}f(x)dx = a[f(1)+f(-1)]+bf(0)$ 成立，其中 a,b 为常数，则 a,b 的值为( ).

A. $\frac{1}{3},\frac{3}{4}$ B. $\frac{1}{2},\frac{4}{3}$

C. $\frac{1}{3},\frac{4}{3}$ D. $\frac{1}{4},\frac{2}{3}$

解：设 $f(x) = t_1 x^3 + t_2 x^2 + t_3 x + t_4$，$\int_{-1}^{1}f(x)dx = \int_{-1}^{1}(t_1 x^3 + t_2 x^2 + t_3 x + t_4)dx = \int_{-1}^{1}(t_2 x^2 + t_4)dx = 2\int_{0}^{1}(t_2 x^2 + t_4)dx = 2\left(\frac{1}{3}t_2 x^3 + t_4 x\right)\Big|_{0}^{1} = \frac{2}{3}t_2 + 2t_4$；而 $a[f(1)+f(-1)] + bf(0) = a(2t_2 + 2t_4) + bt_4 = 2at_2 + (2a+b)t_4$，则 $\begin{cases}2a = \frac{2}{3}, \\ 2a+b = 2\end{cases} \Rightarrow \begin{cases}a = \frac{1}{3}, \\ b = \frac{4}{3}\end{cases}$ 答案为 C.

例 5 设 $f(x)$ 为连续函数，且 $\int_{0}^{\frac{\pi}{2}}f(x\sin x)\sin xdx = 1$，$\int_{0}^{\frac{\pi}{2}}f(x)dx = 0$，则

$\int_0^{\frac{\pi}{2}} f(x\sin x)x\cos x\mathrm{d}x=(\quad)$.

A. 0　　　　　　B. 1　　　　　　C. -1　　　　　　D. π

解：$\int_0^{\frac{\pi}{2}} f(x\sin x)\sin x\mathrm{d}x + \int_0^{\frac{\pi}{2}} f(x\sin x)x\cos x\mathrm{d}x = \int_0^{\frac{\pi}{2}} f(x\sin x)\mathrm{d}(x\sin x) = \int_0^{\frac{\pi}{2}} f(u)\mathrm{d}u = 0$ 且 $\int_0^{\frac{\pi}{2}} f(x\sin x)\sin x\mathrm{d}x = 1$，所以 $\int_0^{\frac{\pi}{2}} f(x\sin x)x\cos x\mathrm{d}x = -1$. 答案为 C.

例 6　已知 $f(x)$ 的一个原函数为 $x^2\ln x$，则 $\int_1^e \dfrac{f(x)}{x}\mathrm{d}x = (\quad)$.

A. $e+1$　　　　　B. $e-1$　　　　　C. e　　　　　D. π

解：$\int_1^e \dfrac{f(x)}{x}\mathrm{d}x = \int_1^e \dfrac{1}{x}\mathrm{d}(x^2\ln x) = \dfrac{1}{x}\cdot x^2\ln x\Big|_1^e - \int_1^e x^2\ln x\left(-\dfrac{1}{x^2}\right)\mathrm{d}x = x\ln x\Big|_1^e + \int_1^e \ln x\mathrm{d}x$
$= e - 0 + (\ln x\cdot x - x)\Big|_1^e = e + 1$. 答案为 A.

例 7　$\int_0^1 x(1-x)^9\mathrm{d}x = (\quad)$.

A. $-\dfrac{1}{100}$　　　　B. $\dfrac{1}{110}$　　　　C. -10　　　　D. $\dfrac{1}{10}$

解：原式 $= -\dfrac{1}{10}\int_0^1 x\mathrm{d}(1-x)^{10} = -\dfrac{1}{10}\left[x(1-x)^{10}\Big|_0^1 - \int_0^1 (1-x)^{10}\mathrm{d}x\right] = -\dfrac{1}{10}\Big[0 + \dfrac{1}{11}(1-x)^{11}\Big|_0^1\Big] = \dfrac{1}{110}$. 答案为 B.

例 8　若 $\int_1^x \ln t\mathrm{d}t = 1 + x\ln(ax)$，则 $a = (\quad)$.

A. $\dfrac{1}{e}$　　　　　B. $-e$　　　　　C. e^2　　　　　D. $-\dfrac{1}{e}$

解：$\int_1^x \ln t\mathrm{d}t = 1 + x\ln(ax) \Rightarrow \ln x = \ln ax + 1 \Rightarrow \ln x = \ln aex \Rightarrow ae = 1 \Rightarrow a = \dfrac{1}{e}$. 答案为 A.

例 9　极限 $\lim\limits_{x\to 0}\dfrac{\int_0^x (e^{t^2}-1)\mathrm{d}t}{1-\cos x} = (\quad)$.

A. $-\dfrac{1}{2}$　　　　B. 0　　　　C. 1　　　　D. 2

解：$\lim\limits_{x\to 0}\dfrac{\int_0^x (e^{t^2}-1)\mathrm{d}t}{1-\cos x} = \lim\limits_{x\to 0}\dfrac{e^{x^2}-1}{\sin x} = \lim\limits_{x\to 0}\dfrac{x^2}{\sin x} = 0$. 答案为 B.

例 10　设曲线 $L:y=x(1-x)$，该曲线在点 $O(0,0)$ 和点 $A(1,0)$ 处的切线相交于点 B，若这两条切线与 L 所围成区域的面积为 S_1，L 和 x 轴所围区域的面积为 S_2，则$(\quad)$.

A. $S_1 = S_2$　　　　　　　　　　　B. $S_1 = 2S_2$

C. $S_1 = \dfrac{1}{2}S_2$　　　　　　　　　　　D. $S_1 = \dfrac{3}{2}S_2$

解：$S_2 = \int_0^1 (x-x^2)\mathrm{d}x = \dfrac{1}{2} - \dfrac{1}{3} = \dfrac{1}{6}$，$S_1 = S_\triangle - S_2 = \dfrac{1}{4} - S_2 = \dfrac{1}{12}$，$\dfrac{S_1}{S_2} = \dfrac{1}{2}$. 答案为 C.

例 11 设函数 $f(x) = \int_0^{x^2} \ln(2+t)dt$，则 $f'(x)$ 的零点个数是( ).

A. 0　　　　　　B. 1　　　　　　C. 2　　　　　　D. 3

解：$f'(x) = 2x\ln(2+x^2) = 0 \Rightarrow x = 0$. 答案为 B.

例 12 定积分 $\int_{-2}^{3} \sqrt{16+6x-x^2}\,dx$ 的值是( ).

A. $\dfrac{25}{4}\pi$　　　　B. $\dfrac{25}{2}\pi$　　　　C. $\dfrac{25}{6}\pi$　　　　D. $\dfrac{9}{4}\pi$

解：$\int_{-2}^{3}\sqrt{16+6x-x^2}\,dx = \int_{-2}^{3}\sqrt{5^2-(x-3)^2}\,dx = \dfrac{25}{4}\pi$. 答案为 A.

或 $y = \sqrt{5^2-(x-3)^2}$ 是圆心在 $(3,0)$，半径为 5 的上半圆，$\int_{-2}^{3}\sqrt{5^2-(x-3)^2}\,dx$ 就是半径为 5 的 $\dfrac{1}{4}$ 圆的面积，故 $\int_{-2}^{3}\sqrt{5^2-(x-3)^2}\,dx = \dfrac{25}{4}\pi$.

例 13 设 $f(x)$ 是二次函数，且满足 $f(x) = x^2 - x\int_0^2 f(x)dx + 2\int_0^1 f(x)dx$，求 $f(x)$.

解：令 $\int_0^2 f(x)dx = a$，$\int_0^1 f(x)dx = b$，则 $f(x) = x^2 - ax + 2b$，$\int_0^2 (x^2-ax+2b)dx = a \Rightarrow 3a - 4b = \dfrac{8}{3}$，$\int_0^1 (x^2-ax+2b)dx = b \Rightarrow a - 2b = \dfrac{2}{3}$，$\begin{cases} 3a-4b = \dfrac{8}{3}, \\ a-2b = \dfrac{2}{3} \end{cases} \Rightarrow a = \dfrac{4}{3}, b = \dfrac{1}{3} \Rightarrow f(x) = x^2 - \dfrac{4}{3}x + \dfrac{2}{3}$.

例 14 设 $f(x)$ 是连续函数，且 $f(x) = e^x + \int_0^1 e^{-x}f(x)dx$，求 $f(x)$ 的表达式.

解：$f(x) = e^x + \int_0^1 e^{-x}f(x)dx \Rightarrow e^{-x}f(x) = 1 + e^{-x}\int_0^1 e^{-x}f(x)dx \Rightarrow \int_0^1 e^{-x}f(x)dx = \int_0^1 dx + \int_0^1 e^{-x}dx\int_0^1 e^{-x}f(x)dx \Rightarrow \int_0^1 e^{-x}f(x)dx = 1 + (1-e^{-1})\int_0^1 e^{-x}f(x)dx \Rightarrow \int_0^1 e^{-x}f(x)dx = e \Rightarrow f(x) = e^x + e$.

【注】 $\int_0^1 e^{-x}f(x)dx$ 是一个数值，求 $f(x)$ 的表达式，就是求定积分 $\int_0^1 e^{-x}f(x)dx$.

例 15 已知 $\pi f(x) = 1 - 4\int_0^{\frac{\pi}{2}} f(x)\cos^2 x\,dx$，求定积分 $\int_0^{\frac{\pi}{2}} f(x)dx$.

解：由 $\int_0^{\frac{\pi}{2}} f(x)\cos^2 x\,dx$ 是常数，则 $f(x)$ 为常数函数，设 $f(x) = t$，则 $\pi t = 1 - 2\int_0^{\frac{\pi}{2}} t(\cos 2x+1)dx = 1 - t\int_0^{\frac{\pi}{2}}\cos 2x\,d2x - 2t\int_0^{\frac{\pi}{2}} dx = 1 - t\sin 2x\big|_0^{\frac{\pi}{2}} - 2tx\big|_0^{\frac{\pi}{2}} = 1 - t\pi$，即 $2t\pi = 1$，$t = f(x) = \dfrac{1}{2\pi}$. 所以 $\int_0^{\frac{\pi}{2}} f(x)dx = \int_0^{\frac{\pi}{2}} \dfrac{1}{2\pi} dx = \dfrac{1}{2\pi}x\big|_0^{\frac{\pi}{2}} = \dfrac{1}{4}$.

例 16 求定积分 $\int_0^{\frac{1}{2}} \dfrac{x^2}{\sqrt{1-x^2}}\,dx$.

解：令 $x = \sin t, dx = \cos t dt, x^2 = \sin^2 t, \sqrt{1-x^2} = \cos t$,

$$\int_0^{\frac{1}{2}} \frac{x^2}{\sqrt{1-x^2}} dx = \int_0^{\frac{\pi}{6}} \sin^2 t dt = \frac{1}{2} \int_0^{\frac{\pi}{6}} (1 - \cos 2t) dt = \left(\frac{t}{2} - \frac{1}{4} \sin 2t \right) \Big|_0^{\frac{\pi}{6}} = \frac{\pi}{12} - \frac{\sqrt{3}}{8}.$$

例 17 若 $f(x)$ 是以 1 为最小正周期的周期函数，$f''(x)$ 连续，且有 $f'(1) = 5$，求 $\int_0^2 x f''(x) dx$.

解：$\int_0^2 x f''(x) dx = \int_0^2 x d f'(x) = x f'(x) \big|_0^2 - \int_0^2 d f(x) = 2 f'(2) - (f(2) - f(0))$.

$f(x)$ 是以 1 为周期的周期函数，则 $f'(x)$ 是以 1 为周期的周期函数，$f(2) = f(1) = f(0)$.

$f'(2) = f'(1) = 5 \Rightarrow \int_0^2 x f''(x) dx = 10$.

例 18 已知 $\lim\limits_{x \to 0} \frac{1}{\sin x - ax} \int_b^x \frac{t^2}{\sqrt{1+t^2}} dt = -2$，求 a, b 的值.

解：因为 $\lim\limits_{x \to 0} (\sin x - ax) = 0$ 且 $\lim\limits_{x \to 0} \frac{1}{\sin x - ax} \int_b^x \frac{t^2}{\sqrt{1+t^2}} dt = -2$，所以 $\lim\limits_{x \to 0} \int_b^x \frac{t^2}{\sqrt{1+t^2}} dt = 0$，因此 $b = 0$. 又 $-2 = \lim\limits_{x \to 0} \frac{1}{\sin x - ax} \int_b^x \frac{t^2}{\sqrt{1+t^2}} dt = \lim\limits_{x \to 0} \frac{1}{\cos x - a} \frac{x^2}{\sqrt{1+x^2}}$，所以 $a = 1$.

例 19 求证：由椭圆 $\frac{x^2}{a^2} + \frac{y^2}{b^2} = 1$ 所围成图形绕 x 轴旋转一周而形成的旋转椭球体的体积 $V = \frac{4}{3} \pi a b^2$，进而得到半径为 r 的球体体积 $V = \frac{4}{3} \pi r^3$.

证明：这个旋转体可以看作是由上半椭圆 $y = \frac{b}{a} \sqrt{a^2 - x^2}$ 及 x 轴围成的平面图形绕 x 轴旋转而成，则 $V = \pi \int_{-a}^a \left(\frac{b}{a} \sqrt{a^2 - x^2} \right)^2 dx = \frac{\pi b^2}{a^2} \int_{-a}^a (a^2 - x^2) dx = \frac{\pi b^2}{a^2} \left(a^2 x - \frac{x^3}{3} \right) \Big|_{-a}^a = \frac{4}{3} \pi a b^2$. 当 $a = b = r$ 时，便得半径为 r 的球体的体积 $V = \frac{4}{3} \pi r^3$.

例 20 求证：半径为 r 的圆的周长 $l = 2 \pi r$.

证明：半径为 r 的圆的参数方程为 $\begin{cases} x = r \cos t \\ y = r \sin t \end{cases} (0 \leqslant t \leqslant 2\pi)$，$l = \int_0^{2\pi} \sqrt{(-r \sin t)^2 + (r \cos t)^2} dt = \int_0^{2\pi} r dt = 2 \pi r$.

例 21 求证：$\int_0^{\pi} \sin^n x dx = 2 \int_0^{\frac{\pi}{2}} \sin^n x dx$.

证明：$\int_0^{\pi} \sin^n x dx = \int_0^{\frac{\pi}{2}} \sin^n x dx + \int_{\frac{\pi}{2}}^{\pi} \sin^n x dx$，对 $\int_{\frac{\pi}{2}}^{\pi} \sin^n x dx$ 作代换 $x = \pi - t$，则得 $\int_{\frac{\pi}{2}}^{\pi} \sin^n x dx = -\int_{\frac{\pi}{2}}^0 \sin^n t dt$. 则 $\int_0^{\pi} \sin^n x dx = 2 \int_0^{\frac{\pi}{2}} \sin^n x dx$.

> **小贴士**
>
> (1) 定积分等式证明多数要用到换元积分法.
> (2) 见到变上限定积分函数就求导.
> (3) 要求整元,先求微元,微元的定积分是整元.这就是定积分应用的微元法.

本章知识结构

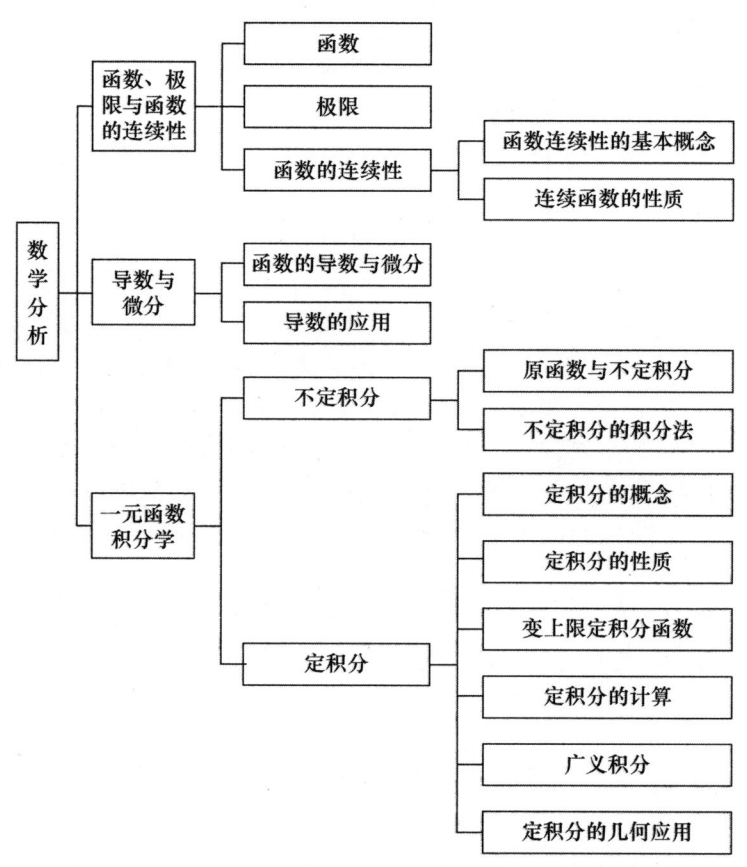

本章小结

一、本章主要内容

本章主要概念有：函数的定义，极限的定义，无穷小量与无穷大量的定义，连续与一致连续的定义．导数的定义，微分的定义，函数的单调性，曲线的凹凸性与拐点，函数的极值，最大值和最小值，原函数的定义，不定积分的定义，定积分的定义，变上限积分函数，广义积分．

本章主要定理有：夹逼定理，单调有界数列必有极限定理，介值定理，零点存在定理，换元积分法定理,分部积分公式,不定积分运算法则,积分中值定理,变上限积分的求导定理,牛顿-莱布尼兹公式.

本章必须掌握的方法是:极限的各类求法,间断点的分类方法,方程有根的证明方法,导数的各类求法,函数单调区间的判定方法,求函数极值和最值的方法,曲线凹凸区间和拐点的判定方法,函数图形的描绘方法,不定积分的各类求法,定积分计算的常用方法,积分恒等式的证明方法,变上限积分函数的求导方法,定积分应用中的元素法.

二、本章重点和难点

本章重点是极限的各类求法,导数与微分的求法,不定积分与定积分的计算,导数与定积分的应用及函数作图. 难点是不定积分的计算,导数定义与泰勒公式的应用及微分学和定积分的相关证明.

三、学习时要注意的问题

考生学习过程中要注意各部分内容之间的联系,以导数和不定积分为核心,会求导数就会求微分,就会求高阶导数,就会求极限,就会应用导数解决实际问题;会求不定积分就会求定积分,就会应用定积分解决实际问题.

备考指南

本章一般考 4～6 道题,主要分布在(1) 函数的性质(奇偶性、有界性、单调性、周期性);(2) 极限的定义及极限的各类求法;(3) 连续定义、间断点分类及闭区间上连续函数的性质;(4) 导数的求法,重点是复合函数求导及隐函数求导;(5) 函数的单调区间、极值、凹凸区间、拐点的求法及应用;(6) 微分学基本定理的应用;(7) 最值应用题及函数作图;(8) 不定积分的求法,重点是换元积分法(凑微分法、第二换元积分法)及分部积分法;(9) 定积分及广义积分的求法;(10) 定积分的应用(面积、体积和弧长);(11) 变上限定积分函数;(12) 定积分等式证明.

考生学习过程中要多做导数和不定积分的计算题,导数和不定积分是数学分析这部分内容的基础. 熟悉导数和定积分应用问题的解题步骤,掌握构造性证明法.

自测训练

一、选择题

1. 设 $f(x)$ 是实数集 **R** 上的函数,则下列叙述正确的是(　　).
   A. $f(x)f(-x)$ 是奇函数
   B. $f(x)|f(x)|$ 是奇函数
   C. $f(x)-f(-x)$ 是偶函数
   D. $f(x)+f(-x)$ 是偶函数

2. 设 $\{a_n\}$ 是数列,对于"存在正数 M,对任意正整数 n,有 $|a_n| \leqslant M$"的否定(即数列 $\{a_n\}$ 无界)是(　　).
   A. 存在正数 M,存在正整数 n,使得 $|a_n| > M$
   B. 对任意正数 M,存在正整数 n,使得 $|a_n| > M$
   C. 存在正数 M,对任意正整数 n,使得 $|a_n| > M$

D. 对任意正数 M，以及任意正整数 n，使得 $|a_n|>M$

3. 设函数 $f(x)$ 在 $(-\infty,+\infty)$ 内有定义，下列函数中必定为奇函数的是（　　）.

　　A. $y=|f(x)|$　　B. $y=-|f(x)|$　　C. $y=x[f(x)]^2$　　D. $y=xf(x^2)$

4. 已知函数 $f\left(x+\dfrac{1}{x}\right)=x^2+\dfrac{1}{x^2}$，则 $f(\sin x)=$（　　）.

　　A. $\sin^2 x-2$　　B. $\cos^2 x$　　C. $\sin^2 x$　　D. $2-\cos^2 x$

5. 当 $x\to 0$ 时，$e^{-x}-1$ 的等价无穷小是（　　）.

　　A. e^x-1　　B. x　　C. $1-e^x$　　D. x^2

6. 下列函数在区间 $(0,2)$ 上是增函数的是（　　）.

　　A. $y=-x+1$　　B. $y=\sqrt{x}$　　C. $y=x^2-4x+5$　　D. $y=\dfrac{2}{x}$

7. 设 $f(x)=\begin{cases} x^2-1, & -1\leqslant x<0, \\ x, & 0\leqslant x<1, \\ 2-x, & 1\leqslant x\leqslant 2, \end{cases}$ 则 $f(x)$（　　）.

　　A. 在 $x=0,x=1$ 处间断　　B. 在 $x=0,x=1$ 处连续

　　C. 在 $x=0$ 处间断，在 $x=1$ 处连续　　D. 在 $x=0$ 处连续，在 $x=1$ 处间断

8. 极限 $\lim\limits_{n\to\infty}\left(\dfrac{1}{\sqrt{n^2+1}}+\dfrac{1}{\sqrt{n^2+2}}+\cdots+\dfrac{1}{\sqrt{n^2+n}}\right)=$（　　）.

　　A. 1　　B. 2　　C. 3　　D. 4

9. 已知 $f'(x_0)$ 存在，则 $\lim\limits_{h\to 0}\dfrac{f(x_0+h)-f(x_0-h)}{2h}=$（　　）.

　　A. $f'(x_0)$　　B. $2f'(x_0)$　　C. $-2f'(x_0)$　　D. $-f'(x_0)$

10. 已知函数 $f(x)=\begin{cases} x^2, & x\leqslant 0, \\ ax+b, & x>0 \end{cases}$ 在 $x=0$ 处可导，则 a,b 的值为（　　）.

　　A. $a=0,b=0$　　B. $a=0,b=1$　　C. $a=1,b=0$　　D. $a=1,b=1$

11. 设 $h(x)=f[1+g(x)]$，其中 $g(x)$ 可导，$f(x)=x^2$ 且 $h'(1)=g'(1)=2$，则 $g(1)=$（　　）.

　　A. -2　　B. $-\dfrac{1}{2}$　　C. 0　　D. 2

12. 极限 $\lim\limits_{x\to 0}\dfrac{1-\cos^2 x-\dfrac{1}{2}x\sin 2x}{x^2(e^{x^2}-1)}=$（　　）.

　　A. $\dfrac{1}{3}$　　B. $\dfrac{1}{2}$　　C. $\dfrac{1}{4}$　　D. 2

13. 极限 $\lim\limits_{x\to 0}\dfrac{e^x-e^{-x}-2x}{x-\sin x}=$（　　）.

　　A. 0　　B. $\dfrac{1}{2}$　　C. $\dfrac{1}{4}$　　D. 2

14. 若函数 $f(x)$ 满足条件 $\lim\limits_{x\to 0}\dfrac{f(x)-f(x_0)}{(x-x_0)^2}=A>0$，则 $f(x_0)$（　　）.

A. 是函数 $f(x)$ 的极小值   B. 是函数 $f(x)$ 的极大值
C. 不是函数 $f(x)$ 的极值   D. 不能确定是否为函数 $f(x)$ 的极值

15. 若连续函数 $f(x)$ 满足 $\int_0^x uf(x-u)du = -\sqrt{x}+\ln 2$，则 $\int_0^1 f(x)dx = (\quad)$.

    A. $-\dfrac{1}{2}$ B. 0 C. $\dfrac{1}{2}$ D. 1

16. 设 $f(x)$ 在 $[0,2]$ 上单调连续，$f(0)=1, f(2)=2$，且对任意 $x_1, x_2 \in [0,2]$，总有 $f\left(\dfrac{x_1+x_2}{2}\right) > \dfrac{f(x_1)+f(x_2)}{2}$，$g(x)$ 是 $f(x)$ 的反函数，$P = \int_1^2 g(x)dx$，则（ ）.

    A. $0 < P < 1$ B. $1 < P < 2$ C. $2 < P < 3$ D. $3 < P < 4$

17. 若 $\sqrt{1-x^2}$ 是 $xf(x)$ 的一个原函数，则 $\int_0^1 \dfrac{1}{f(x)}dx = (\quad)$.

    A. -1 B. $\dfrac{\pi}{4}$ C. $-\dfrac{\pi}{4}$ D. 1

18. $f(x)$ 是连续可导函数，且 $f(2) = -1$，$\int_0^2 f(t)dt = 4$，则 $\int_0^2 tf'(t)dt = (\quad)$.

    A. -4 B. -1 C. -6 D. 2

19. $\lim\limits_{n\to+\infty}\int_1^2 \arctan(nx)dx = (\quad)$.

    A. -1 B. $-\pi$ C. π D. $\dfrac{\pi}{2}$

二、解答题

1. 若 $f(x) = \begin{cases} a + x/\pi, & x \leqslant \pi/2, \\ \dfrac{a\sin x + b}{x - \pi/2}, & x > \pi/2 \end{cases}$ 是 $(-\infty, +\infty)$ 上的连续函数，求参数 a, b 的取值.

2. 研究函数 $f(x) = \begin{cases} x\sin\dfrac{1}{x}, & x \neq 0, \\ 1, & x = 0 \end{cases}$ 的连续性，并说明间断点的类型.

3. 设 $\lim\limits_{x\to 0} \dfrac{\ln\left(1+\dfrac{f(x)}{\sin x}\right)}{a^x - 1} = A, (a > 0, a \neq 1)$，求 $\lim\limits_{x\to 0}\dfrac{f(x)}{x^2}$.

4. 求证方程 $x^3 - 5x^2 + 1 = 0$ 在区间 $(0,1)$ 内至少有一个实根.

5. 设 $y = \sin nx \cos^n x$，求 y'.

6. 求证：当 $x > 0$ 时，$\dfrac{x}{1+x} < \ln(1+x) < x$.

7. 求证：$-1 < x < 1$ 时，$\arcsin x + \arccos x = \dfrac{\pi}{2}$.

8. 设 $f''(x)$ 连续，且 $f(0) = 1, f(2) = 3, f'(2) = 5$，求 $\int_0^1 xf''(2x)dx$.

9. 求 $\int_0^1 x^2 e^x dx$.

10. 求极限 $\lim\limits_{x\to 0}\dfrac{\int_0^{x^2}\cos t^2\,\mathrm{d}t}{x\sin x}$.

11. 求不定积分 $\int\dfrac{x}{x^2+2x+5}\mathrm{d}x$.

12. 求不定积分 $\int\sec^3 x\,\mathrm{d}x$.

13. 一平面经过半径为 r 的圆柱体的底圆中心，并与底面交成角 α，计算这平面截圆柱体所得立体的体积.

自测训练答案

第二章　高等代数基础知识

考纲内容

数学学科知识包括大学本科数学专业基础课程和高中课程中的数学知识.

大学本科数学专业基础课程的知识是指：数学分析、高等代数、解析几何、概率论与数理统计等大学课程中与中学数学密切相关的内容，包括数列极限、函数极限、连续函数、一元函数微积分、向量及其运算、矩阵与变换等内容及概率论与数理统计的基础知识. 本章属于大学本科数学专业基础课程知识.

其内容要求是：准确掌握基本概念，熟练进行运算，并能够利用这些知识去解决中学数学的问题.

考纲解读

高等代数是大学本科数学专业主要基础课程之一，考纲要求准确掌握基本概念，熟练进行运算，并能够利用这些知识去解决中学数学的问题，这在考题中均有充分的体现.

准确掌握基本概念：包括行列式的定义，矩阵的相关定义（方阵，上三角形矩阵，下三角形矩阵，对角形矩阵，对称矩阵，反对称矩阵，伴随矩阵，阶梯形矩阵，简化阶梯形矩阵，初等矩阵，分块矩阵，矩阵的初等变换，矩阵的秩，等价矩阵，相似矩阵，合同矩阵，矩阵的特征值与特征向量，二次型的矩阵，正交矩阵，正定矩阵），一般线性方程组与齐次线性方程组的定义，向量空间的相关定义（n 维向量，n 维向量空间，子空间，向量组的线性组合、线性表出、线性相关、极大无关组与秩，向量空间的基与维数，齐次线性方程组的解空间，生成子空间），二次型的相关定义（二次型，二次型的标准形，正定二次型）.

熟练进行运算：包括行列式的计算，矩阵的基本运算，矩阵求逆与求秩，解矩阵方程，求向量组的极大无关组与秩，求齐次线性方程组与非齐次线性方程组的通解，齐次线性方程组与非齐次线性方程组解的性质，求矩阵的特征值与特征向量，矩阵的对角化；化二次型为标准形，正定二次型的判定.

能够利用高等代数知识去解决中学数学的问题：行列式、矩阵和向量空间是线性方程组的理论基础，而方程组又是中学数学的主要内容之一；矩阵的初等变换起源于线性方程组的同解变换，而矩阵初等变换的应用贯穿高等代数教材；二次型理论起源于二次曲线的标准方程，要会用二次型理论解决二次曲线的相关问题.

> 高等代数这几部分内容之间的关系是:矩阵初等变换的方法是高等代数的核心方法,掌握了矩阵初等变换的方法,就会求逆矩阵,会求矩阵的秩,会求向量组的极大无关组与秩,会求线性方程组的通解,会化二次型为标准形.矩阵、线性方程组和向量空间是考试的重点.

第一节 行 列 式

一、行列式的定义

一阶行列式定义为

$$|a_{11}| = a_{11}.$$

二阶行列式定义为

$$\begin{vmatrix} a_{11} & a_{12} \\ a_{21} & a_{22} \end{vmatrix} = a_{11}a_{22} - a_{12}a_{21}.$$

n 阶行列式定义为

$$D = \begin{vmatrix} a_{11} & a_{12} & \cdots & a_{1n} \\ a_{21} & a_{22} & \cdots & a_{2n} \\ \vdots & \vdots & & \vdots \\ a_{n1} & a_{n2} & \cdots & a_{nn} \end{vmatrix} = \sum_{(i_1 i_2 \cdots i_n)} (-1)^{\pi(i_1 i_2 \cdots i_n)} a_{1i_1} a_{2i_2} \cdots a_{ni_n}.$$

这里 $i_1 i_2 \cdots i_n$ 是任一个 n 元排列,$\pi(i_1 i_2 \cdots i_n)$ 是 n 元排列 $i_1 i_2 \cdots i_n$ 的逆序数,即 n 阶行列式 D 等于其属于不同行不同列元素乘积的代数和.

二、行列式的性质

(1) 转置行列式.

① 若 $D = \begin{vmatrix} a_{11} & a_{12} & \cdots & a_{1n} \\ a_{21} & a_{22} & \cdots & a_{2n} \\ \vdots & \vdots & & \vdots \\ a_{n1} & a_{n2} & \cdots & a_{nn} \end{vmatrix}$,则 $D^{\mathrm{T}} = \begin{vmatrix} a_{11} & a_{21} & \cdots & a_{n1} \\ a_{12} & a_{22} & \cdots & a_{n2} \\ \vdots & \vdots & & \vdots \\ a_{1n} & a_{2n} & \cdots & a_{nn} \end{vmatrix}$ 称为 D 的转置行列式.

② $D = D^{\mathrm{T}}$.

(2) 行列式中两行对换,其值变号,即

$$\begin{vmatrix} a_{11} & a_{12} & \cdots & a_{1n} \\ \vdots & \vdots & & \vdots \\ a_{i1} & a_{i2} & \cdots & a_{in} \\ \vdots & \vdots & & \vdots \\ a_{j1} & a_{j2} & \cdots & a_{jn} \\ \vdots & \vdots & & \vdots \\ a_{n1} & a_{n2} & \cdots & a_{nn} \end{vmatrix} = - \begin{vmatrix} a_{11} & a_{12} & \cdots & a_{1n} \\ \vdots & \vdots & & \vdots \\ a_{j1} & a_{j2} & \cdots & a_{jn} \\ \vdots & \vdots & & \vdots \\ a_{i1} & a_{i2} & \cdots & a_{in} \\ \vdots & \vdots & & \vdots \\ a_{n1} & a_{n2} & \cdots & a_{nn} \end{vmatrix}.$$

(3) 行列式中如果某行元素有公因子,可以将公因子提到行列式外,即

$$\begin{vmatrix} a_{11} & a_{12} & \cdots & a_{1n} \\ \vdots & \vdots & & \vdots \\ ka_{i1} & ka_{i2} & \cdots & ka_{in} \\ \vdots & \vdots & & \vdots \\ a_{n1} & a_{n2} & \cdots & a_{nn} \end{vmatrix} = k \begin{vmatrix} a_{11} & a_{12} & \cdots & a_{1n} \\ \vdots & \vdots & & \vdots \\ a_{i1} & a_{i2} & \cdots & a_{in} \\ \vdots & \vdots & & \vdots \\ a_{n1} & a_{n2} & \cdots & a_{nn} \end{vmatrix}.$$

(4) 行列式中如果有一行每个元素都由两个数之和组成,行列式可以拆成两个行列式的和,即

$$\begin{vmatrix} a_{11} & a_{12} & \cdots & a_{1n} \\ \vdots & \vdots & & \vdots \\ a_{i1}+a'_{i1} & a_{i2}+a'_{i2} & \cdots & a_{in}+a'_{in} \\ \vdots & \vdots & & \vdots \\ a_{n1} & a_{n2} & \cdots & a_{nn} \end{vmatrix} = \begin{vmatrix} a_{11} & a_{12} & \cdots & a_{1n} \\ \vdots & \vdots & & \vdots \\ a_{i1} & a_{i2} & \cdots & a_{in} \\ \vdots & \vdots & & \vdots \\ a_{n1} & a_{n2} & \cdots & a_{nn} \end{vmatrix} + \begin{vmatrix} a_{11} & a_{12} & \cdots & a_{1n} \\ \vdots & \vdots & & \vdots \\ a'_{i1} & a'_{i2} & \cdots & a'_{in} \\ \vdots & \vdots & & \vdots \\ a_{n1} & a_{n2} & \cdots & a_{nn} \end{vmatrix}.$$

(5) 行列式中如果有两行元素对应相等,则行列式的值为 0.

(6) 行列式中如果有两行元素对应成比例,则行列式的值为 0.

(7) 行列式中如果有一行元素全为 0,则行列式的值为 0.

(8) 行列式中某行元素的 k 倍加到另一行,其值不变,即

$$\begin{vmatrix} a_{11} & a_{12} & \cdots & a_{1n} \\ \vdots & \vdots & & \vdots \\ a_{i1} & a_{i2} & \cdots & a_{in} \\ \vdots & \vdots & & \vdots \\ a_{j1} & a_{j2} & \cdots & a_{jn} \\ \vdots & \vdots & & \vdots \\ a_{n1} & a_{n2} & \cdots & a_{nn} \end{vmatrix} = \begin{vmatrix} a_{11} & a_{12} & \cdots & a_{1n} \\ \vdots & \vdots & & \vdots \\ a_{i1} & a_{i2} & \cdots & a_{in} \\ \vdots & \vdots & & \vdots \\ ka_{i1}+a_{j1} & ka_{i2}+a_{j2} & \cdots & ka_{in}+a_{jn} \\ \vdots & \vdots & & \vdots \\ a_{n1} & a_{n2} & \cdots & a_{nn} \end{vmatrix}.$$

> **小贴士**
> 行列式对行成立的所有性质对列仍成立.

三、n 阶行列式展开定理

(1) 在 n 阶行列式 D 中,划去元素 a_{ij} 所在的第 i 行第 j 列,剩余元素按相对次序排列组成 $n-1$ 阶行列式,称为元素 a_{ij} 的余子式,记作 M_{ij}. 令 $A_{ij}=(-1)^{i+j}M_{ij}$,称 A_{ij} 为元素 a_{ij} 的代数余子式.

(2) 设 $D=\begin{vmatrix} a_{11} & a_{12} & \cdots & a_{1n} \\ a_{21} & a_{22} & \cdots & a_{2n} \\ \vdots & \vdots & & \vdots \\ a_{n1} & a_{n2} & \cdots & a_{nn} \end{vmatrix}$,则

$$a_{i1}A_{j1}+a_{i2}A_{j2}+\cdots+a_{in}A_{jn}=\begin{cases} D, i=j, \\ 0, i\neq j; \end{cases}$$

$$a_{1i}A_{1j}+a_{2i}A_{2j}+\cdots+a_{ni}A_{nj}=\begin{cases} D, i=j, \\ 0, i\neq j. \end{cases}$$

四、特殊行列式

(1) 上三角行列式：$\begin{vmatrix} a_{11} & a_{12} & \cdots & a_{1n} \\ 0 & a_{22} & \cdots & a_{2n} \\ \vdots & \vdots & & \vdots \\ 0 & 0 & \cdots & a_{nn} \end{vmatrix} = a_{11}a_{22}\cdots a_{nn}.$

(2) 下三角行列式：$\begin{vmatrix} a_{11} & 0 & \cdots & 0 \\ a_{21} & a_{22} & \cdots & 0 \\ \vdots & \vdots & & \vdots \\ a_{n1} & a_{n2} & \cdots & a_{nn} \end{vmatrix} = a_{11}a_{22}\cdots a_{nn}.$

五、行列式的计算方法

(1) 造 0 降阶法．

(2) 化为上(下)三角行列式法．

六、克拉默法则

(1) 对 n 个方程 n 个未知量的线性方程组 $\begin{cases} a_{11}x_1+a_{12}x_2+\cdots+a_{1n}x_n=b_1, \\ a_{21}x_1+a_{22}x_2+\cdots+a_{2n}x_2=b_2, \\ \cdots \\ a_{n1}x_1+a_{n2}x_2+\cdots+a_{nn}x_n=b_n, \end{cases}$ 若其系数行列

式 $D=\begin{vmatrix} a_{11} & a_{12} & \cdots & a_{1n} \\ a_{21} & a_{22} & \cdots & a_{2n} \\ \vdots & \vdots & & \vdots \\ a_{n1} & a_{n2} & \cdots & a_{nn} \end{vmatrix} \neq 0$,则该方程组有唯一解 $x_i=\dfrac{D_i}{D}(i=1,2,\cdots,n)$,其中 D_i 是用

方程组中的常数列替换 D 中的第 i 列所得．

(2) 对 n 个方程 n 个未知量的齐次线性方程组 $\begin{cases} a_{11}x_1+a_{12}x_2+\cdots+a_{1n}x_n=0, \\ a_{21}x_1+a_{22}x_2+\cdots+a_{2n}x_n=0, \\ \cdots \\ a_{n1}x_1+a_{n2}x_2+\cdots+a_{nn}x_n=0, \end{cases}$ 若其系数

行列式 $D= \begin{vmatrix} a_{11} & a_{12} & \cdots & a_{1n} \\ a_{21} & a_{22} & \cdots & a_{2n} \\ \vdots & \vdots & & \vdots \\ a_{n1} & a_{n2} & \cdots & a_{nn} \end{vmatrix} \neq 0$,则该齐次线性方程组只有零解.

小贴士

1. 由 n 阶行列式定义可知：解高次方程是降次，求高阶行列式是降阶.
2. 展开定理可简单记为"张冠张戴行列式本身，张冠李戴等于 0".
3. 由展开定理可知计算行列式时，喜欢某行（列）元素 0 较多的情形，最好只有一个元素不为 0.
4. 计算行列式主要方法是"造 0"，"造 0"的工具是性质(8).

七、例题

例 1 设 $\begin{vmatrix} 1 & a & -2 \\ 8 & 3 & 5 \\ -1 & 4 & 6 \end{vmatrix}$ 的代数余子式 $A_{21}=4$,则 $a=$(   ).

A. -2 B. -1 C. 1 D. 2

解：$A_{21}=-\begin{vmatrix} a & -2 \\ 4 & 6 \end{vmatrix}=-(6a+8)=4 \Rightarrow a=-2$. 答案为 A.

例 2 已知 $\begin{vmatrix} a & 1 & 1 \\ 2 & -4 & b \\ -1 & 2 & b \end{vmatrix}=0$,则 a 或 b 的值为(   ).

A. $a=1$ 或 $b=-1$ B. $a=0$ 或 $b=2$

C. $a=-\dfrac{1}{2}$ 或 $b=0$ D. $a=0$ 或 $b=-\dfrac{1}{2}$

解：$\begin{vmatrix} a & 1 & 1 \\ 2 & -4 & b \\ -1 & 2 & b \end{vmatrix}=\begin{vmatrix} a & 1 & 1 \\ 0 & 0 & 3b \\ -1 & 2 & b \end{vmatrix}=-3b\begin{vmatrix} a & 1 \\ -1 & 2 \end{vmatrix}=-3b(2a+1)=0 \Rightarrow a=-\dfrac{1}{2}$ 或 $b=0$. 答案为 C.

例 3 在一个 n 阶行列式 D 中，等于 0 的元素个数大于 n^2-n,则 $D=$(   ).

A. -2 B. -1 C. 0 D. 1

解：n 阶行列式 D 中等于 0 的元素个数大于 n^2-n,则 D 中至少有一个零行，$D=0$. 答

案为 C.

【注】 本题主要考查行列式的性质,即"有一行元素为 0 的行列式为 0".

例 4 设 4 阶行列式的第 2 列元素依次为 $2,m,k,3$,第 2 列元素的代数余子式依次为 $1,-1,1,-1$,第 4 列元素的代数余子式依次为 $3,1,4,2$,且行列式的值为 1,则 m,k 的取值为( ).

A. $m=-4,k=-2$ B. $m=4,k=-2$

C. $m=-\dfrac{12}{5},k=-\dfrac{12}{5}$ D. $m=\dfrac{12}{5},k=\dfrac{12}{5}$

解: 由展开定理 $\begin{cases} a_{12}A_{12}+a_{22}A_{22}+a_{32}A_{32}+a_{42}A_{42}=1, \\ a_{12}A_{14}+a_{12}A_{24}+a_{32}A_{34}+a_{42}A_{44}=0 \end{cases} \Rightarrow \begin{cases} m-k=-2, \\ m+4k=-12 \end{cases} \Rightarrow m=-4,k=-2.$

答案为 A.

【注】 本题主要考查行列式的展开定理,即"张冠张戴行列式本身,张冠李戴等于 0".

例 5 设多项式 $f(x)=\begin{vmatrix} x & 1 & 1 & 1 \\ 1 & 2x & 3 & 4 \\ 1 & 3 & -x & 1 \\ 1 & 4 & x & 3x \end{vmatrix}$,则 x^4 的系数和常数项分别为( ).

A. $6,16$ B. $-6,6$ C. $6,6$ D. $-6,-6$

解: $f(0)=\begin{vmatrix} 0 & 1 & 1 & 1 \\ 1 & 0 & 3 & 4 \\ 1 & 3 & 0 & 1 \\ 1 & 4 & 0 & 0 \end{vmatrix}=\begin{vmatrix} 0 & 1 & 1 & 1 \\ 1 & -3 & 0 & 1 \\ 1 & 3 & 0 & 1 \\ 1 & 4 & 0 & 0 \end{vmatrix}=\begin{vmatrix} 1 & -3 & 1 \\ 1 & 3 & 1 \\ 1 & 4 & 0 \end{vmatrix}=\begin{vmatrix} 1 & -3 & 1 \\ 0 & 6 & 0 \\ 1 & 4 & 0 \end{vmatrix}=\begin{vmatrix} 0 & 6 \\ 1 & 4 \end{vmatrix}=-6.$ 答案为 D.

【注】 本题主要考查:(1)多项式 $f(x)$ 的常数项是 $f(0)$;(2)行列式计算的展开法;(3)由行列式定义计算可知 $f(x)$ 的最高次项是其主对角线元素的乘积,即 x^4 的系数是 -6.

例 6 设 $\begin{vmatrix} x & 3 & 1 \\ y & 0 & 1 \\ z & 2 & 1 \end{vmatrix}=1$,求 $\begin{vmatrix} x-3 & y-3 & z-3 \\ 5 & 2 & 4 \\ 1 & 1 & 1 \end{vmatrix}.$

解: $\begin{vmatrix} x-3 & y-3 & z-3 \\ 5 & 2 & 4 \\ 1 & 1 & 1 \end{vmatrix}=\begin{vmatrix} x & y & z \\ 5 & 2 & 4 \\ 1 & 1 & 1 \end{vmatrix}+\begin{vmatrix} -3 & -3 & -3 \\ 5 & 2 & 4 \\ 1 & 1 & 1 \end{vmatrix}=\begin{vmatrix} x & y & z \\ 3 & 0 & 2 \\ 1 & 1 & 1 \end{vmatrix}+0=1.$

例 7 设 4 阶行列式 $D=\begin{vmatrix} a_1 & a_2 & a_3 & p \\ b_1 & b_2 & b_3 & p \\ c_1 & c_2 & c_3 & p \\ d_1 & d_2 & d_3 & p \end{vmatrix}$,求第一列各元素的代数余子式之和 $A_{11}+A_{21}+A_{31}+A_{41}.$

解: 由展开定理 $pA_{11}+pA_{21}+pA_{31}+pA_{41}=0$,若 $p\neq 0$,则 $A_{11}+A_{21}+A_{31}+A_{41}=0$;若 $p=0$,则 $A_{11}=A_{21}=A_{31}=A_{41}=0$,从而 $A_{11}+A_{21}+A_{31}+A_{41}=0.$

例 8 计算 4 阶行列式 $D_4 = \begin{vmatrix} 1 & -1 & 1 & x-1 \\ 1 & -1 & x+1 & -1 \\ 1 & x-1 & 1 & -1 \\ x+1 & -1 & 1 & -1 \end{vmatrix}$.

解： $\begin{vmatrix} 1 & -1 & 1 & x-1 \\ 1 & -1 & x+1 & -1 \\ 1 & x-1 & 1 & -1 \\ x+1 & -1 & 1 & -1 \end{vmatrix} = \begin{vmatrix} x & -1 & 1 & x-1 \\ x & -1 & x+1 & -1 \\ x & x-1 & 1 & -1 \\ x & -1 & 1 & -1 \end{vmatrix} = x \begin{vmatrix} 1 & 0 & 0 & x \\ 1 & 0 & x & 0 \\ 1 & x & 0 & 0 \\ 1 & 0 & 0 & 0 \end{vmatrix} = x^4.$

例 9 λ, μ 为何值时，齐次线性方程组 $\begin{cases} \lambda x_1 + x_2 + x_3 = 0, \\ x_1 + \mu x_2 + x_3 = 0, \\ x_1 + 2\mu x_2 + x_3 = 0 \end{cases}$ 有非零解？

解： $D = \begin{vmatrix} \lambda & 1 & 1 \\ 1 & \mu & 1 \\ 1 & 2\mu & 1 \end{vmatrix} = \begin{vmatrix} \lambda & 1 & 1 \\ 1-\lambda & \mu-1 & 0 \\ 1-\lambda & 2\mu-1 & 0 \end{vmatrix} = \begin{vmatrix} 1-\lambda & \mu-1 \\ 1-\lambda & 2\mu-1 \end{vmatrix} = \mu(1-\lambda) = 0$，得 $\lambda = 1$ 或 $\mu = 0$.

例 10 计算 n 阶行列式 $D_n = \begin{vmatrix} a & x & \cdots & x \\ x & a & \cdots & x \\ \vdots & \vdots & & \vdots \\ x & x & \cdots & a \end{vmatrix}$.

解： $D_n = \begin{vmatrix} a & x & \cdots & x \\ x & a & \cdots & x \\ \vdots & \vdots & & \vdots \\ x & x & \cdots & a \end{vmatrix} = \begin{vmatrix} a+(n-1)x & x & \cdots & x \\ a+(n-1)x & a & \cdots & x \\ \vdots & \vdots & & \vdots \\ a+(n-1)x & x & \cdots & a \end{vmatrix}$

$= \begin{vmatrix} a+(n-1)x & x & \cdots & x \\ 0 & a-x & \cdots & 0 \\ \vdots & \vdots & & \vdots \\ 0 & 0 & \cdots & a-x \end{vmatrix} = [a+(n-1)x](a-x)^{n-1}.$

例 11 计算行列式 $D = \begin{vmatrix} 0 & 0 & \cdots & 0 & 1 & 0 \\ 0 & 0 & \cdots & 2 & 0 & 0 \\ \vdots & \vdots & & \vdots & \vdots & \vdots \\ 1999 & 0 & \cdots & 0 & 0 & 0 \\ 0 & 0 & \cdots & 0 & 0 & 2000 \end{vmatrix}$.

解： 由行列式定义

$D = \begin{vmatrix} 0 & 0 & \cdots & 0 & 1 & 0 \\ 0 & 0 & \cdots & 2 & 0 & 0 \\ \vdots & \vdots & & \vdots & \vdots & \vdots \\ 1999 & 0 & \cdots & 0 & 0 & 0 \\ 0 & 0 & \cdots & 0 & 0 & 2000 \end{vmatrix} = (-1)^{\pi(1999,1998,\cdots,1,2000)} 2000!$

$$= (-1)^{\frac{1998 \times 1999}{2}} 2000! = -2000!.$$

【注】 本题主要考查利用行列式定义计算行列式，这要求会求排列的逆序数，同时要用到等差数列求和公式.

例 12 计算 n 阶行列式 $D = \begin{vmatrix} 1+a_1 & a_2 & \cdots & a_n \\ a_1 & 1+a_2 & \cdots & a_n \\ \vdots & \vdots & & \vdots \\ a_1 & a_2 & \cdots & 1+a_n \end{vmatrix}$.

解： $D = \begin{vmatrix} 1+a_1 & a_2 & \cdots & a_n \\ a_1 & 1+a_2 & \cdots & a_n \\ \vdots & \vdots & & \vdots \\ a_1 & a_2 & \cdots & 1+a_n \end{vmatrix} = \begin{vmatrix} 1+\sum_{i=1}^{n} a_i & a_2 & \cdots & a_n \\ 1+\sum_{i=1}^{n} a_i & 1+a_2 & \cdots & a_n \\ \vdots & \vdots & & \vdots \\ 1+\sum_{i=1}^{n} a_i & a_2 & \cdots & 1+a_n \end{vmatrix}$

$= \begin{vmatrix} 1+\sum_{i=1}^{n} a_i & a_2 & \cdots & a_n \\ 0 & 1 & \cdots & 0 \\ \vdots & \vdots & & \vdots \\ 0 & 0 & \cdots & 1 \end{vmatrix} = 1 + \sum_{i=1}^{n} a_i.$

【注】 本题主要考查行列式计算的三角形法，但要先利用行列式性质变形，再造 0 化为上三角形行列式计算.

链接阅读

> 莱布尼兹(1646—1716)，生于德国莱比锡，他独立创建了微积分，并精心设计了非常巧妙而简洁的微积分符号．他是数学史上最伟大的符号学者之一，相似"∽"，全等"≌"，比"$a:b$"，交"∩"以及函数和行列式符号都是莱布尼兹创设的.

第二节 矩 阵

一、矩阵的概念和运算

1. 矩阵的定义

(1) 定义：由 $m \times n$ 个数 $a_{ij}(i=1,2,\cdots,m;j=1,2,\cdots,n)$ 按一定顺序排成的 m 行 n 列

的矩形阵表 $\begin{pmatrix} a_{11} & a_{12} & \cdots & a_{1n} \\ a_{21} & a_{22} & \cdots & a_{2n} \\ \vdots & \vdots & & \vdots \\ a_{n1} & a_{n2} & \cdots & a_{nn} \end{pmatrix}$，称为一个 $m\times n$ 阶矩阵，记为 $\boldsymbol{A}$，$\boldsymbol{A}_{mn}$ 或 $(a_{ij})_{mn}$，其中 a_{ij} 称为矩阵 $\boldsymbol{A}$ 的位于 (i,j) 位置的元素.

(2) 设 $\boldsymbol{A}=(a_{ij})_{mn}$，$\boldsymbol{B}=(b_{ij})_{mn}$，则 $\boldsymbol{A}=\boldsymbol{B} \Leftrightarrow a_{ij}=b_{ij}$.

(3) 元素全为 0 的矩阵称为零矩阵，记为 $\boldsymbol{0}$.

(4) 设 $\boldsymbol{A}=\begin{pmatrix} a_{11} & a_{12} & \cdots & a_{1n} \\ a_{21} & a_{22} & \cdots & a_{2n} \\ \vdots & \vdots & & \vdots \\ a_{n1} & a_{n2} & \cdots & a_{nn} \end{pmatrix}$ 是 n 阶方阵，则称 $\begin{vmatrix} a_{11} & a_{12} & \cdots & a_{1n} \\ a_{21} & a_{22} & \cdots & a_{2n} \\ \vdots & \vdots & & \vdots \\ a_{n1} & a_{n2} & \cdots & a_{nn} \end{vmatrix}$ 为矩阵 $\boldsymbol{A}$ 的行列式，记为 $|\boldsymbol{A}|$.

2. 矩阵基本运算的定义

(1) 设 $\boldsymbol{A}=(a_{ij})_{mn}$，$\boldsymbol{B}=(b_{ij})_{mn}$，则 $\boldsymbol{A}+\boldsymbol{B}=(a_{ij}+b_{ij})_{mn}$ 称为矩阵 $\boldsymbol{A}$，$\boldsymbol{B}$ 的和.

(2) $\boldsymbol{A}=(a_{ij})_{mn}$，$k$ 是常数，则 $k\boldsymbol{A}=(ka_{ij})_{mn}$ 称为数 k 与矩阵 $\boldsymbol{A}$ 的数乘矩阵.

(3) $\boldsymbol{A}=(a_{ij})_{mp}$，$\boldsymbol{B}=(b_{ij})_{pn}$，则 $\boldsymbol{C}=(c_{ij})_{mn}$ 称为矩阵 $\boldsymbol{A}$，$\boldsymbol{B}$ 的积，其中 $c_{ij}=a_{i1}b_{1j}+a_{i2}b_{2j}+\cdots+a_{ip}b_{pj}$，记为 $\boldsymbol{AB}$.

(4) 设 $\boldsymbol{A}=\begin{pmatrix} a_{11} & a_{12} & \cdots & a_{1n} \\ a_{21} & a_{22} & \cdots & a_{2n} \\ \vdots & \vdots & & \vdots \\ a_{m1} & a_{m2} & \cdots & a_{mn} \end{pmatrix}$，则 $\boldsymbol{A}^{\mathrm{T}}=\begin{pmatrix} a_{11} & a_{21} & \cdots & a_{m1} \\ a_{12} & a_{22} & \cdots & a_{m2} \\ \vdots & \vdots & & \vdots \\ a_{1n} & a_{2n} & \cdots & a_{mn} \end{pmatrix}$ 称为矩阵 $\boldsymbol{A}$ 的转置矩阵.

(5) 设 $\boldsymbol{A}$ 为 n 阶方阵，则 $\boldsymbol{A}^k=\underbrace{\boldsymbol{A}\boldsymbol{A}\cdots\boldsymbol{A}}_{k}$ 称为 $\boldsymbol{A}$ 的 k 次幂.

3. 矩阵基本运算的性质

(1) 矩阵加法满足交换律，结合律.

(2) $k(\boldsymbol{A}+\boldsymbol{B})=k\boldsymbol{A}+k\boldsymbol{B}$，$(k+l)\boldsymbol{A}=k\boldsymbol{A}+l\boldsymbol{A}$，$k(l\boldsymbol{A})=(kl)\boldsymbol{A}$.

(3) $k\boldsymbol{A}=\boldsymbol{0} \Leftrightarrow k=0$ 或 $\boldsymbol{A}=\boldsymbol{0}$.

(4) $(\boldsymbol{AB})^{\mathrm{T}}=\boldsymbol{B}^{\mathrm{T}}\boldsymbol{A}^{\mathrm{T}}$.

(5) 矩阵乘法满足结合律，左(右)乘分配律.

(6) 矩阵乘法不满足交换律和消去律.

(7) 若 $\boldsymbol{A}$，$\boldsymbol{B}$ 是 n 阶方阵，则 $|\boldsymbol{AB}|=|\boldsymbol{A}||\boldsymbol{B}|$.

(8) 若 $\boldsymbol{A}$ 是 n 阶方阵，k 是常数，则 $|k\boldsymbol{A}|=k^n|\boldsymbol{A}|$.

4. 特殊矩阵

(1) 上三角形矩阵：$\begin{pmatrix} a_{11} & a_{12} & \cdots & a_{1n} \\ 0 & a_{22} & \cdots & a_{2n} \\ \vdots & \vdots & & \vdots \\ 0 & 0 & \cdots & a_{nn} \end{pmatrix}$.

(2) 下三角形矩阵：$\begin{pmatrix} a_{11} & 0 & \cdots & 0 \\ a_{21} & a_{22} & \cdots & 0 \\ \vdots & \vdots & & \vdots \\ a_{n1} & a_{n2} & \cdots & a_{nn} \end{pmatrix}$.

(3) 对角形矩阵：$\begin{pmatrix} a_{11} & & \\ & \ddots & \\ & & a_{nn} \end{pmatrix}$.

(4) 单位矩阵：$\begin{pmatrix} 1 & & \\ & \ddots & \\ & & 1 \end{pmatrix}$，用 $\boldsymbol{E}$ 或 $\boldsymbol{E}_n$ 表示.

(5) 若 n 阶方阵 $\boldsymbol{A}$ 满足 $\boldsymbol{A}^T = \boldsymbol{A}$，则称 $\boldsymbol{A}$ 为对称矩阵.

(6) 若 n 阶方阵 $\boldsymbol{A}$ 满足 $\boldsymbol{A}^T = -\boldsymbol{A}$，则称 $\boldsymbol{A}$ 为反对称矩阵.

5. 伴随矩阵

(1) 定义：设 $\boldsymbol{A} = (a_{ij})$ 是 n 阶方阵，$\boldsymbol{A}^* = (\boldsymbol{A}_{ij})^T$ 称为 $\boldsymbol{A}$ 的伴随矩阵，其中 $\boldsymbol{A}_{ij}$ 是 $|\boldsymbol{A}|$ 中元素 a_{ij} 的代数余子式.

(2) 基本关系式：$\boldsymbol{A}\boldsymbol{A}^* = |\boldsymbol{A}|\boldsymbol{E}$.

(3) 行列式：$|\boldsymbol{A}^*| = |\boldsymbol{A}|^{n-1}$.

(4) 秩：$R(\boldsymbol{A}^*) = \begin{cases} n, & R(\boldsymbol{A}) = n, \\ 1, & R(\boldsymbol{A}) = n-1, \\ 0, & R(\boldsymbol{A}) < n-1. \end{cases}$

6. 逆矩阵

(1) 定义：若 $\boldsymbol{AB} = \boldsymbol{BA} = \boldsymbol{E}$，则称 $\boldsymbol{A}$ 可逆，且称 $\boldsymbol{B}$ 是 $\boldsymbol{A}$ 的逆矩阵.

(2) 若 $\boldsymbol{A}$ 可逆，则 $\boldsymbol{A}$ 的逆矩阵唯一，用 $\boldsymbol{A}^{-1}$ 表示. 从而 $\boldsymbol{AA}^{-1} = \boldsymbol{A}^{-1}\boldsymbol{A} = \boldsymbol{E}$.

(3) $\boldsymbol{A}$ 可逆 $\Leftrightarrow |\boldsymbol{A}| \neq 0$.

(4) 公式：$\boldsymbol{A}^{-1} = \dfrac{1}{|\boldsymbol{A}|}\boldsymbol{A}^*$，$\boldsymbol{A}^*$ 是 $\boldsymbol{A}$ 的伴随矩阵.

(5) $|\boldsymbol{A}^{-1}| = |\boldsymbol{A}|^{-1}$.

(6) $(\boldsymbol{A}^{-1})^{-1} = \boldsymbol{A}$.

(7) $(k\boldsymbol{A})^{-1} = \dfrac{1}{k}\boldsymbol{A}^{-1}\ (k \neq 0)$.

(8) $(\boldsymbol{AB})^{-1} = \boldsymbol{B}^{-1}\boldsymbol{A}^{-1}$.

(9) $(\boldsymbol{A}^T)^{-1} = (\boldsymbol{A}^{-1})^T$.

7. 矩阵方程

(1) 设 $\boldsymbol{A}$ 是 n 阶方阵，$\boldsymbol{B}$ 是 $n \times m$ 矩阵，若 $\boldsymbol{A}$ 可逆，则矩阵方程 $\boldsymbol{AX} = \boldsymbol{B}$ 有解，其解为 $\boldsymbol{X} = \boldsymbol{A}^{-1}\boldsymbol{B}$.

(2) 设 $\boldsymbol{A}$ 是 n 阶方阵，$\boldsymbol{B}$ 是 $m \times n$ 矩阵，若 $\boldsymbol{A}$ 可逆，则矩阵方程 $\boldsymbol{XA} = \boldsymbol{B}$ 有解，其解为 $\boldsymbol{X} = \boldsymbol{BA}^{-1}$.

二、初等变换与初等矩阵

1. 矩阵的初等行(列)变换

(1) 交换两行(列)——换法变换；

(2) 用一个非零常数乘某一行(列)——倍法变换；

(3) 某行(列)的 k 倍加到另一行(列)上——消法变换.

2. 初等矩阵

对单位矩阵 E 只施行一次初等变换后所得矩阵称为初等矩阵.

3. 定理

对矩阵 A 施行一次行(列)初等变换相当于 A 左(右)乘上一个相应的初等矩阵.

4. 定理

$$(A \quad E) \xrightarrow{\text{行变换}} \cdots \xrightarrow{\text{行变换}} (E \quad A^{-1})$$

三、矩阵的秩

(一) 定义

(1) 在 $m \times n$ 矩阵 A 中,任取 k 行 k 列,位于这 k 行 k 列交叉处的 k^2 个元素按其原来的次序组成一个 k 阶行列式,称为矩阵 A 的一个 k 阶子式.

(2) 若矩阵 A 中有一个 r 阶子式不为零,而所有 $r+1$ 阶子式全为零,则称矩阵 A 的秩为 r. 矩阵 A 的秩记作 $R(A)$.

(3) $R(A) = 0 \Leftrightarrow A = 0$；$R(A_{m \times n}) \leqslant \min(m, n)$.

(4) $R(A) \geqslant r \Leftrightarrow A$ 中有一个 r 阶子式不为零；$R(A) \leqslant r \Leftrightarrow A$ 中所有 $r+1$ 阶子式全为零.

(5) 对于 n 阶方阵 A,$R(A) = n \Leftrightarrow |A| \neq 0$；对于 n 阶方阵 A,若 $R(A) = n$,则称 A 是满秩方阵.

(二) 重要定理

对矩阵施行初等变换不改变矩阵的秩.

(三) 矩阵的秩的求法

(1) 矩阵满足以下条件称为阶梯形矩阵：

① 所有零行都在矩阵的底部；

② 每行首非零元以下元素全为 0.

(2) 阶梯形矩阵满足以下条件称为简化阶梯形矩阵：

① 每行首非零元皆为 1；

② 每行首非零元所在列其余元素全为 0.

(3) $A \xrightarrow{\text{初等变换}}$ 阶梯形矩阵 U,则 $R(A) = U$ 中非零行个数.

(四) 矩阵的秩有以下一些常用的性质

(1) $R(A) = R(A^T)$.

(2) $R(kA) = R(A)$ $(k \neq 0)$.

(3) $R(A+B) \leqslant R(A)+R(B)$.

(4) $R(AB) \leqslant R(A), R(AB) \leqslant R(B)$.

(5) 若 $A_{m \times n} B_{n \times s}=0$, 则 $R(A)+R(B) \leqslant n$, 其中 n 为矩阵 A 的列数.

(6) 若 A 可逆, 则 $R(AB)=R(B)$; 若 B 可逆, 则 $R(AB)=R(A)$.

【注】 矩阵的初等变换来源于线性方程组的同解变换;会解线性方程组就会求 A^{-1}, 就会求 $R(A)$.

四、正交矩阵

1. 定义

若 n 阶方阵 A 满足 $AA^T=A^TA=E$, 则称 A 为正交矩阵.

2. 性质

(1) 若 A 为正交矩阵, 则 $|A|=\pm 1$.

(2) A 为正交矩阵 $\Leftrightarrow A^{-1}=A^T$.

五、线性变换

称变换 $\begin{cases} x_1=c_{11}y_1+c_{12}y_2+\cdots+c_{1n}y_n, \\ x_2=c_{21}y_1+c_{22}y_2+\cdots+c_{2n}y_n, \\ \vdots \\ x_n=c_{n1}y_1+c_{n2}y_2+\cdots+c_{nn}y_n \end{cases}$ 为线性变换, $C=\begin{pmatrix} c_{11} & c_{12} & \cdots & c_{1n} \\ c_{21} & c_{22} & \cdots & c_{2n} \\ \vdots & \vdots & & \vdots \\ c_{n1} & c_{n2} & \cdots & c_{nn} \end{pmatrix}$ 称为线性变换的矩阵; 令 $X=(x_1,x_2,\cdots,x_n)^T, Y=(y_1,y_2,\cdots,y_n)^T$, 则 $X=CY$ 称为线性变换的矩阵表示形式; 若 $|C| \neq 0$, 则 $X=CY$ 称为可逆(非退化)线性变换; 若 C 为正交矩阵, 则称 $X=CY$ 为正交变换.

六、例题

例 1 A, B 都是 n 阶方阵, 则下列结论不正确的是( ).

A. $|A+B|=|A|+|B|$
B. $|AB^T|=|A||B|$
C. $||A|B|=|A|^n|B|$
D. $|A+B||A-B|=|A-B||A+B|$

解: $A=B=E_3$, 则 $|A+B|=8, |A|+|B|=2$. 答案为 A.

例 2 设 $A=\begin{pmatrix} 1 & 0 & 0 \\ 0 & 2 & 0 \\ 0 & 0 & 3 \end{pmatrix}, B=\begin{pmatrix} 1 & 1 & 0 \\ 1 & 2 & 2 \\ 0 & 1 & 3 \end{pmatrix}, C=AB^{-1}$, 则 C^{-1} 中第三行第二列的元素是( ).

A. $\dfrac{1}{3}$ B. $\dfrac{1}{2}$ C. 1 D. $\dfrac{3}{2}$

解: $C^{-1}=(AB^{-1})^{-1}=BA^{-1}=\begin{pmatrix} 1 & 1 & 0 \\ 1 & 2 & 2 \\ 0 & 1 & 3 \end{pmatrix}\begin{pmatrix} 1 & 0 & 0 \\ 0 & \dfrac{1}{2} & 0 \\ 0 & 0 & \dfrac{1}{3} \end{pmatrix}=\begin{pmatrix} 1 & \dfrac{1}{2} & 0 \\ 1 & 1 & \dfrac{2}{3} \\ 0 & \dfrac{1}{2} & 1 \end{pmatrix}$. 答案为 B.

例3 下列四个矩阵中为初等矩阵的是( ).

A. $\begin{pmatrix} 0 & 0 & 1 \\ 0 & 1 & 0 \\ -1 & 0 & 0 \end{pmatrix}$ B. $\begin{pmatrix} 1 & 0 & 0 \\ 0 & -1 & 0 \\ 0 & 0 & -1 \end{pmatrix}$ C. $\begin{pmatrix} 0 & -2 & 0 \\ 0 & 1 & 0 \\ 0 & 0 & 1 \end{pmatrix}$ D. $\begin{pmatrix} 1 & 0 & -2 \\ 0 & 1 & 0 \\ 0 & 0 & 1 \end{pmatrix}$

解:只有 $\begin{pmatrix} 1 & 0 & -2 \\ 0 & 1 & 0 \\ 0 & 0 & 1 \end{pmatrix}$ 是三阶单位矩阵 E_3 经过一次消法变换后得到的.答案为 D.

例4 设 P 为三阶方阵,将 P 的第一列与第二列交换得到 T,再把 T 的第二列加到第三列得到 R,则满足 $PQ=R$ 的矩阵 Q 是( ).

A. $\begin{pmatrix} 0 & 1 & 0 \\ 1 & 0 & 0 \\ 1 & 0 & 1 \end{pmatrix}$ B. $\begin{pmatrix} 0 & 1 & 0 \\ 1 & 0 & 1 \\ 0 & 1 & 0 \end{pmatrix}$ C. $\begin{pmatrix} 0 & 1 & 0 \\ 1 & 0 & 0 \\ 0 & 1 & 1 \end{pmatrix}$ D. $\begin{pmatrix} 0 & 1 & 1 \\ 1 & 0 & 0 \\ 0 & 0 & 1 \end{pmatrix}$

解:$Q = \begin{pmatrix} 0 & 1 & 0 \\ 1 & 0 & 0 \\ 0 & 0 & 1 \end{pmatrix} \begin{pmatrix} 1 & 0 & 0 \\ 0 & 1 & 1 \\ 0 & 0 & 1 \end{pmatrix} = \begin{pmatrix} 0 & 1 & 1 \\ 1 & 0 & 0 \\ 0 & 0 & 1 \end{pmatrix}$.答案为 D.

【注】 本题主要考查初等变换与初等矩阵关系定理,即"对矩阵 A 施行一次行(列)初等变换相当于 A 左(右)乘上一个相应的初等矩阵".

例5 设 A 为三阶方阵,将 A 的第二列加到第一列得到矩阵 B,再接着换 B 的第二行与第三行得到单位矩阵 E,记 $P_1 = \begin{pmatrix} 1 & 0 & 0 \\ 1 & 1 & 0 \\ 0 & 0 & 1 \end{pmatrix}$,$P_2 = \begin{pmatrix} 1 & 0 & 0 \\ 0 & 0 & 1 \\ 0 & 1 & 0 \end{pmatrix}$,则 $A =$ ( ).

A. $P_1 P_2$ B. $P_1^{-1} P_2$ C. $P_2 P_1$ D. $P_2 P_1^{-1}$

解:由题意 $AP_1 = B$,$P_2 B = E \Rightarrow P_2 A P_1 = E \Rightarrow A = P_2^{-1} E P_1^{-1} = P_2^{-1} P_1^{-1}$,又 $P_2 = P_2^{-1}$,则 $A = P_2 P_1^{-1}$.答案为 D.

【注】 本题主要考查初等变换与初等矩阵关系定理及初等矩阵的逆矩阵还是初等矩阵,换法矩阵的逆矩阵是本身.

例6 设 A 为 n 阶非零矩阵,E 为 n 阶单位矩阵,若 $A^3 = 0$,则( ).

A. $E-A$ 不可逆,$E+A$ 不可逆 B. $E-A$ 不可逆,$E+A$ 可逆
C. $E-A$ 可逆,$E+A$ 可逆 D. $E-A$ 可逆,$E+A$ 不可逆

解:由 $A^3 = 0 \Rightarrow A^3 + E = E \Rightarrow (A+E)(A^2 - A + E) = E \Rightarrow A+E$ 可逆.

由 $A^3 = 0 \Rightarrow A^3 - E = -E \Rightarrow (A-E)(A^2 + A + E) = -E \Rightarrow E-A$ 可逆.答案为 C.

【注】 本题主要考查可逆矩阵定义的应用及矩阵等式的恒等变形,若 A,B 可交换,则 $A^3 - B^3 = (A-B)(A^2 + AB + B^2)$ 和 $A^3 + B^3 = (A+B)(A^2 - AB + B^2)$ 成立,否则不成立.

例7 下列 4 个矩阵中不是正交矩阵的是( ).

A. $\begin{pmatrix} \frac{1}{2} & -\frac{\sqrt{3}}{2} \\ \frac{\sqrt{3}}{2} & \frac{1}{2} \end{pmatrix}$ B. $\begin{pmatrix} 0 & -1 \\ 1 & 0 \end{pmatrix}$ C. $\begin{pmatrix} 1 & -1 \\ 1 & 1 \end{pmatrix}$ D. $\begin{pmatrix} \cos\theta & -\sin\theta \\ \sin\theta & \cos\theta \end{pmatrix}$

解：因为 $\begin{vmatrix} 1 & -1 \\ 1 & 1 \end{vmatrix} = 2 \neq 1$，所以 $\begin{pmatrix} 1 & -1 \\ 1 & 1 \end{pmatrix}$ 不是正交矩阵. 答案为 C.

【注】本题主要考查正交矩阵的性质，即"若 A 是正交矩阵，则 $|A| = \pm 1$".

例 8 设 A, B 为三阶方阵，且 $|A| = 2, |B| = 3$，求 $\left| \left(-\dfrac{1}{2}A \right)^{-1} - 2A^* \right|$ 和 $|2A^* B^{-1}|$.

解：$\left| \left(-\dfrac{1}{2}A \right)^{-1} - 2A^* \right| = |-2A^{-1} - 2|A|A^{-1}| = |-6A^{-1}| = (-6)^3 \dfrac{1}{2} = -108$,

$|2A^* B^{-1}| = 2^3 |A^*| |B|^{-1} = 8 \times 2^2 \times \dfrac{1}{3} = \dfrac{32}{3}$.

例 9 设 $P = \begin{pmatrix} 2 & 0 & 0 \\ 0 & 1 & 1 \\ 0 & 0 & -1 \end{pmatrix}, A = \begin{pmatrix} 1 & 0 & 0 \\ 0 & 2 & 0 \\ 0 & 0 & -2 \end{pmatrix}$，求 $(P^{-1}AP)^{100}$.

解：$(P^{-1}AP)^{100} = P^{-1}APP^{-1}AP \cdots P^{-1}AP = P^{-1}A^{100}P$, $P^{-1} = \begin{pmatrix} \dfrac{1}{2} & 0 & 0 \\ 0 & 1 & 1 \\ 0 & 0 & -1 \end{pmatrix}$,

$A^{100} = \begin{pmatrix} 1 & 0 & 0 \\ 0 & 2^{100} & 0 \\ 0 & 0 & 2^{100} \end{pmatrix}$, $P^{-1}A^{100}P = \begin{pmatrix} \dfrac{1}{2} & 0 & 0 \\ 0 & 1 & 1 \\ 0 & 0 & -1 \end{pmatrix} \begin{pmatrix} 1 & 0 & 0 \\ 0 & 2^{100} & 0 \\ 0 & 0 & 2^{100} \end{pmatrix} \begin{pmatrix} 2 & 0 & 0 \\ 0 & 1 & 1 \\ 0 & 0 & -1 \end{pmatrix} =$

$\begin{pmatrix} \dfrac{1}{2} & 0 & 0 \\ 0 & 2^{100} & 2^{100} \\ 0 & 0 & -2^{100} \end{pmatrix} \begin{pmatrix} 2 & 0 & 0 \\ 0 & 1 & 1 \\ 0 & 0 & -1 \end{pmatrix} = \begin{pmatrix} 1 & 0 & 0 \\ 0 & 2^{100} & 0 \\ 0 & 0 & 2^{100} \end{pmatrix}$.

例 10 计算 $\begin{pmatrix} 1 & 0 & 0 \\ 0 & 1 & 0 \\ 0 & 1 & 1 \end{pmatrix}^{11} \begin{pmatrix} -1 & -1 & -1 \\ 1 & 1 & 1 \\ -2 & -2 & -2 \end{pmatrix} \begin{pmatrix} 1 & 0 & 0 \\ 0 & 1 & 0 \\ 0 & 1 & 1 \end{pmatrix}^{11}$.

解：$\begin{pmatrix} 1 & 0 & 0 \\ 0 & 1 & 0 \\ 0 & 1 & 1 \end{pmatrix}$ 是初等矩阵，左乘初等矩阵是行变换，右乘初等矩阵是列变换，则

$\begin{pmatrix} 1 & 0 & 0 \\ 0 & 1 & 0 \\ 0 & 1 & 1 \end{pmatrix}^{11} \begin{pmatrix} -1 & -1 & -1 \\ 1 & 1 & 1 \\ -2 & -2 & -2 \end{pmatrix} \begin{pmatrix} 1 & 0 & 0 \\ 0 & 1 & 0 \\ 0 & 1 & 1 \end{pmatrix}^{11} = \begin{pmatrix} -1 & -1 & -1 \\ 1 & 1 & 1 \\ 9 & 9 & 9 \end{pmatrix} \begin{pmatrix} 1 & 0 & 0 \\ 0 & 1 & 0 \\ 0 & 1 & 1 \end{pmatrix}^{11}$

$= \begin{pmatrix} -1 & -12 & -1 \\ 1 & 12 & 1 \\ 9 & 108 & 9 \end{pmatrix}$.

例 11 已知矩阵 $\begin{pmatrix} 1 & t & -1 & 2 \\ 1 & -1 & 1 & 2 \\ 1 & 0 & -1 & 2 \end{pmatrix}$ 的秩为 2，求 t.

解：用初等变换化已知矩阵为阶梯形，再由秩为 2 确定 t.

$$A = \begin{pmatrix} 1 & t & -1 & 2 \\ 1 & -1 & 1 & 2 \\ 1 & 0 & -1 & 2 \end{pmatrix} \to \begin{pmatrix} 1 & 0 & -1 & 2 \\ 1 & -1 & 1 & 2 \\ 1 & t & -1 & 2 \end{pmatrix} \to \begin{pmatrix} 1 & -1 & 2 & 0 \\ 1 & 1 & 2 & -1 \\ 1 & -1 & 2 & t \end{pmatrix} \to \begin{pmatrix} 1 & -1 & 2 & 0 \\ 0 & 2 & 0 & -1 \\ 0 & 0 & 0 & t \end{pmatrix}$$
$= B.$

由 $R(A) = R(B) = 2$,知 $t = 0$.

例 12 已知 $A = \begin{pmatrix} 1 \\ 3 \\ 2 \end{pmatrix} (1 \ -1 \ 0)$, $B = \begin{pmatrix} 1 & 2 & -1 \\ 2 & a & 2 \\ -1 & 2 & 3 \end{pmatrix}$,若 $R(AB+B) = 2$,求 a.

解:$AB + B = (A + E)B$,且 $|A + E| = \begin{vmatrix} 2 & -1 & 0 \\ 3 & -2 & 0 \\ 2 & -2 & 1 \end{vmatrix} = \begin{vmatrix} 2 & -1 \\ 3 & -2 \end{vmatrix} = -1 \neq 0$,

由 $A + E$ 可逆,且 $R(AB+B) = 2 \Rightarrow R(B) = 2$.

$$B = \begin{pmatrix} 1 & 2 & -1 \\ 2 & a & 2 \\ -1 & 2 & 3 \end{pmatrix} \to \begin{pmatrix} 1 & -1 & 2 \\ 2 & 2 & a \\ -1 & 3 & 2 \end{pmatrix} \to \begin{pmatrix} 1 & -1 & 2 \\ 0 & 4 & a-4 \\ 0 & 2 & 4 \end{pmatrix} \to \begin{pmatrix} 1 & -1 & 2 \\ 0 & 4 & a-4 \\ 0 & 0 & -\frac{a}{2}+6 \end{pmatrix},$$

$-\frac{a}{2} + 6 = 0 \Rightarrow a = 12$.

例 13 已知矩阵 $A = \begin{pmatrix} 1 & 0 & 0 \\ 0 & 1 & 1 \\ 1 & 1 & 0 \end{pmatrix}$, $B = \begin{pmatrix} 2 & 0 & 1 \\ 0 & -2 & 0 \\ 0 & 1 & 1 \end{pmatrix}$,又 X 为可逆矩阵,并满足矩阵方程 $AX^2 B = XB$,求 X.

解:因为 $|A| = -1 \neq 0$,$|B| = -4 \neq 0$,所以 A 和 B 是可逆矩阵.又因 X 是可逆矩阵,则 $(AX)(XB)(XB)^{-1} = (XB)(XB)^{-1}$,从而 $AX = E$,故 $X = A^{-1}$.

又因 $A_{11} = \begin{vmatrix} 1 & 1 \\ 1 & 0 \end{vmatrix} = -1$, $A_{12} = -\begin{vmatrix} 0 & 1 \\ 1 & 0 \end{vmatrix} = 1$, $A_{13} = \begin{vmatrix} 0 & 1 \\ 1 & 1 \end{vmatrix} = -1$, $A_{21} = -\begin{vmatrix} 0 & 0 \\ 1 & 0 \end{vmatrix} = 0$,

$A_{22} = \begin{vmatrix} 1 & 0 \\ 1 & 0 \end{vmatrix} = 0$, $A_{23} = -\begin{vmatrix} 1 & 0 \\ 1 & 1 \end{vmatrix} = -1$, $A_{31} = \begin{vmatrix} 0 & 0 \\ 1 & 1 \end{vmatrix} = 0$, $A_{32} = -\begin{vmatrix} 1 & 0 \\ 0 & 1 \end{vmatrix} = -1$,

$A_{33} = \begin{vmatrix} 1 & 0 \\ 0 & 1 \end{vmatrix} = 1$,所以 $A^{-1} = \frac{1}{|A|} A^* = -\begin{pmatrix} -1 & 0 & 0 \\ 1 & 0 & -1 \\ -1 & -1 & 1 \end{pmatrix} = \begin{pmatrix} 1 & 0 & 0 \\ -1 & 0 & 1 \\ 1 & 1 & -1 \end{pmatrix}$,

故 $X = \begin{pmatrix} 1 & 0 & 0 \\ -1 & 0 & 1 \\ 1 & 1 & -1 \end{pmatrix}$.

例 14 设 $A = \begin{pmatrix} 5 & 1 & 0 \\ 0 & 5 & 2 \\ 0 & 0 & 5 \end{pmatrix}$,求 A^n.

解:$A = \begin{pmatrix} 5 & 1 & 0 \\ 0 & 5 & 2 \\ 0 & 0 & 5 \end{pmatrix} = \begin{pmatrix} 5 & 0 & 0 \\ 0 & 5 & 0 \\ 0 & 0 & 5 \end{pmatrix} + \begin{pmatrix} 0 & 1 & 0 \\ 0 & 0 & 2 \\ 0 & 0 & 0 \end{pmatrix} = 5E + B$,$B = \begin{pmatrix} 0 & 1 & 0 \\ 0 & 0 & 2 \\ 0 & 0 & 0 \end{pmatrix}$,

$$\boldsymbol{B}^2 = \begin{pmatrix} 0 & 0 & 2 \\ 0 & 0 & 0 \\ 0 & 0 & 0 \end{pmatrix}, \boldsymbol{B}^3 = 0, \boldsymbol{A}^n = (5\boldsymbol{E}+\boldsymbol{B})^n = 5^n\boldsymbol{E} + n5^{n-1}\boldsymbol{B} + \frac{n(n-1)}{2}5^{n-2}\boldsymbol{B}^2$$

$$= \begin{pmatrix} 5^n & 0 & 0 \\ 0 & 5^n & 0 \\ 0 & 0 & 5^n \end{pmatrix} + \begin{pmatrix} 0 & n5^{n-1} & 0 \\ 0 & 0 & 2n5^{n-1} \\ 0 & 0 & 0 \end{pmatrix} + \begin{pmatrix} 0 & 0 & n(n-1)5^{n-2} \\ 0 & 0 & 0 \\ 0 & 0 & 0 \end{pmatrix}$$

$$= \begin{pmatrix} 5^n & n5^{n-1} & n(n-1)5^{n-2} \\ 0 & 5^n & 2n5^{n-1} \\ 0 & 0 & 5^n \end{pmatrix}.$$

【注】 本题主要考查矩阵高次幂的计算方法及二项式定理,对角阵的高次幂最易算,从而要把 $\boldsymbol{A}$ 转化为对角阵.

例 15 已知矩阵 $\boldsymbol{M} = \begin{pmatrix} 1 & a \\ b & 1 \end{pmatrix}, \boldsymbol{N} = \begin{pmatrix} c & 2 \\ 0 & d \end{pmatrix}$,且 $\boldsymbol{MN} = \begin{pmatrix} 2 & 0 \\ -2 & 0 \end{pmatrix}$.

(1) 求实数 a, b, c, d 的值;

(2) 求直线 $y = 3x$ 在矩阵 $\boldsymbol{M}$ 所对应的线性变换作用下的像的方程.

解: (1) $\boldsymbol{MN} = \begin{pmatrix} 1 & a \\ b & 1 \end{pmatrix} \begin{pmatrix} c & 2 \\ 0 & d \end{pmatrix} = \begin{pmatrix} c & ad+2 \\ bc & 2b+d \end{pmatrix} = \begin{pmatrix} 2 & 0 \\ -2 & 0 \end{pmatrix} \Rightarrow \begin{cases} c = 2, \\ ad + 2 = 0, \\ bc = -2, \\ 2b + d = 0 \end{cases} \Rightarrow a = -1,$

$b = -1, c = 2, d = 2.$

(2) $\begin{pmatrix} 1 & -1 \\ -1 & 1 \end{pmatrix} \begin{pmatrix} x \\ 3x \end{pmatrix} = \begin{pmatrix} -2x \\ 2x \end{pmatrix}$,像的方程为 $y = -x$.

【注】 本题主要考查矩阵乘法与矩阵相等及线性变换的概念.

例 16 设 $\boldsymbol{A}, \boldsymbol{B}$ 均为 n 阶方阵,满足 $\boldsymbol{A}^2 = \boldsymbol{A}, \boldsymbol{B}^2 = \boldsymbol{B}, (\boldsymbol{A} - \boldsymbol{B})^2 = \boldsymbol{A} + \boldsymbol{B}$,求证: $\boldsymbol{AB} = \boldsymbol{BA} = 0$.

解: $(\boldsymbol{A}-\boldsymbol{B})^2 = \boldsymbol{A}^2 + \boldsymbol{B}^2 - \boldsymbol{AB} - \boldsymbol{BA} = \boldsymbol{A} + \boldsymbol{B} - \boldsymbol{AB} - \boldsymbol{BA} = \boldsymbol{A} + \boldsymbol{B} \Rightarrow \boldsymbol{AB} + \boldsymbol{BA} = 0 \Rightarrow \boldsymbol{A}^2\boldsymbol{B} + \boldsymbol{ABA} = 0$ 且 $\boldsymbol{ABA} + \boldsymbol{BA}^2 = 0 \Rightarrow \boldsymbol{AB} = -\boldsymbol{ABA}$ 且 $\boldsymbol{BA} = -\boldsymbol{ABA} \Rightarrow \boldsymbol{BA} = \boldsymbol{AB} \Rightarrow 2\boldsymbol{BA} = 2\boldsymbol{AB} = 0 \Rightarrow \boldsymbol{AB} = \boldsymbol{BA} = 0.$

【注】 本题主要考查矩阵乘法的性质 $(\boldsymbol{A}-\boldsymbol{B})^2 = \boldsymbol{A}^2 + \boldsymbol{B}^2 - \boldsymbol{AB} - \boldsymbol{BA}$ 及数乘矩阵的性质,即 "$k\boldsymbol{A} = 0 \Leftrightarrow k = 0$ 或 $\boldsymbol{A} = 0$".

例 17 设 $\boldsymbol{A}, \boldsymbol{B}$ 为 n 阶正交矩阵,求证: $\boldsymbol{AB}$ 为正交矩阵.

解: $\boldsymbol{A}, \boldsymbol{B}$ 为 n 阶正交矩阵,则 $\boldsymbol{A}^{-1} = \boldsymbol{A}^{\mathrm{T}}, \boldsymbol{B}^{-1} = \boldsymbol{B}^{\mathrm{T}}$,所以 $(\boldsymbol{AB})^{-1} = \boldsymbol{B}^{-1}\boldsymbol{A}^{-1} = \boldsymbol{B}^{\mathrm{T}}\boldsymbol{A}^{\mathrm{T}} = (\boldsymbol{AB})^{\mathrm{T}}$,从而 $\boldsymbol{AB}$ 为正交矩阵.

链接阅读

埃瓦里斯特·伽罗瓦(1811—1832),法国数学家,现代数学中的分支学科群论的创立者.用群论彻底解决了根式求解代数方程的问题,而且由此发展了一整套关于群和域的理论,人们称之为伽罗瓦群和伽罗瓦理论.

第三节 线性方程组

一、向量组线性相关与线性无关

（一）向量组的线性组合与线性表示

(1) 设 $\boldsymbol{\alpha}_1,\boldsymbol{\alpha}_2,\cdots,\boldsymbol{\alpha}_s$ 是一组 n 维向量，$k_1,k_2,\cdots,k_s$ 是数，则向量 $k_1\boldsymbol{\alpha}_1+k_2\boldsymbol{\alpha}_2+\cdots+k_s\boldsymbol{\alpha}_s$ 称为向量组 $\boldsymbol{\alpha}_1,\boldsymbol{\alpha}_2,\cdots,\boldsymbol{\alpha}_s$ 的一个线性组合.

(2) 若 $\boldsymbol{\beta}=k_1\boldsymbol{\alpha}_1+k_2\boldsymbol{\alpha}_2+\cdots+k_s\boldsymbol{\alpha}_s$，称 $\boldsymbol{\beta}$ 可由向量组 $\boldsymbol{\alpha}_1,\boldsymbol{\alpha}_2,\cdots,\boldsymbol{\alpha}_s$ 线性表出.

(3) 若向量组 $\boldsymbol{\alpha}_1,\boldsymbol{\alpha}_2,\cdots,\boldsymbol{\alpha}_s$ 中每个向量都可由向量组 $\boldsymbol{\beta}_1,\boldsymbol{\beta}_2,\cdots,\boldsymbol{\beta}_t$ 线性表出，则称向量组 $\boldsymbol{\alpha}_1,\boldsymbol{\alpha}_2,\cdots,\boldsymbol{\alpha}_s$ 可由向量组 $\boldsymbol{\beta}_1,\boldsymbol{\beta}_2,\cdots,\boldsymbol{\beta}_t$ 线性表出.

(4) 若向量组 $\boldsymbol{\alpha}_1,\boldsymbol{\alpha}_2,\cdots,\boldsymbol{\alpha}_s$ 与向量组 $\boldsymbol{\beta}_1,\boldsymbol{\beta}_2,\cdots,\boldsymbol{\beta}_t$ 可相互线性表出，则称这两个向量组等价.

（二）线性相关与线性无关

设 $\boldsymbol{\alpha}_1,\boldsymbol{\alpha}_2,\cdots,\boldsymbol{\alpha}_s$ 是一组 n 维向量，若存在不全为零的数 $k_1,k_2,\cdots,k_s$，使得 $k_1\boldsymbol{\alpha}_1+k_2\boldsymbol{\alpha}_2+\cdots+k_s\boldsymbol{\alpha}_s=0$，则称 $\boldsymbol{\alpha}_1,\boldsymbol{\alpha}_2,\cdots,\boldsymbol{\alpha}_s$ 线性相关，否则称 $\boldsymbol{\alpha}_1,\boldsymbol{\alpha}_2,\cdots,\boldsymbol{\alpha}_s$ 线性无关.

（三）性质

(1) 向量 $\boldsymbol{\beta}$ 可由向量组 $\boldsymbol{\alpha}_1,\boldsymbol{\alpha}_2,\cdots,\boldsymbol{\alpha}_s$ 线性表出 $\Leftrightarrow$ 线性方程组 $x_1\boldsymbol{\alpha}_1+x_2\boldsymbol{\alpha}_2+\cdots x_s\boldsymbol{\alpha}_s=\boldsymbol{\beta}$ 有解.

(2) 向量组 $\boldsymbol{\alpha}_1,\boldsymbol{\alpha}_2,\cdots,\boldsymbol{\alpha}_s$ 线性相关 $\Leftrightarrow$ 齐次线性方程组 $x_1\boldsymbol{\alpha}_1+x_2\boldsymbol{\alpha}_2+\cdots x_s\boldsymbol{\alpha}_s=0$ 有非零解 $\Leftrightarrow R(\boldsymbol{\alpha}_1,\boldsymbol{\alpha}_2,\cdots,\boldsymbol{\alpha}_s)<s\Leftrightarrow$ 存在某个向量可被其余 $s-1$ 个向量线性表出.

(3) 若 $\boldsymbol{\alpha}_1,\boldsymbol{\alpha}_2,\cdots,\boldsymbol{\alpha}_s$ 线性无关，而 $\boldsymbol{\alpha}_1,\boldsymbol{\alpha}_2,\cdots,\boldsymbol{\alpha}_s,\boldsymbol{\beta}$ 线性相关，则 $\boldsymbol{\beta}$ 可由 $\boldsymbol{\alpha}_1,\boldsymbol{\alpha}_2,\cdots,\boldsymbol{\alpha}_s$ 线性表出，且表示法唯一.

(4) n 个 n 维向量 $\boldsymbol{\alpha}_1,\boldsymbol{\alpha}_2,\cdots,\boldsymbol{\alpha}_n$ 线性相关 $\Leftrightarrow |\boldsymbol{\alpha}_1,\boldsymbol{\alpha}_2,\cdots,\boldsymbol{\alpha}_n|=0$.

(5) $n+1$ 个 n 维向量 $\boldsymbol{\alpha}_1,\boldsymbol{\alpha}_2,\cdots,\boldsymbol{\alpha}_{n+1}$ 必线性相关.

(6) 增加向量组向量的个数，不改变向量组的线性相关性；减少向量组向量的个数，不改变向量组的线性无关性(部分相关必整体相关，整体无关必部分无关).

(7) 增加向量组中向量的维数，不改变向量组的线性无关性；减少向量组中向量的维数，不改变向量组的线性相关性.

(8) 含有零向量的向量组必线性相关；含有两个相同向量的向量组必线性相关.

(9) 单个零向量线性相关；单个非零向量线性无关；$\boldsymbol{\alpha},\boldsymbol{\beta}$ 线性相关 $\Leftrightarrow \boldsymbol{\alpha}=k\boldsymbol{\beta}$ 或 $\boldsymbol{\beta}=k\boldsymbol{\alpha}$.

(10) 设向量组 $\boldsymbol{\alpha}_1,\boldsymbol{\alpha}_2,\cdots,\boldsymbol{\alpha}_s$ 线性无关，且 $\boldsymbol{\alpha}_1,\boldsymbol{\alpha}_2,\cdots,\boldsymbol{\alpha}_s$ 可由向量组 $\boldsymbol{\beta}_1,\boldsymbol{\beta}_2,\cdots,\boldsymbol{\beta}_t$ 线性表出，则 $s\leqslant t$ (替换定理).

二、向量组的秩和极大线性无关组

1. 定义

设向量组 $\boldsymbol{\alpha}_{i_1},\boldsymbol{\alpha}_{i_2},\cdots,\boldsymbol{\alpha}_{i_r}$ 是向量组 $\boldsymbol{\alpha}_1,\boldsymbol{\alpha}_2,\cdots,\boldsymbol{\alpha}_s$ 的一个部分组. 满足

（1）$\boldsymbol{\alpha}_{i_1},\boldsymbol{\alpha}_{i_2},\cdots,\boldsymbol{\alpha}_{i_r}$ 线性无关；

（2）向量组 $\boldsymbol{\alpha}_1,\boldsymbol{\alpha}_2,\cdots,\boldsymbol{\alpha}_s$ 的每一个向量都可以由向量组 $\boldsymbol{\alpha}_{i_1},\boldsymbol{\alpha}_{i_2},\cdots,\boldsymbol{\alpha}_{i_r}$ 线性表出，则称部分组 $\boldsymbol{\alpha}_{i_1},\boldsymbol{\alpha}_{i_2},\cdots,\boldsymbol{\alpha}_{i_r}$ 是向量组 $\boldsymbol{\alpha}_1,\boldsymbol{\alpha}_2,\cdots,\boldsymbol{\alpha}_s$ 的一个极大线性无关组. 且向量组的极大线性无关组中所含向量的个数称为这个向量组的秩.

2. 求极大线性无关组的步骤

（1）将向量依次按列写成矩阵；

（2）对矩阵施行行初等变换，化作阶梯形；

（3）阶梯形矩阵中每行首非零元所在列对应到原向量构成一个极大线性无关组.

例如，$(\boldsymbol{\alpha}_1,\boldsymbol{\alpha}_2,\boldsymbol{\alpha}_3,\boldsymbol{\alpha}_4,\boldsymbol{\alpha}_5) = \boldsymbol{A} \xrightarrow{\text{行初等变换}} \begin{pmatrix} 1 & 0 & -1 & 0 & 2 \\ 0 & 1 & 2 & 0 & 1 \\ 0 & 0 & 0 & 1 & -2 \\ 0 & 0 & 0 & 0 & 0 \end{pmatrix}$

每行首非零元所在列是第 1 列，第 2 列，第 4 列，因此 $\boldsymbol{\alpha}_1,\boldsymbol{\alpha}_2,\boldsymbol{\alpha}_3,\boldsymbol{\alpha}_4,\boldsymbol{\alpha}_5$ 的一个极大线性无关组是 $\boldsymbol{\alpha}_1,\boldsymbol{\alpha}_2,\boldsymbol{\alpha}_4$；$R(\boldsymbol{\alpha}_1,\boldsymbol{\alpha}_2,\boldsymbol{\alpha}_3,\boldsymbol{\alpha}_4,\boldsymbol{\alpha}_5)=3$ 且 $\boldsymbol{\alpha}_3 = 2\boldsymbol{\alpha}_2 - \boldsymbol{\alpha}_1, \boldsymbol{\alpha}_5 = 2\boldsymbol{\alpha}_1 + \boldsymbol{\alpha}_2 - 2\boldsymbol{\alpha}_4$.

三、向量组的秩与矩阵的秩

设 $\boldsymbol{A}$ 是 $m \times n$ 矩阵，将矩阵 $\boldsymbol{A}$ 的每个行看作行向量，矩阵 $\boldsymbol{A}$ 的 m 个行向量构成一个向量组，该向量组的秩称为矩阵 $\boldsymbol{A}$ 的行秩；将矩阵 $\boldsymbol{A}$ 的每个列看作列向量，矩阵 $\boldsymbol{A}$ 的 n 个列向量构成一个向量组，该向量组的秩称为矩阵 $\boldsymbol{A}$ 的列秩.

矩阵 $\boldsymbol{A}$ 的行秩 = 矩阵 $\boldsymbol{A}$ 的列秩 = 矩阵 $\boldsymbol{A}$ 的秩.

四、齐次线性方程组

1. 定义

设 n 元齐次线性方程组为 $\begin{cases} a_{11}x_1 + a_{12}x_2 + \cdots + a_{1n}x_n = 0, \\ a_{21}x_1 + a_{22}x_2 + \cdots + a_{2n}x_n = 0, \\ \cdots \\ a_{m1}x_1 + a_{m2}x_2 + \cdots + a_{mn}x_n = 0, \end{cases}$ 系数矩阵

$\boldsymbol{A} = \begin{pmatrix} a_{11} & a_{12} & \cdots & a_{1n} \\ a_{21} & a_{22} & \cdots & a_{2n} \\ \vdots & \vdots & & \vdots \\ a_{m1} & a_{m2} & \cdots & a_{mn} \end{pmatrix}$，令 $\boldsymbol{X}=(x_1,x_2,\cdots,x_n)^{\mathrm{T}}$，则齐次线性方程组可写成矩阵方程的形式 $\boldsymbol{AX}=\boldsymbol{0}$，称为该方程组的矩阵表示形式. 若令 $\boldsymbol{\alpha}_1=(a_{11},a_{21},\cdots,a_{m1})^{\mathrm{T}}, \boldsymbol{\alpha}_2=(a_{12},a_{22},\cdots,a_{m2})^{\mathrm{T}},\cdots,\boldsymbol{\alpha}_n=(a_{1n},a_{2n},\cdots,a_{mn})^{\mathrm{T}}$，则齐次线性方程组又可以写成向量方程的形式 $x_1\boldsymbol{\alpha}_1 +$

$x_2\boldsymbol{\alpha}_2+\cdots+x_n\boldsymbol{\alpha}_n=0$,称为该方程组的向量表示形式.

2. 齐次线性方程组有非零解的判定条件

（1）设 A 是一个 $m\times n$ 阶矩阵,则齐次线性方程组 $AX=0$ 有非零解 $\Leftrightarrow R(A)<n$. $AX=0$ 只有零解 $\Leftrightarrow R(A)=n$.

（2）设 A 是 n 阶方阵,齐次线性方程组 $AX=0$ 有非零解 $\Leftrightarrow |A|=0$.

（3）设 A 是一个 $m\times n$ 阶矩阵,当 $m<n$ 时,齐次线性方程组 $AX=0$ 必有非零解.

3. 齐次线性方程组的解的性质

设 ξ_1,ξ_2 是齐次线性方程组 $AX=0$ 的解,k_1,k_2 是任意常数,则 $k_1\xi_1+k_2\xi_2$ 仍是 $AX=0$ 的解.

4. 齐次线性方程组的解的结构

（1）设 $\xi_1,\xi_2,\cdots,\xi_t$ 是齐次线性方程组 $AX=0$ 的一组线性无关解,若 $AX=0$ 的任何一个解都可以由 $\xi_1,\xi_2,\cdots,\xi_t$ 线性表出,则称 $\xi_1,\xi_2,\cdots,\xi_t$ 是 $AX=0$ 的一个基础解系.

（2）若 n 元齐次线性方程组 $AX=0$ 的系数矩阵 A 的秩 $R(A)=r$,则基础解系中含有 $n-r$ 个线性无关的解向量.

（3）若 $\xi_1,\xi_2,\cdots,\xi_t$ 是齐次线性方程组 $AX=0$ 的一个基础解系,则齐次线性方程组 $AX=0$ 的通解（全部解）是 $X=k_1\xi_1+k_2\xi_2+\cdots+k_t\xi_t$,其中 $k_1,k_2,\cdots,k_t$ 是任意常数.

5. 解 n 元齐次线性方程组的基本步骤

（1）对系数矩阵 A 作矩阵的初等行变换,化作简化阶梯形；

（2）假设有 r 个非零行,则基础解系中有 $n-r$ 个解向量. 选非首非零元所在列的变量为自由未知量；

（3）将自由变量依次设为单位向量,求得所需的线性无关的解向量为一个基础解系,基础解系的线性组合为通解.

五、非齐次线性方程组

1. 定义

设非齐次线性方程组为 $\begin{cases} a_{11}x_1+a_{12}x_2+\cdots+a_{1n}x_n=b_1, \\ a_{21}x_1+a_{22}x_2+\cdots+a_{2n}x_n=b_2, \\ \cdots \\ a_{m1}x_1+a_{m2}x_2+\cdots+a_{mn}x_n=b_m, \end{cases}$ 记系数矩阵为 A,常数项向量为 B,则非齐次线性方程组可写作 $AX=B$,称为该方程组的矩阵表示形式.

2. 方程组的增广矩阵

矩阵 $\begin{pmatrix} a_{11} & a_{12} & \cdots & a_{1n} & b_1 \\ a_{21} & a_{22} & \cdots & a_{2n} & b_2 \\ \vdots & \vdots & & \vdots & \vdots \\ a_{m1} & a_{m2} & \cdots & a_{mn} & b_m \end{pmatrix}$ 称为非齐次线性方程组 $\begin{cases} a_{11}x_1+a_{12}x_2+\cdots+a_{1n}x_n=b_1, \\ a_{21}x_1+a_{22}x_2+\cdots+a_{2n}x_n=b_n, \\ \cdots \\ a_{m1}x_1+a_{m2}x_2+\cdots+a_{mn}x_n=b_m \end{cases}$ 的增广矩阵,记作 $\overline{A}=(A\ \ B)$.

3. 导出组的定义

齐次线性方程组 $AX=0$ 称为非齐次线性方程组 $AX=B$ 的导出组.

4. 非齐次线性方程组有解的判定

(1) 非齐次线性方程组 $AX=B$ 有解 $\Leftrightarrow R(A)=R(\overline{A})$.

(2) 若 n 元非齐次线性方程组 $AX=B$ 有解,即 $R(A)=R(\overline{A})=r$. 当 $r=n$ 时,方程组 $AX=B$ 有唯一解;$r<n$ 时,方程组 $AX=B$ 有无穷多解.

(3) 当系数矩阵 A 为 n 阶方阵时,非齐次线性方程组 $AX=B$ 有唯一解 $\Leftrightarrow |A|\neq 0$.

5. 非齐次线性方程组解的性质

(1) 设 η_1,η_2 是非齐次线性方程组 $AX=B$ 的两个解,则 $\eta_1-\eta_2$ 是导出组 $AX=0$ 的一个解.

(2) 非齐次线性方程组 $AX=B$ 的任一解 η 与导出组 $AX=0$ 的解 ξ 的和 $\eta+\xi$ 是非齐次线性方程组 $AX=B$ 的解.

6. 非齐次线性方程组解的结构

对 n 元非齐次线性方程组 $AX=B$,$R(A)=r<n$,η 是 $AX=B$ 的一个特解,$\xi_1,\xi_2,\cdots,\xi_{n-r}$ 是导出组 $AX=0$ 的基础解系,则 $AX=B$ 的通解是 $\eta+k_1\xi_1+\cdots+k_{n-r}\xi_{n-r}$,其中 $k_1,\cdots,k_{n-r}$ 是任意常数.

7. 解 n 元非齐次线性方程组 $AX=B$ 的基本步骤

(1) 对增广矩阵 $\overline{A}$ 作矩阵的初等行变换,化作阶梯形;

(2) 求出 $R(A),R(\overline{A})$;

(3) 若 $R(A)=R(\overline{A})=r$,则进一步化 $\overline{A}$ 为简化阶梯形;

(4) 写出 $AX=B$ 的一般解,求出 $AX=B$ 的一个特解 η;

(5) 写出导出组 $AX=0$ 的一般解,求出 $AX=0$ 的基础解系 $\xi_1,\xi_2,\cdots,\xi_{n-r}$;

(6) $AX=B$ 的通解是 $\eta+k_1\xi_1+\cdots+k_{n-r}\xi_{n-r}$.

六、向量空间

(1) 设 $\mathbf{R}^n=\{(a_1,a_2,\cdots,a_n)|a_i\in\mathbf{R}\}$,$V$ 是 $\mathbf{R}^n$ 的一个非空子集,若对于任意 $\alpha,\beta\in V$,$k,l\in\mathbf{R}$ 都有 $k\alpha+l\beta\in V$,则称 V 是 $\mathbf{R}^n$ 的一个子空间,也称 V 是向量空间.

(2) 设 V 是一个向量空间,$\alpha_1,\alpha_2,\cdots,\alpha_r$ 是 V 中一组向量,若① $\alpha_1,\alpha_2,\cdots,\alpha_r$ 线性无关,② V 中每一个向量都可由 $\alpha_1,\alpha_2,\cdots,\alpha_r$ 线性表出,则称 $\alpha_1,\alpha_2,\cdots,\alpha_r$ 是 V 的一个基,基中所含向量个数称为 V 的维数,记为 $\dim V$.

(3) 设 $\alpha_1,\alpha_2,\cdots,\alpha_r$ 一组 n 维向量,则 $L(\alpha_1,\alpha_2,\cdots,\alpha_r)=\{k_1\alpha_1+k_2\alpha_2+\cdots+k_r\alpha_r|k_i\in\mathbf{R}\}$ 是一个向量空间,称为 $\alpha_1,\alpha_2,\cdots,\alpha_r$ 的生成子空间. $\alpha_1,\alpha_2,\cdots,\alpha_r$ 的一个极大无关组就是 $L(\alpha_1,\alpha_2,\cdots,\alpha_r)$ 的一个基.

(4) 齐次线性方程组 $AX=0$ 的通解构成一个子空间,称为 $AX=0$ 的解空间.

(5) 设 A 是 $m\times n$ 矩阵,A 的行向量组生成的子空间称为矩阵 A 的行空间;A 的列向量组生成的子空间称为矩阵 A 的列空间.

知识拓展

(1) 向量组 $\alpha_1, \alpha_2, \cdots, \alpha_s$ 线性无关，$(\beta_1, \beta_2, \cdots, \beta_s) = (\alpha_1, \alpha_2, \cdots, \alpha_s) \begin{bmatrix} k_{11} & k_{12} & \cdots & k_{1s} \\ k_{21} & k_{22} & \cdots & k_{2s} \\ \vdots & \vdots & & \vdots \\ k_{s1} & k_{s2} & \cdots & k_{ss} \end{bmatrix}$，

则 $\beta_1, \beta_2, \cdots, \beta_s$ 线性无关的充要条件是 $\begin{vmatrix} k_{11} & k_{12} & \cdots & k_{1s} \\ k_{21} & k_{22} & \cdots & k_{2s} \\ \vdots & \vdots & & \vdots \\ k_{s1} & k_{s2} & \cdots & k_{ss} \end{vmatrix} \neq 0$.

(2) n 元齐次线性方程组 $AX = 0$ 的基础解系中所含解的个数，一般解中自由未知量的个数，解空间的维数三者相同，都等于 $n - R(A)$.

七、例题

例 1 下列向量组中线性相关的向量组是（　　）.

A. $\beta_1 = (1\ 0\ 0)^T, \beta_2 = (0\ 1\ 2)^T, \beta_3 = (0\ 3\ 4)^T$

B. $\beta_1 = (1\ 0\ 0\ a)^T, \beta_2 = (0\ 1\ 2\ b)^T, \beta_3 = (0\ 3\ 4\ 0)^T$

C. $\beta_1 = (1\ 0\ 0\ a)^T, \beta_2 = (0\ 1\ 2\ b)^T$,
$\beta_3 = (0\ 3\ 4\ 0)^T, \beta_4 = (4\ 1\ -1\ 0)^T$

D. $\beta_1 = (1\ 0\ 1)^T, \beta_2 = (1\ 0\ 2)^T, \beta_3 = (3\ 1\ 2)^T, \beta_4 = (2\ 1\ 1)^T$

解：四个三维向量一定线性相关. 答案为 D.

例 2 $\alpha_1 = (1\ -t\ 3)^T, \alpha_2 = (0\ t\ -5)^T, \alpha_3 = (-1\ 0\ t)^T$，$t$ 满足（　　）时，向量组 $\alpha_1, \alpha_2, \alpha_3$ 线性无关.

A. $t \neq 0$　　　　B. $t = 0$　　　　C. $t \neq 2$　　　　D. $t \neq 0$ 且 $t \neq 2$

解：$\alpha_1, \alpha_2, \alpha_3$ 线性无关 $\Leftrightarrow \begin{vmatrix} 1 & -t & 3 \\ 0 & t & -5 \\ -1 & 0 & t \end{vmatrix} = t^2 - 2t \neq 0 \Leftrightarrow t \neq 0$ 且 $t \neq 2$. 答案为 D.

例 3 设 $\alpha_1 = (0, 2, 1, 1)^T, \alpha_2 = (-1, -1, -1, -1)^T, \alpha_3 = (1, -1, 0, 0)^T, \alpha_4 = (0, 0, 1, -1)^T$，则它们的一个极大线性无关组是（　　）.

A. α_1, α_2　　B. $\alpha_1, \alpha_2, \alpha_3, \alpha_4$　　C. $\alpha_1, \alpha_2, \alpha_3$　　D. $\alpha_1, \alpha_2, \alpha_4$

解：$R(\alpha_1, \alpha_2, \alpha_3, \alpha_4) = 3 \Rightarrow$ 答案为 C 或 D，又 $\alpha_3 = -\alpha_1 - \alpha_2$. 答案为 D.

例 4 已知三阶矩阵 A 的秩 $R(A) = 1$，$\eta_1 = (-1\ 3\ 0)^T, \eta_2 = (2\ -1\ 1)^T, \eta_3 = (5\ 0\ k)^T$ 是齐次线性方程组 $AX = 0$ 的三个解向量，则常数 $k = $（　　）.

A. -2　　　　B. -1　　　　C. 2　　　　D. 3

解：$R(A) = 1$，$AX = 0$ 的基础解系中有两个解，知 η_1, η_2, η_3 线性相关，$\begin{vmatrix} 2 & -1 & 1 \\ 5 & 0 & k \\ -1 & 3 & 0 \end{vmatrix} =$

$$\begin{vmatrix} 2 & 5 & 1 \\ 5 & 15 & k \\ -1 & 0 & 0 \end{vmatrix} = -(5k-15) = 0 \Rightarrow k = 3.$$ 答案为 D.

例 5 设 $\boldsymbol{\alpha}_1, \boldsymbol{\alpha}_2, \cdots, \boldsymbol{\alpha}_s$ 均为 n 维列向量，$\boldsymbol{A}$ 是 $m \times n$ 阶矩阵，下列选项正确的是( ).

A. 若 $\boldsymbol{\alpha}_1, \boldsymbol{\alpha}_2, \cdots, \boldsymbol{\alpha}_s$ 线性相关，则 $\boldsymbol{A}\boldsymbol{\alpha}_1, \boldsymbol{A}\boldsymbol{\alpha}_2, \cdots, \boldsymbol{A}\boldsymbol{\alpha}_s$ 线性相关

B. 若 $\boldsymbol{\alpha}_1, \boldsymbol{\alpha}_2, \cdots, \boldsymbol{\alpha}_s$ 线性相关，则 $\boldsymbol{A}\boldsymbol{\alpha}_1, \boldsymbol{A}\boldsymbol{\alpha}_2, \cdots, \boldsymbol{A}\boldsymbol{\alpha}_s$ 线性无关

C. 若 $\boldsymbol{\alpha}_1, \boldsymbol{\alpha}_2, \cdots, \boldsymbol{\alpha}_s$ 线性无关，则 $\boldsymbol{A}\boldsymbol{\alpha}_1, \boldsymbol{A}\boldsymbol{\alpha}_2, \cdots, \boldsymbol{A}\boldsymbol{\alpha}_s$ 线性相关

D. 若 $\boldsymbol{\alpha}_1, \boldsymbol{\alpha}_2, \cdots, \boldsymbol{\alpha}_s$ 线性无关，则 $\boldsymbol{A}\boldsymbol{\alpha}_1, \boldsymbol{A}\boldsymbol{\alpha}_2, \cdots, \boldsymbol{A}\boldsymbol{\alpha}_s$ 线性无关

解：若 $\boldsymbol{\alpha}_1, \boldsymbol{\alpha}_2, \cdots, \boldsymbol{\alpha}_s$ 线性相关，则有不全为 0 的数 $k_1, k_2, \cdots, k_s$，使得 $k_1\boldsymbol{\alpha}_1 + k_2\boldsymbol{\alpha}_2 + \cdots + k_s\boldsymbol{\alpha}_s = 0 \Rightarrow k_1\boldsymbol{A}\boldsymbol{\alpha}_1 + k_2\boldsymbol{A}\boldsymbol{\alpha}_2 + \cdots + k_s\boldsymbol{A}\boldsymbol{\alpha}_s = 0 \Rightarrow \boldsymbol{A}\boldsymbol{\alpha}_1, \boldsymbol{A}\boldsymbol{\alpha}_2, \cdots, \boldsymbol{A}\boldsymbol{\alpha}_s$ 线性相关. 答案为 A.

【注】 本题主要考查线性相关性的定义及矩阵的乘法对加法的分配律.

例 6 设有齐次线性方程组 $\boldsymbol{A}\boldsymbol{X} = 0$ 及 $\boldsymbol{B}\boldsymbol{X} = 0$，其中 $\boldsymbol{A}, \boldsymbol{B}$ 均为 $m \times n$ 阶矩阵，现有以下 4 个命题：

① 若 $\boldsymbol{A}\boldsymbol{X} = 0$ 的解均是 $\boldsymbol{B}\boldsymbol{X} = 0$ 的解，则 $R(\boldsymbol{A}) \geqslant R(\boldsymbol{B})$；

② 若 $R(\boldsymbol{A}) \geqslant R(\boldsymbol{B})$，则 $\boldsymbol{A}\boldsymbol{X} = 0$ 的解均是 $\boldsymbol{B}\boldsymbol{X} = 0$ 的解；

③ 若 $\boldsymbol{A}\boldsymbol{X} = 0$ 与 $\boldsymbol{B}\boldsymbol{X} = 0$ 同解，则 $R(\boldsymbol{A}) = R(\boldsymbol{B})$；

④ 若 $R(\boldsymbol{A}) = R(\boldsymbol{B})$，则 $\boldsymbol{A}\boldsymbol{X} = 0$ 与 $\boldsymbol{B}\boldsymbol{X} = 0$ 同解.

以上命题中正确的是( ).

A. ①②　　　　B. ①③　　　　C. ②④　　　　D. ③④

解：由①条件知 $n - R(\boldsymbol{A}) \leqslant n - R(\boldsymbol{B}) \Rightarrow R(\boldsymbol{A}) \geqslant R(\boldsymbol{B})$，则①正确，答案 A 和 B 中选一个，由③条件知 $n - R(\boldsymbol{A}) = n - R(\boldsymbol{B}) \Rightarrow R(\boldsymbol{A}) = R(\boldsymbol{B})$，则③正确. 答案为 B.

【注】 本题主要考查齐次线性方程组的基础解系中所含解的个数.

例 7 设向量组 $\boldsymbol{\alpha}_1, \boldsymbol{\alpha}_2, \boldsymbol{\alpha}_3$ 线性无关，下列向量组无关的是( ).

A. $\boldsymbol{\alpha}_1 + \boldsymbol{\alpha}_2, \boldsymbol{\alpha}_2 + \boldsymbol{\alpha}_3, \boldsymbol{\alpha}_3 + \boldsymbol{\alpha}_1$　　　　B. $\boldsymbol{\alpha}_1 + \boldsymbol{\alpha}_2, \boldsymbol{\alpha}_2 + \boldsymbol{\alpha}_3, \boldsymbol{\alpha}_3 - \boldsymbol{\alpha}_1$

C. $\boldsymbol{\alpha}_1 + 2\boldsymbol{\alpha}_2, \boldsymbol{\alpha}_2 - \boldsymbol{\alpha}_3, \boldsymbol{\alpha}_1 + \boldsymbol{\alpha}_2 + \boldsymbol{\alpha}_3$　　　　D. $\boldsymbol{\alpha}_1 - \boldsymbol{\alpha}_2, \boldsymbol{\alpha}_2 - \boldsymbol{\alpha}_3, \boldsymbol{\alpha}_3 - \boldsymbol{\alpha}_1$

解：因为 $\begin{vmatrix} 1 & 1 & 0 \\ 0 & 1 & 1 \\ 1 & 0 & 1 \end{vmatrix} = \begin{vmatrix} 1 & 1 & 0 \\ 0 & 1 & 1 \\ 0 & -1 & 1 \end{vmatrix} = \begin{vmatrix} 1 & 1 & 0 \\ 0 & 1 & 1 \\ 0 & 0 & 2 \end{vmatrix} = 2 \neq 0$，所以答案为 A.

例 8 设 $\boldsymbol{\alpha}_1 = (1,2,2,3)^T, \boldsymbol{\alpha}_2 = (1,-1,-3,6)^T, \boldsymbol{\alpha}_3 = (-2,-1,1,-9)^T, \boldsymbol{\alpha}_4 = (1,1,-1,7)^T, \boldsymbol{\alpha}_5 = (4,2,2,9)^T$，求 $\boldsymbol{\alpha}_1, \boldsymbol{\alpha}_2, \boldsymbol{\alpha}_3, \boldsymbol{\alpha}_4, \boldsymbol{\alpha}_5$ 的一个极大无关组与秩，并把其余向量用极大无关组线性表出.

解：对矩阵 $\boldsymbol{A} = (\boldsymbol{\alpha}_1, \boldsymbol{\alpha}_2, \boldsymbol{\alpha}_3, \boldsymbol{\alpha}_4, \boldsymbol{\alpha}_5)$ 施行行初等变换

$$\begin{pmatrix} 1 & 1 & -2 & 1 & 4 \\ 2 & -1 & -1 & 1 & 2 \\ 2 & -3 & 1 & -1 & 2 \\ 3 & 6 & -9 & 7 & 9 \end{pmatrix} \rightarrow \begin{pmatrix} 1 & 1 & -2 & 1 & 4 \\ 0 & 1 & -1 & 1 & 0 \\ 0 & 0 & 0 & 1 & -3 \\ 0 & 0 & 0 & 0 & 0 \end{pmatrix} \rightarrow \begin{pmatrix} 1 & 0 & -1 & 0 & 4 \\ 0 & 1 & -1 & 0 & 3 \\ 0 & 0 & 0 & 1 & -3 \\ 0 & 0 & 0 & 0 & 0 \end{pmatrix},$$

极大无关组 $\boldsymbol{\alpha}_1, \boldsymbol{\alpha}_2, \boldsymbol{\alpha}_4, R(\boldsymbol{\alpha}_1, \boldsymbol{\alpha}_2, \boldsymbol{\alpha}_3, \boldsymbol{\alpha}_4, \boldsymbol{\alpha}_5) = 3, \boldsymbol{\alpha}_3 = -\boldsymbol{\alpha}_1 - \boldsymbol{\alpha}_2, \boldsymbol{\alpha}_5 = 4\boldsymbol{\alpha}_1 + 3\boldsymbol{\alpha}_2 - 3\boldsymbol{\alpha}_4$.

例9 已知三阶矩阵 A 的秩 $R(A)=2$, η_1, η_2, η_3 是线性方程组 $AX=B$ 的三个解向量, $\eta_1=(1,2,-1)^T$, $\eta_2+\eta_3=(2,1,0)^T$, 求 $AX=B$ 的通解.

解: $R(A)=2$, $AX=0$ 的基础解系中有一个解, 知 $\eta_2+\eta_3-2\eta_1=(0,-3,2)^T$ 是齐次线性方程组 $AX=0$ 的一个基础解系, $AX=B$ 的通解 $k\begin{pmatrix}0\\-3\\2\end{pmatrix}+\begin{pmatrix}1\\2\\-1\end{pmatrix}=\begin{pmatrix}1\\2-3k\\2k-1\end{pmatrix}, k\in\mathbf{R}$.

例10 $\boldsymbol{\alpha}_1=(1,2,-1,0), \boldsymbol{\alpha}_2=(0,1,-1,3), \boldsymbol{\alpha}_3=(1,1,0,-3)$, 求由 $\boldsymbol{\alpha}_1, \boldsymbol{\alpha}_2, \boldsymbol{\alpha}_3$ 生成子空间的维数及其一组基.

解: $\begin{pmatrix}1&2&-1&0\\0&1&-1&3\\1&1&0&-3\end{pmatrix}\rightarrow\begin{pmatrix}1&2&-1&0\\0&1&-1&3\\0&-1&1&-3\end{pmatrix}\rightarrow\begin{pmatrix}1&2&-1&0\\0&1&-1&3\\0&0&0&0\end{pmatrix}$,

$\dim L(\boldsymbol{\alpha}_1,\boldsymbol{\alpha}_2,\boldsymbol{\alpha}_3)=2$, $\boldsymbol{\alpha}_1,\boldsymbol{\alpha}_2$ 是一组基.

例11 设 P 是 3×3 矩阵, 其秩为 2, 考虑方程组 $PX=P\begin{pmatrix}x_1\\x_2\\x_3\end{pmatrix}=0$.

(1) 设 ξ_1, ξ_2 为 $PX=0$ 的两个解, c_1, c_2 为实数, 求证 $c_1\xi_1+c_2\xi_2$ 也是 $PX=0$ 的解.

(2) 方程组 $PX=0$ 的解空间的维数是多少?(无须证明)

解: (1) 由 $P\xi_1=0, P\xi_2=0\Rightarrow P(c_1\xi_1+c_2\xi_2)=c_1P\xi_1+c_2P\xi_2=0$, 则 $c_1\xi_1+c_2\xi_2$ 也是 $PX=0$ 的解.

(2) $R(P)=2\Rightarrow PX=0$ 的基础解系中只有 $n-R(P)=3-2=1$ 个解, 则方程组 $PX=0$ 的解空间的维数是 1.

【注】 本题主要考查齐次线性方程组解的性质及重要结论, 即"n 元齐次线性方程组 $AX=0$ 的基础解系中所含解的个数, 一般解中自由未知量的个数, 解空间的维数三者相同, 都等于 $n-R(A)$".

例12 设 A 是一个 $m\times n$ 阶矩阵, 求证: 矩阵 A 的行空间维数等于它的列空间维数.

解: 设 $A=(\boldsymbol{\alpha}_1,\boldsymbol{\alpha}_2,\cdots,\boldsymbol{\alpha}_n), R(A)=r$, 并设 r 阶子式 $D_r\neq 0$, 则 D_r 中 r 个列向量线性无关, 从而它所在 A 中的 r 个列向量线性无关; 又 A 中的 $r+1$ 阶子式均为零, 知 A 中任意 $r+1$ 个列向量都线性相关. 事实上, 若 A 中有一组 $r+1$ 个列向量 $\boldsymbol{\alpha}_{i_1},\boldsymbol{\alpha}_{i_2},\cdots,\boldsymbol{\alpha}_{i_{r+1}}$ 线性无关, 记 $A_1=(\boldsymbol{\alpha}_{i_1},\boldsymbol{\alpha}_{i_2},\cdots,\boldsymbol{\alpha}_{i_{r+1}})$, 则齐次线性方程组 $A_1X=0$ 只有零解, 从而 $R(A_1)=r+1$, 所以 A_1 中必有 $r+1$ 阶的非零子式, 这也是 A 中的 $r+1$ 阶的非零子式, 矛盾. 故 A 中任意 $r+1$ 个列向量都线性相关, 因此, D_r 所在的 r 个列是 A 的列向量组的一个极大无关组, 所以 A 的列秩等于 r, 从而 A 的列空间维数等于 r. 同理, A 的行空间维数等于 r.

【注】 本题主要考查: (1) 矩阵 A 的行(列)空间维数等于 A 的行(列)秩; (2) 矩阵 A 的行(列)秩等于矩阵 A 的秩的证明.

> **链接阅读**
>
> 欧拉(1707—1783),生于瑞士巴塞尔,18世纪最杰出的数学家和物理学家之一,欧拉的著述浩瀚,如今,在数学的许多分支中经常可以看到以他的名字命名的重要常数、公式和定理.

第四节 特征值、特征向量与二次型

一、特征值和特征向量的定义,性质与计算

1. 定义

设 A 是 n 阶方阵,λ 是一个数,若存在 n 维列向量 $X \neq 0$,使 $AX = \lambda X$,则称 λ 是 A 的特征值,X 是 A 的属于特征值 λ 的特征向量.

2. 求法

(1) A 的特征多项式:$f_A(\lambda) = |\lambda E - A| = \begin{vmatrix} \lambda - a_{11} & -a_{12} & \cdots & -a_{1n} \\ -a_{21} & \lambda - a_{22} & \cdots & -a_{2n} \\ \vdots & \vdots & & \vdots \\ -a_{n1} & -a_{n2} & \cdots & \lambda - a_{nn} \end{vmatrix}$.

(2) 解特征方程 $|\lambda E - A| = 0$,得特征值 $\lambda_1, \lambda_2, \cdots, \lambda_s$.

(3) 齐次线性方程组 $(\lambda_i E - A)X = 0$ 的非零解就是 A 属于 λ_i 的特征向量(用基础解系的非零组合表示).

3. 性质

(1) 若 X_1, X_2 都是 A 的属于特征值 λ 的特征向量,则 $X_1 + X_2 \neq 0$ 也是 A 的属于特征值 λ 的特征向量.

(2) 若 X 是 A 的属于特征值 λ 的特征向量,k 是非零常数,则 kX 也是 A 的属于特征值 λ 的特征向量.

(3) 设 $\lambda_1, \lambda_2, \cdots, \lambda_n$ 是 A 的全部特征值(重根重复计),则 ① $\sum_{i=1}^{n} \lambda_i = \sum_{i=1}^{n} a_{ii} = \mathrm{tr}A$;② $\lambda_1 \lambda_2 \cdots \lambda_n = |A|$.

(4) 矩阵 A 属于不同特征值的特征向量是线性无关的.

二、相似矩阵

1. 相似矩阵的定义

设 A, B 是 n 阶方阵,若存在可逆矩阵 P,满足 $P^{-1}AP = B$,则称 A 相似于 B,记作 $A \sim B$.

2. 性质

相似矩阵有相同的秩、相同的迹、相同的行列式、相同的特征值.

3. 可对角化矩阵的定义

若 n 阶方阵 A 与 n 阶对角形矩阵相似,则称 A 可对角化.

4. n 阶方阵 A 可对角化的条件

(1) n 阶方阵 A 可对角化 $\Leftrightarrow A$ 有 n 个线性无关的特征向量.

(2) n 阶方阵 A 可对角化 $\Leftrightarrow A$ 的每个特征值的重数等于它对应的线性无关的特征向量的个数.

(3) 若 n 阶方阵 A 有 n 个不同的特征值,则 A 可对角化.

5. 方阵的相似对角化的步骤

(1) 求 A 的特征多项式:$f_A(\lambda)=|\lambda E-A|=\begin{vmatrix} \lambda-a_{11} & -a_{12} & \cdots & -a_{1n} \\ -a_{21} & \lambda-a_{22} & \cdots & -a_{2n} \\ \vdots & \vdots & & \vdots \\ -a_{n1} & -a_{n2} & \cdots & \lambda-a_{nn} \end{vmatrix}$.

(2) 解特征方程 $|\lambda E-A|=0$,求出 A 的 n 个特征值 $\lambda_1,\lambda_2,\cdots,\lambda_n$(其中可能有相重的特征值).

(3) 解齐次线性方程组 $(\lambda_i E-A)X=0(i=1,2,\cdots,n)$,求出 A 的每个特征值对应的线性无关的特征向量,即求 $(\lambda_i E-A)X=0$ 的基础解系.

(4) 若 A 共有 n 个线性无关的特征向量 $X_1,X_2,\cdots,X_n$,则令 $P=(X_1,X_2,\cdots,X_n)$,有

$$P^{-1}AP=\begin{pmatrix} \lambda_1 & & & \\ & \lambda_2 & & \\ & & \ddots & \\ & & & \lambda_n \end{pmatrix}$$ (注意 λ_i 与 X_i 的对应关系).

三、二次型的基本概念

1. 实二次型的有关定义

(1) 设有 n 个变元 $x_1,x_2,\cdots,x_n$ 以及这 n 个变元的二次多项式 $f(x_1,x_2,\cdots,x_n)=a_{11}x_1^2+2a_{12}x_1x_2+\cdots+2a_{1n}x_1x_n+a_{22}x_2^2+\cdots+2a_{2n}x_2x_n+\cdots+a_{nn}x_n^2$,若这个多项式的系数 $a_{ij}(i,j=1,2,\cdots,n)$ 都是实数,则称这个 n 元二次多项式为 n 个变元的实二次型.

(2) 令 $A=\begin{pmatrix} a_{11} & a_{12} & \cdots & a_{1n} \\ a_{21} & a_{22} & \cdots & a_{2n} \\ \vdots & \vdots & & \vdots \\ a_{n1} & a_{n2} & \cdots & a_{nn} \end{pmatrix}$,这里 $a_{ij}=a_{ji}$,则 n 阶实对称矩阵 A 就称为二次型 $f(x_1,x_2,\cdots,x_n)$ 的矩阵.

(3) 令 $X=(x_1,x_2,\cdots,x_n)^T$,则 $f(x_1,x_2,\cdots,x_n)=X^TAX$ 称为实二次型 $f(x_1,x_2,\cdots,x_n)$ 的矩阵表示形式.

(4) 二次型的矩阵 A 的秩称为此二次型的秩,记为 $R(f)$.

2. 矩阵合同

(1) 设 A,B 是 n 阶方阵,若存在可逆矩阵 C,满足 $C^TAC=B$,则称 A 与 B 合同.

(2) 合同关系的简单性质:① A 与自身合同;② 若 A 与 B 合同,则 B 与 A 也合同;③ 若 A 与 B 合同,B 与 C 合同,则 A 与 C 合同;④ 若 A 与 B 合同,则 $R(A)=R(B)$,反之不然.

3. 实二次型的标准形

(1) 若一个实二次型只含有平方项,则称这类二次型为实二次型的标准形.

(2) 若一个实二次型可以化为一个标准形,这个标准形平方项的系数只是 1,-1 与 0,则称这样的标准形为规范标准形.

4. 实二次型的惯性指数与符号差

一个实二次型的规范标准形中正系数项的个数称为这个二次型的正惯性指数;负系数项的个数称为这个二次型的负惯性指数;正惯性指数减去负惯性指数称为这个二次型的符号差.

5. 正定二次型与正定矩阵

设 $f(x_1,x_2,\cdots,x_n)$ 是一个实二次型,若对任意一组不全为零的实数 $c_1,c_2,\cdots,c_n$ 都有 $f(c_1,c_2,\cdots,c_n)>0$,则称 $f(x_1,x_2,\cdots,x_n)$ 是正定二次型,正定二次型的矩阵称为正定矩阵.

6. n 阶方阵的顺序主子式

设 $A=\begin{pmatrix} a_{11} & a_{12} & \cdots & a_{1n} \\ a_{21} & a_{22} & \cdots & a_{2n} \\ \vdots & \vdots & & \vdots \\ a_{n1} & a_{n2} & \cdots & a_{nn} \end{pmatrix}$,称 $\begin{vmatrix} a_{11} & a_{12} & \cdots & a_{1k} \\ \vdots & \vdots & & \vdots \\ a_{k1} & a_{k2} & \cdots & a_{kk} \end{vmatrix}$ 为 A 的 k 阶顺序主子式,$k=1,2,\cdots,n$.

四、二次型的基本理论

1. 实二次型的标准形

(1) 定理:设二次型 $f(x_1,x_2,\cdots,x_n)=\boldsymbol{X}^T\boldsymbol{AX}$,$\boldsymbol{X}=\boldsymbol{CY}$ 是一个非退化线性变换,则 $f(x_1,x_2,\cdots,x_n)$ 在此变换下得到一个新的二次型,这个新二次型的矩阵为 $\boldsymbol{C}^T\boldsymbol{AC}$.

(2) 定理:任一 n 元实二次型 $\boldsymbol{X}^T\boldsymbol{AX}$ 都可以经过一个正交变换化为标准形,即化为 $\lambda_1 y_1^2 + \lambda_2 y_2^2 + \cdots + \lambda_n y_n^2$ 的形式.

(3) 化实二次型为标准形的方法:① 配方法;② 初等变换法.

(4) 用初等变换求标准形的方法:

设二次型 $f(x_1,x_2,\cdots,x_n)=\boldsymbol{X}^T\boldsymbol{AX}$,$\begin{pmatrix} \boldsymbol{A} \\ \boldsymbol{E} \end{pmatrix} \xrightarrow{\text{列初等变换和相应的行初等变换}}$

$\begin{pmatrix} \lambda_1 & & & \\ & \lambda_2 & & \\ & & \ddots & \\ & & & \lambda_n \\ & & \boldsymbol{C} & \end{pmatrix}$,则在 $\boldsymbol{X}=\boldsymbol{CY}$ 下,二次型 $f(x_1,x_2,\cdots,x_n)=\boldsymbol{X}^T\boldsymbol{AX}$ 化为标准型 $\lambda_1 y_1^2 + \lambda_2 y_2^2 + \cdots + \lambda_n y_n^2$.

2. 正定矩阵

n 阶方阵 $\boldsymbol{A}$ 为正定矩阵 $\Leftrightarrow$ $\boldsymbol{A}$ 的特征值全大于零 $\Leftrightarrow$ $\boldsymbol{A}$ 的顺序主子式都大于零 $\Leftrightarrow$ $\boldsymbol{A}=\boldsymbol{C}^T\boldsymbol{C}$,$\boldsymbol{C}$ 为 n 阶可逆矩阵 $\Leftrightarrow$ $\boldsymbol{A}$ 与单位矩阵合同 $\Leftrightarrow$ $\boldsymbol{A}$ 的正惯性指数为 n.

知识拓展

设 λ 是矩阵 A 的特征值,$f(x)=a_kx^k+a_{k-1}x^{k-1}+\cdots+a_1x+a_0$ 是一个 k 次多项式,则 $f(\lambda)$ 是矩阵 $f(A)=a_kA^k+a_{k-1}A^{k-1}+\cdots+a_1A+a_0E$ 的特征值.

五、例题

例1 设 $B^2=B,A=E+B$,则下列结论不正确的是(   ).

A. A 可逆   B. A 不可逆   C. $A-3E$ 可逆   D. $A+2E$ 可逆

解:若 A 不可逆,则 $|E+B|=|A|=0\Rightarrow|-E-B|=0\Rightarrow-1$ 是 B 的特征值,因为 $B^2=B$,所以 B 的特征值只能为 0 或 1,矛盾,则 A 可逆.答案为 A.

例2 $\xi=(1,1,-1)^T$ 是 $A=\begin{pmatrix}2&-1&2\\5&a&3\\-1&b&-2\end{pmatrix}$ 的特征向量,则 a,b 的值是(   ).

A. $a=-3,b=0$ B. $a=3,b=0$ C. $a=-3,b=1$ D. $a=3,b=1$

解:$\begin{pmatrix}2&-1&2\\5&a&3\\-1&b&-2\end{pmatrix}\begin{pmatrix}1\\1\\-1\end{pmatrix}=\begin{pmatrix}-1\\2+a\\1+b\end{pmatrix}=\lambda\begin{pmatrix}1\\1\\-1\end{pmatrix}\Rightarrow\lambda=-1,a=-3,b=0$. 答案为 A.

例3 设 A 是三阶方阵,A 的特征值为 $-1,2,3$,则 $|3E+A|=$(   ).

A. -6 B. 6 C. 60 D. -60

解:$3E+A$ 的特征值为 $2,5,6$,则 $|3E+A|=2\times5\times6=60$. 答案为 C.

例4 下列矩阵中,不能与对角矩阵相似的是(   ).

A. $\begin{pmatrix}-1&0&0\\-4&3&0\\1&0&2\end{pmatrix}$ B. $\begin{pmatrix}-1&1&0\\-4&3&0\\1&0&2\end{pmatrix}$

C. $\begin{pmatrix}4&-3&0\\-3&-5&0\\0&0&1\end{pmatrix}$ D. $\begin{pmatrix}4&6&0\\-3&-5&0\\-3&-6&1\end{pmatrix}$

解:D 选项中,$\lambda=1$ 为二重特征根,但只有一个线性无关特征向量,不能相似于对角矩阵.答案为 D.

例5 二次型 $f(x_1,x_2)=(x_1\ x_2)\begin{pmatrix}1&2\\3&4\end{pmatrix}\begin{pmatrix}x_1\\x_2\end{pmatrix}$ 的矩阵为(   ).

A. $\begin{pmatrix}1&2\\3&4\end{pmatrix}$ B. $\begin{pmatrix}1&\frac{5}{2}\\\frac{5}{2}&4\end{pmatrix}$ C. $\begin{pmatrix}1&2\\2&4\end{pmatrix}$ D. $\begin{pmatrix}1&3\\3&4\end{pmatrix}$

解:二次型的矩阵是对称矩阵,因 $f(x_1,x_2)=x_1^2+5x_1x_2+4x_2^2$,故矩阵为 $\begin{pmatrix}1&\frac{5}{2}\\\frac{5}{2}&4\end{pmatrix}$. 答

案为 B.

例 6 实二次型 $f(x_1,x_2,x_3)=x_1x_2+x_3^2$ 的正惯性指数是( ).

A. 2　　　　　　B. 1　　　　　　C. 0　　　　　　D. 3

解：令 $\begin{cases} x_1=y_1-y_2, \\ x_2=y_1+y_2, \\ x_3=y_3, \end{cases}$ 则 $f(x_1,x_2,x_3)=y_1^2+y_3^2-y_2^2$，从而正惯性指数为 2. 答案为 A.

例 7 设 $|\boldsymbol{A}|=0$，$\boldsymbol{\alpha}_1,\boldsymbol{\alpha}_2$ 是齐次线性方程组 $\boldsymbol{AX}=\boldsymbol{0}$ 的一个基础解系，$\boldsymbol{A\alpha}_3=\boldsymbol{\alpha}_3\neq\boldsymbol{0}$，则下列向量不是矩阵 $\boldsymbol{A}$ 的特征向量的是( ).

A. $3\boldsymbol{\alpha}_1+\boldsymbol{\alpha}_2$　　B. $\boldsymbol{\alpha}_1-3\boldsymbol{\alpha}_2$　　C. $\boldsymbol{\alpha}_1+3\boldsymbol{\alpha}_3$　　D. $3\boldsymbol{\alpha}_1$

解：$\boldsymbol{A}(3\boldsymbol{\alpha}_1+\boldsymbol{\alpha}_2)=0(3\boldsymbol{\alpha}_1+\boldsymbol{\alpha}_2)$，$\boldsymbol{A}(\boldsymbol{\alpha}_1-3\boldsymbol{\alpha}_2)=0(\boldsymbol{\alpha}_1-3\boldsymbol{\alpha}_2)$，$\boldsymbol{A}(\boldsymbol{\alpha}_1+3\boldsymbol{\alpha}_3)=3\boldsymbol{\alpha}_3\neq\lambda(\boldsymbol{\alpha}_1+3\boldsymbol{\alpha}_3)$. 答案为 C.

或 $\boldsymbol{\alpha}_1,\boldsymbol{\alpha}_2$ 是 $\boldsymbol{A}$ 关于特征值 0 的特征向量，则 $\boldsymbol{\alpha}_1,\boldsymbol{\alpha}_2$ 的非零组合都是 $\boldsymbol{A}$ 关于特征值 0 的特征向量，知答案为 C.

或由 $\boldsymbol{A}$ 的属于不同特征值的特征向量的和不是 $\boldsymbol{A}$ 的特征向量，知答案为 C.

例 8 设 $\boldsymbol{A}=\begin{bmatrix} 3 & 1 & 0 \\ -4 & -1 & 0 \\ 4 & -8 & -2 \end{bmatrix}$，求 $\boldsymbol{A}$ 的特征值和特征向量.

解：$\boldsymbol{A}$ 的特征多项式 $|\lambda\boldsymbol{E}-\boldsymbol{A}|=\begin{vmatrix} \lambda-3 & -1 & 0 \\ 4 & \lambda+1 & 0 \\ -4 & 8 & \lambda+2 \end{vmatrix}=(\lambda-1)^2(\lambda+2)$，所以 $\boldsymbol{A}$ 的特征值：$\lambda_1=\lambda_2=1,\lambda_3=-2$.

① 当 $\lambda_1=\lambda_2=1$ 时，齐次线性方程组 $(\boldsymbol{E}-\boldsymbol{A})\boldsymbol{X}=\boldsymbol{0}$，即 $\begin{cases} -2x_1-x_2=0, \\ 4x_1+2x_2=0, \\ -4x_1+8x_2+3x_3=0 \end{cases}$ 有基础解系 $\boldsymbol{\alpha}_1=\begin{bmatrix} 3 \\ -6 \\ 20 \end{bmatrix}$，所以 $\boldsymbol{A}$ 关于特征值 $\lambda_1=\lambda_2=1$ 的全部特征向量为 $k\boldsymbol{\alpha}_1(k\neq0)$.

② 当 $\lambda_3=-2$ 时，齐次线性方程组 $(-2\boldsymbol{E}-\boldsymbol{A})\boldsymbol{X}=\boldsymbol{0}$，即 $\begin{cases} -5x_1-x_2=0, \\ 4x_1-x_2=0, \\ -4x_1+8x_2=0 \end{cases}$ 有基础解系 $\boldsymbol{\alpha}_2=\begin{bmatrix} 0 \\ 0 \\ 1 \end{bmatrix}$，所以 $\boldsymbol{A}$ 关于特征值 $\lambda_3=-2$ 的全部特征向量为 $l\boldsymbol{\alpha}_2(l\neq0)$.

例 9 设 $\boldsymbol{A}=\begin{bmatrix} 2 & 0 & 0 \\ 0 & 0 & 1 \\ 0 & 1 & x \end{bmatrix}$，$\boldsymbol{B}=\begin{bmatrix} 2 & 0 & 0 \\ 0 & y & 0 \\ 0 & 0 & -1 \end{bmatrix}$，若 $\boldsymbol{A}$ 与 $\boldsymbol{B}$ 相似，求 x,y.

解：$|\boldsymbol{A}|=-2,|\boldsymbol{B}|=-2y\Rightarrow y=1$，又 $|-\boldsymbol{E}-\boldsymbol{A}|=-|\boldsymbol{E}+\boldsymbol{A}|=-\begin{vmatrix} 3 & 0 & 0 \\ 0 & 1 & 1 \\ 0 & 1 & x+1 \end{vmatrix}=-3x$

$=0 \Rightarrow x=0.$

例 10 已知实二次型 $f(x_1,x_2,x_3)=2x_1^2+x_2^2-4x_1x_2-4x_2x_3$.

(1) 写出 $f(x_1,x_2,x_3)$ 的矩阵；

(2) 用配方法化 $f(x_1,x_2,x_3)$ 为标准形，并写出所施行的非退化线性变换；

(3) 写出 $f(x_1,x_2,x_3)$ 的正负惯性指数.

解：

(1) $f(x_1,x_2,x_3)$ 的矩阵为 $\begin{bmatrix} 2 & -2 & 0 \\ -2 & 1 & -2 \\ 0 & -2 & 0 \end{bmatrix}$.

(2) $f(x_1,x_2,x_3)=2(x_1^2-2x_1x_2+x_2^2)-x_2^2-4x_2x_3=2(x_1-x_2)^2-(x_2+2x_3)^2+4x_3^2$

令 $\begin{cases} y_1=x_1-x_2, \\ y_2=x_2+2x_3, \\ y_3=x_3, \end{cases}$ 即施行非退化线性变换 $\begin{cases} x_1=y_1+y_2-2y_3, \\ x_2=y_2-2y_3, \\ x_3=y_3, \end{cases}$ 得 $f(x_1,x_2,x_3)$ 的标准形 $f(x_1,x_2,x_3)=2y_1^2-y_2^2+4y_3^2.$

(3) $f(x_1,x_2,x_3)$ 的正惯性指数为 2，负惯性指数为 1.

例 11 实二次型 $f(x_1,x_2,x_3)=x_1^2+x_2^2-4x_1x_3-2mx_2x_3+5x_3^2$ 是正定的，求 m 的取值范围.

解： $f(x_1,x_2,x_3)$ 的矩阵为 $\begin{bmatrix} 1 & 0 & -2 \\ 0 & 1 & -m \\ -2 & -m & 5 \end{bmatrix}$, $1>0$, $\begin{vmatrix} 1 & 0 \\ 0 & 1 \end{vmatrix}=1>0$,

$\begin{vmatrix} 1 & 0 & -2 \\ 0 & 1 & -m \\ -2 & -m & 5 \end{vmatrix} = \begin{vmatrix} 1 & 0 & -2 \\ 0 & 1 & -m \\ 0 & -m & 1 \end{vmatrix} = \begin{vmatrix} 1 & -m \\ -m & 1 \end{vmatrix} = 1-m^2 > 0$, 所以 $-1<m<1$.

例 12 设 λ_1,λ_2 为 n 阶矩阵 A 的不同特征值，$\boldsymbol{\alpha}_1,\boldsymbol{\alpha}_2$ 分别是 A 的关于 λ_1,λ_2 的特征向量，求证：$\boldsymbol{\alpha}_1+\boldsymbol{\alpha}_2$ 不是 A 的特征向量.

解： 用反证法.

设 $\boldsymbol{\alpha}_1+\boldsymbol{\alpha}_2$ 是 A 的特征向量，于是 $A(\boldsymbol{\alpha}_1+\boldsymbol{\alpha}_2)=\lambda_0(\boldsymbol{\alpha}_1+\boldsymbol{\alpha}_2)$，即 $A\boldsymbol{\alpha}_1+A\boldsymbol{\alpha}_2=\lambda_0\boldsymbol{\alpha}_1+\lambda_0\boldsymbol{\alpha}_2$，由已知条件，有 $A\boldsymbol{\alpha}_1=\lambda_1\boldsymbol{\alpha}_1, A\boldsymbol{\alpha}_2=\lambda_2\boldsymbol{\alpha}_2$，代入上式可得 $(\lambda_0-\lambda_1)\boldsymbol{\alpha}_1+(\lambda_0-\lambda_2)\boldsymbol{\alpha}_2=0$. 由于 A 的关于不同特征值的特征向量线性无关，所以必有 $\lambda_0-\lambda_1=0, \lambda_0-\lambda_2=0$，于是 $\lambda_0=\lambda_1=\lambda_2$，这与已知 $\lambda_1\neq\lambda_2$ 矛盾. 故 $\boldsymbol{\alpha}_1+\boldsymbol{\alpha}_2$ 不是 A 的特征向量.

例 13 设 A,B 为正定矩阵，求证：$A+B$ 也是正定矩阵.

解： 设 $f=X^TAX, g=X^TBX$，则 f 和 g 是正定二次型，令 $h=f+g=X^T(A+B)X$，则 h 为正定二次型，从而 $A+B$ 为正定阵.

本章知识结构

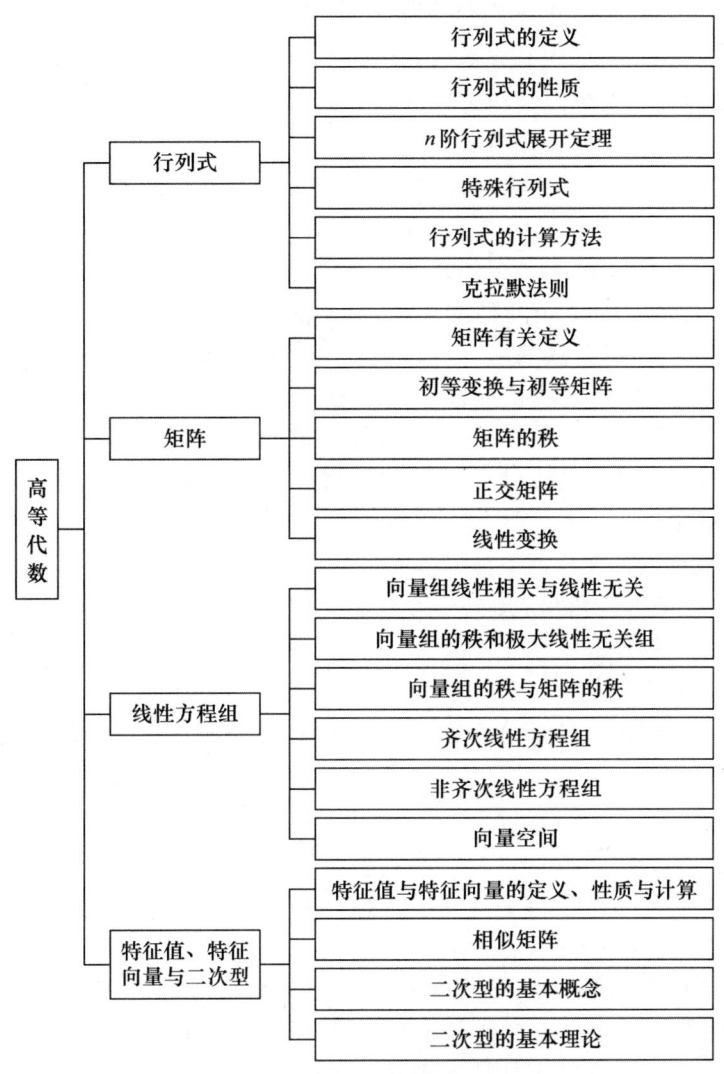

本章小结

一、本章主要内容

本章主要概念有：行列式的定义，余子式和代数余子式的定义，矩阵有关的定义，矩阵基本运算的定义，阶梯形矩阵的定义，伴随矩阵与逆矩阵的定义，初等变换与初等矩阵的定义，正交矩阵的定义，矩阵秩的定义，线性变换的定义，线性方程组有关的定义，线性组合、线性表出、向量组等价及线性相关性定义，向量组的极大无关组与秩的定义，向量空间及向量空间的基与维数的定义，矩阵的特征值与特征向量的定义，相似矩阵与矩阵对角化的定义，二次型与二次型的矩阵的定义，二次型的标准形与规范标准型的定义，正定矩阵与正定二次型的定义．

本章主要定理有：(1) 行列式展开定理与克拉默法则；(2) $|AB|=|A||B|$，这里 A,B 为 n 阶方阵；(3) $|kA|=k^n|A|$，这里 A 为 n 阶方阵；(4) $A^{-1}=\dfrac{1}{|A|}A^*$；(5) $|A^*|=|A|^{n-1}$；(6) 初等变换求逆矩阵定理；(7) 初等变换与初等矩阵之间关系定理；(8) 线性方程组解的判定定理；(9) 齐次线性方程组解的结构定理；(10) 非齐次线性方程组解的结构定理；(11) 向量组相关性判定定理；(12) 替换定理；(13) 生成子空间与齐次线性方程组解空间的基与维数定理；(14) 特征值与特征向量性质定理；(15) 矩阵可对角化的充要条件；(16) 正定矩阵判定定理.

本章必须掌握的方法是：(1) 行列式的计算方法及克拉默法则的应用；(2) 逆矩阵的求法；(3) 矩阵方程的解法；(4) 矩阵秩的求法；(5) 线性变换的应用；(6) 向量组相关性判定法；(7) 向量组极大无关组与秩的求法；(8) 线性方程组有解的判定法；(9) 齐次线性方程组基础解系与通解求法；(10) 非齐次线性方程组通解求法；(11) 生成子空间与齐次线性方程组解空间的基与维数求法；(12) 矩阵特征值与特征向量的求法；(13) 矩阵对角化的方法；(14) 化二次型为标准形的方法；(15) 正定二次型与正定矩阵的判别法.

二、本章重点和难点

本章重点是应用线性变换的方法计算行列式、求逆矩阵、求矩阵和向量组的秩及求线性方程组的通解，会把矩阵对角化，会把二次型化为标准型，会判定实二次型的正定性. 难点是线性相关性的证明问题.

三、学习时要注意的问题

考生学习过程中要注意各部分内容之间的联系，以矩阵和线性方程组为核心，以线性变换为主要工具进行学习.

备考指南

本章一般考 3～5 道题，主要分布在：(1) 行列式的计算；(2) 矩阵的基本运算及逆矩阵求法与解矩阵方程；(3) 初等矩阵与正交矩阵；(4) 矩阵与向量组的秩；(5) 线性相关性判定；(6) 线性方程组解的判定；(7) 求齐次线性方程组基础解系与通解；(8) 求非齐次线性方程组通解；(9) 求生成子空间与齐次线性方程组解空间的基与维数；(10) 特征值与特征向量的定义；(11) 特征值与特征向量的求法；(12) 特征值与特征向量的性质；(13) 化二次型为标准形或规范形；(14) 正定二次型的判定.

考生学习过程中要重点掌握利用线性变换计算行列式、求逆矩阵及解线性方程组的题目，多做矩阵对角化的题目，熟悉化二次型为标准形的方法，会判定二次型的正定性.

第二章 高等代数基础知识

自测训练

一、选择题

1. $\begin{vmatrix} 2 & -1 & x & 2x \\ 1 & 1 & x & -1 \\ 0 & x & 2 & 0 \\ x & 0 & -1 & -x \end{vmatrix}$ 中 x^4 的系数是（　　）.

   A. -2 　　　　B. -1 　　　　C. 1 　　　　D. 2

2. 设 A,B 都是 n 阶方阵，$A\neq 0$，$AB=0$. 则下列结论正确的是（　　）.

   A. $B=0$ 　　　　　　　　　　　B. $|A|=0$ 或 $|B|=0$

   C. $BA=0$ 　　　　　　　　　　D. $(A-B)^2=A^2+B^2$

3. 设 $A=\begin{bmatrix} 1 & 0 & 1 \\ 0 & 2 & 0 \\ 1 & 0 & 1 \end{bmatrix}$，若三阶矩阵 Q 满足 $AQ+E=A^2+Q$，则 Q 的第一行的行向量是（　　）.

   A. $(1,0,1)$ 　　B. $(1,0,2)$ 　　C. $(2,0,1)$ 　　D. $(2,0,2)$

4. 设 A,B 是两个三阶矩阵，且 $|A|=-1$，$|B|=2$，那么 $\left|\dfrac{1}{2}(A^{\mathrm{T}}B)^3\right|=$（　　）.

   A. 3 　　　　B. -1 　　　　C. 1 　　　　D. -4

5. 设向量组 α,β,γ 线性无关，而向量组 $\alpha+2\beta,2\beta+k\gamma,3\gamma+\alpha$ 线性相关，则 $k=$（　　）.

   A. 3 　　　　B. 2 　　　　C. -2 　　　　D. -3

6. A 是 $m\times n$ 阶矩阵，$AX=0$ 只有零解的充分必要条件是（　　）.

   A. A 的列向量组线性相关 　　　　B. A 的列向量组线性无关

   C. A 的行向量组线性相关 　　　　D. A 的行向量组线性无关

7. 设 A 是 4×5 阶矩阵，A 的行向量线性无关，则下列结论错误的是（　　）.

   A. $A^{\mathrm{T}}X=0$ 只有零解 　　　　　B. $A^{\mathrm{T}}AX=0$ 必有无穷多解

   C. $\forall b,A^{\mathrm{T}}X=b$ 有唯一解 　　　D. $\forall b,AX=b$ 总有无穷多解

8. 设 A 是 n 阶矩阵，如果 $|A|=0$，则 A 的特征值（　　）.

   A. 全是零 　　B. 全不是零 　　C. 至少有一个是零 　　D. 可以是任意数

9. 设 n 阶矩阵 A 有 s 个不同的特征值 $\lambda_1,\lambda_2,\cdots,\lambda_s$，而且 $R(\lambda_i E-A)=n-r_i$，$i=1,2,\cdots,s$，如果 A 与对角矩阵相似，则（　　）.

   A. $\sum\limits_{i=1}^{s} r_i = n$ 　　B. $\sum\limits_{i=1}^{s} r_i \neq n$ 　　C. $\sum\limits_{i=1}^{s} r_i \geqslant n$ 　　D. $\sum\limits_{i=1}^{s} r_i \leqslant n$

10. 设两个 n 阶矩阵 A 与 B 相似，则（　　）.

    A. A 与 B 有相同的特征向量 　　　B. A 与 B 有不同的特征向量

    C. A 与 B 有相同的特征值 　　　　D. A 与 B 有不同的特征值

11. 二次型 $f(x_1,x_2,x_3)=x_1^2-2x_1x_2+x_2^2$ 的矩阵为（　　）.

    A. $\begin{bmatrix} 1 & -2 \\ 0 & 1 \end{bmatrix}$ 　　B. $\begin{bmatrix} 1 & -1 \\ -1 & 1 \end{bmatrix}$ 　　C. $\begin{bmatrix} 1 & -2 & 0 \\ 0 & 1 & 0 \\ 0 & 0 & 0 \end{bmatrix}$ 　　D. $\begin{bmatrix} 1 & -1 & 0 \\ -1 & 1 & 0 \\ 0 & 0 & 0 \end{bmatrix}$

12. 下述矩阵中,是正定矩阵的为(　　).

A. $\begin{pmatrix} 3 & -4 & 0 \\ -4 & 4 & 0 \\ 0 & 0 & 2 \end{pmatrix}$　　　　B. $\begin{pmatrix} 5 & -2 & 0 \\ -2 & 6 & -2 \\ 0 & -2 & 4 \end{pmatrix}$

C. $\begin{pmatrix} 0 & 2 & 1 \\ 2 & 3 & 4 \\ 1 & 4 & 8 \end{pmatrix}$　　　　D. $\begin{pmatrix} 2 & 0 & 0 \\ 0 & -3 & 0 \\ 0 & 0 & 1 \end{pmatrix}$

13. 实二次型 $f(x_1,x_2,x_3,x_4)$ 的秩为3,正惯性指数为1,则它的规范标准形为(　　).

A. $y_1^2 - y_2^2 - y_3^2 - y_4^2$　　　　B. $y_1^2 - y_2^2 - y_3^2$
C. $y_1^2 + y_2^2 + y_3^2 - y_4^2$　　　　D. $y_1^2 + y_2^2 - y_3^2$

14. 设 $A = \begin{pmatrix} 3 & -1 & 1 \\ 2 & 0 & 1 \\ 1 & -1 & 2 \end{pmatrix}$,则对应于特征值2的一个特征向量是(　　).

A. $(1\ 0\ 1)^T$　　　　B. $(1\ -1\ 0)^T$
C. $(0\ 1\ -1)^T$　　　　D. $(1\ 1\ 0)^T$

二、解答题

1. 计算4阶行列式 $\begin{vmatrix} 1 & 1 & 1 & 1 \\ 1 & 2 & -1 & 1 \\ 2 & 3 & -1 & -5 \\ 3 & 1 & 2 & 3 \end{vmatrix}$.

2. λ 为何值时,齐次线性方程组 $\begin{cases} \lambda x_1 + x_2 + x_3 = 0, \\ x_1 + \lambda x_2 + x_3 = 0, \\ x_1 + x_2 + \lambda x_3 = 0 \end{cases}$ 有非零解?

3. 已知5阶行列式 $D = \begin{vmatrix} 1 & 2 & 3 & 4 & 5 \\ 2 & 2 & 2 & 1 & 1 \\ 3 & 1 & 2 & 4 & 5 \\ 1 & 1 & 1 & 2 & 2 \\ 4 & 3 & 1 & 5 & 0 \end{vmatrix} = 27$,求 $\boldsymbol{A}_{41} + \boldsymbol{A}_{42} + \boldsymbol{A}_{43}$ 和 $\boldsymbol{A}_{44} + \boldsymbol{A}_{45}$.

4. 求证:$\begin{vmatrix} a^2 & (a+1)^2 & (a+2)^2 & (a+3)^2 \\ b^2 & (b+1)^2 & (b+2)^2 & (b+3)^2 \\ c^2 & (c+1)^2 & (c+2)^2 & (c+3)^2 \\ d^2 & (d+1)^2 & (d+2)^2 & (d+3)^2 \end{vmatrix} = 0$.

5. 设 $A = \begin{pmatrix} 1 & 2 & 3 & 1 & 5 \\ 2 & 4 & 0 & -1 & -3 \\ -1 & -2 & 3 & 2 & 8 \\ 1 & 2 & -9 & -5 & -21 \end{pmatrix}$,求 $R(\boldsymbol{A})$.

6. 设 $\boldsymbol{A} = \begin{pmatrix} 1 & 1 & -1 \\ 0 & 1 & 1 \\ 0 & 0 & -1 \end{pmatrix}$,求 $(\boldsymbol{A}^*)^{-1}$.

7. 设 $A = \begin{pmatrix} 1 & 1 & 1 & 1 \\ 1 & 1 & -1 & -1 \\ 1 & -1 & 1 & -1 \\ 1 & -1 & -1 & 1 \end{pmatrix}$，求 A^{-1}.

8. 解矩阵方程 $\begin{pmatrix} 1 & 1 & 0 \\ 1 & 2 & 1 \\ 0 & -1 & 0 \end{pmatrix} X + \begin{pmatrix} 2 & 1 & 0 \\ 1 & -1 & 2 \\ 0 & 4 & -3 \end{pmatrix} = \begin{pmatrix} 3 & 2 & 0 \\ 1 & 0 & 3 \\ -2 & 4 & -1 \end{pmatrix}$.

9. 设 A 为奇数阶的反对称矩阵，求证 $|A|=0$.

10. 设 A 为 n 阶非零矩阵，且 A 的元素 $a_{ij}(i,j=1,2,\cdots,n)$ 全为实数，求证：若 $|A|$ 的每一个元素 a_{ij} 都等于它的代数余子式，则 $R(A)=n$.

11. 已知 β 可由 $\alpha_1,\alpha_2,\cdots,\alpha_r$ 线性表出，但不能由 $\alpha_1,\alpha_2,\cdots,\alpha_{r-1}$ 线性表出. 求证：α_r 能由 $\beta,\alpha_1,\alpha_2,\cdots,\alpha_{r-1}$ 线性表出，但不能由 $\alpha_1,\alpha_2,\cdots,\alpha_{r-1}$ 线性表出.

12. 设 A 为 n 阶方阵，X 是 n 维列向量，若对于某一自然数 m，有 $A^{m-1}X\neq 0$，$A^m X=0$，求证：向量组 $X,AX,\cdots,A^{m-1}X$ 线性无关.

13. 设矩阵 $A = \begin{pmatrix} 1 & -2 & 1 & 3 \\ 2 & -5 & 2 & 8 \end{pmatrix}$，求一个 4×2 阶矩阵 B，使 $AB=0$，且 $R(B)=2$.

14. 讨论 λ 取何值时，非齐次线性方程组 $\begin{cases} \lambda x_1+x_2+x_3=1, \\ x_1+\lambda x_2+x_3=\lambda, \\ x_1+x_2+\lambda x_3=\lambda^2. \end{cases}$（1）有唯一解；（2）无解；（3）有无穷多解.

15. 已知 $A=\begin{pmatrix} 2 & 1 & 1 \\ 1 & 2 & 1 \\ 1 & 1 & 2 \end{pmatrix} \sim \begin{pmatrix} 1 & 0 & 0 \\ 0 & a & 0 \\ 0 & 0 & 4 \end{pmatrix}$，求 a.

16. 已知 $A=\begin{pmatrix} 0 & 0 & 1 \\ x & 1 & y \\ 1 & 0 & 0 \end{pmatrix}$ 可对角化，求 x,y 满足的条件.

17. 设 λ_0 是 n 阶矩阵 A 的一个特征值，求证：λ_0^2 是 A^2 的特征值.

18. 求矩阵 $A=\begin{pmatrix} 2 & -1 & 1 \\ 0 & 3 & -1 \\ 2 & 1 & 3 \end{pmatrix}$ 的特征值与特征向量.

19. 设 A 为 $m\times n$ 阶实矩阵，$R(A)=n$，求证，二次型 $f(x_1,x_2,\cdots,x_n)=X^T A^T A X$ 是正定二次型.

自测训练答案

第三章 空间解析几何基础知识

考纲内容

数学学科知识包括大学本科数学专业基础课程和高中课程中的数学知识.

大学本科数学专业基础课程的知识是指：数学分析、高等代数、解析几何、概率论与数理统计等大学课程中与中学数学密切相关的内容，包括数列极限、函数极限、连续函数、一元函数微积分、向量及其运算、矩阵与变换等内容及概率论与数理统计的基础知识.本章属于大学本科数学专业基础课程知识.

其内容要求是：准确掌握基本概念，熟练进行运算，并能够利用这些知识去解决中学数学的问题.

考纲解读

空间解析几何是大学本科数学专业主要基础课程之一，考纲要求准确掌握基本概念，熟练进行运算，并能够利用这些知识去解决中学数学中的问题，这在考题中均有充分的体现.

准确掌握基本概念：包括向量的有关定义，平面的定义，空间直线的定义，曲面(二次曲面)的定义，空间曲线的定义.

熟练进行运算：包括向量的运算(和、数乘、数量积、向量积)，平面方程的求法，直线方程的求法，两直线的夹角，直线与平面的夹角.

能够利用空间解析几何知识去解决中学数学中的问题：空间解析几何与平面解析几何关系密切，空间解析几何是平面解析几何的延续与发展；解析几何中的向量是研究直线、平面和曲面的基础.

第一节 向 量

一、空间直角坐标系

1. 空间直角坐标系定义

从空间某定点 O 作三条互相垂直的数轴，都以 O 为原点，有相同的长度单位，分别称为

x 轴, y 轴, z 轴,符合右手法则,这样就建立了空间直角坐标系,称 O 为坐标原点.

2. 两点间距离

设点 $M_1(x_1,y_1,z_1)$, $M_2(x_2,y_2,z_2)$ 为空间两点,则这两点间的距离可以表示为
$$d=|M_1M_2|=\sqrt{(x_2-x_1)^2+(y_2-y_1)^2+(z_2-z_1)^2}.$$

二、中点公式

设点 $M(x,y,z)$ 为点 $M_1(x_1,y_1,z_1)$, $M_2(x_2,y_2,z_2)$ 连线的中点,则
$$x=\frac{x_1+x_2}{2}, y=\frac{y_1+y_2}{2}, z=\frac{z_1+z_2}{2}.$$

三、向量的概念与坐标表示

1. 向量的概念

既有大小又有方向的量称为向量. 常用有向线段 $\overrightarrow{AB}$ 表示向量, A 点叫起点, B 点叫终点. 向量 $\overrightarrow{AB}$ 的长度叫作模,记为 $|\overrightarrow{AB}|$. 模为 1 的向量称为单位向量.

2. 向量的坐标表示

若将向量的始点放在坐标原点 O,记其终点 M,且点 M 在给定坐标系中的坐标为 (x,y,z),记以三个坐标轴正向为方向的单位向量依次为 $\boldsymbol{i},\boldsymbol{j},\boldsymbol{k}$,则向量 $\overrightarrow{OM}$ 可以表示为 $\overrightarrow{OM}=x\boldsymbol{i}+y\boldsymbol{j}+z\boldsymbol{k}$,称之为向量 $\overrightarrow{OM}$ 的分量表达式, $\overrightarrow{OM}=\{x,y,z\}$ 称为向量 $\overrightarrow{OM}$ 的坐标表达式.

称 $x\boldsymbol{i}, y\boldsymbol{j}, z\boldsymbol{k}$ 分别为向量 $\overrightarrow{OM}$ 在 x 轴, y 轴, z 轴上的分量. 称 x,y,z 分别为向量 $\overrightarrow{OM}$ 在 x 轴, y 轴, z 轴上的投影.

记 $\overrightarrow{OM}$ 与 x 轴、y 轴、z 轴正向的夹角分别为 α,β,γ 称为向量 $\overrightarrow{OM}$ 的方向角; $\cos\alpha=\frac{x}{\sqrt{x^2+y^2+z^2}}, \cos\beta=\frac{y}{\sqrt{x^2+y^2+z^2}}, \cos\gamma=\frac{z}{\sqrt{x^2+y^2+z^2}}$ 称为向量 $\overrightarrow{OM}$ 的方向余弦;方向余弦间满足关系 $\cos^2\alpha+\cos^2\beta+\cos^2\gamma=1$; $\overrightarrow{OM}$ 的模可以表示为 $|\overrightarrow{OM}|=\sqrt{x^2+y^2+z^2}$;与向量 $\overrightarrow{OM}=\{x,y,z\}$ 同方向的单位向量可以表示为 $\frac{1}{|\overrightarrow{OM}|}\overrightarrow{OM}$;与向量 $\overrightarrow{OM}$ 平行的单位向量可以表示为 $\frac{\pm 1}{|\overrightarrow{OM}|}\overrightarrow{OM}$;用 $\boldsymbol{\alpha}^0$ 表示与向量 $\boldsymbol{a}$ 同方向的单位向量.

四、向量的运算

设 $\boldsymbol{a}=a_1\boldsymbol{i}+a_2\boldsymbol{j}+a_3\boldsymbol{k}=\{a_1,a_2,a_3\}$, $\boldsymbol{b}=b_1\boldsymbol{i}+b_2\boldsymbol{j}+b_3\boldsymbol{k}=\{b_1,b_2,b_3\}$, $\boldsymbol{c}=c_1\boldsymbol{i}+c_2\boldsymbol{j}+c_3\boldsymbol{k}=\{c_1,c_2,c_3\}$.

1. 加法和减法

加法 $\boldsymbol{a}+\boldsymbol{b}=\{a_1+b_1,a_2+b_2,a_3+b_3\}$,

减法 $\boldsymbol{a}-\boldsymbol{b}=\{a_1-b_1,a_2-b_2,a_3-b_3\}$.

2. 数乘

$\lambda\boldsymbol{\alpha}=\{\lambda\alpha_1,\lambda\alpha_2,\lambda\alpha_3\}$ (λ 是常数)

3. 数量积

(1) $a \cdot b = |a||b| \cdot \cos(a,b) = a_1b_1 + a_2b_2 + a_3b_3$,其中$(a,b)$为向量$a,b$间夹角,$a \cdot b$称为$a$与$b$数量积也称为点积.

(2) $a \cdot a = |a|^2, a \cdot b = b \cdot a, (a+b) \cdot c = a \cdot c + b \cdot c, (\lambda a) \cdot b = \lambda(a \cdot b), a \perp b \Leftrightarrow a \cdot b = 0$.

4. 向量积

(1) 向量$a \times b$称为向量a,b的向量积,$|a \times b| = |a||b|\sin(a,b)$,$a \times b$的方向按右手法则垂直于$a,b$所在平面,且记为 $a \times b = \begin{vmatrix} i & j & k \\ a_1 & a_2 & a_3 \\ b_1 & b_2 & b_3 \end{vmatrix}$,$a \times b$也称为叉积.

(2) $a \times a = 0, a \times b = -b \times a, (a+b) \times c = a \times c + b \times c, a /\!/ b \Leftrightarrow a \times b = 0, (\lambda a) \times b = a \times (\lambda b) = \lambda(a \times b), |a \times b|$等于以$a,b$为邻边的平行四边形的面积.

5. 混合积

定义$[a,b,c] = (a \times b) \cdot c$,坐标公式$[a,b,c] = \begin{vmatrix} a_1 & a_2 & a_3 \\ b_1 & b_2 & b_3 \\ c_1 & c_2 & c_3 \end{vmatrix}$,

几何意义$|[a,b,c]|$表示以a,b,c为棱的平行六面体的体积.

五、两向量间的关系

设$a = \{a_1, a_2, a_3\}, b = \{b_1, b_2, b_3\}$,则二者之间的关系如表 3-1 所示.

表 3-1

关系	向量表示	向量坐标表示
a,b间夹角θ	$\cos\theta = \dfrac{a \cdot b}{|a||b|}$	$\cos\theta = \dfrac{a_1b_1 + a_2b_2 + a_3b_3}{\sqrt{a_1^2+a_2^2+a_3^2}\sqrt{b_1^2+b_2^2+b_3^2}}$
a与b垂直	$a \cdot b = 0$	$a_1b_1 + a_2b_2 + a_3b_3 = 0$
a与b平行	$a \times b = 0$	$\dfrac{a_1}{b_1} = \dfrac{a_2}{b_2} = \dfrac{a_3}{b_3}$

六、例题

例 1 设a,b为两个非零向量,λ为非零常数,若向量$a+\lambda b$垂直于向量b,则λ等于( ).

A. $\dfrac{a \cdot b}{|b|^2}$ B. $-\dfrac{a \cdot b}{|b|^2}$ C. 1   D. $a \cdot b$

解:由向量$a+\lambda b$垂直于向量b,有$(a+\lambda b) \cdot b = 0 \Rightarrow a \cdot b + \lambda b \cdot b = 0 \Rightarrow a \cdot b + \lambda|b|^2 = 0$,由于$b$为非零向量,因而有$\lambda = -\dfrac{a \cdot b}{|b|^2}$.答案为 B.

例 2 已知三角形 ABC 的顶点分别是 $A(1,2,3), B(3,4,5)$和$C(2,4,7)$,求三角形

ABC 的面积.

解:$S_{\triangle ABC}=\frac{1}{2}|\overrightarrow{AB}||\overrightarrow{AC}|\sin\angle A=\frac{1}{2}|\overrightarrow{AB}\times\overrightarrow{AC}|$,$\overrightarrow{AB}=\{2,2,2\}$,$\overrightarrow{AC}=\{1,2,4\}$,有 $\overrightarrow{AB}\times\overrightarrow{AC}=\begin{vmatrix} \boldsymbol{i} & \boldsymbol{j} & \boldsymbol{k} \\ 2 & 2 & 2 \\ 1 & 2 & 4 \end{vmatrix}=4\boldsymbol{i}-6\boldsymbol{j}+2\boldsymbol{k}\Rightarrow|\overrightarrow{AB}\times\overrightarrow{AC}|=2\sqrt{14}\Rightarrow S_{\triangle ABC}=\sqrt{14}.$

第二节 平 面

一、平面及其方程

1. 平面 π 的法向量

与平面 π 垂直的非零向量,称为平面 π 的法向量,通常记成 $\boldsymbol{n}=\{A,B,C\}$.

2. 点法式方程

已知平面 π 过 $M(x_0,y_0,z_0)$ 点,其法向量 $\boldsymbol{n}=\{A,B,C\}$,则平面 π 的方程为

$$A(x-x_0)+B(y-y_0)+C(z-z_0)=0.$$

3. 一般式方程

$Ax+By+Cz+D=0$,其中 A,B,C 不全为零,$\boldsymbol{n}=\{A,B,C\}$ 是 π 的法向量.

特别情形:

(1) $Ax+By+Cz=0$,表示通过原点的平面;

(2) $Ax+By+D=0$,平行于 z 轴的平面;

(3) $Ax+D=0$,平行 yOz 平面的平面;

(4) $x=0$ 表示 yOz 平面.

4. 三点式方程

设 $A(x_1,y_1,z_1)$,$B(x_2,y_2,z_2)$,$C(x_3,y_3,z_3)$ 三点不在一条直线上,则通过 A,B,C 的平面方程为

$$\begin{vmatrix} x-x_1 & y-y_1 & z-z_1 \\ x_2-x_1 & y_2-y_1 & z_2-z_1 \\ x_3-x_1 & y_3-y_1 & z_3-z_1 \end{vmatrix}=0.$$

5. 平面束

设直线 L 的一般式方程为 $\begin{cases} A_1x+B_1y+C_1z+D_1=0, \\ A_2x+B_2y+C_2z+D_2=0, \end{cases}$ 则通过 L 的所有平面方程为

$k_1(A_1x+B_1y+C_1z+D_1)+k_2(A_2x+B_2y+C_3z+D_2)=0$,其中 $(k_1,k_2)\neq(0,0)$.

二、两平面的位置关系

设两平面为

$\pi_1:A_1x+B_1y+C_1z+D_1=0.$

$\pi_2:A_2x+B_2y+C_2z+D_2=0.$

平面 π_1 与 π_2 的位置关系如表 3-2 所示.

表 3-2

π_1 与 π_2 间夹角 θ	$\cos\theta = \dfrac{A_1A_2+B_1B_2+C_1C_2}{\sqrt{A_1^2+B_1^2+C_1^2}\sqrt{A_2^2+B_2^2+C_2^2}}$
垂直条件	$A_1A_2+B_1B_2+C_1C_2=0$
平行条件	$\dfrac{A_1}{A_2}=\dfrac{B_1}{B_2}=\dfrac{C_1}{C_2}\neq\dfrac{D_1}{D_2}$
重合条件	$\dfrac{A_1}{A_2}=\dfrac{B_1}{B_2}=\dfrac{C_1}{C_2}=\dfrac{D_1}{D_2}$

三、点到平面的距离

设平面 π 的方程为 $Ax+By+Cz+D=0$,而点 $M(x_1,y_1,z_1)$ 为平面 π 外的一点,则点 M 到平面 π 的距离为

$$d = \left|\frac{Ax_1+By_1+Cz_1+D}{\sqrt{A^2+B^2+C^2}}\right|.$$

四、例题

例 已知直线 $l: \dfrac{x+1}{3}=\dfrac{y-1}{2}=\dfrac{z}{-1}$,若平面 π 过点 $M(2,1,-5)$ 且与 l 垂直,求平面 π 的方程.

解:直线 l 的方向向量 $\boldsymbol{s}=\{3,2,-1\}$ 就是所求平面 π 的法线向量 $\boldsymbol{n}$,因此可取 $\boldsymbol{n}=\boldsymbol{s}=\{3,2,-1\}$,利用平面的点法式方程可知 $3(x-2)+2(y-1)-(z+5)=0$,即 $3x+2y-z-13=0$.

第三节 直 线

一、直线及其方程

1. 方向向量

与直线 L 平行的非零向量 $\boldsymbol{s}$,称为直线 L 的方向向量.

2. 直线的标准方程(对称式方程)

设直线 L 过点 (x_0,y_0,z_0),$\boldsymbol{s}=\{l,m,n\}$ 为直线的方向向量,则直线 L 的方程为

$$\frac{x-x_0}{l}=\frac{y-y_0}{m}=\frac{z-z_0}{n}.$$

3. 参数式方程

$$\begin{cases} x=x_0+lt, \\ y=y_0+mt, \\ z=z_0+nt. \end{cases} (\boldsymbol{s}=\{l,m,n\}, t\text{ 为参变量})$$

4. 两点式

设 $A(x_1,y_1,z_1)$，$B(x_2,y_2,z_2)$ 为不同的两点，则通过 A 和 B 的直线方程为

$$\frac{x-x_1}{x_2-x_1}=\frac{y-y_1}{y_2-y_1}=\frac{z-z_1}{z_2-z_1}.$$

5. 一般式方程（作为两平面的交线）

$$\begin{cases} A_1x+B_1y+C_1z+D_1=0,\\ A_2x+B_2y+C_2z+D_2=0,\end{cases} \text{（方向向量 } s=\{A_1,B_1,C_1\}\times\{A_2,B_2,C_2\}\text{）}$$

二、两直线的位置关系

设两直线为

$L_1: \dfrac{x-x_1}{l_1}=\dfrac{y-y_1}{m_1}=\dfrac{z-z_1}{n_1}$；$L_2: \dfrac{x-x_2}{l_2}=\dfrac{y-y_2}{m_2}=\dfrac{z-z_2}{n_2}$.

直线 L_1 与 L_2 的位置关系如表 3-3 所示.

表 3-3

L_1 与 L_2 间夹角 θ	$\cos\theta=\dfrac{l_1l_2+m_1m_2+n_1n_2}{\sqrt{l_1^2+m_1^2+n_1^2}\sqrt{l_2^2+m_2^2+n_2^2}}$
垂直条件	$l_1l_2+m_1m_2+n_1n_2=0$
平行条件	$\dfrac{l_1}{l_2}=\dfrac{m_1}{m_2}=\dfrac{n_1}{n_2}$

三、平面与直线的相互关系

平面 π 的方程为 $Ax+By+Cz+D=0$；直线 L 的方程为 $\dfrac{x-x_0}{l}=\dfrac{y-y_0}{m}=\dfrac{z-z_0}{n}$.

平面 π 与直线 L 的位置关系如表 3-4 所示.

表 3-4

L 与 π 间夹角 φ	$\sin\varphi=\dfrac{Al+Bm+Cn}{\sqrt{A^2+B^2+C^2}\sqrt{l^2+m^2+n^2}}$
L 与 π 垂直条件	$\dfrac{l}{A}=\dfrac{m}{B}=\dfrac{n}{C}$
L 与 π 平行条件	$Al+Bm+Cn=0$
L 与 π 重合条件	$Al+Bm+Cn=0$ L 上有一点在 π 上

四、例题

例 1 求与两平面 $x-4z=3$ 和 $2x-y-5z=1$ 的交线平行且过点 $(-3,2,5)$ 的直线方程.

解：两平面交线的方向向量 $s=\{1,0,-4\}\times\{2,-1,-5\}=\{-4,-3,-1\}$，所求直线方程为 $\dfrac{x+3}{4}=\dfrac{y-2}{3}=\dfrac{z-5}{1}$.

例 2 求直线 $\begin{cases} x+y-z-1=0,\\ x-y+z+1=0 \end{cases}$ 在平面 $x+y+z=0$ 上的投影直线的方程.

解：过直线 $\begin{cases} x+y-z-1=0, \\ x-y+z+1=0 \end{cases}$ 的平面束的方程为 $(x+y-z-1)+\lambda(x-y+z+1)=0$，即 $(1+\lambda)x+(1-\lambda)y+(\lambda-1)z+(\lambda-1)=0$. 由这平面与平面 $x+y+z=0$ 垂直，有 $(1+\lambda)\cdot 1+(1-\lambda)\cdot 1+(\lambda-1)\cdot 1=0 \Rightarrow \lambda=-1$，得投影平面的方程为 $y-z-1=0$，所求投影直线的方程为 $\begin{cases} y-z-1=0, \\ x+y+z=0. \end{cases}$

例 3　在空间直角坐标系下，试判断直线 $L: \begin{cases} 2x+y+z-1=0, \\ x+2y-z-2=0 \end{cases}$ 与平面 $\pi: 3x-y+2z-1=0$ 的位置关系，并求出直线 L 与平面 π 的夹角正弦值.

解：直线 L 的方向向量 $\boldsymbol{s}=\{2,1,1\}\times\{1,2,-1\}=\{-3,3,3\}$，平面 π 的法向量 $\boldsymbol{n}=\{3,-1,2\}$，$\boldsymbol{n}\cdot\boldsymbol{s}=\{3,-1,2\}\cdot\{-3,3,3\}=-6$，则直线 L 与平面 π 相交.

设直线 L 与平面 π 的夹角为 θ，则 $\sin\theta=\dfrac{|\boldsymbol{n}\cdot\boldsymbol{s}|}{|\boldsymbol{n}||\boldsymbol{s}|}=\dfrac{6}{\sqrt{14}\sqrt{27}}=\dfrac{\sqrt{42}}{21}$.

【注】　本题主要考查：(1)由直线方程一般式求直线 L 的方向向量 $\boldsymbol{s}$；(2)直线与平面的位置关系.

第四节　曲面方程与空间曲线方程

一、曲面方程

1. 一般方程

$$F(x,y,z)=0.$$

2. 旋转曲面

设在 yOz 坐标面上，曲线 C 的方程为 $f(y,z)=0$，则曲线 C 绕 z 轴或 y 轴旋转一周所得旋转曲面方程为 $f(\pm\sqrt{x^2+y^2},z)=0$ 或 $f(y,\pm\sqrt{x^2+z^2})=0$.

3. 二次曲面

表 3-5

曲面名称	方程	曲面名称	方程
椭球面	$\dfrac{x^2}{a^2}+\dfrac{y^2}{b^2}+\dfrac{z^2}{c^2}=1$	旋转抛物面	$\dfrac{x^2}{2p}+\dfrac{y^2}{2p}=z(p>0)$
椭圆抛物面	$\dfrac{x^2}{2p}+\dfrac{y^2}{2q}=z(p,q>0)$	双曲抛物面	$-\dfrac{x^2}{2p}+\dfrac{y^2}{2q}=z(p,q>0)$
单叶双曲面	$\dfrac{x^2}{a^2}+\dfrac{y^2}{b^2}-\dfrac{z^2}{c^2}=1$	双叶双曲面	$\dfrac{x^2}{a^2}+\dfrac{y^2}{b^2}-\dfrac{z^2}{c^2}=-1$
二次锥面	$\dfrac{x^2}{a^2}+\dfrac{y^2}{b^2}-\dfrac{z^2}{c^2}=0$	椭圆柱面	$\dfrac{x^2}{a^2}+\dfrac{y^2}{b^2}=1$
双曲柱面	$\dfrac{x^2}{a^2}-\dfrac{y^2}{b^2}=1$	抛物柱面	$\dfrac{x^2}{2p}=y(p>0)$

二、空间曲线方程

1. 一般方程

$$\begin{cases} F_1(x,y,z)=0, \\ F_2(x,y,z)=0. \end{cases}$$

2. 参数方程

$$\begin{cases} x=x(t), \\ y=y(t), \\ z=z(t) \end{cases} \quad (\alpha \leqslant t \leqslant \beta).$$

3. 空间曲线在坐标平面上的投影

设曲线 C 的方程为 $\begin{cases} F(x,y,z)=0, \\ G(x,y,z)=0, \end{cases}$ 则曲线 C 在平面 xOy 上的投影可如下求出：

先从曲线 C 的方程中消去 z 得到 $H(x,y)=0$，它表示以曲线 C 为准线，母线平行于 z 轴的柱面方程，那么 $\begin{cases} H(x,y)=0, \\ z=0 \end{cases}$ 就是 C 在平面 xOy 上的投影曲线方程．

曲线 C 在平面 zOx 上的投影或在平面 yOz 上的投影可类似地处理．

知识拓展

定比分点公式：已知两点 $A(x_1,y_1,z_1)$ 和 $B(x_2,y_2,z_2)$ 以及实数 $\lambda \neq -1$，$M(x,y,z)$ 是直线 AB 上一点，$\boldsymbol{AM}=\lambda\boldsymbol{MB}$，则 $x=\dfrac{x_1+\lambda x_2}{1+\lambda}, y=\dfrac{y_1+\lambda y_2}{1+\lambda}, z=\dfrac{z_1+\lambda z_2}{1+\lambda}$．

三、例题

例 1 方程 $x^2+y^2+z^2-2x+4y=0$ 表示怎样的曲面．

解：将原方程化为 $(x-1)^2+(y+2)^2+z^2=5$，故该方程表示球心为 $(1,-2,0)$，半径为 $\sqrt{5}$ 的球面．

例 2 将坐标面 xOz 上的双曲线 $\dfrac{x^2}{a^2}-\dfrac{z^2}{c^2}=1$ 绕 z 轴旋转一周，求所生成的旋转曲面方程．

解：$\dfrac{x^2}{a^2}-\dfrac{z^2}{c^2}=1$ 绕 z 轴旋转一周，所生成的旋转曲面方程为 $\dfrac{x^2+y^2}{a^2}-\dfrac{z^2}{c^2}=1$．

例 3 求曲线 $\begin{cases} x^2+y^2+z^2=1, \\ x^2+(y-1)^2+(z-1)^2=1 \end{cases}$ 在平面 xOy 上的投影方程．

解：$\begin{cases} x^2+y^2+z^2=1, \\ x^2+(y-1)^2+(z-1)^2=1 \end{cases} \Rightarrow \begin{cases} x^2+y^2+z^2=1, \\ y+z=1 \end{cases} \Rightarrow$ 投影柱面方程为 $x^2+2y^2-2y=0$，投影方程为 $\begin{cases} x^2+2y^2-2y=0, \\ z=0. \end{cases}$

链接阅读

> 笛卡儿(1596—1650)生于法国.他创建了后人所说的笛卡儿坐标系,笛卡儿坐标系的建立把并列的代数方法与几何方法统一起来,从而使传统的数学有了一个新的突破.

本章知识结构

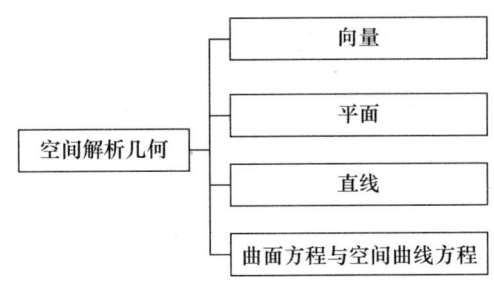

本章小结

一、本章主要内容

本章主要概念有:向量及向量坐标的定义,向量数量积与向量积的定义,曲面与曲线方程的定义.

本章主要定理有:两直线、两平面、直线与平面的夹角公式,点到平面距离公式,旋转曲面方程定理.

本章必须掌握的方法是:向量数量积与向量积的计算方法,平面方程的求法,直线方程的求法,平面、直线之间关系的确定方法,旋转曲面方程的求法,消参数的方法.

二、本章重点和难点

本章重点是向量、平面与直线的综合题;难点是曲线的参数方程.

三、学习时要注意的问题

考生学习过程中要注意利用向量有关知识求平面方程与直线方程的方法,知道常见二次曲面的标准方程.

备考指南

本章考1~2道题,主要分布在:(1)向量的运算;(2)平面方程;(3)直线方程;(4)曲面方程;(5)空间曲线方程及空间曲线在坐标面上的投影.

考生要重点掌握平面方程与直线方程的求法,会求旋转曲面方程,熟悉消参数的技巧.

自测训练

一、选择题

1. 设 a, b 是两个不共线的向量,则 $|a+b|>|a-b|$ 的充要条件是( ).

   A. $0<(a,b)<\dfrac{\pi}{2}$ B. $\dfrac{\pi}{2}<(a,b)<\pi$ C. $0<(a,b)\leqslant\dfrac{\pi}{2}$ D. $\dfrac{\pi}{2}\leqslant(a,b)<\pi$

2. 在曲面 $x^2+y^2+z^2-2x+2y-4z-3=0$ 上,过点 $(3,-2,4)$ 的切平面方程是( ).

   A. $2x-y+2z=0$ B. $2x-y+2z=16$ C. $4x-3y+6z=42$ D. $4x-3y+6z=0$

3. 将抛物线 $\Gamma:\begin{cases}y^2=2pz,\\ x=0\end{cases}$ 绕它的对称轴旋转一周,所得旋转曲面的方程是( ).

   A. $x^2+z^2=2py$ B. $x^2+y^2=2pz$ C. $y^2+z^2=2px$ D. $x^2-y^2=2pz$

4. 在空间直角坐标系中,由参数方程 $\begin{cases}x=\sin\theta,\\ y=-1-\cos\theta,\\ z=\cos\dfrac{\theta}{2}\end{cases}$ $(0\leqslant\theta<\dfrac{\pi}{4})$ 确定的曲线的一般方程是( ).

   A. $\begin{cases}x^2+2y=0,\\ y^2+2y-z^2=0\end{cases}$ B. $\begin{cases}x^2-y^2=0,\\ y^2-z^2+2z=0\end{cases}$

   C. $\begin{cases}x^2+y^2+2y=0,\\ y+2z^2=0\end{cases}$ D. $\begin{cases}x^2-2x+y^2=0,\\ y^2-2z=0\end{cases}$

二、解答题

1. 设 a, b 是非零向量,且 $a+b$ 与 $a-3b$ 垂直, $a+2b$ 与 $a-b$ 垂直,求 $\cos(a,b)$.

2. 设 a, b, c 是单位向量,且 $a+b+c=0$,求 $a\cdot b+b\cdot c+c\cdot a$.

3. 设平面 π 过点 $(1,0,-1)$ 且与平面 $4x-y+2z-8=0$ 平行,求平面 π 的方程.

4. 求通过点 $M(1,2,3)$ 且与直线 $l: x=2+3t, y=2t, z=-1+t$ 垂直的平面方程.

5. 试确定过 $M_1(2,3,0), M_2(-2,-3,4)$ 及 $M_3(0,6,0)$ 三点的平面方程.

6. 求点 $M_0(1,2,1)$ 到平面 $\pi: 3x-4y+5z+2=0$ 的距离.

7. 求通过坐标原点且垂直于直线 $l:\begin{cases}x-y+z-7=0,\\ 4x-3y+z-6=0\end{cases}$ 的平面方程.

8. 求与坐标原点 O 及点 $Q(2,3,4)$ 的距离之比为 $1:2$ 的点的全体所组成的曲面的方程,并指出所表示的曲面.

9. 求顶点在原点 $O(0,0,0)$,母线与 z 轴正向夹角保持 $\dfrac{\pi}{6}$ 的锥面方程.

10. 求球面 $x^2+y^2+z^2=9$ 与平面 $x+z=1$ 的交线在 xOy 面上的投影的方程.

自测训练答案

第四章　概率论与数理统计基础知识

考纲内容

数学学科知识包括大学本科数学专业基础课程和高中课程中的数学知识.

大学本科数学专业基础课程的知识是指：数学分析、高等代数、解析几何、概率论与数理统计等大学课程中与中学数学密切相关的内容，包括数列极限、函数极限、连续函数、一元函数微积分、向量及其运算、矩阵与变换等内容及概率论与数理统计的基础知识. 本章属于大学本科数学专业基础课程知识.

其内容要求是：准确掌握基本概念，熟练进行运算，并能够利用这些知识去解决中学数学的问题.

考纲解读

概率论与数理统计是大学本科数学专业主要基础课程之一，考纲要求准确掌握基本概念，熟练进行运算，并能够利用这些知识去解决中学数学的问题，这在考题中均有充分的体现.

准确掌握基本概念：包括随机试验的定义，随机事件的定义，古典概率的定义，事件独立性的定义，随机变量及分布的定义，正态分布的定义，随机变量的均值与方差的定义.

熟练进行运算：包括事件的运算及概率，正态分布的概率计算，随机变量的均值与方差.

能够利用概率论与数理统计知识去解决中学数学的问题. 中学的排列组合、古典概率及随机变量等知识是概率论与数理统计的基础. 排列组合是求古典概率的基础，而古典概率与随机变量联系密切，正态分布是应用最广泛的随机变量的分布.

第一节　随 机 事 件

一、随机试验与随机事件

1. 随机试验

若试验 E 满足以下三条，则称试验 E 为随机试验.

(1) 试验可以在相同的条件下重复进行;

(2) 每次试验的可能结果不止一个,并且能事先明确试验的所有可能结果;

(3) 每次试验出现的结果事先不能准确预知,但可以肯定会出现上述所有可能结果中的一个.

2. 随机事件

(1) 随机试验 E 的每一个可能结果称为一个基本事件,用 e 或 e_i 表示.

(2) 基本事件的全体称为基本事件空间,或试验的样本空间,用 S 表示.

(3) 基本事件空间 S 的一个子集称为一个随机事件,简称为事件,通常用字母 A,B,C 等表示.

(4) 事件 A 中有一个基本事件发生,则称事件 A 发生了.

(5) 在每次试验中都必然发生的事件称为必然事件,用 S 表示.

(6) 在任何一次试验中都不可能发生的事件称为不可能事件,用 $\varnothing$ 表示.

二、事件间的关系与运算

1. 事件的包含与相等

若事件 A 发生必然导致事件 B 发生,则称事件 A 是事件 B 的子事件,记为 $A \subset B$;若 $A \subset B$ 且 $B \subset A$,则称事件 A 与事件 B 相等,记为 $A = B$.

2. 事件的和

事件 A 与事件 B 至少有一个发生的事件称为事件 A 与事件 B 的和事件,记为 $A+B$ 或 $A \cup B$.

3. 事件的积

事件 A 与事件 B 都发生的事件称为事件 A 与事件 B 的积事件,记为 AB 或 $A \cap B$.

4. 事件的差

事件 A 发生而事件 B 不发生的事件称为事件 A 与事件 B 的差事件,记为 $A-B$.

5. 互不相容事件(互斥)

若事件 A 与事件 B 不能同时发生,即 $AB = \varnothing$,则称事件 A 与事件 B 是互斥的,或称它们是互不相容的. 若事件 $A_1, A_2, \cdots, A_n$ 中的任意两个都互斥,则称这些事件是两两互斥的.

6. 对立事件

A 不发生的事件称为事件 A 的对立事件,或称为 A 的逆事件,记为 $\bar{A}$. 显然 $\bar{A} = S - A$.

三、事件的运算律

设 A, B, C 为事件,S 是基本事件空间,$\varnothing$ 是不可能事件,则有:

(1) 交换律:$A \cup B = B \cup A, AB = BA$.

(2) 结合律:$(A \cup B) \cup C = A \cup (B \cup C), (AB)C = A(BC)$.

(3) 分配律:$(A \cup B)C = (AC) \cup (BC), (AB) \cup C = (A \cup C)(B \cup C)$.

(4) 对偶律:$\overline{A \cup B} = \bar{A}\bar{B}, \overline{AB} = \bar{A} \cup \bar{B}$.

(5) 差律:$A - B = A\bar{B} = A - AB$.

(6) 幂等律:$A + A = A, AA = A$.

(7) 同一律：$A+\varnothing=A, AS=A$.

(8) 零律：$A\varnothing=\varnothing, A+S=S$.

(9) 双重否定律：$\overline{\overline{A}}=A$.

第二节　古典概率

一、古典概率及其性质

1. 古典概率的定义

设在古典概型中，试验 E 共有 n 个基本事件，事件 A 包含了 m 个基本事件，则事件 A 发生的概率为

$$P(A)=\frac{m}{n}.$$

2. 古典概率的性质

(1) $0 \leqslant P(A) \leqslant 1$；

(2) $P(\varnothing)=0, P(S)=1$；

(3) 若 $AB=\varnothing$，则 $P(A \cup B)=P(A)+P(B)$；

(4) $P(\overline{A})=1-P(A)$；

(5) $P(B-A)=P(B\overline{A})=P(B)-P(AB)$；

特别地，若 $A \subset B$，则 $P(B-A)=P(B)-P(A), P(B) \geqslant P(A)$；

(6) 对任意两个事件 A, B，有 $P(A \cup B)=P(A)+P(B)-P(AB)$.

3. 几何概型

如果一个试验具有以下两个特点：

(1) 样本空间 S 是一个大小可以计量的几何区域（如线段、平面、立体）.

(2) 向区域内任意投一点，落在区域内任意点处都是"等可能的". 那么，事件 A 的概率由下式计算

$$P(A)=\frac{A \text{ 的计量}}{S \text{ 的计量}}.$$

二、事件的独立性

1. 定义

若两事件 A, B 满足 $P(AB)=P(A)P(B)$，则称 A, B 相互独立.

设 A, B, C 是三个事件，如果满足：$P(AB)=P(A)P(B), P(BC)=P(B)P(C), P(AC)=P(A)P(C), P(ABC)=P(A)P(B)P(C)$，则称这三个事件 A, B, C 是相互独立的.

2. 性质

(1) 若四对事件 $\{A,B\}, \{\overline{A},B\}, \{A,\overline{B}\}, \{\overline{A},\overline{B}\}$ 中有一对是相互独立的，则另外三对也是相互独立的.

(2) 若事件 A, B 相互独立，则 $P(A+B)=1-P(\overline{A})P(\overline{B})$.

三、例题

例1 已知8支球队中有3支弱队,以抽签的方式将这8支球队分为两组,每组4支球队,则两组中有一组恰有两支弱队的概率为(   ).

A. $\dfrac{1}{3}$ B. $\dfrac{3}{4}$ C. $\dfrac{4}{5}$ D. $\dfrac{6}{7}$

解:令 $C=$ "A、B 两组中有一组恰有两支弱队",$C_1=$ "A 组中恰有两支弱队",$C_2=$ "B 组中恰有两支弱队",则 $C=C_1+C_2$,$P(C)=P(C_1)+P(C_2)=\dfrac{C_3^2 C_5^2}{C_8^4}+\dfrac{C_3^2 C_5^2}{C_8^4}=2\dfrac{C_3^2 C_5^2}{C_8^4}=\dfrac{6}{7}$. 答案为 D.

例2 一射手对同一目标独立地进行4次射击,若至少命中一次的概率是 $\dfrac{80}{81}$,则该射手的命中率是(   ).

A. $\dfrac{1}{9}$ B. $\dfrac{1}{3}$ C. $\dfrac{1}{2}$ D. $\dfrac{2}{3}$

解:令 $A=$ "至少命中一次",则 $\overline{A}=$ "四次均不中",$P(A)=1-P(\overline{A})=\dfrac{80}{81}\Rightarrow P(\overline{A})=\dfrac{1}{81}$. 设命中率是 p,则 $P(\overline{A})=(1-p)^4=\dfrac{1}{81}\Rightarrow 1-p=\dfrac{1}{3}$,$p=\dfrac{2}{3}$. 答案为 D.

例3 袋子中有70个红球,30个黑球,从袋子中连续摸球两次,每次摸一个球,而且是不放回摸球. (1) 求两次摸球均为红球的概率; (2) 若第一次摸到红球,求第二次摸到黑球的概率.

解:(1) 设 $A_i=$ "第 i 次摸到红球",$i=1,2$,则 $|S|=100\times 99$,$|A_1A_2|=70\times 69$,$P(A_1A_2)=\dfrac{|A_1A_2|}{|S|}=\dfrac{70\times 69}{100\times 99}=\dfrac{161}{330}$.

(2) 令 $B=$ "第一次摸到红球前提下,第二次摸到黑球",则 $|S|=99$,$|B|=30$,$P(B)=\dfrac{|B|}{|S|}=\dfrac{10}{33}$.

【注】本题主要考查条件概率的古典概率形式.

例4 射手向区间 $[0,1]$ 射击一次,落点服从均匀分布,若射中 $\left[0,\dfrac{1}{2}\right]$ 区间,则观众甲中奖;若射中 $\left[x,\dfrac{3}{5}\right]$ 区间,则观众乙中奖. 若甲中奖与乙中奖这两个事件是独立的,求 x 的值.

解:设 $A=$ "观众甲中奖",$B=$ "观众乙中奖",则 $AB=$ "观众甲乙同时中奖". 由几何概率,$P(A)=\dfrac{1}{2}$,$P(B)=\dfrac{3}{5}-x$,$P(AB)=\dfrac{1}{2}-x$. 再由 A,B 独立,知 $P(AB)=P(A)P(B)$,则 $\dfrac{1}{2}-x=\dfrac{1}{2}\left(\dfrac{3}{5}-x\right)\Rightarrow x=\dfrac{2}{5}$.

【注】本题主要考查:(1) 事件的独立性;(2) 几何概率;(3) 独立一定不互斥.

第三节　离散型随机变量的分布

一、随机变量

(1) 定义：设随机试验 E 的基本事件空间为 S，称定义在基本事件空间 S 上的实单值函数 $X=X(e)$ 为随机变量.

(2) 注意：

① 通常用字母 X,Y,Z 等表示一个随机变量；

② 若 X 是一个随机变量，$\mathbf{R}$ 是实数集，则对 $\forall e\in S$，有 $X(e)\in \mathbf{R}$；

③ 若 X 是一个随机变量，则对 $\forall x\in \mathbf{R}$，$\{e\mid X(e)\leqslant x\}\subseteq S$ 是一个事件，今后用 $X\leqslant x$ 表示事件 $\{e\mid X(e)\leqslant x\}$.

(3) 只可能取有限个或可列个值的随机变量称为离散型随机变量.

二、离散型随机变量的概率分布

设离散型随机变量 X 可能取的值为 $x_1,x_2,\cdots,x_n,\cdots$，且 X 取这些值的概率为
$$P(X=x_k)=p_k,(k=1,2,\cdots,n,\cdots).$$
则称上述一系列等式为随机变量 X 的概率分布.

将 X 的取值及其对应的概率列表（如表 4-1 所示）：

表　4-1

X	x_1	x_2	$\cdots$	x_n	$\cdots$
P	p_1	p_2	$\cdots$	p_n	$\cdots$

称这种表为离散型随机变量 X 的概率分布表.

离散型随机变量 X 的概率分布和概率分布表统称为 X 的分布.

三、离散型随机变量 X 分布的性质

(1) $p_k\geqslant 0,(k=1,2,\cdots,n,\cdots)$（非负性）.

(2) $\sum\limits_{k} p_k = 1$（归一性）.

这里当 X 取值个数为 n 时，记号为 $\sum\limits_{k=1}^{n}$，当 X 取无限可列个值时，记号为 $\sum\limits_{k=1}^{\infty}$.

四、0-1 分布

如果随机变量 X 只可能取 0 和 1 两个值，且它的分布列为
$$P(X=1)=p,\quad P(X=0)=1-p\ (0<p<1),$$
则称 X 服从参数为 p 的 0-1 分布，记为 $X\sim B(1,p)$.

五、二项分布

如果随机变量 X 的分布列为
$$P(X=k)=C_n^k p^k(1-p)^{n-k}(k=0,1,2,\cdots,n),$$
其中 $0<p<1$. 则称 X 服从参数为 n,p 的二项分布,记为 $X\sim B(n,p)$. 当 $n=1$ 时,二项分布就是 0-1 分布.

六、几何分布

从一批次品率为 p 的产品中逐个地随机抽取产品进行检验,验后放回再抽取下一件,直到抽到次品为止. 设检验的次数为 X, 则 X 可能取的值为 $1,2,3,\cdots$,其概率分布为
$$P(X=k)=(1-p)^{k-1}p,(k=1,2,3,\cdots),$$
称这种概率分布为几何分布.

第四节 随机变量的数学期望与方差

一、数学期望

1. 定义

设离散型随机变量 X 的分布为 $P(X=x_k)=p_k,(k=1,2,\cdots,n,\cdots)$,若级数 $\sum_{k=1}^{\infty} x_k p_k$ 绝对收敛,则称级数 $\sum_{k=1}^{\infty} x_k p_k$ 的和为随机变量 X 的数学期望或均值,记为 $E(X)=\sum_{k=1}^{\infty} x_k p_k$. 若级数 $\sum_{k=1}^{\infty} |x_k p_k|$ 发散,则称随机变量 X 的数学期望不存在.

2. 数学期望的性质

(1) 设 C 是常数,则有 $E(C)=C$;

(2) 设 X 是随机变量,且 C 是常数,则有 $E(CX)=CE(X)$;

(3) 设 X,Y 是随机变量,则有 $E(X+Y)=E(X)+E(Y)$;

(4) 设 X,Y 是相互独立的随机变量,则有 $E(XY)=E(X)E(Y)$.

二、方差

1. 定义

设 X 是随机变量,若 $E[X-E(X)]^2$ 存在,就称其为 X 的方差,记为 $D(X)$,即 $D(X)=E[X-E(X)]^2$. 称 $\sqrt{D(X)}$ 为 X 标准差.

2. 方差的性质

(1) 设 X 是随机变量,则有 $D(X)=E(X^2)-[E(X)]^2$;

(2) 设 C 是常数,则有 $D(C)=0$;

(3) 设 X 是随机变量,且 C 是常数,则有 $D(CX)=C^2D(X)$;
(4) 设 X,Y 是相互独立的随机变量,则有 $D(X+Y)=D(X)+D(Y)$.

3. 常见分布的均值与方差

(1) 若 $X \sim B(n,p)$,则 $E(X)=np, D(X)=np(1-p)$;

(2) 若 X 服从几何分布,则 $E(X)=\dfrac{1}{p}, D(X)=\dfrac{1-p}{p^2}$.

三、例题

例1 一台设备由三大件组成,在设备的运转过程中三大件需要调整的概率分别为 $0.10, 0.20, 0.30$. 假设各部分相互独立,X 表示需要调整的部件数,试求 X 的分布,$E(X)$,$D(X)$.

解: $A_i=$"部件 i 需要调整" $(i=1,2,3)$,$P(A_1)=0.1, P(A_2)=0.2, P(A_3)=0.3$,由于各部件相互独立,则有:

$P(X=0)=P(\overline{A}_1\overline{A}_2\overline{A}_3)=0.9\times0.8\times0.7=0.504$,

$P(X=1)=P(A_1\overline{A}_2\overline{A}_3+\overline{A}_1A_2\overline{A}_3+\overline{A}_1\overline{A}_2A_3)$
$=0.1\times0.8\times0.7+0.9\times0.2\times0.7+0.9\times0.8\times0.3=0.398$,

$P(X=2)=P(\overline{A}_1A_2A_3+A_1\overline{A}_2A_3+A_1A_2\overline{A}_3)$
$=0.9\times0.2\times0.3+0.1\times0.8\times0.3+0.1\times0.2\times0.7=0.092$,

$P(X=3)=P(A_1A_2A_3)=0.1\times0.2\times0.3=0.006$.

$E(X)=0\times0.504+1\times0.398+2\times0.092+3\times0.006=0.6$

$E(X^2)=0^2\times0.504+1^2\times0.398+2^2\times0.092+3^2\times0.006=0.82$.

$D(X)=E(X^2)-[E(X)]^2=0.82-0.6^2=0.46$.

例2 A 盒装有 3 张大小形状完全相同的卡片,分别标有数字 $1,2,3$;B 盒也装有 3 张大小形状完全相同的卡片,分别标有数字 $2,3,4$. 现从 A,B 两个盒子中各取一张卡片,对应的数字分别为 a 和 b,记随机变量 $X=a+b$,求 X 的分布列和数学期望.

解: X 的全部取值为 $3,4,5,6,7$,则 $P(X=3)=\dfrac{1}{3\times3}=\dfrac{1}{9}$,$P(X=4)=\dfrac{2}{3\times3}=\dfrac{2}{9}$,

$P(X=5)=\dfrac{3}{3\times3}=\dfrac{1}{3}$,$P(X=6)=\dfrac{2}{3\times3}=\dfrac{2}{9}$,$P(X=7)=\dfrac{1}{3\times3}=\dfrac{1}{9}$.

X 的分布列如下表 4-2 所示:

表 4-2

X	3	4	5	6	7
P	$\dfrac{1}{9}$	$\dfrac{2}{9}$	$\dfrac{3}{9}$	$\dfrac{2}{9}$	$\dfrac{1}{9}$

数学期望 $E(X)=3\times\dfrac{1}{9}+4\times\dfrac{2}{9}+5\times\dfrac{3}{9}+6\times\dfrac{2}{9}+7\times\dfrac{1}{9}=5$.

第五节 正态分布

一、正态分布

1. 定义

如果随机变量 X 的概率密度为

$$f(x)=\frac{1}{\sqrt{2\pi}\sigma}e^{-\frac{1}{2\sigma^2}(x-\mu)^2} \quad (-\infty<x<+\infty),$$

其中 $\mu,\sigma>0$ 为常数，则称 X 服从参数为 μ,σ^2 的正态分布，记为 $X\sim N(\mu,\sigma^2)$.

2. $f(x)$ 的图像性质

(1) 当 $x=\mu$ 时，$f(x)$ 达到最大值 $\dfrac{1}{\sqrt{2\pi}\sigma}$；在 $x=\mu\pm\sigma$ 处，曲线 $y=f(x)$ 有拐点；

(2) $f(x)$ 的图形对称于直线 $x=\mu$；

(3) $f(x)$ 以 x 轴为渐近线；

(4) 若固定 σ，改变 μ 值，则曲线 $y=f(x)$ 沿 x 轴平行移动，曲线的几何图形不变；

(5) 若固定 μ，改变 σ 值，由 $f(x)$ 的最大值可知，当 σ 越大时，$f(x)$ 的图形越平坦；当 σ 越小时，$f(x)$ 的图形越陡峭.

二、标准正态分布

当 $\mu=0,\sigma=1$ 时，称 X 服从标准正态分布，即 $X\sim N(0,1)$，密度函数为

$$\varphi(x)=\frac{1}{\sqrt{2\pi}}e^{-\frac{x^2}{2}} \quad (-\infty<x<+\infty).$$

标准正态分布的分布函数为

$$\Phi(x)=\int_{-\infty}^{x}\varphi(x)\mathrm{d}x=\int_{-\infty}^{x}\frac{1}{\sqrt{2\pi}}e^{-\frac{t^2}{2}}\mathrm{d}t.$$

标准正态分布的分布函数 $\Phi(x)$ 的值可查表($x\geq 0$)，且有下列等式：

$$\Phi(-x)=1-\Phi(x).$$

三、一般正态分布与标准正态分布的关系

如果 $X\sim N(\mu,\sigma^2)$，那么 $\dfrac{X-\mu}{\sigma}\sim N(0,1)$.

即 $P(a<X<b)=P\left(\dfrac{a-\mu}{\sigma}<\dfrac{X-\mu}{\sigma}<\dfrac{b-\mu}{\sigma}\right)=\Phi\left(\dfrac{b-\mu}{\sigma}\right)-\Phi\left(\dfrac{a-\mu}{\sigma}\right).$

四、例题

例 1 设 $X\sim N(1.5,4)$，求：

(1) $P(X\leq 3.5)$； (2) $P(X\leq -4)$； (3) $P(|X|\leq 3)$.

已知 $\Phi(0.75)=0.7734,\Phi(1)=0.8413,\Phi(2.25)=0.9878,\Phi(2.75)=0.997.$

解：(1) $P(X\leq 3.5)=P\left(\dfrac{X-1.5}{2}\leq\dfrac{3.5-1.5}{2}\right)=\Phi(1)=0.8413.$

(2) $P(X\leq -4)=P\left(\dfrac{X-1.5}{2}\leq -2.75\right)=\Phi(-2.75)=1-\Phi(2.75)=1-0.997=0.003.$

(3) $P(|X|\leq 3)=P(-3\leq X\leq 3)=P\left(-2.25\leq\dfrac{X-1.5}{2}\leq 0.75\right)$
$=\Phi(0.75)-[1-\Phi(2.25)]=0.7734-(1-0.9878)=0.7612.$

例2 某地抽样调查表明,考生的外语成绩(百分制)近似正态分布,平均成绩为72分,96分以上的考生占考生总数的2.3%.求考生的外语成绩在60分到84分之间的概率.

已知 $\Phi(1)=0.841, \Phi(2)=0.977.$

解：X 表示考生的分数,则 $X\sim N(72,\sigma^2)$,且 $P(X>96)=0.023$,则
$P\left(\dfrac{X-72}{\sigma}>\dfrac{24}{\sigma}\right)=0.023\Rightarrow\Phi\left(\dfrac{24}{\sigma}\right)=0.977\Rightarrow\sigma=12, P(60<X<84)=P\left(-1<\dfrac{X-72}{12}<1\right)=\Phi(1)-\Phi(-1)=2\Phi(1)-1=0.682.$

小贴士

一般概率的性质与古典概率的性质相同.

知识拓展

(1) 条件概率：$P(B|A)=\dfrac{P(AB)}{P(A)}$,若是古典型的,则 $P(B|A)=\dfrac{|AB|}{|A|}.$

(2) 乘积公式：$P(AB)=P(A)P(B|A)=P(B)P(A|B).$

(3) 若 $X\sim N(\mu,\sigma^2)$,则 $E(X)=\mu, D(X)=\sigma^2.$

链接阅读

泊松(1781—1840)生于法国的皮蒂维耶,他创建了泊松分布,推广了"大数定律",并导出了在概率论与数理统计中有重要应用的泊松积分.

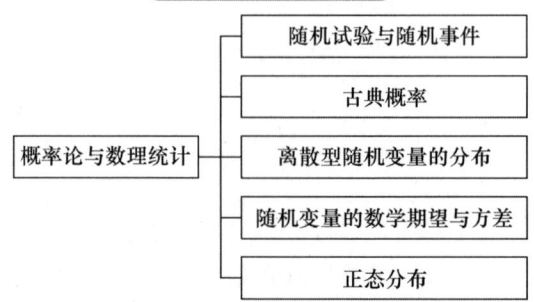

本章知识结构

第四章 概率论与数理统计基础知识

本章小结

一、本章主要内容

本章主要概念有：随机事件的定义，古典概率的定义，事件独立性的定义，随机变量的定义，离散型随机变量分布的定义，正态分布定义，随机变量数学期望与方差的定义.

本章主要定理有：概率的性质，二项分布，几何分布，一般正态分布与标准正态分布的关系.

本章必须掌握的方法是：古典概率的求法，正态分布概率求法，离散型随机变量分布的求法，离散型随机变量数学期望与方差的求法.

二、本章重点和难点

本章重点是利用正态分布解决实际问题；难点是离散型随机变量的分布与古典概率及独立性的综合应用.

三、学习时要注意的问题

考生学习过程中要注意各节内容的联系.

备考指南

本章考 1～2 道题. 主要分布在：(1) 古典概率求法；(2) 事件独立性；(3) 正态分布的概率；(4) 离散型随机变量的分布、数学期望与方差的求法；(5) 事件运算及性质.

考生要重点掌握一般正态分布与标准正态分布之间的关系，多做利用古典概率及独立性求离散型随机变量的分布的题目.

自测训练

一、选择题

1. 有 5 个编号分别为 1,2,3,4,5 的红球和 5 个编号分别为 1,2,3,4,5 的黑球，从这 10 个球中取出 4 个，则取出的球的编号互不相同的概率是（ ）.

   A. $\dfrac{5}{21}$ B. $\dfrac{2}{7}$ C. $\dfrac{1}{3}$ D. $\dfrac{8}{21}$

2. 下列随机变量中，不是离散型随机变量的是（ ）.

   A. 从 10 只编号的球（0～9 号）中任取一只，被取出的球的号码 X

   B. 抛掷两个骰子，所得的最大点数 X

   C. [0,10] 区间内任一实数与它四舍五入取整后的整数的差值 X

   D. 某一电信局在未来某日内接到电话呼叫的次数 X

二、解答题

1. 从 5 双不同的鞋子中任取 4 只，求这 4 只鞋子中至少有两只配成一双的概率.

2. 某竞猜活动设有 5 关，连过 2 关则闯关成功. 小王过每关的概率为 1/2，求小王的过关成功率.

3. 甲、乙、丙三人进行定点投篮比赛,已知甲、乙、丙三人的命中率分别为 0.9,0.8,0.7, 现每人各投一次,求三人中至少有两人投进的概率.

4. s,t 是连续掷一枚骰子两次所得到的点数,求点 (s,t) 落入圆 $(x-2)^2+(y-2)^2=4$ 内(包括圆的边缘)的概率.

5. 公共汽车的车门高度是按男子与车门顶碰头的机会在 0.01 以下来设计的. 设男子身高 X(单位:cm)服从正态分布 $N(170,6^2)$,试确定车门的高度至少为多少.

已知 $\Phi(2.32)=0.9898, \Phi(2.33)=0.9901.$

6. 将温度调节器放置在储存着某种液体的容器内,调节器设定在 d℃液体的温度 X 是一个随机变量(单位:℃),且 $X \sim N(d,0.5^2).$

(1) 若 $d=90$℃,则 $X<89$ 的概率是多少?

(2) 若要保持液体的温度至少为 80℃的概率不低于 0.99,则 d 至少为多少?

已知 $\Phi(2)=0.9772, \Phi(2.327)=0.99.$

7. 某车间有 8 台 5.6 千瓦的车床,每台车床由于工艺上的原因,常要停车;设各车床停车是相互独立的,每台车床平均每小时工作 48 分钟.

(1) 求在某一指定的时刻,车间恰有两台车床停车的概率;

(2) 求全部车床用电超过 30 千瓦的可能性有多大.

8. 将红、绿两个小球随机地放入编号分别为 1,2,3 的三个小盒子中. 设随机变量 X 是"有球盒子的最小号码",求 X 的分布和数学期望 $E(X).$

9. 已知随机变量 X 只能取 $-1,0,1,2$ 四个值,相应的概率依次为 $\dfrac{1}{2c}, \dfrac{3}{4c}, \dfrac{5}{8c}, \dfrac{7}{16c}.$

(1) 求 c;(2) 求 $P(X<1).$

自测训练答案

第二篇　高中数学基本知识

第五章 高中数学基础知识

考纲内容

数学学科知识包括大学本科数学专业基础课程和高中课程中的数学知识.

高中数学知识是指《普通高中数学课程标准(实验)》(以下简称《课标》)中所规定的必修课全部内容、选修课中的系列 1、2 的内容以及选修 3-1(数学史选讲)、选修 4-1(几何证明选讲)、选修 4-2(矩阵与变换)、选修 4-4(坐标系与参数方程)、选修 4-5(不等式选讲).本章属于高中课程中的数学知识.

其内容要求是:理解高中数学中的重要概念,掌握高中数学中的重要公式、定理、法则等知识,掌握中学数学中常见的思想方法,具有空间想象、抽象概括、推理论证、运算求解、数据处理等基本能力以及综合运用能力.

考纲解读

集合、常用逻辑用语、推理与证明、数系的扩充及复数是《课标》知识中作为基础的四部分内容.

苏联数学教育家斯托利亚尔说:"数学教学也就是数学语言的教学."美国著名心理学家布龙菲尔德说:"数学不过是语言所能达到的最高境界."

在高中数学知识中,"集合"与"简易逻辑用语"都是现代数学的基础数学语言,"推理与证明"是数学的基本思维过程,而"复数"则是现代科技中普遍使用的一种刻画研究对象及其运算的工具.在高中数学学习中,要使用基本的集合语言表示有关的数学对象,体会数系扩充的必要性,用集合关系理解逻辑关系,用基本逻辑用语理解逻辑推理的主要方法,掌握演绎推理的基本模式,感受理性思维的作用以及数学与现实世界的关系.

第一节 集 合

一、集合及相关概念

集合是指具有某种共同特性的对象的全体.其中,构成集合的每个对象叫作这个集合的元素.

集合通常用大写字母 $A,B,C,\cdots$ 来表示,元素通常用小写字母 $a,b,c,\cdots$ 来表示.

1. 元素与集合的关系

如果 a 是集合 A 的元素,就说 a 属于 A,记作 $a\in A$. 如果 a 不是集合 A 的元素,就说 a 不属于 A,记作 $a\notin A$. 不含任何元素的集合叫作空集,记作 $\varnothing$.

集合中元素具有的性质:确定性、互异性和无序性.

常用数集的表示:自然数集,记作 $\mathbf{N}$;正整数集,记作 $\mathbf{N}_+$ 或 $\mathbf{N}^*$;整数集,记作 $\mathbf{Z}$;有理数集,记作 $\mathbf{Q}$;实数集,记作 $\mathbf{R}$.

2. 集合的表示方法

(1) 列举法:把集合的所有元素一一列举出来,写在大括号内表示集合的一种方法.

(2) 描述法:一般地,如果在集合 I 中,属于集合 A 的任意一个元素 x 都具有性质 $p(x)$,而不属于集合 A 的元素都不具有性质 $p(x)$,则性质 $p(x)$ 称为集合 A 的一个特征性质,集合 A 可记为 $\{x\in I \mid p(x)\}$,这种表示集合的方法叫作特征性质描述法,简称描述法.

(3) Venn 图:用平面内一条封闭曲线的内部表示一个集合,这种图形通常叫作 Venn 图.

3. 集合间的关系

(1) 如果集合 A 中任意一个元素都是集合 B 中的元素,那么集合 A 叫作集合 B 的子集,记作 $A\subseteq B$,或 $B\supseteq A$.

规定:空集是任意一个集合的子集.

(2) 如果集合 A 是集合 B 的子集,且集合 B 中至少有一个元素不属于集合 A,那么集合 A 叫作集合 B 的真子集,记作 $A\subsetneqq B$,或 $B\supsetneqq A$.

若 $A=\{a_1,a_2,a_3,\cdots,a_n\}$,则集合 A 的子集个数为 2^n 个,真子集的个数为 2^n-1 个.

(3) 若 $A\subseteq B$,且 $B\subseteq A$,则 $A=B$.

4. 集合的运算

(1) 交集:$A\cap B=\{x \mid x\in A,且 x\in B\}$,如图 5-1 中的阴影部分.

交集的性质:对于任意两个集合 A,B,都有

$A\cap B=B\cap A$; $A\cap A=A$; $A\cap\varnothing=\varnothing\cap A=\varnothing$;

如果 $A\subseteq B$,则 $A\cap B=A$.

(2) 并集:$A\cup B=\{x \mid x\in A,或 x\in B\}$,如图 5-2 中的阴影部分.

并集的性质:对于任意两个集合 A,B,都有

$A\cup B=B\cup A$; $A\cup A=A$; $A\cup\varnothing=\varnothing\cup A=A$;

如果 $A\subseteq B$,则 $A\cup B=B$.

(3) 补集:$\complement_U A=\{x\in U \mid x\notin A\}$,如图 5-3 中的阴影部分.

补集的性质:对于任意集合 A,都有

$A\cup(\complement_U A)=U, A\cap(\complement_U A)=\varnothing, \complement_U(\complement_U A)=A$.

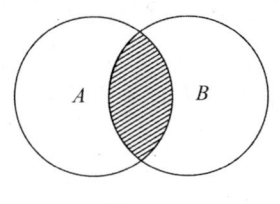
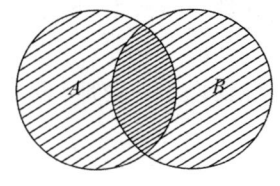
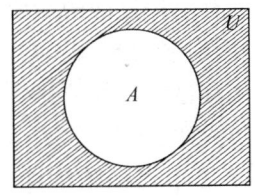

图 5-1　　　　　　　　图 5-2　　　　　　　　图 5-3

二、例题

例1 设 U 是全集，集合 M,N 都是 U 的真子集．若 $M\cap N=N$，则（　　）．

A．$(\complement_U M)\supseteq(\complement_U N)$ 　　　　　　　　B．$M\subseteq(\complement_U N)$

C．$(\complement_U M)\subseteq(\complement_U N)$ 　　　　　　　　D．$M\supseteq(\complement_U N)$

解：由 $M\cap N=N$，得 $N\subseteq M$．

由 Venn 图，根据补集定义，即得 $(\complement_U M)\subseteq(\complement_U N)$．故选 C．

例2 设集合 $M=\{1,2,3,4,5,6\}$，$S_1,S_2,\cdots,S_k$ 都是 M 的含两个元素的子集，且满足：对任意的 $S_i=\{a_i,b_i\}$，$S_j=\{a_j,b_j\}$（$i\neq j$，$i、j\in\{1,2,3,\cdots,k\}$），都有 $\min\left\{\dfrac{a_i}{b_i},\dfrac{b_i}{a_i}\right\}\neq \min\left\{\dfrac{a_j}{b_j},\dfrac{b_j}{a_j}\right\}$（$\min\{x,y\}$ 表示两个数 x,y 中的较小者），求 k 的最大值．

解：集合 M 的含两个元素的子集共 $C_6^2=15$ 个：$\{1,2\},\{1,3\},\{1,4\},\{1,5\},\{1,6\},\{2,3\},\{2,4\},\{2,5\},\{2,6\},\{3,4\},\{3,5\},\{3,6\},\{4,5\},\{4,6\},\{5,6\}$．

其中"两个元素之比的最小值相等"的子集有：$\{1,2\},\{2,4\},\{3,6\}$，使 $\min\left\{\dfrac{a_i}{b_i},\dfrac{b_i}{a_i}\right\}=\dfrac{1}{2}$，应去掉 2 个；

同理，$\{1,3\},\{2,6\}$ 中应去掉 1 个；$\{2,3\},\{4,6\}$ 中应去掉 1 个．

所以符合要求的子集最多有 $15-4=11$ 个，即 k 的最大值为 11．

第二节　常用逻辑用语

一、基本概念

1. 命题

能够判断真假的语句称之为命题，常用小写字母 $p,q,r,\cdots$ 表示．

2. 量词

短语"所有""一切""每一个""任一个"在陈述中表示所述事物的全体，逻辑中通常叫作全称量词，用符号"$\forall$"表示．

短语"有一个""有些""至少有一个"在陈述中表示所述事物的个体或部分，逻辑中通常叫作存在量词，用符号"$\exists$"表示．

含有全称量词的命题,叫作全称命题. 一般地,设 $p(x)$ 是某集合 M 的所有元素都具有的性质,则记为 $\forall x \in M, p(x)$.

含有存在量词的命题,叫作存在性命题. 一般地,设 $p(x)$ 是某集合 M 的某些元素 x 具有的某种性质,则记为 $\exists x \in M, p(x)$.

3. 基本逻辑联结词

"且",用逻辑联结词"且"把命题 p 和 q 联结起来,得到新命题,记作 $p \wedge q$.

"或",用逻辑联结词"或"把命题 p 和 q 联结起来,得到新命题,记作 $p \vee q$.

"非",对命题 p 加以否定,得到新命题,记作 $\neg p$.

存在性命题 $p: \exists x \in M, p(x)$,它的否定是 $\neg p: \forall x \in M, \neg p(x)$.

全称命题 $q: \forall x \in M, p(x)$,它的否定是 $\neg p: \exists x \in M, \neg p(x)$.

4. 充分条件、必要条件

命题"若 p,则 q"若为真命题,则记作 $p \Rightarrow q$,读作"由 p 推出 q",称 p 是 q 的充分条件,q 是 p 的必要条件.

如果 $p \Rightarrow q$,且 $q \Rightarrow p$,则称 p 是 q 的充分且必要条件,简称 p 是 q 的充要条件,记作 $p \Leftrightarrow q$. 也可说成 q 当且仅当 p,或 p 与 q 等价.

二、例题

例 1 命题"$\forall x \in [0, +\infty), x^3 + x \geq 0$"的否定是(　　).

A. $\forall x \in (-\infty, 0), x^3 + x < 0$
B. $\forall x \in (-\infty, 0), x^3 + x \geq 0$
C. $\exists x_0 \in [0, +\infty), x_0^3 + x_0 < 0$
D. $\exists x_0 \in [0, +\infty), x_0^3 + x_0 \geq 0$

解:命题 p 的否定即"$\neg p$". 因为"$\forall x \in [0, +\infty), x^3 + x \geq 0$"是一个全称命题,所以它的否定为"$\exists x_0 \in [0, +\infty), x_0^3 + x_0 < 0$". 答案为 C.

例 2 $a_1, b_1, c_1, a_2, b_2, c_2$ 均为非零实数,不等式 $a_1 x^2 + b_1 x + c_1 > 0$ 和 $a_2 x^2 + b_2 x + c_2 > 0$ 的解集分别为集合 M 和 N,那么"$\dfrac{a_1}{a_2} = \dfrac{b_1}{b_2} = \dfrac{c_1}{c_2}$"是"$M = N$"的(　　).

A. 充分不必要条件
B. 必要不充分条件
C. 充要条件
D. 既不充分又不必要条件

解:由题意,令 $\dfrac{a_1}{a_2} = \dfrac{b_1}{b_2} = \dfrac{c_1}{c_2} = -1$,

则 $a_2 x^2 + b_2 x + c_2 > 0 \Leftrightarrow a_1 x^2 + b_1 x + c_1 < 0$,

所以 $M \neq N$,即"$\dfrac{a_1}{a_2} = \dfrac{b_1}{b_2} = \dfrac{c_1}{c_2}$"不能推出"$M = N$";

同理,当 $M = N$ 时,令 $M = N = \varnothing$.

取 $-x^2 - 2x - 2 > 0, -x^2 - 4x - 5 > 0$,

即"$M = N$"不能推出"$\dfrac{a_1}{a_2} = \dfrac{b_1}{b_2} = \dfrac{c_1}{c_2}$".

所以"$\dfrac{a_1}{a_2} = \dfrac{b_1}{b_2} = \dfrac{c_1}{c_2}$"是"$M = N$"的既不充分又不必要条件. 答案为 D.

第三节　推理与证明

一、推理

根据一个或几个已知的事实(或假设)来确定一个新的判断的思维方式叫作推理.从结构上说,推理一般由前提和结论两个部分构成.

1. 合情推理

前提为真时,结论可能为真的推理,叫作合情推理.归纳推理和类比推理是常用的合情推理.

(1) 归纳推理.

根据一类事物的部分对象具有某种性质,推出该类事物的所有对象都具有这种性质的推理,称为归纳推理(简称归纳).归纳推理是由特殊到一般的推理.

归纳推理的一般步骤：

① 通过观察个别情况发现某些相同性质；

② 从已知的相同性质中推出一个明确表述的一般性命题(猜想).

(2) 类比推理.

根据两类不同事物之间具有某些类似(一致)性,推测其中一类事物具有与另一类事物类似(或相同)的性质的推理叫作类比推理(简称类比).类比推理是由特殊到特殊的推理.

类比推理的步骤：

① 找出两类事物之间的相似性或一致性；

② 由一类对象的已知特征推测另一类对象也具备这些特征,得出一个猜想.

2. 演绎推理

根据一般性的真命题(或逻辑规则)导出特殊性命题为真的推理,叫作演绎推理.演绎推理的本质是通过证明命题的充分条件为真,判断结论为真.

二、证明

1. 直接证明

直接证明是从命题的条件或结论出发,根据已知的定义、公理、定理,直接推证结论的真实性.常用的直接证明方法是：综合法与分析法.

综合法是从原因推导到结果的思维方法,即从已知条件出发,经过逐步的推理,最后达到待证结论.

分析法是从结果追溯到产生这一结果的原因的思维方法,即从待证结论出发,一步一步寻求结论成立的充分条件,最后达到题设的已知条件或已被证明的事实.

2. 间接证明

间接证明不是从正面论证命题的真实性,而是通过证明它的等价命题,间接地达到目的.常用的间接证明方法是反证法.

一般地,由证明 $p \Rightarrow q$ 转向证明 $\neg q \Rightarrow r \Rightarrow \cdots \Rightarrow s$,而 s 与公理、定理、题设、假设相矛盾,从而判定 $\neg q$ 为假,进而推出 q 为真,这种方法叫作反证法.

3. 数学归纳法

数学归纳法是一种证明方法,是演绎推理,用来证明某些与自然数相关的命题.

用数学归纳法证明命题的一般步骤:

(1) 验证,当 $n = n_0$(n_0 为命题允许的最小正整数)时,命题成立;

(2) 假设 $n = k(k \geqslant n_0)$ 时命题成立,并在 $n = k$ 时命题成立的前提下,证明 $n = k+1$ 时命题也成立,

那么由(1)和(2)可知,对任意的 $n \geqslant n_0, n \in \mathbf{N}^*$ 命题成立.

三、例题

例 1 古希腊毕达哥拉斯学派的数学家研究过各种多边形数. 如三角形数(这些数目的点在等距离的排列下可以形成一个等边三角形)1,3,6,10,$\cdots$,其中第 n 个三角形数为 $\dfrac{n(n+1)}{2} = \dfrac{1}{2}n^2 + \dfrac{1}{2}n$. 记第 n 个 k 边形数为 $N(n,k)(k \geqslant 3)$,有

三角形数 $N(n,3) = \dfrac{1}{2}n^2 + \dfrac{1}{2}n$,

正方形数 $N(n,4) = n^2$,

五边形数 $N(n,5) = \dfrac{3}{2}n^2 - \dfrac{1}{2}n$,

六边形数 $N(n,6) = 2n^2 - n$,

试推测 $N(n,k)$ 的表达式,并依此计算 $N(10,24)$.

解:由已知发现,$N(n,3), N(n,4), N(n,5), N(n,6)$ 的二次项中 n^2 的 4 个系数依次构成以 $\dfrac{1}{2}$ 为首项,$\dfrac{1}{2}$ 为公差的等差数列,其通项为 $a_k = \dfrac{1}{2} + \dfrac{1}{2}(k-3) = \dfrac{k}{2} - 1$.

一次项中 n 的 4 个系数依次构成以 $\dfrac{1}{2}$ 为首项,$-\dfrac{1}{2}$ 为公差的等差数列,其通项为 $b_k = \dfrac{1}{2} - \dfrac{1}{2}(k-3) = 2 - \dfrac{k}{2}$.

所以 $N(n,k) = (\dfrac{k}{2} - 1)n^2 + (2 - \dfrac{k}{2})n$,$N(n,24) = 11n^2 - 10n$,

故 $N(10,24) = 1000$.

例 2 平面内 n 条直线,最多把平面划分为多少个区域?证明你的结论.

解:设平面内 n 条直线,最多把平面划分为 $f(n)(n \in \mathbf{N}^*)$ 个区域.

所以 $f(1) = 2 = 1+1$,$f(2) = 4 = 3+1$,$f(3) = 7 = 6+1$,

由此归纳得 $f(n) = \dfrac{n^2+n}{2} + 1 = \dfrac{n^2+n+2}{2}$.

证明:(1) 当 $n=1$ 时,一条直线把平面划分为 2 个区域,$f(1) = \dfrac{1+1+2}{2} = 2$,

所以当 $n=1$ 时命题成立.

(2) 假设 $n=k(k\in \mathbf{N}^*)$ 时命题成立,即 k 条直线最多把平面划分为 $f(k)=\dfrac{k^2+k+2}{2}$ 个区域.

当 $n=k+1$ 时,平面内增加一条直线,与原来 k 条直线最多有 k 个交点,k 个交点把这条直线分成了 $k+1$ 段,每段把原来的区域分成两个部分,即第 $k+1$ 条直线最多把平面划分的区域增加 $k+1$ 个部分,所以 $f(k+1)=f(k)+(k+1)=\dfrac{(k+1)^2+(k+1)+2}{2}$.

所以当 $n=k+1$ 时,命题也成立.

那么由(1)和(2)可知,对任意的 $n\in \mathbf{N}^*$ 命题成立.

链接阅读

演绎与公理

推理是一种思维过程.在数学的推理过程中,我们常常是从条件出发,借助归纳推理"预测"数学结果,借助演绎推理"验证"这个数学结果.演绎推理可以理解为:按照某种规定的法则所进行的、前提与结论之间有必然联系的推理.由演绎推理,公元前7世纪至公元前3世纪,希腊人把几何学的研究推到了高度系统化与理论化的境界,公理化的思想逐渐成熟,欧几里得(Euclid)的《几何原本》就是重要标志.《几何原本》对命题作了公理化的演绎,从定义、公理、公设出发建立了几何学的逻辑体系,成为数学的范本.

演绎方法在数学中的使用是数学科学诞生的标志,对数学带来了巨大的影响.1899年希尔伯特的《几何基础》对欧几里得的几何公设做出了严格性的发展.该书指出:"通过探寻公理的每一更深的层次……我们可以洞悉科学思想的精髓,获得知识的统一……",并对公理化提出了"完备性、独立性、相容性"等逻辑上的要求.希尔伯特认为全部数学都能实现完全的公理化,所有的数学理论都是用演绎推理组织起来的,每一个数学理论都是一个演绎体系.

1931年,奥地利数学家哥德尔发表论文《论数学原理和有关系统中的形式不可判定命题》,指出了公理化过程的局限性,开创了现代逻辑发展的新时期.

第四节 数系的扩充及复数

一、数系的扩充

数的概念的发展是缓慢的.在实际生活中,人类为了适应计数的需要,创造了自然数,形成了自然数系.为了公平分配,引进了分数;发现具有两种相反意义的量,引入了负数,从而数的范围扩大到了有理数系.两千多年前,人类感悟到"两个同类量并不总是可公度的",由此,引进了无理数,数系从有理数系扩大到实数系.四百年前,人们在求解方程 $x^2+1=0$ 时,引进了虚数,从而数的范围扩充到复数系.

数系的扩充,充分体现了人类理性思维的发展.如从方程的角度,数系的扩充解决了方程解的个数与方程次数的关系的不确定性.在每一次扩充中,人们都遵循了以下原则:

(1) 使在原数集中不封闭的某种运算,在扩充后的新数集中该种运算封闭;

(2) 使得原数集是新数集的一部分;

(3) 保持原有的运算;

(4) 使得新数集是原数集满足以上三条原则的最小的、唯一的扩充.

二、复数

1. 复数的概念

(1) 形如 $a+bi, a, b \in \mathbf{R}$ 的数叫作复数,通常用小写字母表示,即 $z=a+bi, a, b \in \mathbf{R}$. 其中 a 叫作复数 z 的实部,b 叫作复数 z 的虚部,i 称作虚数单位,$i^2=-1$.

如果两个复数的实部相等,而虚部互为相反数,则这两个复数叫作互为共轭复数. 复数 z 的共轭复数用 $\bar{z}$ 表示.

(2) 复数集也称为复数系,通常用大写字母 $\mathbf{C}$ 表示,即 $\mathbf{C}=\{z \mid z=a+bi, a \in \mathbf{R}, b \in \mathbf{R}\}$.

自然数集、整数集、有理数集、实数集、复数集之间的关系为:$\mathbf{N} \subsetneq \mathbf{Z} \subsetneq \mathbf{Q} \subsetneq \mathbf{R} \subsetneq \mathbf{C}$.

2. 复数的几何意义

用直角坐标平面内的点来表示复数时,称这个直角坐标平面为复平面,x 轴为实轴,y 轴为虚轴.

$$z=a+bi, a, b \in \mathbf{R} \xleftrightarrow{\text{一一对应}} \text{有序实数对}(a,b) \xleftrightarrow{\text{一一对应}} \text{点 } Z(a,b).$$

$z=a+bi$ 在复平面内对应的点 $Z(a,b)$ 到原点的距离 $|OZ|$ 叫作复数 $a+bi$ 的模,记作 $|a+bi|$,即 $|a+bi|=\sqrt{a^2+b^2}$.

3. 复数的运算

设复数 $z_1=a+bi, z_2=c+di, a, b, c, d \in \mathbf{R}$,则:

(1) 复数的加法:$z_1+z_2=(a+bi)+(c+di)=(a+c)+(b+d)i$.

复数的加法运算满足交换律与结合律.

(2) 复数的减法:$z_1-z_2=(a+bi)-(c+di)=(a-c)+(b-d)i$.

(3) 复数的乘法:$z_1 z_2=(a+bi)(c+di)=(ac-bd)+(ad+bc)i$.

复数的乘法运算满足交换律、结合律和乘法对加法的分配律.

(4) 复数的除法:$z_1 \div z_2=(a+bi) \div (c+di)=\dfrac{a+bi}{c+di}=\dfrac{ac+bd}{c^2+d^2}+\dfrac{bc-ad}{c^2+d^2}i$.

三、例题

例 试分析关于复数 z 的方程 $|z-3|=|z+i|$ 在复平面上是什么图形.

解:设 $z=x+yi, x, y \in \mathbf{R}$,则 $|z-3|=|z+i|$ 可化为 $\sqrt{(x-3)^2+y^2}=\sqrt{x^2+(y+1)^2}$,化简得 $3x+y=4$,即方程在复平面上表示一条直线.

链接阅读

复数的引入

历史上,人们对虚数的认识与对负数、无理数的认识一样,经历了一个漫长的过程. 我们知道,在实数的范围内负数的偶次方根不存在. 公元 1545 年,意大利人卡尔丹(Cardan)在讨论是否可以把 10 分成两部分,使它们的乘积等于 40 时,他把答案写为 $(5+\sqrt{-15})(5-\sqrt{-15})=40$. 卡尔丹没有因为公认的"负数不能开平方"的原则而对这个答案予以否定. 1637 年,笛卡儿给这个数命名——虚数. 由理论思维得到的这个数表示什么呢?1730 年,法国数学家棣莫弗提出了棣莫弗定理. 1748 年,欧拉提出了关系式 $e^{i\theta}=\cos\theta+i\sin\theta$,首创了虚数单位 i. 1831 年,高斯创立了虚数的几何表示,即复数 $z=a+bi$ 与平面直角坐标系内的点和向量相互对应,从而与矢量相联系,成为研究物理学的有力工具,从此复数才被普遍接受.

本章知识结构

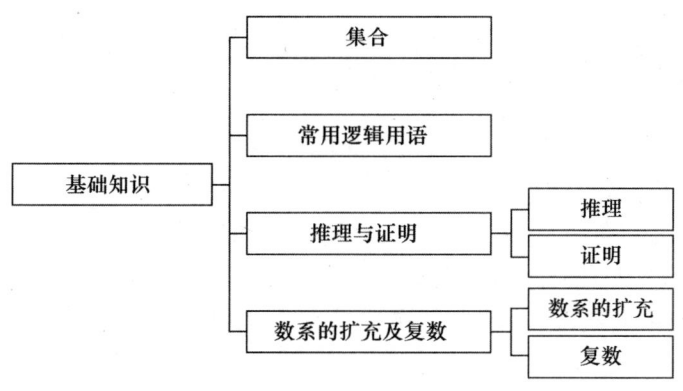

本章小结

一、本章主要内容

1. 集合的表示方法,集合的基本关系,集合的运算.

2. "若 p,则 q"形式的命题及其逆命题、否命题、逆否命题,全称量词与存在量词及简单的逻辑联结词,充要条件.

3. 归纳推理,类比推理,演绎推理,常用的直接证明方法:综合法,分析法,反证法及数学归纳法.

4. 复数的代数表示方法及几何意义,复数代数形式的四则运算及加法、减法的几何意义.

二、本章重点和难点

1. 本章的重点：

（1）理解集合的描述法，掌握集合之间的关系.

（2）基本逻辑联结词"或""且""非"的理解与应用，充分条件、必要条件的判定.

（3）理解并运用合情推理、演绎推理以及掌握常用证明方法.

（4）复数的概念，掌握代数表示方法及四则运算.

2. 本章的难点：

命题真假的判定，特别是充分条件、必要条件的判定；数学归纳法的理解与应用.

三、学习时要注意的问题

1. 掌握集合语言，运用 Venn 图理解集合之间的关系和运算.

2. 在常用逻辑用语学习中，明确命题的条件和结论，重点关注四种命题的相互关系和必要条件、充分条件、充要条件；理解量词、逻辑联结词"或""且""非"的含义，运用常用逻辑用语正确地表述相关的数学内容.

3. 通过具体实例理解合情推理与演绎推理，运用合情推理去探索、猜测一些数学结论，并用演绎推理确认所得结论的正确性，或者用反例推翻错误的猜想.

4. 认识各种证明方法的特点，体会证明的必要性；了解数学归纳法的原理，能简单应用.

5. 在复数概念与运算的学习中，应注意避免烦琐的计算.

备考指南

1. 集合与常用逻辑用语

（1）集合问题多与函数、方程、不等式问题联系，要注意各类知识间的相互融合. 注重语言之间的转化，使用集合语言准确表示所学内容，使用 Venn 图理解集合之间的关系和运算.

（2）能正确地理解、使用逻辑联结词和量词，判断命题的真假.

（3）能对数学命题进行充分条件、必要条件的判断.

2. 复数

理解复数及其分类；掌握一个复数为实数、虚数和纯虚数的充要条件，两个复数互为共轭复数的充要条件，两个复数相等的充要条件；掌握复数代数形式的四则运算；明确"复数问题实数化，复数问题几何化"是解决复数问题的最基本的思想方法.

3. 推理与证明

数学本身就是一种推理，数学试题主要考查命题转换、逻辑分析和推理能力，因此对推理的考查是无处不在的. 综合法和分析法是两种思路截然相反的证明方法，两种方法相互转换，相互渗透，充分利用这一辩证关系，可拓宽解题思路，转换解题途径. 合理运用反证法的证题思路判断、分析命题，可以使问题化难为易. 数学归纳法作为一种重要的数学思想方法，可以充分体现"归纳—猜想—证明"这一基本思想方法.

自测训练

一、选择题

1. 设全集 $U=\{(x,y)|x,y\in \mathbf{R}\}$，$M=\{(x,y)|\frac{y-3}{x-2}=1\}$，$N=\{(x,y)|y\neq x+1\}$，那么 $(\complement_U M)\cap(\complement_U N)$ 等于（　　）.

   A. $\varnothing$　　　　　　　　　　B. $(2,3)$

   C. $\{(2,3)\}$　　　　　　　　D. $\{(x,y)|y\neq x+1\}$

2. 设 U 为全集，A,B 是集合 U 的子集，则"存在集合 C，使得 $A\subseteq C, B\subseteq \complement_U C$"是"$A\cap B=\varnothing$"的（　　）.

   A. 充分不必要条件　　　　　　B. 必要不充分条件

   C. 充要条件　　　　　　　　　D. 既不充分也不必要条件

3. 对于任意的复数 z，下面运算中错误的是（　　）.

   A. $z\cdot\overline{z}=|z|^2$　　　　　　　　　B. $\overline{z^2}=(\overline{z})^2$

   C. $\overline{z_1}\cdot\overline{z_2}=\overline{z_1\cdot z_2}$　　　　　　　　D. $z^2=|z|^2$

4. 已知命题 p：若 $x>y$，则 $-x<-y$；命题 q：若 $x>y$，则 $x^2>y^2$. 则在① $p\wedge q$；② $p\vee q$；③ $p\wedge(\neg q)$；④ $(\neg p)\vee q$ 这四个命题中，真命题是（　　）.

   A. ①③　　　B. ①④　　　C. ②③　　　D. ②④

5. 设 P 是一个数集，且至少含有两个数，若对任意 $a,b\in P$，都有 $a+b,a-b,\frac{a}{b},ab\in P$（除数 $b\neq 0$），则称 P 是一个数域. 例如有理数集 $\mathbf{Q}$ 是数域；数集 $F=\{a+b\sqrt{2}|a,b\in \mathbf{Q}\}$ 也是数域. 有下列命题：①整数集是数域；②若有理数集 $\mathbf{Q}\subseteq M$，则数集 M 必为数域；③ 数域必为无限集；④ 存在无穷多个数域. 其中正确命题的序号是（　　）.

   A. ①　　　B. ②③　　　C. ③④　　　D. ①③④

6. 下列说法正确的是（　　）.

   A. 由归纳推理得到的结论一定正确

   B. 由类比推理得到的结论一定正确

   C. 由合情推理得到的结论一定正确

   D. 演绎推理在前提和推理形式都正确的前提下，得到的结论一定正确

二、解答题

1. 已知集合 $P=\{x|x^2-8x-20\leqslant 0\}$，$Q=\{x||x-1|\leqslant m\}$.

   （1）是否存在实数 m，使 $x\in P$ 是 $x\in Q$ 的充要条件，若存在，求出 m 的值；

   （2）是否存在实数 m，使 $x\in P$ 是 $x\in Q$ 的必要条件，若存在，求出 m 的范围.

2. 设 p 是质数，求证：$\sqrt{p}$ 是无理数.

自测训练答案

第六章 函数与数列

考纲内容

数学学科知识包括大学本科数学专业基础课程和高中课程中的数学知识.

高中数学知识是指《课标》中所规定的必修课全部内容、选修课中的系列 1、2 的内容以及选修 3-1(数学史选讲),选修 4-1(几何证明选讲)、选修 4-2(矩阵与变换)、选修 4-4(坐标系与参数方程)、选修 4-5(不等式选讲).本章属于高中课程中的数学知识.

其内容要求是:理解高中数学中的重要概念,掌握高中数学中的重要公式、定理、法则等知识,掌握中学数学中常见的思想方法,具有空间想象、抽象概括、推理论证、运算求解、数据处理等基本能力以及综合运用能力.

考纲解读

函数是中学数学的核心概念,在中学数学中起着纽带和统帅的作用.从模型的角度来说,函数是刻画变量与变量之间对应关系的模型,是刻画现实世界中自然规律的重要模型.在中学数学中,主要学习用于刻画连续变化变量之间关系的幂函数、指数函数、对数函数、三角函数以及一些简单的分段函数,也包括用于刻画离散型变量之间关系的等差数列、等比数列等.

数学中研究函数主要是研究函数的变化特征,因为函数的变化特征反映了它所刻画的自然规律的特征.在中学阶段,主要研究函数的单调性、周期性和奇偶性,其中最基本的性质是函数的单调性.

第一节 函数及函数的性质

一、函数的概念

1. 函数的定义

设集合 A 是一个非空数集,对 A 中任意一个元素 x,按照确定的对应法则 f,都有唯一确定的数 y 与它对应,则这种对应关系叫作集合 A 上的一个函数.记作

$$y = f(x), x \in A.$$

其中 x 叫作自变量,自变量的取值范围(数集 A)叫作这个函数的定义域. 集合$\{y \mid y = f(x), x \in A\}$叫作这个函数的值域.

2. 对函数的理解

(1) 函数关系实质上是建立了两个数集的元素之间的对应关系.

(2) 函数的定义域是自变量 x 的取值范围,它是函数的重要组成部分,定义域不同,即使解析式相同的两个函数也应看作两个不同的函数. 如:$f(x)=x(x \in \mathbf{R})$与 $f(x)=x(x \in \mathbf{Z})$是两个不同的函数.

(3) 函数的对应法则是函数的核心,是两个数集的元素"对应"得以实现的方法和途径.

(4) 函数的值域是全体函数值所组成的集合,一旦定义域和对应法则确定,函数的值域也就随之确定.

3. 函数的表示法

函数的表示方法有很多种,根据问题的不同可以采用不同的方法,最常见的有列表法、图像法和解析法.

(1) 列表法:用列出表格的形式来表示两个变量的函数关系. 例如,学生的身高(单位:cm)可用表 6-1 所示的表格表示.

表 6-1

学号	1	2	3	4	5	6	7	8	9
身高	125	135	140	156	138	172	167	158	169

数学用表中的平方表、平方根表、三角函数表,银行里的利息表等都是用列表法来表示函数关系的. 列表法的优点是不需计算就可看出与自变量对应的函数值.

(2) 图像法:用函数图像表示两个变量之间的关系. 气象台应用自动记录器描绘温度随时间变化的曲线,我国人口出生率变化的曲线,工厂的生产图像,股市走向图等都是用图像法表示函数关系的. 图像法的优点是能直观地把握函数值的变化趋势.

(3) 解析法:把函数关系用一个等式表示,这个等式叫作函数的解析表达式,简称解析式. 例如,$s=60t^2$,$S=\pi r^2$,$l=2\pi r$,$y=ax^2+bx+c(a \neq 0)$等都是用解析式表示函数关系的. 解析法的优点是:① 简明、全面地概括了变量间的关系;② 可以通过解析式求出任意一个自变量的值所对应的函数值. 中学阶段研究的函数主要是用解析法表示的函数.

二、函数的性质

研究函数,首先就要研究函数的性质,对函数性质的理解和把握更有利于研究函数本身. 在中学阶段,主要研究函数单调性、奇偶性、周期性以及函数的零点等.

1. 函数的单调性

设函数 $y=f(x)$ 的定义域为 A,区间 $M \subseteq A$. 对于区间 M 中的任意两个值 x_1,x_2,当 $x_1<x_2$ 时,都有 $f(x_1)<f(x_2)$,就称函数 $y=f(x)$ 在区间 M 上是增函数;当 $x_1<x_2$ 时,都有 $f(x_1)>f(x_2)$,就称函数 $y=f(x)$ 在区间 M 上是减函数.

若函数 $y=f(x)$ 在某个区间是增函数或减函数,就说函数 $y=f(x)$ 在这一区间具有(严格的)单调性,这一区间就叫作函数 $f(x)$ 的单调区间.

2. 函数的奇偶性

设函数 $f(x)$ 的定义域为 D,如果对 D 内的任意一个 x,都有 $-x\in D$,且 $f(-x)=-f(x)$,则这个函数叫作奇函数;如果对 D 内的任意一个 x,都有 $-x\in D$,且 $f(-x)=f(x)$,则这个函数叫作偶函数.

(1) 奇函数的图像关于原点对称;偶函数的图像关于 y 轴对称.

(2) 如果一个函数的图像关于原点(或 y 轴)对称,那么该函数是奇(偶)函数.

3. 函数的周期性

一般地,对于函数 $f(x)$,如果存在一个非零常数 T,使得定义域内的每一个 x 值,都满足 $f(x+T)=f(x)$,那么函数 $f(x)$ 就叫作周期函数,非零常数 T 叫作这个函数的周期.

(1) 对于一个周期函数,如果在它的所有周期中存在一个最小的正数,那么这个最小正数叫作它的最小正周期. 如函数 $f(x)=\sin x$ 的最小正周期是 2π, $g(x)=\tan x$ 的最小正周期是 π.

(2) 并非所有的周期函数都有最小正周期. 如常值函数 $f(x)=2$,狄利克雷函数 $D(x)=\begin{cases}1, & x\in \mathbf{Q},\\ 0, & x\in C_R\mathbf{Q}\end{cases}$ 都没有最小正周期.

4. 函数的零点

一般地,如果函数 $y=f(x)$ 在实数 a 处的值等于零,即 $f(a)=0$,则 a 叫作这个函数的零点.

方程 $f(x)=0$ 有实数根 $\Leftrightarrow$ 函数 $y=f(x)$ 的图像与 x 轴有交点 $\Leftrightarrow$ 函数 $y=f(x)$ 有零点.

函数 $y=f(x)$ 的零点 $\Leftrightarrow$ 方程 $f(x)=0$ 的实根 $\Leftrightarrow$ 函数 $y=f(x)$ 的图像与 x 轴交点的横坐标.

如果函数 $y=f(x)$ 在区间 $[a,b]$ 上的图像不间断,并且在它的两个端点的函数值异号,即 $f(a) \cdot f(b)<0$,则这个函数在这个区间上至少存在一个零点,即存在 $x_0 \in (a,b)$,使得 $f(x_0)=0$.

在函数的单调性、奇偶性、周期性中,函数的单调性是最重要的性质,无论是在研究的方法上,还是在能力的要求上,都有较高的要求. 函数的单调性刻画函数的变化趋势,利用函数的单调性可以解决与函数有关的诸多问题,如求函数的值域,讨论函数零点等.

链接阅读 ▼

函数概念的发展

1. 早期函数概念——几何观念下的函数

17 世纪伽利略[意]在《两门新科学》一书中,包含函数或称为变量关系的这一概念,用文字和比例的语言表达函数的关系. 17 世纪后期,牛顿、莱布尼兹建立微积分时还没有人明确函数的一般意义,大部分函数是被当作曲线来研究的.

2. 18 世纪函数的概念——代数观念下的函数

1718 年,约翰·贝努利[瑞](Bernoulli Johann,1667—1748)在莱布尼兹函数概念的基础上对函数概念进行了定义:"由任一变量和常数的任一形式所构成的量."他的意思是凡变量x和常量构成的式子都叫作x的函数,并强调函数要用公式来表示.

18世纪中叶,欧拉[瑞](L. Euler,1707—1783)给出了函数的定义:"一个变量的函数是由这个变量和一些数即常数以任何方式组成的解析表达式."

3. 19世纪函数的概念——对应关系下的函数

1821年,柯西[法](Cauchy,1789—1857)从定义变量起给出了函数的定义:"在某些变数间存在着一定的关系,当一经给定其中某一变数的值,其他变数的值可随着而确定时,则将最初的变数叫自变量,其他各变数叫作函数."在柯西的定义中,首先出现了自变量一词,同时指出对函数来说不一定要有解析表达式.不过他仍然认为函数关系可以用多个解析式来表示,这是一个很大的局限.

4. 现代函数的概念——集合论下的函数

等到康托[德](Cantor,1845—1918)创立的集合论在数学中占有重要地位之后,维布伦[美](Veblen,1880—1960)用"集合"和"对应"的概念给出了近代函数定义,通过集合概念把函数的对应关系、定义域及值域进一步具体化了,且打破了"变量是数"的限制,变量可以是数,也可以是其他对象.

1914年,豪斯道夫[德](F. Hausdorff,1868—1942)在《集合论纲要》中用不明确的概念"序偶"来定义函数,其避开了意义不明确的"变量""对应"概念.库拉托夫斯基[波兰](Kuratowski,1896—1980)于1921年用集合概念来定义"序偶",使豪斯道夫的定义更严谨了.

第二节 基本初等函数

一、幂函数

1. 幂函数的定义

形如 $y=x^{\alpha}(\alpha\in\mathbf{R})$ 的函数称为幂函数,其中 α 为常数.高中阶段重点研究 α 为 $-1,\dfrac{1}{2},1,2,3$ 的简单幂函数及其性质.

2. 幂函数的性质

(1) 幂函数的图像都过点 $(1,1)$;

(2) 在第一象限内的图像(如图 6-1 所示)

① 当 $\alpha>0$ 时,函数在 $(0,+\infty)$ 上单调递增;

② 当 $\alpha<0$ 时,函数在 $(0,+\infty)$ 上单调递减.

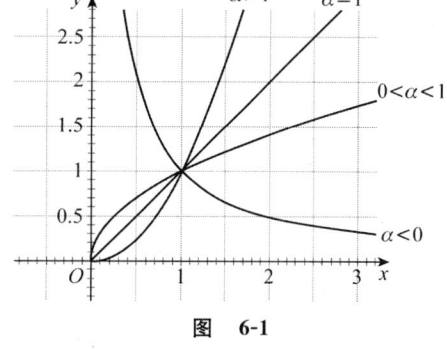

图 6-1

二、指数函数

1. 实数指数幂的运算

(1) 正数的正分数指数幂的意义 $a^{\frac{m}{n}}=\sqrt[n]{a^m}$ $(a>0,m,n\in\mathbf{N}^*,$且$n>1)$.

(2) 定义：$a^{-\frac{m}{n}} = \dfrac{1}{a^{\frac{m}{n}}}(a>0, m, n \in \mathbf{N}^*$，且 $\dfrac{m}{n}$ 为既约分数$)$.

(3) 实数指数幂运算性质.

设 $a>0, b>0, \alpha, \beta \in \mathbf{R}$，则 $a^\alpha a^\beta = a^{\alpha+\beta}$；　$(a^\alpha)^\beta = a^{\alpha\beta}$；　$(ab)^\alpha = a^\alpha b^\alpha$.

2. 指数函数的定义

形如 $y = a^x (a>0$ 且 $a \ne 1)$ 的函数叫作指数函数.

3. 指数函数的图像与性质（如表 6-2 所示）

表 6-2

	$0<a<1$	$a>1$
图像		
定义域	\multicolumn{2}{c}{$\mathbf{R}$}	
值域	\multicolumn{2}{c}{$(0, +\infty)$}	
性质	(1) 过定点 $(0, 1)$ (2) 当 $x>0$ 时，$0<y<1$； 　　当 $x<0$ 时，$y>1$ (3) 在 $\mathbf{R}$ 上是减函数	(1) 过定点 $(0, 1)$ (2) 当 $x>0$ 时，$y>1$； 　　当 $x<0$ 时，$0<y<1$ (3) 在 $\mathbf{R}$ 上是增函数

三、对数函数

对数是近代数学最伟大的发现之一，它为计算数学提供了简化的依据.

1. 对数的概念

如果 $a(a>0$，且 $a \ne 1)$ 的 b 次幂等于 N，也就是 $a^b = N$，那么 b 叫作以 a 为底 N 的对数，记作 $\log_a N = b$，其中 a 叫作对数的底数，N 叫作真数.

$$a^b = N \Leftrightarrow b = \log_a N \ (a>0, \text{且} \ a \ne 1)$$

2. 对数的运算及换底公式

由 $a^b = N \Leftrightarrow b = \log_a N (a>0$，且 $a \ne 1, N>0)$ 可得到如下结论：

(1) 对数运算性质.

如果 $a>0$，且 $a \ne 1, N>0, M>0$，那么

① $\log_a(MN) = \log_a M + \log_a N$；　　② $\log_a \dfrac{M}{N} = \log_a M - \log_a N$；

③ $\log_a M^n = n\log_a M (n \in \mathbf{R})$；　　④ $\log_a \sqrt[n]{M} = \dfrac{1}{n}\log_a M (n \in \mathbf{R})$.

(2) 如果将 $a^b = N$ 中的 b 用 $b = \log_a N$ 取代替，则可得到

$$a^{\log_a N} = N \ (a>0, a \ne 1, N>0).$$

(3) 换底公式.

由于 $a^{\log_a N}=N(a>0,a\neq1,N>0)$，我们可以得到下面的对数恒等式：

设 $c>0$ 且 $c\neq1$，对上式两边同取以 c 为底的对数，得

$$\log_c N=\log_c a^{\log_a N}=\log_a N\cdot\log_c a，即 \log_a N=\frac{\log_c N}{\log_c a}.$$

3. 对数函数的定义、图像与性质

(1) 对数函数的定义.

函数 $y=\log_a x(a>0,a\neq1)$ 叫作对数函数. 对数函数的定义域为 $(0,+\infty)$，值域为 $(-\infty,+\infty)$.

(2) 对数函数的图像与性质(如表6-3所示).

表 6-3

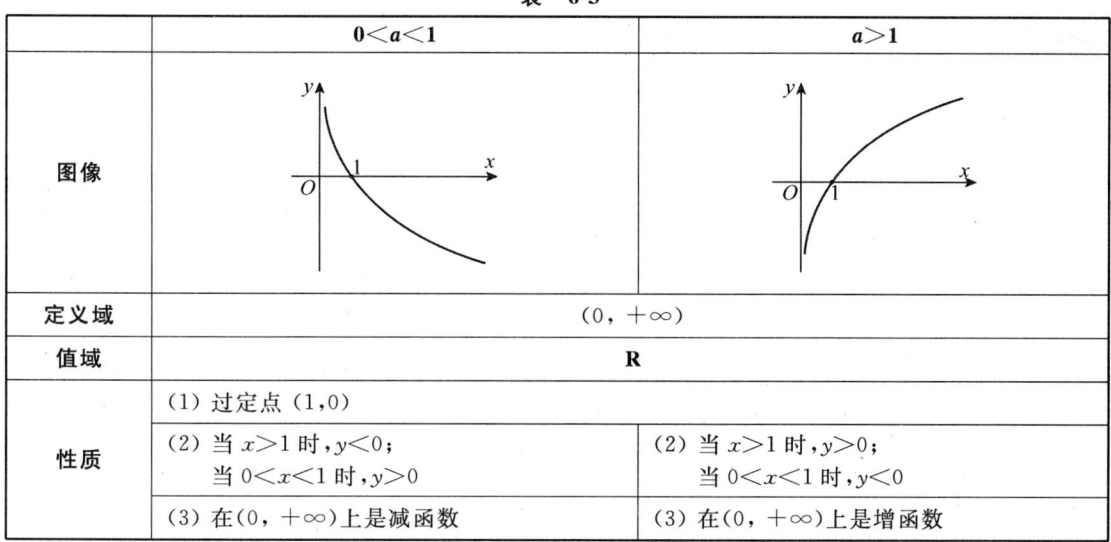

	$0<a<1$	$a>1$
图像		
定义域	\multicolumn{2}{c}{$(0,+\infty)$}	
值域	\multicolumn{2}{c}{R}	
性质	(1) 过定点 $(1,0)$ (2) 当 $x>1$ 时，$y<0$； 　　当 $0<x<1$ 时，$y>0$ (3) 在 $(0,+\infty)$ 上是减函数	(1) 过定点 $(1,0)$ (2) 当 $x>1$ 时，$y>0$； 　　当 $0<x<1$ 时，$y<0$ (3) 在 $(0,+\infty)$ 上是增函数

4. 指数函数与对数函数的关系

根据等价关系 $a^x=y\Leftrightarrow x=\log_a y$，不难得到结论：同底的指数函数与对数函数互为反函数，他们的图像关于直线 $y=x$ 对称.

链接阅读

对数的发明

对数的创始人是苏格兰数学家纳皮尔. 他对数字计算很有研究，他发明的球面三角中"纳皮尔比拟式""纳皮尔算筹"在当时都很有名，而贡献最大的发明是对数.

1614年，纳皮尔出版了《奇妙的对数》一书. 在前言里，纳皮尔告诉我们他发明对数的动机：没有什么比大数的乘、除、开平方或开立方运算更让数学工作者头疼、更阻碍计算者了. 这不仅浪费时间，而且更容易出错. 因此，我开始考虑怎样消除这些障碍，经过长时间的思索，我终于找到了一些漂亮的简短法则……

四、三角函数

三角函数是描述周期规律的重要的数学模型.

1. 角的概念的推广

(1) "旋转"形成角.

一条射线由原来的位置 OA,绕着它的端点 O 按逆时针方向旋转到另一位置 OB,就形成角 α,如图 6-2 所示. 旋转开始时的射线 OA 叫作角 α 的始边,旋转终止的射线 OB 叫作角 α 的终边,射线的端点 O 叫作角 α 的顶点.

(2) 象限角.

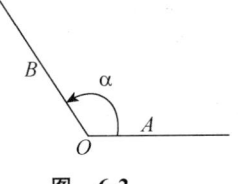

图 6-2

角的顶点位于坐标原点,角的始边置于 x 轴的正半轴,这样一来,角的终边落在第几象限,我们就说这个角是第几象限的角(角的终边落在坐标轴上,则此角不属于任何一个象限). 例如:$30°$、$390°$、$-330°$ 是第 Ⅰ 象限角,$300°$、$-60°$ 是第 Ⅳ 象限角,$585°$、$210°$、$-120°$ 是第 Ⅲ 象限角.

(3) 终边相同的角.

在直角坐标平面内,所有与 α 终边相同的角连同角 α 在内的角构成一个集合:
$$S=\{\beta\mid\beta=\alpha+k\cdot 360°,k\in \mathbf{Z}\},$$
即任何一个与角 α 终边相同的角,都可以表示成角 α 与整数个周角的和.

2. 任意角的三角函数

设 α 是一个任意角,将 α 的始边置于 x 轴的正半轴,α 的终边与单位圆交于一点 $P(x,y)$,则 y 叫作 α 的正弦函数,记作 $y=\sin\alpha$;x 叫作 α 的余弦函数,记作 $x=\cos\alpha$;α 的正切 $\tan\alpha=\dfrac{y}{x}$;α 的余切 $\cot\alpha=\dfrac{x}{y}$. 这四种函数统称为三角函数.

当角 α 的终边在纵轴上,即 $\alpha=k\pi+\dfrac{\pi}{2}(k\in\mathbf{Z})$时,终边上任意一点 P 的横坐标 x 都为 0,所以 $\tan\alpha$ 无意义;当角 α 的终边在横轴上,即 $\alpha=k\pi(k\in\mathbf{Z})$时,终边上任意一点 P 的纵坐标 y 都为 0,所以 $\cot\alpha$ 无意义.

3. 同角三角函数的基本关系及诱导公式

同角三角函数的基本关系:$\sin^2\alpha+\cos^2\alpha=1$;$\dfrac{\sin\alpha}{\cos\alpha}=\tan\alpha$;$\tan\alpha\cdot\cot\alpha=1$.

诱导公式:

(1) $\sin(2k\pi+\alpha)=\sin\alpha$,$\cos(2k\pi+\alpha)=\cos\alpha$;$\tan(2k\pi+\alpha)=\tan\alpha$,$\cot(2k\pi+\alpha)=\cot\alpha$;

(2) $\sin(\pi+\alpha)=-\sin\alpha$,$\cos(\pi+\alpha)=-\cos\alpha$;$\tan(\pi+\alpha)=\tan\alpha$,$\cot(\pi+\alpha)=\cot\alpha$;

(3) $\sin(-\alpha)=-\sin\alpha$,$\cos(-\alpha)=\cos\alpha$;$\tan(-\alpha)=-\tan\alpha$,$\cot(-\alpha)=-\cot\alpha$;

(4) $\sin(\pi-\alpha)=\sin\alpha$;$\cos(\pi-\alpha)=-\cos\alpha$;$\tan(\pi-\alpha)=-\tan\alpha$;$\cot(\pi-\alpha)=-\cot\alpha$;

(5) $\sin(\dfrac{\pi}{2}-\alpha)=\cos\alpha$;$\cos(\dfrac{\pi}{2}-\alpha)=\sin\alpha$;$\tan(\dfrac{\pi}{2}-\alpha)=\cot\alpha$;

(6) $\sin(\dfrac{\pi}{2}+\alpha)=\cos\alpha$;$\cos(\dfrac{\pi}{2}+\alpha)=-\sin\alpha$;$\tan(\dfrac{\pi}{2}+\alpha)=-\cot\alpha$.

4. 三角函数的图像与性质(如表 6-4 所示)

表 6-4

	$y=\sin x$	$y=\cos x$	$y=\tan x$
图像			
定义域	R	R	$\{x \mid x \neq k\pi+\dfrac{\pi}{2}, k \in \mathbf{Z}\}$
值域	$[-1,1]$	$[-1,1]$	R
奇偶性	奇函数	偶函数	奇函数
单调性	$[2k\pi-\dfrac{\pi}{2}, 2k\pi+\dfrac{\pi}{2}]$增 $[2k\pi+\dfrac{\pi}{2}, 2k\pi+\dfrac{3\pi}{2}]$减	$[2k\pi-\pi, 2k\pi]$增 $[2k\pi, 2k\pi+\pi]$减	$(k\pi-\dfrac{\pi}{2}, k\pi+\dfrac{\pi}{2})$增
最小正周期	2π	2π	π
对称轴	$x=k\pi+\dfrac{\pi}{2}$	$x=k\pi$	无
对称中心	$(k\pi, 0)$	$(k\pi+\dfrac{\pi}{2}, 0)$	$(\dfrac{k\pi}{2}, 0)$
渐近线	无	无	$x=k\pi+\dfrac{\pi}{2}$

幂函数、指数函数、对数函数、三角函数是重要的函数模型,它们和反三角函数统称为基本初等函数.

五、例题

例 1 已知 $f(x)=m(x-2m)(x+m+3), g(x)=2^x-2$,任取实数 x,都有 $f(x)<0$ 或 $g(x)<0$. 求 m 的取值范围.

解:根据 $g(x)=2^x-2<0 \Rightarrow x<1$,由条件可知,当 $x \geqslant 1$ 时,必须是 $f(x)<0$.

(1) 若 $m=0$,则 $f(x)=0$,不能做到 $f(x)$ 在 $x \geqslant 1$ 时,$f(x)<0$,所以 $m \neq 0$;

(2) 若 $m>0$,函数 $f(x)$ 是开口向上的二次函数,也不能做到在 $x \geqslant 1$ 时,$f(x)<0$,所以 m 不大于 0;

(3) 若 $m<0$,且此时 $f(x)$ 的两个根为 $x_1=2m, x_2=-m-3$,为保证条件 $f(x)<0$ 成立,需且只需 $\begin{cases} x_1=2m<1, \\ x_2=-m-3<1 \end{cases} \Rightarrow \begin{cases} m<\dfrac{1}{2}, \\ m>-4, \end{cases}$ 又 $m<0$,所以 $-4<m<0$.

例 2 若函数 $f(x)$ 是定义在实数上不恒为零的函数,且任取实数 a 和 b,都满足 $f(ab)=af(b)+bf(a)$.

(1) 求 $f(0), f(1)$ 的值.

(2) 判断 $f(x)$ 的奇偶性,并证明.

解:(1) 令 $a=b=0$,得:$f(0)=0$;令 $a=b=1$,则 $f(1)=1 \cdot f(1)+1 \cdot f(1)=2 \cdot f(1)$,所以 $f(1)=0$.

(2) 令 $a=-1, b=x$,则 $f(-x)=-f(x)+xf(-1)$;令 $a=-1, b=-1$,则 $0=f(1)=(-1) \cdot f(-1)+(-1) \cdot f(-1)=-2 \cdot f(-1)$,所以 $f(-1)=0$.

所以 $f(-x)=-f(x)$,从而 $f(x)$ 是奇函数.

例 3 已知函数 $f(x)=A\sin^2(\omega x+\varphi)(A>0, \omega>0, 0<\varphi<\frac{\pi}{2})$,且 $y=f(x)$ 的最大值为 2,其图像相邻两对称轴间的距离为 2,并过点 $(1,2)$.

(1) 求 φ;(2) 计算 $f(1)+f(2)+\cdots+f(2016)$.

解:(1) $y=A\sin^2(\omega x+\varphi)=\frac{A}{2}-\frac{A}{2}\cos(2\omega x+2\varphi)$. 因为 $y=f(x)$ 的最大值为 2,$A>0$. 所以 $\frac{A}{2}+\frac{A}{2}=2$,得 $A=2$. 又其图像相邻两对称轴间的距离为 2,$\omega>0$,所以 $\frac{1}{2}\left(\frac{2\pi}{2\omega}\right)=2$,得 $\omega=\frac{\pi}{4}$. 所以 $f(x)=\frac{2}{2}-\frac{2}{2}\cos\left(\frac{\pi}{2}x+2\varphi\right)=1-\cos\left(\frac{\pi}{2}x+2\varphi\right)$. 因为 $y=f(x)$ 过 $(1,2)$ 点,所以 $\cos\left(\frac{\pi}{2}+2\varphi\right)=-1$. 所以 $\frac{\pi}{2}+2\varphi=2k\pi+\pi, k\in \mathbf{Z}$,所以 $\varphi=k\pi+\frac{\pi}{4}, k\in \mathbf{Z}$,又因为 $0<\varphi<\frac{\pi}{2}$,所以 $\varphi=\frac{\pi}{4}$.

(2) 由(1)可知,$f(x)=1-\cos\left(\frac{\pi}{2}x+\frac{\pi}{2}\right)=1+\sin\left(\frac{\pi}{2}x\right)$,所以 $f(1)+f(2)+f(3)+f(4)=2+1+0+1=4$. 又因为 $y=f(x)$ 的周期为 4,$2016=4\times 504$,所以 $f(1)+f(2)+\cdots+f(2016)=4\times 504=2016$.

第三节 数 列

数列作为一种特殊的函数,是反映自然规律的基本数学模型. 等差数列和等比数列是最常见的、应用广泛的数学模型,高中阶段主要研究它们的通项公式及前 n 项和.

一、数列的概念

1. 数列的定义

按一定顺序排列的一列数叫作数列.

数列可以看成是以正整数集 $\mathbf{N}^*$ 或它的有限子集为定义域的函数 $a_n=f(n)$,当自变量从小到大依次取值时,对应一列函数值.

反过来,对于函数 $y=f(x)$,如果 $f(i)(i=1,2,3,\cdots)$ 有意义,那么我们可以得到一个数列 $f(1), f(2), f(3), \cdots, f(n), \cdots$

2. 数列的通项公式

如果数列 $\{a_n\}$ 的第 n 项 a_n 与 n 之间的关系可以用一个公式来表示,那么这个公式就叫作这个数列的通项公式. 如 $a_n=3n+2, b_n=2^n-1$ 等.

3. 数列的递推公式

如果已知数列 $\{a_n\}$ 的第 1 项(或前几项),且任一项 a_n 与它的前一项 a_{n-1}(或前几项)之间的关系可以用一个公式来表示,那么这个公式就叫作这个数列的递推公式. 如 $a_n=2a_{n-1}+1(n\geqslant 2)$.

二、等差数列

1. 等差数列的定义

如果一个数列 $\{a_n\}$ 从第 2 项起,每一项与它前一项的差都等于同一个常数,即 $a_n-a_{n-1}=d(n\geqslant 2,d$ 为常数),那么数列 $\{a_n\}$ 叫作等差数列.这个常数 d 叫作这个等差数列的公差.

2. 等差中项

如果三个数 a,A,b 成等差数列,那么 A 叫作 a,b 的等差中项.

定理:$A=\dfrac{a+b}{2}$ 是 a,A,b 成等差数列的充要条件.

推论:如果数列 $\{a_n\}$ 是等差数列,则 $a_{n-1}=\dfrac{a_n+a_{n-2}}{2}(n\geqslant 3)$.

3. 等差数列的通项公式

$$a_n=a_1+(n-1)d.$$

4. 等差数列前 n 项和的公式

$$S_n=\dfrac{n(a_1+a_n)}{2} \text{ 或 } S_n=na_1+\dfrac{n(n-1)}{2}d.$$

三、等比数列

1. 等比数列的定义

如果一个数列 $\{a_n\}$ 从第 2 项起,每一项与它前一项的比都等于同一个常数,即 $\dfrac{a_n}{a_{n-1}}=q(n\geqslant 2,q$ 为常数),那么数列 $\{a_n\}$ 叫作等比数列. 这个常数 q 叫作这个等比数列的公比.

2. 等比中项

如果三个数 a,A,b 成等比数列,那么 A 叫作 a,b 的等比中项.

定理:若 a,A,b 成等比数列,则 $A^2=ab$.

推论:如果数列 $\{a_n\}$ 是等比数列,则 $a_n^2=a_{n-1}\cdot a_{n+1}(n\geqslant 2)$.

3. 等比数列的通项公式

$$a_n=a_1\cdot q^{n-1}.$$

4. 等比数列前 n 项和的公式

$$S_n=\begin{cases} na_1, & q=1, \\ \dfrac{a_1(1-q^n)}{1-q} & q\neq 1. \end{cases} \text{ 或 } S_n=\begin{cases} na_1, & q=1, \\ \dfrac{a_1-a_nq}{1-q}, & q\neq 1. \end{cases}$$

四、例题

例1 已知 $\{a_n\}$ 为等比数列，$a_4+a_7=2$，$a_5a_6=-8$，求 a_1+a_{10} 的值.

解： $a_4+a_7=2$，又 $a_4a_7=a_5a_6$，所以 $a_4a_7=-8$，解得 $a_4=4,a_7=-2$ 或 $a_4=-2,a_7=4$.

(1) 若 $a_4=4,a_7=-2$，因 a_1,a_4,a_7,a_{10} 成等比数列，所以 $a_1=-8,a_{10}=1,a_1+a_{10}=-7$.

(2) 若 $a_4=-2,a_7=4$，因 a_1,a_4,a_7,a_{10} 成等比数列，所以 $a_{10}=-8,a_1=1,a_1+a_{10}=-7$.

所以 $a_1+a_{10}=-7$.

例2 已知等差数列 $\{a_n\}$ 的前 n 项和为 S_n，$a_5=5$，$S_5=15$，求数列 $\left\{\dfrac{1}{a_na_{n+1}}\right\}$ 的前 n 项和 T_n.

解： 由 $a_5=5,S_5=15$，设公差为 d，可得 $\begin{cases}a_1+4d=5,\\ 5a_1+\dfrac{5\times4}{2}d=15\end{cases}\Leftrightarrow\begin{cases}a_1=1,\\ d=1\end{cases}\Rightarrow a_n=n$. 所以 $\dfrac{1}{a_na_{n+1}}=\dfrac{1}{n(n+1)}=\dfrac{1}{n}-\dfrac{1}{n+1}$. $T_n=(1-\dfrac{1}{2})+(\dfrac{1}{2}-\dfrac{1}{3})+\cdots+(\dfrac{1}{n}-\dfrac{1}{n+1})=1-\dfrac{1}{n+1}=\dfrac{n}{n+1}$.

在上述解题过程中，为求数列 $\left\{\dfrac{1}{a_na_{n+1}}\right\}$ 的前 n 项和，将其通项公式 $\dfrac{1}{n(n+1)}$ 拆成 $\dfrac{1}{n}-\dfrac{1}{n+1}$，这是数列求和常见的方法. 如，$\dfrac{1}{(2n-1)(2n+1)}$ 可以拆成 $\dfrac{1}{2}\left(\dfrac{1}{2n-1}-\dfrac{1}{2n+1}\right)$，$\dfrac{1}{\sqrt{n+1}+\sqrt{n}}$ 可以拆成 $\sqrt{n+1}-\sqrt{n}$ 等.

例3 某市 2014 年新建住房 400 万平方米，其中有 250 万平方米是中低价房. 预计在今后的若干年内，该市每年新建住房面积平均比上一年增长 8%，且每年新建住房中，中低价房的面积均比上一年增加 50 万平方米. 问：

(1) 哪一年年底历年所建中低价房的累计面积（以 2014 年为累计的第一年）将首次不少于 4750 万平方米？

(2) 哪一年年底建造的中低价房的面积占该年建造住房面积的比例首次大于 85%？

解： (1) 设各年中低价房面积形成数列 $\{a_n\}$，由题意可知 $\{a_n\}$ 是等差数列，其中 $a_1=250,d=50$，则 $S_n=250n+\dfrac{n(n-1)}{2}\times50=25n^2+225n$，

令 $25n^2+225n\geqslant4750$，即 $n^2+9n-190\geqslant0$，而 n 是正整数，所以 $n\geqslant10$.

即到 2023 年年底，该市历年所建中低价房的累计面积将首次不少于 4750 万平方米.

(2) 设新建住房面积形成数列 $\{b_n\}$，由题意可知 $\{b_n\}$ 是等比数列，其中 $b_1=400$，$q=1.08$，则 $b_n=400\times1.08^{n-1}$. 由题意可知 $a_n>0.85\ b_n$，有 $250+(n-1)\cdot50>400\times1.08^{n-1}\times0.85$. 由计算器解得满足上述不等式的最小正整数 $n=6$.

即到 2019 年年底，当年建造的中低价房的面积占该年建造住房面积的比例首次大于 85%.

本章知识结构

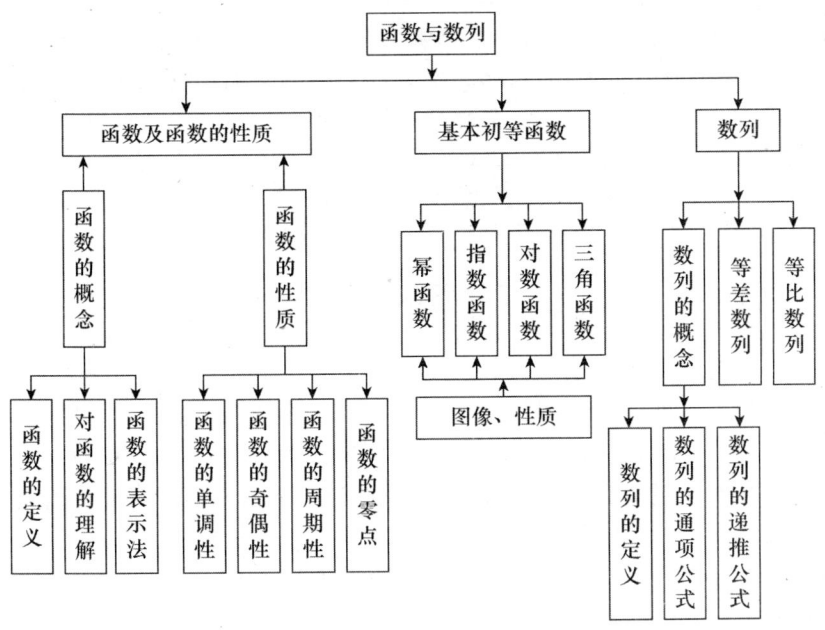

本章小结

一、本章主要内容

1. 函数.

（1）函数的概念及函数的表示法；

（2）函数的四个重要性质；

（3）四个基本初等函数的图像与性质.

2. 数列.

（1）数列的定义；

（2）数列的递推公式与通项公式；

（3）两个特殊的数列.

二、本章重点和难点

1. 对函数概念的理解，对函数四个性质的综合运用.

2. 对两类特殊数列通项公式，前 n 项和及性质的掌握.

三、学习时要注意的问题

1. 对函数的理解要借助现实生活的具体模型，以此理解指数函数、对数函数、幂函数、三角函数是刻画不同变化的函数模型.

2. 在问题情境下理解两类特殊数列的定义及性质.

备考指南

本章主要内容是函数与数列,考试以选择和解答的形式出现.学习时要理解函数的概念、函数的性质以及各种性质的综合应用,深刻理解函数是刻画现实世界两个变量之间对应关系的数学模型,并要理解各个类型的函数的不同变化速度;要理解数列是特殊的函数,特殊之处在于其定义域是正整数集或正整数集的子集,数列的通项公式和数列的前 n 项和是重点,所以学习时要站在函数的高度认识问题.

自测训练

一、选择题

1. 设 $\{a_n\}$ 是等差数列,$a_1+a_3+a_5=9$,$a_6=9$,则这个数列的前 6 项和等于( ).
   A. 12　　　　B. 24　　　　C. 36　　　　D. 48

2. 已知定义在 **R** 上的奇函数 $f(x)$ 满足 $f(x+2)=-f(x)$,则 $f(6)$ 的值为( ).
   A. -1　　　B. 0　　　　C. 1　　　　D. 2

3. 设函数 $f(x)=\log_a(x+b)(a>0,a\neq 1)$ 的图像过点 $(2,1)$,其反函数的图像过点 $(2,8)$,则 $a+b$ 等于( ).
   A. 6　　　　B. 5　　　　C. 4　　　　D. 3

4. 函数 $f(x)=\begin{cases}\sin(\pi x^2),&-1<x<0,\\ e^{x-1},&x\geqslant 0,\end{cases}$ 若 $f(1)+f(a)=2$,则 a 的所有可能值为( ).
   A. 1　　B. $1,-\dfrac{\sqrt{2}}{2}$　　C. $-\dfrac{\sqrt{2}}{2}$　　D. $1,\dfrac{\sqrt{2}}{2}$

5. 设函数 $f(x)=\sin 3x+|\sin 3x|$,则 $f(x)$ 为( ).
   A. 周期函数,最小正周期为 $\dfrac{2\pi}{3}$　　　B. 周期函数,最小正周期为 $\dfrac{\pi}{3}$
   C. 周期函数,数小正周期为 2π　　　D. 非周期函数

6. 已知数列 $\{a_n\}$、$\{b_n\}$ 都是公差为 1 的等差数列,其首项分别为 a_1、b_1,且 $a_1+b_1=5$,$a_1,b_1\in\mathbf{N}^*$.设 $c_n=a_{b_n}(n\in\mathbf{N}^*)$,则数列 $\{c_n\}$ 的前 10 项和等于( ).
   A. 55　　　　B. 70　　　　C. 85　　　　D. 100

二、解答题

1. 设函数 $f(x)=\sin(2x+\varphi)$ $(-\pi<\varphi<0)$,$y=f(x)$ 图像的一条对称轴是直线 $x=\dfrac{\pi}{8}$.
   (1) 求 φ. (2) 求函数 $y=f(x)$ 的单调增区间;
   (3) 画出函数 $y=f(x)$ 在区间 $[0,\pi]$ 上的图像.

2. 已知公差不为 0 的等差数列的首项为 $a(a\neq 0)$,且 $\dfrac{1}{a_1}$,$\dfrac{1}{a_2}$,$\dfrac{1}{a_4}$ 成等比数列.
   (1) 求数列 $\{a_n\}$ 的通项公式.(2) 对 $n\in\mathbf{N}^*$,试比较 $\dfrac{1}{a_2}+\dfrac{1}{a_{2^2}}+\dfrac{1}{a_{2^3}}+\cdots+\dfrac{1}{a_{2^n}}$ 与 $\dfrac{1}{a_1}$ 的大小.

3. 已知函数 $g(x)=\log_a x$, 其中 $a>1$.

(1) 当 $x\in[0,1]$ 时, $g(a^x+2)>1$ 恒成立, 求 a 的取值范围;

(2) 设 $m(x)$ 是定义在 $[s,t]$ 上的函数, 在 (s,t) 内任取 $n-1$ 个数 $x_1,x_2,\cdots,x_{n-2},x_{n-1}$, 设 $x_1<x_2<\cdots<x_{n-2}<x_{n-1}$, 令 $s=x_0,t=x_n$, 如果存在一个常数 $M>0$, 使得 $\sum_{i=1}^{n}|m(x_i)-m(x_{i-1})|\leqslant M$ 恒成立, 则称函数 $m(x)$ 在区间 $[s,t]$ 上的具有性质 P.

试判断函数 $f(x)=|g(x)|$ 在区间 $\left[\dfrac{1}{a},a^2\right]$ 上是否具有性质 P, 若具有性质 P, 请求出 M 的最小值; 若不具有性质 P, 请说明理由.

(注: $\sum_{i=1}^{n}|m(x_i)-m(x_{i-1})|=|m(x_1)-m(x_0)|+|m(x_2)-m(x_1)|+\cdots+|m(x_n)-m(x_{n-1})|$)

自测训练答案

第七章 不 等 式

考纲内容

数学学科知识包括大学本科数学专业基础课程和高中课程中的数学知识.

高中数学知识是指《课标》中所规定的必修课全部内容、选修课中的系列 1、2 的内容以及选修 3-1(数学史选讲),选修 4-1(几何证明选讲)、选修 4-2(矩阵与变换)、选修 4-4(坐标系与参数方程)、选修 4-5(不等式选讲).本章属于高中课程中的数学知识.

其内容要求是:理解高中数学中的重要概念,掌握高中数学中的重要公式、定理、法则等知识,掌握中学数学中常见的思想方法,具有空间想象、抽象概括、推理论证、运算求解、数据处理等基本能力以及综合运用能力.

考纲解读

在自然界中存在大量的等量关系和不等量关系,等量关系和不等量关系是基本的数学关系.建立不等观念,处理不等关系与处理相等关系同等重要.它们在数学研究和数学应用中起着重要的作用.

不等关系在中学数学里占有十分重要的作用,它与数、式、方程、函数、三角等内容有密切的联系.研究函数的定义域、值域、单调性、最大值、最小值等经常要用到不等式的知识.在解决各类实际应用问题中,不等式也有着广泛的应用.它是学习数学、表达数学关系的重要基础.

第一节 不等式的性质

一、不等式的基本性质

(1) 若 $a-b>0$,则 $a>b$;反之,若 $a>b$,则 $a-b>0$;

(2) 若 $a-b<0$,则 $a<b$;反之,若 $a<b$,则 $a-b<0$;

(3) 若 $a-b=0$,则 $a=b$;反之,若 $a=b$,则 $a-b=0$.

由此,我们还可以得到以下结论:

反身性：若 $a>b$，则 $b<a$.

传递性：若 $a>b, b>c$，则 $a>c$.

二、不等式的运算性质

(1) 如果 $a>b, c\geqslant d$，那么 $a+c>b+d$.

(2) 如果 $a>b, c>0$，那么 $ac>bc$；如果 $a>b, c<0$，那么 $ac<bc$.

(3) 如果 $a>b>0, c>d>0$，那么 $ac>bd$.

(4) 如果 $a>b>0$，那么 $a^n>b^n (n\in \mathbf{N}^*, n>1)$.

(5) 如果 $a>b>0$，那么 $\sqrt[n]{a}>\sqrt[n]{b} (n\in \mathbf{N}^*, n>1)$.

三、例题

例 当 p、q 都是正数，且 $p+q=1$ 时，试比较 $(px+qy)^2$ 与 px^2+qy^2 的大小.

解：$(px+qy)^2-(px^2+qy^2)=p(p-1)x^2+q(q-1)y^2+2pqxy$. 因为 $p+q=1$，则 $p-1=-q, q-1=-p$. 因此 $(px+qy)^2-(px^2+qy^2)=-pq(x^2+y^2-2xy)=-pq(x-y)^2$. 因为 p、q 都是正数，所以 $-pq(x-y)^2\leqslant 0$. 因此 $(px+qy)^2\leqslant px^2+qy^2$. 当且仅当 $x=y$ 时取等号.

第二节 一元二次不等式及其解法

一元二次不等式的一般表达形式为
$$ax^2+bx+c>0(或\geqslant 0), ax^2+bx+c<0(或\leqslant 0),$$
其中 $a\neq 0$.

一、一元二次不等式的解法

我们注意到，如果令 $f(x)=ax^2+bx+c (a\neq 0)$，那么使得函数值大于 0（或大于等于 0）、小于 0（或小于等于 0）的 x 值的集合即分别为 $a\neq 0$ 时不等式 $ax^2+bx+c>0$（或 $\geqslant 0$），$ax^2+bx+c<0$（或 $\leqslant 0$）的解集. 表 7-1 以 $a>0$ 为例说明.

表 7-1

	$f(x)=ax^2+bx+c$ $(a>0)$ 的图像	$ax^2+bx+c>0$ 的解集$(a>0)$	$ax^2+bx+c\geqslant 0$ 的解集$(a>0)$	$ax^2+bx+c<0$ 的解集$(a>0)$	$ax^2+bx+c\leqslant 0$ 的解集$(a>0)$
$\Delta>0$		$(-\infty, x_1)\cup (x_2,+\infty)$	$(-\infty, x_1]\cup [x_2,+\infty)$	(x_1, x_2)	$[x_1, x_2]$
$\Delta=0$		$(-\infty, x_0)\cup (x_0,+\infty)$	$\mathbf{R}$	$\varnothing$	$\{x_0\}$

续表

	$f(x)=ax^2+bx+c$ $(a>0)$的图像	$ax^2+bx+c>0$ 的解集$(a>0)$	$ax^2+bx+c\geq 0$ 的解集$(a>0)$	$ax^2+bx+c<0$ 的解集$(a>0)$	$ax^2+bx+c\leq 0$ 的解集$(a>0)$
$\Delta<0$		R	R	$\varnothing$	$\varnothing$

同理可得$a<0$的一系列结果. 当然,对于$a<0$的不等式,可以转化为使得$a>0$的同解不等式.

三个二次(二次函数、一元二次方程、一元二次不等式)之间相互联系紧密. 观察二次函数图像,可以得到相应的二次方程、一元二次不等式的解. 在解一元二次不等式 $ax^2+bx+c>0(a>0)$时,可利用二次函数的图像,步骤如下:

(1) 利用判别式分析 $f(x)=ax^2+bx+c$ 的图像与x轴交点的情况,如有交点,求出交点;

(2) 画出函数 $f(x)=ax^2+bx+c$ 的草图;

(3) 写出不等式的解集.

二、例题

例1 解下列一元二次不等式:

(1) $2x^2-2x-1>0$;

(2) $-4x^2+4x-1\geq 0$.

解:(1) 计算函数 $y=2x^2-2x-1$ 的判别式 $\Delta=12>0$,所以,抛物线与x轴有两个交点 $\left(\frac{1-\sqrt{3}}{2},0\right)$,$\left(\frac{1+\sqrt{3}}{2},0\right)$. 又因为 $a=2>0$,所以原不等式的解集为 $\left\{x\left|x<\frac{1-\sqrt{3}}{2}\text{或}x>\frac{1+\sqrt{3}}{2}\right.\right\}$.

(2) 计算函数 $y=4x^2-4x+1$ 的判别式 $\Delta=0$,所以,抛物线与x轴有一个交点 $\left(\frac{1}{2},0\right)$. 原不等式的解集为 $\left\{\frac{1}{2}\right\}$.

例2 解关于x的不等式: $ax^2-(a+1)x+1>0$.

解: ① 若 $a=0$,原不等式可化为 $-x+1>0$,即 $x<1$,所以原不等式的解集为 $\{x|x<1\}$.

② 若 $a\neq 0$,考虑二次函数 $y=ax^2-(a+1)x+1=(ax-1)(x-1)$. 其图像与$x$轴有两个交点 $\left(\frac{1}{a},0\right)$,$(1,0)$.

若 $a<0$,则 $\frac{1}{a}<1$,原不等式的解集为 $\left\{x\left|\frac{1}{a}<x<1\right.\right\}$;

若 $0<a<1$,则 $\frac{1}{a}>1$,原不等式的解集为 $\left\{x\left|x<1\text{或}x>\frac{1}{a}\right.\right\}$;

若 $a>1$,则 $\frac{1}{a}<1$,原不等式的解集为 $\left\{x \mid x<\frac{1}{a} \text{ 或 } x>1\right\}$；

若 $a=1$,则 $\frac{1}{a}=1$,原不等式的解集为 $\{x \mid x\neq 1, x\in \mathbf{R}\}$.

知识拓展

> **同解不等式**
>
> 如果两个不等式的解集相同,那么这两个不等式叫作同解不等式. 同解不等式的基本性质有：
>
> ① 不等式 $F(x)<G(x)$ 与不等式 $G(x)>F(x)$ 同解；
>
> ② 如果不等式 $F(x)<G(x)$ 的定义域被解析式 $H(x)$ 的定义域所包含,那么不等式 $F(x)<G(x)$ 与不等式 $F(x)+H(x)<G(x)+H(x)$ 同解；
>
> ③ 如果不等式 $F(x)<G(x)$ 的定义域被解析式 $H(x)$ 的定义域所包含,并且 $H(x)>0$,那么不等式 $F(x)<G(x)$ 与不等式 $F(x)\cdot H(x)<G(x)\cdot H(x)$ 同解；如果不等式 $F(x)<G(x)$ 的定义域被解析式 $H(x)$ 的定义域所包含,并且 $H(x)<0$,那么不等式 $F(x)<G(x)$ 与不等式 $F(x)\cdot H(x)>G(x)\cdot H(x)$ 同解.

第三节 基本不等式及几个重要不等式

一、基本不等式

在中学,称以下三个不等式为基本不等式：

(1) $\sqrt{ab}\leqslant \frac{a+b}{2}(a,b\geqslant 0)$；

(2) $\frac{a}{b}+\frac{b}{a}\geqslant 2(a,b \text{ 同号})$；

(3) $2ab\leqslant a^2+b^2 (a,b \text{ 为实数})$.

当且仅当 $a=b$ 时,以上三个不等式中的等号成立.

知识拓展

> **$\sqrt{ab}\leqslant \frac{a+b}{2}(a,b\geqslant 0)$ 的几何表示**
>
> 不等式 $\sqrt{ab}\leqslant \frac{a+b}{2}(a,b\geqslant 0)$,当且仅当 $a=b$ 时等号成立. 该不等式的一个几何表示

如图7-1所示，$AM=a$，$BM=b$，以 AB 为直径作半圆 O，CM $\perp AB$ 交半圆 O 于 C，则 $l=CM=\sqrt{ab}$，而 $l \leqslant CO$. 所以 $\sqrt{ab} \leqslant \dfrac{a+b}{2}$，当且仅当 M 与 O 重合时，$l=CO$.

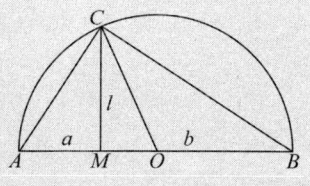

图 7-1

运用不等式 $\sqrt{ab} \leqslant \dfrac{a+b}{2}(a,b>0)$，我们可以求一些代数式的最大值与最小值及证明某些不等式.

两个正数的积为定值时，其和有最小值，即 $a+b \geqslant 2\sqrt{ab}$，当且仅当 $a=b$ 时取等号. 两个正数的和为定值时，其积有最大值，即 $ab \leqslant \left(\dfrac{a+b}{2}\right)^2$，当且仅当 $a=b$ 时取等号.

注意：在运用不等式时，要强调"正""定""等"这3个关键字.

二、例题

例1 已知 $x<0$，求 $x+\dfrac{1}{x}$ 的最大值.

解：因为 $x<0$，所以 $-x>0$. 则由 $a+b \geqslant 2\sqrt{ab}(a,b>0)$，有 $(-x)+\dfrac{1}{-x} \geqslant 2$，即 $x+\dfrac{1}{x} \leqslant -2$，所以 $x+\dfrac{1}{x}$ 的最大值为 -2，当且仅当 $x=\dfrac{1}{x}$ 即 $x=-1$ 时取得最大值.

注意：$a,b>0$ 对 $a+b \geqslant 2\sqrt{ab}$ 很重要，如果忽视这个条件，在 $x<0$ 时，会出现如下错误，$x+\dfrac{1}{x} \geqslant 2\sqrt{x \cdot \dfrac{1}{x}}=2$. 没得到最大值.

例2 已知 $x>1$，求 $x+\dfrac{1}{x-1}$ 的最小值.

解：因为 $x>1$，所以 $x-1>0$. 所以 $x+\dfrac{1}{x-1}=x-1+\dfrac{1}{x-1}+1 \geqslant 2\sqrt{(x-1) \cdot \dfrac{1}{x-1}}+1=3$. 所以 $x+\dfrac{1}{x-1}$ 的最小值为3，当且仅当 $x-1=\dfrac{1}{x-1}$ 即 $x=2$ 时取得最小值.

例3 已知 $x \in \left[0,\dfrac{\pi}{2}\right]$，求 $\sin x+\dfrac{4}{\sin x}$ 的最小值.

解：设 $t=\sin x$，$x \in \left[0,\dfrac{\pi}{2}\right]$，考虑函数 $y=t+\dfrac{4}{t}$，$t \in (0,1]$. 由于 $y'=1-\dfrac{4}{t^2}<0$，所以函数 $y=t+\dfrac{4}{t}$ 在 $(0,1]$ 单调递减. 所以 y 的最小值为5. 所以 $\sin x+\dfrac{4}{\sin x}$ 的最小值为5，当且仅当 $\sin x=1$ 即 $x=\dfrac{\pi}{2}$ 时取得最小值.

注意：见到 $\sin x+\dfrac{4}{\sin x}$ 的形式，可能会误用基本不等式. 错误解题过程如下：

因为 $x \in \left[0,\dfrac{\pi}{2}\right]$，所以 $\sin x>0$，所以 $\sin x+\dfrac{4}{\sin x} \geqslant 2\sqrt{\sin x \cdot \dfrac{4}{\sin x}}=4$. 当且仅当 $\sin x=$

$\frac{4}{\sin x}$ 即 $\sin x = 2$ 时取得最小值.

显然错了！无论何时，$\sin x$ 都取不到 2.

知识拓展

算术平均-几何平均不等式

对于给定的一列非负实数 $a_1, a_2, \cdots, a_n$，$G_n = \sqrt[n]{a_1 a_2 \cdots a_n}$ 为该列数的几何平均数，$A_n = \frac{a_1 + a_2 + \cdots + a_n}{n}$ 为该列数的算术平均数.

算术平均-几何平均不等式：对于给定的一列非负实数 $a_1, a_2, \cdots, a_n$，$G_n \leqslant A_n$ 即

$$\sqrt[n]{a_1 a_2 \cdots a_n} \leqslant \frac{a_1 + a_2 + \cdots + a_n}{n}.$$

当且仅当 $a_1 = a_2 = \cdots = a_n$ 时等号成立.

$n(n \geqslant 2)$ 个正数的积为定值时，其和有最小值，即 $a_1 + a_2 + \cdots + a_n \geqslant n\sqrt[n]{a_1 a_2 \cdots a_n}$，当且仅当 $a_1 = a_2 = \cdots = a_n$ 时取等号. $n(n \geqslant 2)$ 个正数的和为定值时，其积有最大值，即 $a_1 a_2 \cdots a_n \leqslant (\frac{a_1 + a_2 + \cdots + a_n}{n})^n$，当且仅当 $a_1 = a_2 = \cdots = a_n$ 时取等号.

常用的算术平均-几何平均不等式还有：

加权算术平均-几何平均不等式：$a_1, a_2, \cdots, a_n, \omega_1, \omega_2, \cdots, \omega_n$ 为正实数，且满足 $\omega_1 + \omega_2 + \cdots + \omega_n = 1$，则

$$a_1 \omega_1 + a_2 \omega_2 + \cdots + a_n \omega_n \geqslant a_1^{\omega_1} a_2^{\omega_2} \cdots a_n^{\omega_n}.$$

当且仅当 $a_1 = a_2 = \cdots = a_n$ 取等号.

算术调和平均不等式：$a_1, a_2, \cdots, a_n$ 为正实数，则

$$\frac{a_1 + a_2 + \cdots + a_n}{n} \geqslant \frac{n}{\frac{1}{a_1} + \frac{1}{a_2} + \cdots + \frac{1}{a_n}}.$$

当且仅当 $a_1 = a_2 = \cdots = a_n$ 取等号.

三、柯西不等式

对于任意的实数 $a_1, a_2, \cdots, a_n$ 及 $b_1, b_2, \cdots, b_n$，有

$$(a_1 b_1 + a_2 b_2 + \cdots + a_n b_n)^2 \leqslant (a_1^2 + a_2^2 + \cdots + a_n^2) \cdot (b_1^2 + b_2^2 + \cdots + b_n^2)$$

或 $|a_1 b_1 + a_2 b_2 + \cdots + a_n b_n| \leqslant \sqrt{a_1^2 + a_2^2 + \cdots + a_n^2} \cdot \sqrt{b_1^2 + b_2^2 + \cdots + b_n^2}.$

其中，当且仅当 $\frac{a_1}{b_1} = \frac{a_2}{b_2} = \cdots = \frac{a_n}{b_n}$ 时等号成立(当 $b_k = 0$ 时，认为 $a_k = 0$，$1 \leqslant k \leqslant n$).

四、排序不等式

设两组实数 $a_1 \leqslant a_2 \leqslant \cdots \leqslant a_n$，$b_1 \leqslant b_2 \leqslant \cdots \leqslant b_n$，而 $c_1, c_2, \cdots, c_n$ 是 $b_1, b_2, \cdots, b_n$ 的一个

任意排列,我们称 $S=a_1b_1+a_2b_2+\cdots+a_nb_n$ 为这两组实数的同序积之和;称 $\overline{S}=a_1b_n+a_2b_{n-1}+\cdots+a_nb_1$ 为这两组实数的倒序积之和;称 $S_1=a_1c_1+a_2c_2+\cdots+a_nc_n$ 为这两组实数的乱序积之和. 则

$$\overline{S}\leqslant S_1\leqslant S.$$

当且仅当 $a_1=a_2=\cdots=a_n, b_1=b_2=\cdots=b_n$ 时取等号.

推论:对于任意实数 $a_1\leqslant a_2\leqslant\cdots\leqslant a_n$,设 $a_{i_1}, a_{i_2}, \cdots, a_{i_n}$ 是它的一个任意排列,则 $a_1a_{i_1}+a_2a_{i_2}+\cdots+a_na_{i_n}\leqslant a_1^2+a_2^2+\cdots+a_n^2$.

五、贝努利不等式

若 $r>1, x>-1$,则 $(1+x)^r\geqslant 1+rx$;

若 $0<r<1, x>-1$,则 $(1+x)^r\leqslant 1+rx$;

若 $r<0, x>-1$,则 $(1+x)^r\geqslant 1+rx$.

均当且仅当 $x=0$ 时取等号.

六、例题

例 1 设 $x,y,z\in\mathbf{R}, x^2+y^2+z^2=25$,试求 $x-2y+2z$ 的最大值与最小值.

解:根据柯西不等式,有 $(1\cdot x-2\cdot y+2\cdot z)^2\leqslant[1^2+(-2)^2+2^2](x^2+y^2+z^2)$,即 $(x-2y+2z)^2\leqslant 9\times 25$,进而有 $-15\leqslant x-2y+2z\leqslant 15$,故 $x-2y+2z$ 的最大值为 15,最小值为 -15. 当且仅当 $x=-\dfrac{y}{2}=\dfrac{z}{2}=\dfrac{5}{3}$ 或 $-\dfrac{5}{3}$ 时,分别取得最大值或最小值.

例 2 已知 $a_1, a_2, \cdots, a_n$ 均为正实数,其中 $n\geqslant 2, n\in\mathbf{N}$,设 $S=a_1+a_2+\cdots+a_n$,求证:

$$\dfrac{S}{S-a_1}+\dfrac{S}{S-a_2}+\cdots+\dfrac{S}{S-a_n}\geqslant\dfrac{n^2}{n-1}.$$

证明:考虑到 $(n-1)S=nS-S=nS-(a_1+a_2+\cdots+a_n)=(S-a_1)+(S-a_2)+\cdots+(S-a_n)$. 根据柯西不等式,有 $[(S-a_1)+(S-a_2)+\cdots+(S-a_n)]\cdot\left(\dfrac{1}{S-a_1}+\dfrac{1}{S-a_2}+\cdots+\dfrac{1}{S-a_n}\right)\geqslant\left(\sqrt{S-a_1}\cdot\dfrac{1}{\sqrt{S-a_1}}+\sqrt{S-a_2}\cdot\dfrac{1}{\sqrt{S-a_2}}+\cdots+\sqrt{S-a_n}\cdot\dfrac{1}{\sqrt{S-a_n}}\right)^2=(1+1+\cdots+1)^2=n^2$. 于是 $(n-1)S\cdot\left(\dfrac{1}{S-a_1}+\dfrac{1}{S-a_2}+\cdots+\dfrac{1}{S-a_n}\right)\geqslant n^2$,即 $\dfrac{S}{S-a_1}+\dfrac{S}{S-a_2}+\cdots+\dfrac{S}{S-a_n}\geqslant\dfrac{n^2}{n-1}$.

例 3 已知 $a,b,c>0$,求证:$\dfrac{a}{b+c}+\dfrac{b}{a+c}+\dfrac{c}{a+b}\geqslant\dfrac{3}{2}$.

证明:不妨设 $a\geqslant b\geqslant c>0$,则 $a+b\geqslant a+c\geqslant b+c>0$,所以 $\dfrac{1}{b+c}\geqslant\dfrac{1}{a+c}\geqslant\dfrac{1}{a+b}>0$. 则根据排序不等式,有

$$\dfrac{a}{b+c}+\dfrac{b}{a+c}+\dfrac{c}{a+b}\geqslant\dfrac{b}{b+c}+\dfrac{c}{a+c}+\dfrac{a}{a+b}, \quad ①$$

$$\dfrac{a}{b+c}+\dfrac{b}{a+c}+\dfrac{c}{a+b}\geqslant\dfrac{c}{b+c}+\dfrac{a}{a+c}+\dfrac{b}{a+b}. \quad ②$$

①+②并化简得：$\dfrac{a}{b+c}+\dfrac{b}{a+c}+\dfrac{c}{a+b}\geqslant\dfrac{3}{2}$.

例 4 有 10 人各拿一只水桶，一同到一个水龙头前打水，设水龙头注满其中任意两个水桶需要的时间是不同的，问：应如何安排这 10 个人的次序，使他们花费的总时间（即每个人排队等候及自己接水所花的时间总和）最少？最少时间等于多少？

解：若 10 只水桶按某一顺序排队，它们的接水时间依次为 $T_1,T_2,\cdots,T_{10}$，则总的花费时间为 $T_1+(T_1+T_2)+\cdots+(T_1+T_2+\cdots+T_{10})=10T_1+9T_2+\cdots+2T_9+T_{10}$. 又 $10>9>\cdots>2>1$，由排序不等式知道，倒序积之和最小，所以，当 $T_1<T_2<\cdots<T_{10}$ 时，他们花费的总时间最少，也就是需时少的人先接水时，总的花费时间最少. 花费的最少时间是 $10T_1+9T_2+\cdots+2T_9+T_{10}$.

例 5 设 $n\in\mathbf{N}^*$，求证：$2^n>n$.

证明 因为 $2^n=(1+1)^n$，根据贝努利不等式有 $(1+1)^n\geqslant 1+n$. 进而 $(1+1)^n>n$，所以不等式 $2^n>n$ 成立.

例 6 设 $x\geqslant 0,n>1$，求证：$x^n-nx\geqslant 1-n$，当且仅当 $x=1$ 时等号成立.

证明 设 $x=1+t$，因为 $x\geqslant 0$，所以 $t\geqslant -1$. 于是有
$$x^n-nx=(1+t)^n-n(1+t). \quad ①$$
由贝努利不等式可知 $\qquad (1+t)^n\geqslant 1+nt. \qquad ②$

由①和②，得 $x^n-nx\geqslant(1+nt)-n(1+t)=1-n$. 显然，当且仅当 $x=1$ 时等号成立.

第四节 不等式的证明方法

在前几节，我们学习了几个重要的不等式，并用它们证明了另外一些不等式. 其实不等式的证明方法非常多. 除了利用重要不等式的方法以及综合法、分析法、反证法之外，还有一些基本方法.

一、比较法

这种方法是利用不等式的基本性质：$a>b\Leftrightarrow a-b>0$，$a<b\Leftrightarrow a-b<0$，将证明一个不等式的问题转化为判断不等式两边差的符号问题.

二、放缩法

证明不等式 $A<B$ 成立，有时可以将它的一边放大或缩小，寻找一个中间量，如将 A 放大成 C，即 $A<C$，后证 $C<B$，这种证法便称为放缩法.

放缩法的主要理论依据为不等式的传递性.

三、构造法

所谓构造法，就是根据题设条件或结论所具有的特征、性质，构造出满足条件或结论的数学模型（图形、函数、方程等），借助于该数学模型解决数学问题的方法.

四、例题

例 1 已知 $a, b \in \mathbf{R}^+$,求证:$(a+b)(a^5+b^5) \leqslant 2(a^6+b^6)$.

证明: $(a+b)(a^5+b^5) - 2(a^6+b^6) = a^6 + ab^5 + a^5b + b^6 - 2a^6 - 2b^6 = ab^5 + a^5b - a^6 - b^6$
$= a(b^5 - a^5) + b(a^5 - b^5) = (b^5 - a^5)(a - b)$.

当 $a > b$ 时,$a^5 > b^5$,故 $b^5 - a^5 < 0, a - b > 0$,所以 $(b^5 - a^5)(a - b) < 0$;

当 $b > a$ 时,$b^5 > a^5$,故 $b^5 - a^5 > 0, a - b < 0$,所以 $(b^5 - a^5)(a - b) < 0$;

当 $b = a$ 时,$b - a = 0$,所以 $(b^5 - a^5)(a - b) = 0$.

综上所述,$(a+b)(a^5+b^5) \leqslant 2(a^6+b^6)$.

注: 为了判断不等式两边的差的符号,作差后经常要按下面思路整理式子:

(1) 将差变形为几个同号数的和的形式,如通过配方,变形为一个平方或几个平方的和,或平方式再加上一个正常数的形式;

(2) 将差变形为几个式子的积的形式,若每个式子可判断正负,则它们的积也可以判断正负.

例 2 已知 n 为正整数,求证:$1 + \dfrac{1}{\sqrt{2}} + \dfrac{1}{\sqrt{3}} + \cdots + \dfrac{1}{\sqrt{n}} < 2\sqrt{n}$.

证明: 因为 $\dfrac{1}{\sqrt{n}} = \dfrac{2}{\sqrt{n}+\sqrt{n}} < \dfrac{2}{\sqrt{n}+\sqrt{n-1}} = 2(\sqrt{n} - \sqrt{n-1})$,则 $1 + \dfrac{1}{\sqrt{2}} + \dfrac{1}{\sqrt{3}} + \cdots + \dfrac{1}{\sqrt{n}} < 1 + 2(\sqrt{2}-1) + 2(\sqrt{3}-\sqrt{2}) + \cdots + 2(\sqrt{n}-\sqrt{n-1}) = 2\sqrt{n} - 1 < 2\sqrt{n}$.

例 3 已知 a, b, c, d 都是正数,求证:
$$\sqrt{a^2+c^2+d^2+2cd} + \sqrt{b^2+c^2} > \sqrt{a^2+b^2+d^2+2ab}.$$

证明: 如图 7-2 所示,构造矩形 $ABCD$,使得 $AB = CD = a+b, AD = BC = c+d$,在 CD 上取点 F,使得 $DF = a, FC = b$,在 BC 上取点 E,使得 $CE = c, BE = d$,则由勾股定理,有

$$EF = \sqrt{b^2+c^2},$$
$$AF = \sqrt{a^2+(c+d)^2} = \sqrt{a^2+c^2+d^2+2cd},$$
$$AE = \sqrt{(a+b)^2+d^2} = \sqrt{a^2+b^2+d^2+2ab}.$$

在 △AEF 中,$AF + EF > AE$.

所以,$\sqrt{a^2+c^2+d^2+2cd} + \sqrt{b^2+c^2} > \sqrt{a^2+b^2+d^2+2ab}$ 成立.

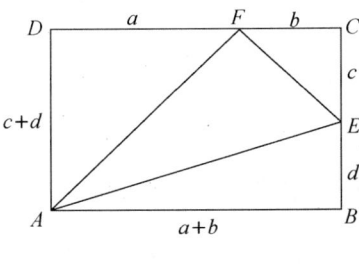

图 7-2

第五节 简单线性规划

一、二元一次不等式(组)所表示的平面区域

平面上的直线 $l: Ax + By + C = 0$,它把坐标平面分成两部分,每部分都称为开半平面,

开半平面与 l 的并集称为闭半平面.

二元一次不等式 $Ax+By+C>0$ 的解 (x,y) 为坐标的所有点构成的集合,叫作不等式表示的区域或不等式的图像. 事实上,这个区域就是直线 l：$Ax+By+C=0$ 分坐标平面的某一开半平面,而 $Ax+By+C\geqslant 0$ 的解 (x,y) 为坐标的所有点表示的区域就是由 $Ax+By+C>0$ 与直线 l 组成的闭半平面.

在画图时,经常采用的方法是：先画出直线 l,再任取一个不在 l 上的特殊点,若该点满足不等式 $Ax+By+C>0$,则该点所在 l 一侧的区域即为所求区域；若不满足,则另一侧区域为所求区域.

二、简单线性规划

问题：若变量 x,y 满足 $\begin{cases} x-y+1\leqslant 0, \\ x+2y-8\leqslant 0, \\ x\geqslant 0, \end{cases}$ 求 $z=3x+y$ 的最小值.

为了解决这个问题,在平面内先画出满足不等式组的区域,问题转化为在该区域内找一

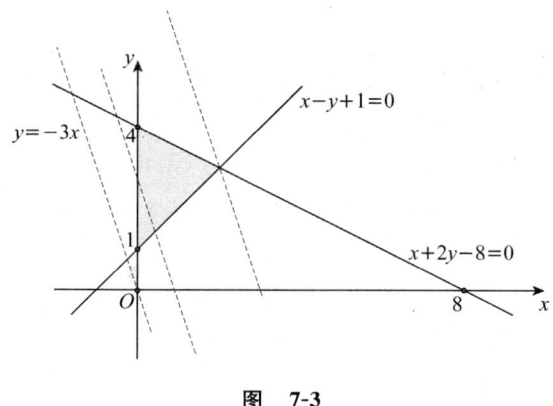

图 7-3

点,将该点坐标代入 $3x+y$ 时的值最小. 注意到对于一系列 $z,z=3x+y$ 变形为 $y=-3x+z$,问题又转化为满足条件的点,其坐标使得斜率为 -3 的直线在 y 轴上的截距 z 取得最小值. 如图 7-3 所示,其中相互平行的虚线就是 $y=-3x+z$ 表示的无数条直线中的三条.

我们注意到,直线经过 $(0,1)$ 时在 y 轴上的截距最小,最小值为 1.

在上述问题中,我们把函数 $z=3x+y$ 叫作目标函数,目标函数中的变量所要满足的不等式组称为约束条件. 如果目标函数是关于变量的一次函数,则称为线性目标函数,如果约束条件是关于变量的一次不等式或等式,则称为线性约束条件. 在线性约束条件下,求线性目标函数的最大值或最小值的问题,称为线性规划问题.

一般地,满足线性约束条件的解 (x,y) 称为可行解,由所有可行解组成的集合称为可行域,使目标函数达到最大值或最小值的点的坐标,称为问题的最优解.

三、例题

例 1 画出下列不等式组所表示的平面区域：

(1) $\begin{cases} 2x+3y\leqslant 6, \\ x-y>-2. \end{cases}$ (2) $\begin{cases} x\leqslant 3, \\ y\geqslant -1, \\ x+y>1, \\ 2x-3y\geqslant -2. \end{cases}$

解：(1) 在同一坐标系中,先画直线 $2x+3y=6$(实线)及 $x-y=-2$(虚线),如图 7-4 所

示. 易知(0,0)满足不等式组,便得到 $2x+3y \leq 6, x-y > -2$ 表示的区域,则它们的交集就是该不等式组表示的区域,如图 7-4 中的阴影部分.

(2) 在同一坐标系中,先画直线 $x=3$(实线),及 $y=-1$(实线),$x+y=1$(虚线),$2x-3y=-2$(实线),如图 7-5 所示. 易知(2,0)满足不等式组,分别做出不等式 $x \leq 3, y \geq -1, x+y > 1, 2x-3y \geq -2$ 表示的区域,则它们的交集就是该不等式组表示的区域,如图 7-5 中的阴影部分.

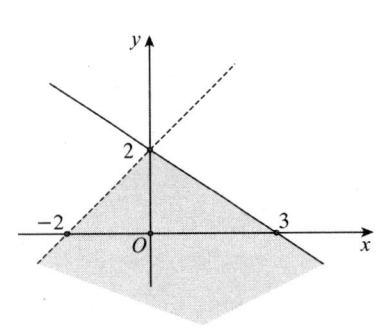

图 7-4

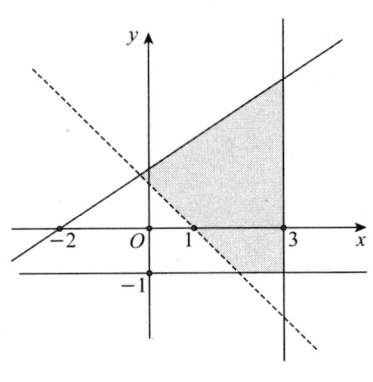

图 7-5

例2 某公司生产甲、乙两种桶装产品. 已知生产甲产品1桶需耗 A 原料1千克、B 原料2千克;生产乙产品1桶需耗 A 原料2千克、B 原料1千克. 每桶甲产品的利润是300元,每桶乙产品的利润是400元. 公司在生产这两种产品的计划中,要求每天消耗 A、B 原料都不超过12千克. 通过合理安排生产计划,从每天生产的甲、乙两种产品中,公司共可获得的最大利润是多少?

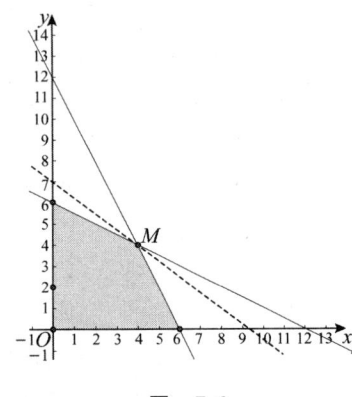

图 7-6

解:设生产 x 桶甲产品,y 桶乙产品,总利润为 z 元. 则约束条件为 $\begin{cases} x+2y \leq 12, \\ 2x+y \leq 12, \\ x \geq 0, \\ y \geq 0, \end{cases}$ 目标函数为 $z=300x+400y$,可行域为图 7-6 所示,当目标函数直线经过点 M 时 z 有最大值,联立方程组 $\begin{cases} x+2y=12, \\ 2x+y=12, \end{cases}$ 得 $M(4,4)$,代入目标函数得 $z=2800$ 元.

本章知识结构

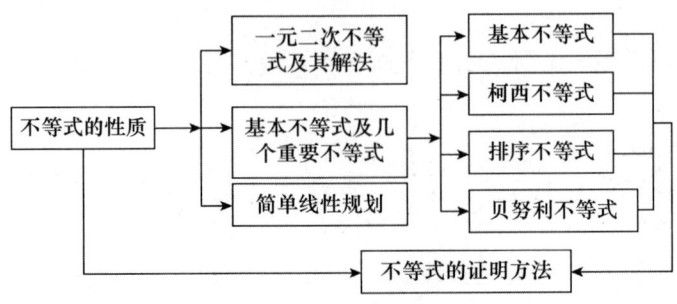

第七章 不 等 式

本章小结

一、本章主要内容

1. 不等式的性质.
2. 一元二次不等式及其解法.
3. 基本不等式和几个重要不等式：
   (1) 基本不等式；
   (2) 柯西不等式；
   (3) 排序不等式；
   (4) 贝努利不等式.
4. 不等式的证明方法：
   (1) 比较法；
   (2) 放缩法；
   (3) 构造法.
5. 简单线性规划.

二、本章重点和难点

本章的重点是不等式的性质、一元二次不等式、基本不等式，特别是用以上性质、定理解决问题的思维方法与逻辑. 难点是选择合适的方法证明具体的不等式.

三、学习时要注意的问题

1. 重视本章中基础知识与基本方法，而不是一味解难题. 如要注意比较法的核心地位，一元二次不等式的解法中数形结合的思想.
2. 对于重要的不等式，要熟记其表达形式，要掌握其适用范围.
3. 对重要不等式需要掌握 $n=2, n=3$ 时在证明不等式中的应用.

备考指南

不等式一章是初等数学的重点与难点，它由不等式的性质、一元二次不等式的解法、几个重要不等式以及不等式的证明方法组成，考试题多由解答题构成. 在复习时应重视本章知识中的核心知识与基本方法，熟练掌握一元二次不等式的解法，熟悉几个重要不等式的表达形式及其几何背景，并能够根据式子的具体结构，选择适当的方法比较大小及证明不等式，要有一定的解题实战经验来熟悉知识与方法. 限于篇幅，本章没有介绍其他证明方法，如反证法、数学归纳法、函数单调性法，希望大家适当去了解这些方法.

自测训练

一、选择题

1. 若 $a=2^{0.5}, b=\log_\pi 3, c=\log_2 \sin\dfrac{2\pi}{5}$，则（   ）.

A. $a>b>c$　　B. $b>a>c$　　C. $c>a>b$　　D. $b>c>a$

2. 若 $a>b>0, c<d<0$，则一定有（　　）.

A. $\dfrac{a}{c}>\dfrac{b}{d}$　　B. $\dfrac{a}{c}<\dfrac{b}{d}$　　C. $\dfrac{a}{d}>\dfrac{b}{c}$　　D. $\dfrac{a}{d}<\dfrac{b}{c}$

3. 若 $a, b \in \mathbf{R}$，且 $ab>0$，则下列不等式中恒成立的是（　　）.

A. $a^2+b^2>2ab$　　　　　　B. $a+b \geqslant 2\sqrt{ab}$

C. $\dfrac{1}{a}+\dfrac{1}{b}>\dfrac{2}{\sqrt{ab}}$　　　　　D. $\dfrac{b}{a}+\dfrac{a}{b} \geqslant 2$

4. 已知正数 x, y 满足 $x+y=1$，则 $\dfrac{1}{x}+\dfrac{4}{y}$（　　）.

A. 有最小值为 8　　　　　　B. 有最大值为 8

C. 有最小值为 9　　　　　　D. 有最大值为 9

5. 已知 m, n 均为正整数，且 $n>m>1$，设 $a=(1+m)^n, b=(1+n)^m$，则（　　）.

A. $a>b$　　B. $a<b$　　C. $a \geqslant b$　　D. $a \leqslant b$

二、解答题

1. 已知 $a>b$，比较 $\dfrac{1}{a}$ 与 $\dfrac{1}{b}$ 的大小.

2. 若 $a>0, b>0$，且 $\dfrac{1}{a}+\dfrac{1}{b}=\sqrt{ab}$.

(1) 求 a^3+b^3 的最小值；(2) 是否存在 a, b，使得 $2a+3b=6$？并说明理由.

3. 对于 $c>0$，当非零实数 a, b 满足 $4a^2-2ab+4b^2-c=0$ 且使 $|2a+b|$ 最大时，求 $\dfrac{3}{a}-\dfrac{4}{b}+\dfrac{5}{c}$ 的最小值？

4. 设计至少两种方法证明不等式：若 a, b, c 均为正数，求证：$\dfrac{b}{a}+\dfrac{c}{b}+\dfrac{a}{c} \geqslant 3$.

自测训练答案

第八章 向量与立体几何

考纲内容

数学学科知识包括大学本科数学专业基础课程和高中课程中的数学知识.

高中数学知识是指《课标》中所规定的必修课全部内容、选修课中的系列1、2的内容以及选修3-1(数学史选讲),选修4-1(几何证明选讲)、选修4-2(矩阵与变换)、选修4-4(坐标系与参数方程)、选修4-5(不等式选讲).本章属于高中课程中的数学知识.

其内容要求是:理解高中数学中的向量的重要概念,掌握向量运算的基本定理、法则;掌握空间几何体的点、线、面的位置关系,掌握中学数学中常见的思想方法,具有空间想象、抽象概括、推理论证、运算求解的基本能力以及综合运用能力.

考纲解读

向量是近代数学中重要的、基本的数学概念,它既有代数特征,又有几何特征,是沟通代数与几何的桥梁.向量具有代数特征,运算及其规律是代数学研究的基本问题.向量可以进行多种运算,如向量加、减、数乘和叉乘等.向量的运算具有一系列丰富的运算性质,与数运算相比,向量运算扩充了运算的对象和运算的性质.

向量具有几何特征,向量有方向,可以刻画直线、平面、切线等几何对象;向量有长度,可以刻画长度、面积、体积等几何度量问题.它可以描述、刻画几何中的点、线、面及其位置关系、数量关系,向量是研究几何问题的基本工具.

用空间向量处理立体几何问题,提供了新的视角.空间向量的引入,为解决三维空间中图形的位置关系与度量问题提供了一个十分有效的工具.在学习平面向量的基础上,把平面向量及其运算推广到空间,运用空间向量解决有关直线、平面位置关系的问题,体会向量方法在研究几何图形中的作用,进一步发展空间想象能力和几何直观能力.

第一节 平面向量与空间向量

一、基础知识

1. 向量的有关概念(如表8-1所示)

在第三章中已经阐述了空间向量的基础知识,本节将重温向量的基本概念、运算及其性质等内容,并对平面向量与空间向量的相关知识进行对比.在表述方式上也更接近于高中数学教材.

表 8-1

	平面向量	空间向量
向量	既有大小又有方向的量.向量常用有向线段来表示	
向量的表示法	有向线段 $\overrightarrow{AB}$ 或小写字母 $a,b,c,\cdots$	
向量的坐标表示	在给定的平面直角坐标系中,以与 x 轴,y 轴方向相同的两个单位向量 i,j 为基底,平面内的任一向量 a 可表示为 $a=xi+yj$,称 (x,y) 为向量 a 的坐标,$a=(x,y)$ 叫作向量 a 的坐标表示	在给定的空间直角坐标系中,i,j,k 分别为 x 轴,y 轴,z 轴正方向上的单位向量,对于空间任意向量 a,存在唯一的三元有序实数 (x,y,z),使得 $a=xi+yj+zk$,则 (x,y,z) 叫作空间向量 a 的坐标,$a=(x,y,z)$ 叫作向量的坐标表示
向量的模	有向线段 $\overrightarrow{AB}$ 的长度表示向量 a 的大小,也叫作模,记作 $|a|$	
	$|a|=\sqrt{x^2+y^2}$	$|a|=\sqrt{x^2+y^2+z^2}$
相等向量	同向且等长的有向线段表示同一向量,或相等的向量,记作 $a=b$	
相反向量	与向量 a 方向相反且等长的向量叫作 a 的相反向量,记作 $-a$,$a+(-a)=0$	
向量 a,b 的夹角	过空间任意一点 O 作向量 a,b 的相等向量 $\overrightarrow{OA}$ 和 $\overrightarrow{OB}$,则 $\angle AOB$ 叫作向量 a,b 的夹角,记作 $<a,b>$,规定 $0\leqslant<a,b>\leqslant\pi$,$\cos<a,b>=\dfrac{a\cdot b}{|a||b|}$	

2. 向量的运算(如表8-2所示)

表 8-2

	定义	运算律	平面向量坐标表示
向量的加法	已知向量 a,b,在平面任取一点 A,作 $\overrightarrow{AB}=a$,$\overrightarrow{BC}=b$,那么向量 $\overrightarrow{AC}$ 叫作 a 与 b 的和,$a+b=\overrightarrow{AB}+\overrightarrow{BC}=\overrightarrow{AC}$	(1) 交换律 $a+b=b+a$ (2) 结合律 $(a+b)+c=a+(b+c)$	$a+b=(x_1+x_2,y_1+y_2)$
数乘向量	实数 λ 与向量 a 的积是一个向量,记作 λa.当 $\lambda>0$ 时,λa 的方向与 a 的方向相同,当 $\lambda<0$ 时,λa 的方向与 a 的方向相反,当 $\lambda=0$ 时,$\lambda a=0$,注意:$\lambda a\neq 0$	(1) 交换律 $\lambda a=a\lambda(\lambda\in\mathbf{R})$ (2) 分配律 $(\lambda+\mu)a=\lambda a+\mu a$ $\lambda(a+b)=\lambda a+\lambda b$ (3) 结合律 $\lambda(\mu a)=(\lambda\mu)a$	$\lambda a=\lambda(x_1,y_1)=(\lambda x_1,\lambda y_1)$ 向量平行(共线)的充要条件: $a\parallel b\Leftrightarrow a=\lambda b\Leftrightarrow x_1y_2-x_2y_1=0$

续表

	定义	运算律	平面向量坐标表示
向量的数量积	a、b 的数量积是一个数,即 $\|a\|\|b\|\cos<a,b>$,记作 $a \cdot b$. $a \cdot b$ 的几何意义是 $\|a\|$ 与 b 在 a 上的投影的乘积	(1) 交换律 $a \cdot b = b \cdot a$ (2) 分配律 $(a+b) \cdot c = a \cdot c + b \cdot c$ (3) 结合律 $(\lambda a) \cdot b = \lambda(a \cdot b)$	$a \cdot b = x_1 x_2 + y_1 y_2$ 向量垂直的充要条件: $a \perp b$ $\Leftrightarrow a \cdot b = 0 \Leftrightarrow \|a+b\| = \|a-b\| \Leftrightarrow x_1 x_2 + y_1 y_2 = 0$

注:类比平面向量的坐标表示可以得到空间向量的坐标表示.

3. 向量的三个重要定理

(1) 共线向量基本定理:$b \neq 0$ 时,如果 $a//b$,则存在唯一实数 λ,使 $a = \lambda b$;反之如果存在一个实数 λ 使 $a = \lambda b$,则 $a//b$;

(2) 平面向量基本定理:如果向量 e_1,e_2 是平面内两个不共线向量,a 是平面内的任一向量,那么存在唯一一组实数 λ_1,λ_2,使得 $a = \lambda_1 e_1 + \lambda_2 e_2$.

(3) 空间向量基本定理:如果向量 e_1,e_2,e_3,是空间三个不共面的向量,a 是空间任一向量,那么存在唯一一组实数 λ_1,λ_2,λ_3,使得 $a = \lambda_1 e_1 + \lambda_2 e_2 + \lambda_3 e_3$.

二、例题

例 1 已知 $\|a\| = 4$,$\|b\| = 2$,且夹角为 $120°$,求:

(1) $(a-2b) \cdot (a+b)$; (2) $\|2a-b\|$; (3) a 与 $a+b$ 的夹角.

解:由题意可得 $\|a\|^2 = 16$,$\|b\|^2 = 4$,$a \cdot b = -4$.

(1) $(a-2b) \cdot (a+b) = a^2 - 2b \cdot a + a \cdot b - 2b^2 = a^2 - b \cdot a - 2b^2 = 16 + 4 - 8 = 12$.

(2) $\|2a-b\| = \sqrt{(2a-b)^2} = \sqrt{4a^2 - 4a \cdot b + b^2} = 2\sqrt{21}$.

(3) 设 a 与 $a+b$ 的夹角为 θ,则 $\cos\theta = \dfrac{a \cdot (a+b)}{\|a\|\|a+b\|} = \dfrac{\sqrt{3}}{2}$,又 $0° \leqslant \theta \leqslant 180°$,所以 $\theta = 30°$,a 与 $a+b$ 的夹角为 $30°$.

例 2 已知空间中三点 $A(-2, 0, 2)$,$B(-1, 1, 2)$,$C(-3, 0, 4)$,设 $a = \overrightarrow{AB}$,$b = \overrightarrow{AC}$.

(1) 若 $\|c\| = 3$,且 $c//\overrightarrow{BC}$,求向量 c;

(2) 若 $ka+b$ 与 $ka-2b$ 互相垂直,求实数 k 的值;

(3) 若 $\lambda(a+b) + \mu(a-b)$ 与 z 轴垂直,求 λ,μ 所满足的关系式.

解:(1) 因为 $c//\overrightarrow{BC}$,所以 $c = m\overrightarrow{BC} = m(-2, -1, 2) = (-2m, -m, 2m)$,所以 $\|c\| = \sqrt{(-2m)^2 + (-m)^2 + (2m)^2} = 3\|m\|$,又 $\|c\| = 3$,所以 $m = \pm 1$,所以 $c = (-2, -1, 2)$ 或 $(2, 1, -2)$.

(2) 由题意知 $ka+b = (k-1, k, 2)$,$ka-2b = (k+2, k, -4)$,

所以 $(k-1, k, 2) \cdot (k+2, k, -4) = (k-1)(k+2) + k^2 - 8 = 0$,所以 $k = 2$ 或 $k = -\dfrac{5}{2}$,即 $ka+b$ 与 $ka-2b$ 互相垂直时,实数 k 的值为 2 或 $-\dfrac{5}{2}$.

(3) 由题意知 $a+b = (0, 1, 2)$,$a-b = (2, 1, -2)$,所以 $\lambda(a+b) + \mu(a-b) = (2\mu, \lambda +$

$\mu, 2\lambda-2\mu)$. 由题意知$(2\mu, \lambda+\mu, 2\lambda-2\mu) \cdot (0, 0, 1) = 2\lambda-2\mu = 0$, 即当$\lambda, \mu$满足$\lambda-\mu=0$时, 可使$\lambda(\boldsymbol{a}+\boldsymbol{b})+\mu(\boldsymbol{a}-\boldsymbol{b})$与$z$轴垂直.

第二节 空间几何体

一、简单几何体的表面积和体积如表 8-3 所示

表 8-3

		表面积	体积
柱体	棱柱	$S_{表面}=S_{侧面}+S_{底面}$	$V_{棱柱}=S_{底面} \cdot h$
	圆柱	$S_{圆柱侧}=2\pi r l$, $S_{圆柱表}=2\pi r(r+l)$, 其中, r为圆柱底面半径, l为母线长	$V_{圆柱}=Sh=\pi r^2 h$
锥体	棱锥	$S_{表面}=S_{侧面}+S_{底面}$, $S_{侧}=\dfrac{1}{2}ch'$, 其中, c为底面周长, h'为斜高	$V_{棱锥}=\dfrac{1}{3}Sh$ 其中, S为底面面积, h为高
	圆锥	侧面展开图扇形中心角为$\theta=\dfrac{r}{l}\times 360°$, $S_{圆锥侧}=\pi r l$, $S_{圆锥表}=\pi r(r+l)$, 其中, r为圆锥底面半径, l为母线长	$V_{圆锥}=\dfrac{1}{3}\pi r^2 h$
台体	棱台	$S_{表面}=S_{侧面}+S_{底面}$, $S_{侧}=\dfrac{1}{2}(c+c')h'$, 其中, c, c'分别为上、下底面周长, h'为斜高	$V_{台}=\dfrac{1}{3}(S'+\sqrt{S'S}+S)h$ 其中, S, S'分别上、下底面积, h为高
	圆台	侧面展开图扇环中心角为$\theta=\dfrac{R-r}{l}\times 360°$, $S_{圆台侧}=\pi(R+r)l$, $S_{圆台表}=\pi(r^2+rl+Rl+R^2)$	$V_{圆台}=\dfrac{1}{3}\pi(r^2+rR+R^2)h$ 其中, r, R分别为圆台上底、下底半径
球		$S_{球}=4\pi R^2$	$V_{球}=\dfrac{4}{3}\pi R^3$

二、例题

例 某三棱锥的三视图如图 8-1 所示, 求三棱锥的表面积.

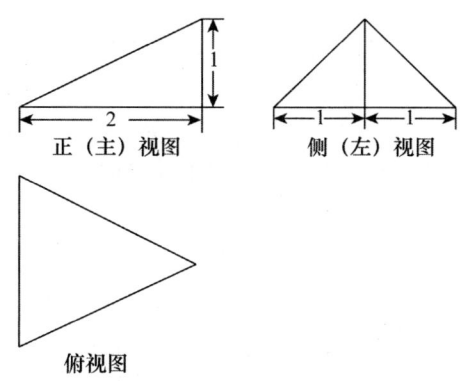

正(主)视图　　　侧(左)视图

俯视图

图 8-1

解：根据三视图恢复成三棱锥 P-ABC（如图 8-2 所示），其中 $PC \perp$ 平面 ABC，取 AB 棱的中点 D，连接 CD、PD，有 $PD \perp AB$，$CD \perp AB$，底面 ABC 为等腰三角形，底边 AB 上的高 CD 为 2，$AD=BD=1$，$PC=1$，$PD=\sqrt{5}$，$S_{\triangle ABC}=\dfrac{1}{2}\times 2\times 2=2$，$S_{\triangle PAB}=\dfrac{1}{2}\times 2\times\sqrt{5}=\sqrt{5}$，$AC=BC=\sqrt{5}$，$S_{\triangle PAC}=S_{\triangle PBC}=\dfrac{1}{2}\times\sqrt{5}\times 1=\dfrac{\sqrt{5}}{2}$，所以 $S_{表}=2\sqrt{5}+2$

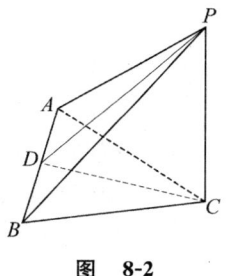

图 8-2

第三节　空间点、线、面的位置关系

一、基础知识

1. 平面的基本性质如表 8-4 所示

表 8-4

	公理 1	公理 2	公理 3
图形语言	（图：平面 α 内有直线 l 过点 A、B）	（图：平面 α 内有点 A、B、C）	（图：平面 α 与 β 相交于过点 P 的直线 l）
文字语言	如果一条直线上的两点在一个平面内，那么这条直线在此平面内	过不在一条直线上的三点，有且只有一个平面	如果两个不重合的平面有一个公共点，那么它们有且只有一条过该点的公共直线

续表

	公理 1	公理 2	公理 3
符号语言	$\left.\begin{array}{l}A\in l, B\in l\\ A\in\alpha, B\in\alpha\end{array}\right\}\Rightarrow l\subset\alpha$	A, B, C 不共线 $\Rightarrow$ A, B, C 确定平面 α	$P\in\alpha, P\in\beta\Rightarrow\begin{cases}\alpha\cap\beta=l,\\ P\in l\end{cases}$
应用	判断直线在平面内的常用方法	判断点共线（证这几点是两个平面的公共点） 判断直线共点（证其中两条直线的交点在第三条直线上）	推论 1：经过直线和直线外一点有且只有一个平面 推论 2：经过两条相交直线有且只有一个平面 推论 3：经过两条平行直线有且只有一个平面

2. 空间中的平行关系与垂直关系

(1) 直线、平面平行的判定及其性质.

① 直线与平面平行的判定定理：若 $a\not\subset\alpha, b\subset\alpha, a/\!/b$，则 $a/\!/\alpha$.

② 直线与平面平行的性质定理：若 $a/\!/\alpha, a\subset\beta, \alpha\cap\beta=b$，则 $a/\!/b$.

③ 平面与平面平行的判定定理：若 $a\subset\beta, b\subset\beta, a/\!/\alpha, b/\!/\alpha, a\cap b=P, a/\!/\beta, b/\!/\beta$，则 $\alpha/\!/\beta$.

④ 平面与平面平行的性质定理：若 $\alpha/\!/\beta, \alpha\cap\gamma=a, \beta\cap\gamma=b$，则 $a/\!/b$.

(2) 平行关系的转化.

两平面平行问题常常可以转化为直线与平面的平行问题，而直线与平面的平行问题又可以转化为直线与直线的平行问题，所以要注意转化思想的应用，图 8-3 为三种平行关系的转化示意图.

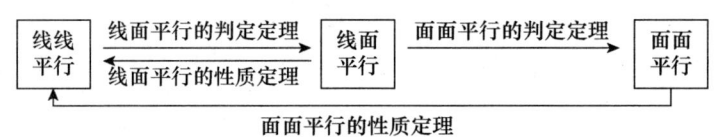

图 8-3

(3) 直线、平面垂直的判定及其性质.

① 直线与平面垂直的判定定理：$m\subset\alpha, n\subset\alpha, m\cap n=P, l\perp m, l\perp n$，则 $l\perp\alpha$.

② 直线与平面垂直的性质定理：若 $a\perp\alpha, b\perp\alpha$，则 $a/\!/b$.

③ 平面与平面垂直的判定定理：$a\subset\beta, a\perp\alpha$，则 $\alpha\perp\beta$.

④ 平面与平面垂直的性质定理：$\alpha\perp\beta, \alpha\cap\beta=l, a\subset\alpha, a\perp l$，则 $a\perp\beta$.

(4) 垂直关系的转化.

与平行关系之间的转化类似，两平面、平面与直线、两直线之间平行关系的转化如图 8-4 所示.

图 8-4

在垂直的相关定理中,要特别注意记忆面面垂直的性质定理:两个平面垂直,在一个平面内垂直于它们交线的直线必垂直于另一个平面,当题目中有面面垂直的条件时,一般都要用此定理进行转化.

3. 空间中的角的情况如表 8-5 所示

表 8-5

类型	图形	范围	求法
异面直线的夹角		$\alpha \in \left(0, \dfrac{\pi}{2}\right]$	设两条直线 a, b 所成的角为 θ,a, b 是直线 a, b 的方向向量,则 $\cos\alpha = |\cos<a,b>| = \dfrac{a \cdot b}{|a| \cdot |b|}$
直线和平面所成的角		$\varphi \in \left[0, \dfrac{\pi}{2}\right]$	如图,$BC \perp \alpha$,直线 AB 与平面 α 所成的角为 φ,且 $\theta + \varphi = \dfrac{\pi}{2}$. 设 n 是平面 α 的法向量,得 $\cos\theta = |\cos<AB, n>| = \dfrac{|AB \cdot n|}{|AB||n|}$
二面角		$\varphi \in [0, \pi]$	设二面角 $\alpha\text{-}l\text{-}\beta$ 为 φ,n_1 是平面 α 的法向量,n_2 是平面 β 的法向量,可求 $\cos[n_1, n_2] = \dfrac{n_1 \cdot n_2}{|n_1| \cdot |n_2|}$,则 $\varphi = <n_1, n_2>$ 或 $\varphi = \pi - <n_1, n_2>$

4. 距离公式

设 AB 是平面 α 的斜线段,n 是平面 α 的法向量(如图 8-5 所示),则点 A 到平面 α 的距离为

$$d = |AB| \cdot |\cos<n, AB>| = \dfrac{|n \cdot AB|}{|n|}.$$

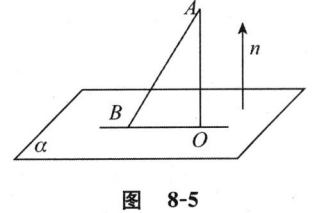

图 8-5

二、例题

例 1 如图 8-6 所示,在正方体 $ABCD\text{-}A_1B_1C_1D_1$ 中,E、F 分别为 AB、AD 的中点. 则

(1) A_1C_1 与 B_1C 所成角的大小是多少?

(2) A_1C_1 与 EF 所成角的大小是多少?

(3) AD_1 与 EF 所成角的大小是多少?

解:(1) $B_1C // A_1D$,$\triangle A_1C_1D$ 是等边三角形,故 A_1C_1 与 B_1C 所成角为 $60°$.

(2) $EF // B_1D_1$,$A_1C_1 \perp B_1D_1$,故 A_1C_1 与 EF 所成角为 $90°$.

(3) $EF // BD$,$AD_1 // BC_1$,$\triangle BC_1D$ 是等边三角形,故 AD_1 与 EF 所成角为 $60°$.

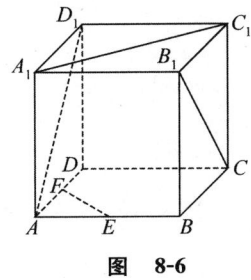

图 8-6

例2 如图 8-7 所示,在四棱锥 P-ABCD 中,PA⊥底面 ABCD,面 ABCD 为正方形,E 为侧棱 PD 上一点,F 为 AB 上一点. 该四棱锥的正(主)视图和侧(左)视图如图 8-8 所示.

(1) 求四面体 P-BFC 的体积;
(2) 求证:AE∥平面 PFC;
(3) 求证:平面 PFC⊥平面 PCD.

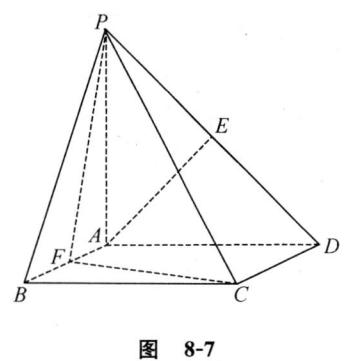

图 8-7

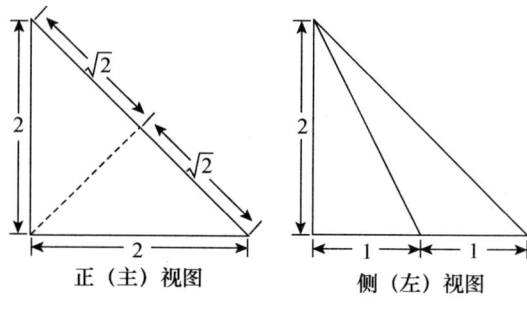

图 8-8

解:(1)由左视图可得 F 为 AB 的中点,所以 △BFC 的面积为 $S=\frac{1}{2} \cdot 1 \cdot 2=1$. 因为 PA⊥平面 ABCD,所以四面体 P-BFC 的体积为 $V_{P-BFC}=\frac{1}{3} S_{\triangle BFC} \cdot PA=\frac{1}{3} \cdot 1 \cdot 2=\frac{2}{3}$.

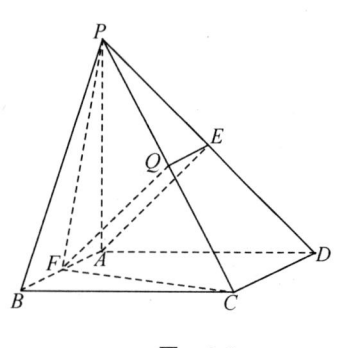

图 8-9

(2) **证明**:取 PC 中点 Q,连接 EQ,FQ.

由正(主)视图(如图 8-9 所示)可得 E 为 PD 的中点,

所以 EQ∥CD,$EQ=\frac{1}{2}CD$.

又因为 AF∥CD,$AF=\frac{1}{2}CD$,所以 AF∥EQ,AF=EQ.

所以四边形 AFQE 为平行四边形,所以 AE∥FQ.

因为 AE⊄平面 PFC,FQ⊂平面 PFC,所以 直线 AE∥平面 PFC.

(3) **证明**:因为 PA⊥平面 ABCD,所以 PA⊥CD.

因为平面 ABCD 为正方形,所以 AD⊥CD,所以 CD⊥平面 PAD.

因为 AE⊂平面 PAD,所以 CD⊥AE.

因为 PA=AD,E 为 PD 中点,所以 AE⊥PD,所以 AE⊥平面 PCD.

因为 AE∥平面 PFC,所以平面 PFC⊥平面 PCD.

例3 如图 8-10 所示,在四棱锥中 P-ABCD,底面 ABCD 为矩形,PA⊥平面 ABCD,AB=PA=1,AD=$\sqrt{3}$,F 是 PB 的中点,E 为 BC 上一点.

(1) 求证:AF⊥平面 PBC;
(2) 当 BE 为何值时,二面角 C-PE-D 为 45°.

解:(1) 因为 PA⊥平面 ABCD,BC⊂平面 ABCD,所以 PA⊥BC,

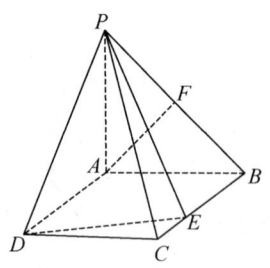

图 8-10

因为 $ABCD$ 是矩形,所以 $BC \perp AB$.
因为 $PA \cap AB = A$,所以 $BC \perp$ 平面 PAB,
因为 $AF \subset$ 平面 PAB,所以 $BC \perp AF$,
因为 $AB = PA$,F 是 PB 的中点,所以 $AF \perp PB$,
因为 $PB \cap BC = B$,所以 $AF \perp$ 平面 PBC.

(2) 以 A 为坐标原点,以 AD、AB、AP 所在直线为 x,y,z 轴建立空间直角坐标系(如图 8-11 所示),设 $BE = a$,则 $P(0,0,1)$,$D(\sqrt{3},0,0)$,$E(a,1,0)$,$F\left(0,\dfrac{1}{2},\dfrac{1}{2}\right)$.

所以 $\overrightarrow{DE} = (a-\sqrt{3},1,0)$,$\overrightarrow{PD}(\sqrt{3},0,-1)$.

设平面 PED 的法向量为 $\boldsymbol{m} = (x,y,z)$,则 $\begin{cases} \boldsymbol{m} \cdot \overrightarrow{DE} = 0, \\ \boldsymbol{m} \cdot \overrightarrow{PD} = 0. \end{cases}$

所以 $\begin{cases} (a-\sqrt{3})x+y=0, \\ \sqrt{3}x-z=0. \end{cases}$

令 $x=1$,得 $y=\sqrt{3}-a$,$z=\sqrt{3}$,所以 $\boldsymbol{m} = (1,\sqrt{3}-a,\sqrt{3})$.
平面 PCE 的法向量 $\boldsymbol{n} = \overrightarrow{AF}$.

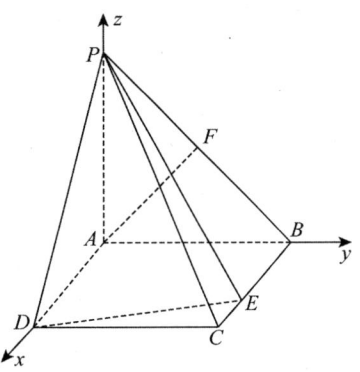

图 8-11

所以 $\cos\langle \boldsymbol{m},\boldsymbol{n} \rangle = \dfrac{\boldsymbol{m} \cdot \boldsymbol{n}}{|\boldsymbol{m}||\boldsymbol{n}|} = \dfrac{\sqrt{3}-\dfrac{1}{2}a}{\dfrac{\sqrt{2}}{2} \cdot \sqrt{a^2-2\sqrt{3}a+7}} = \dfrac{\sqrt{2}}{2}$.

所以当 $BE = \dfrac{5\sqrt{3}}{6}$ 时,二面角 $P\text{-}DE\text{-}A$ 为 $45°$.

链接阅读

向量方法对于立体几何的意义

利用向量可以帮助我们了解空间的基本几何图形,如点、直线、平面;利用向量可以判定空间几何图形的位置关系,如平行、垂直;利用向量可以帮助我们刻画空间图形的基本度量关系.空间中的计算问题都可以归结为基本的度量关系.如两条直线夹角的大小、两点之间的距离、点到直线的距离、点到平面的距离、直线与直线的距离、直线与平面的距离、平面与平面的距离等;空间中的基本论证问题都可以通过向量的计算加以讨论.

例如,可以用向量来证明三垂线定理:若平面内的一条直线垂直于平面外的一条直线在该平面内的射影,则这两条直线垂直.证明过程如下:

如图 8-12 所示,已知 $a \in \pi$,$n \perp \pi$,$a \perp c$,需证 $a \perp b$.
设直线 a、b、c、n 的方向向量分别是 $\boldsymbol{a}$、$\boldsymbol{b}$、$\boldsymbol{c}$、$\boldsymbol{n}$.

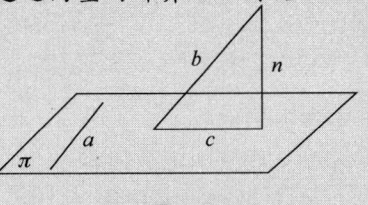

图 8-12

因为 b、c、n 共面,根据平面向量基本定理,存在实数 λ,μ 使得 $b=\lambda c+\mu n$,
所以 $a \cdot b=\lambda(a \cdot c)+\mu(a \cdot n)$.
又由于 $a \perp c$,所以 $a \cdot c=0$;
因为 $a \in \pi, n \perp \pi$,所以 $a \perp n$,即 $a \cdot n=0$.
所以 $a \cdot b=0$,即 $a \perp b$.

本章知识结构

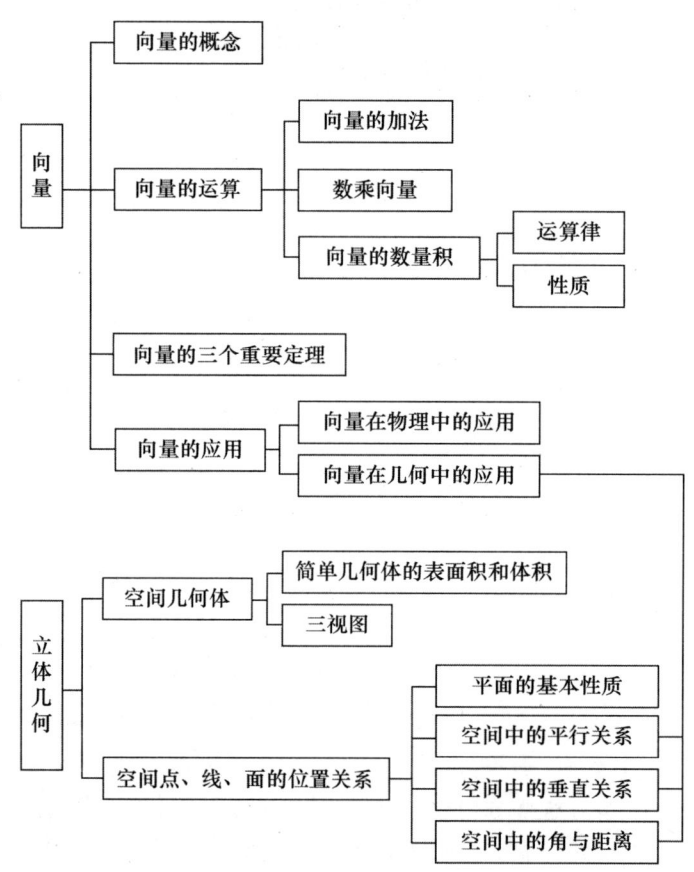

本章小结

一、本章主要内容

本章主要有两部分内容.

1. 向量的概念及运算.

2. 柱、锥、台、球及其简单组合体的结构特征,三视图,空间图形中点、线、面的位置关系,空间中线面平行、垂直的有关性质与判断.

二、本章重点和难点

本章的重点是：以棱柱或棱锥为载体，考查空间中直线与直线、直线与平面、平面与平面的位置关系，借助空间向量，用直线的方向向量、向量方程和平面向量的法向量作为工具，解决有关平行、垂直位置关系的证明和空间角、空间距离的度量问题.

本章的难点是：建立恰当的直角坐标系，利用空间向量研究空间几何体点、线、面之间的位置关系与度量关系.

三、学习时要注意的问题

1. 对于向量的基本运算的学习，要熟练掌握向量的加法、减法、数乘、数量积的运算，类比平面向量，将有关概念及运算推广到空间向量，在向量基本定理的理论基础上，用直线的方向向量、向量方程和平面向量的法向量作为工具，解决有关平行、垂直位置关系的证明和空间角、空间距离的度量问题.

2. 对于立体几何的学习，要熟练掌握公理、定理、定义、性质，确定空间点、线、面的位置关系，尤其是平行和垂直关系，在论证过程中，需要明确问题的转化方向（分析法）.

3. 利用空间向量解决立体几何问题的基本步骤是：

（1）用空间向量表示问题中涉及的点、直线、平面，建立立体图形与空间向量的联系，从而把立体几何问题转化为向量问题（几何问题向量化）；

（2）通过向量运算，研究点、直线、平面之间的位置关系以及它们之间的距离和夹角等问题（进行向量运算）；

（3）把向量的运算结果"翻译"成相应的几何意义.

备考指南

本章的考查内容包括以下两个方面：

一是对于向量的概念及基本运算的考查，考生要掌握其基本的运算法则和运算律，会用向量方法解决某些简单的平面几何问题、力学问题与其他一些实际问题，体会向量是一种处理几何问题、物理问题等的工具，发展运算能力和解决实际问题的能力.

二是以常见的空间图形（如棱柱或棱锥）为载体，考查空间中直线与直线、直线与平面、平面与平面的位置关系，并在其中渗透考查空间想象能力、推理论证能力、运算求解能力，考查数形结合思想、化归与转化思想等. 主要考查点、线、面的平行、垂直关系，会求异面直线所成的角，直线与平面所成的角，二面角的平面角.

自测训练

一、选择题

1. 设 m, n 是两条不同的直线，α, β, γ 是三个不同的平面. 给出下列四个命题：

① 若 $m \perp \alpha, n // \alpha$，则 $m \perp n$；

② 若 $\alpha // \beta, \beta // \gamma, m \perp \alpha$，则 $m \perp \gamma$；

③ 若 $m // \alpha, n // \alpha$，则 $m // n$；

④ 若 $\alpha\perp\gamma,\beta\perp\gamma$，则 $\alpha//\beta$.

其中正确命题的序号是(　　).

A. ①②　　　　B. ②③　　　　C. ③④　　　　D. ①④

2. α、β 是两个不同的平面，l 是一条直线，则(　　).

A. 若 $l\perp\alpha,\alpha\perp\beta$，则 $l\subset\beta$　　B. 若 $l//\alpha,\alpha//\beta$，则 $l\subset\beta$

C. 若 $l\perp\alpha,\alpha//\beta$，则 $l\perp\beta$　　D. 若 $l//\alpha,\alpha\perp\beta$，则 $l\perp\beta$

3. 如图 8-13 所示，在正三棱柱 $A_1B_1C_1$-ABC 中，E 是 BC 的中点，则(　　).

A. CC_1 与 B_1E 是异面直线

B. $AC\perp$ 平面 ABB_1A_1

C. AE,B_1C_1 为异面直线，且 $AE\perp B_1C_1$

D. $A_1C//$ 平面 AB_1E

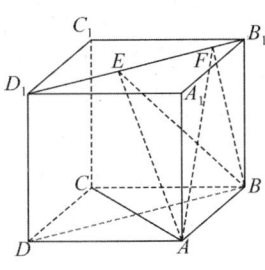

图 8-13

4. 如图 8-14 所示，正方体 $ABCD$-$A_1B_1C_1D_1$ 的棱线长为 1，线段 B_1D_1 上有两个动点 E,F，且 $EF=\dfrac{1}{2}$，则下列结论中错误的是(　　).

A. $AC\perp BE$

B. $EF//$ 平面 $ABCD$

C. 三棱锥 A-BEF 的体积为定值

D. $\triangle AEF$ 的面积与 $\triangle BEF$ 的面积相等

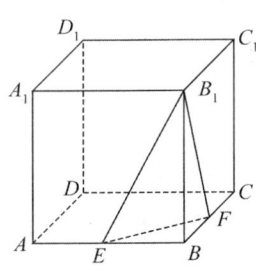

图 8-14

二、解答题

1. 如图 8-15 所示，在棱长为 a 的正方体 $ABCD$-$A_1B_1C_1D_1$ 中，E,F 分别是 AB 与 BC 的中点.

(1) 求二面角 B-FB_1-E 的余弦值；

(2) 在棱 DD_1 上能否找到一点 P，使 $BP\perp$ 平面 B_1EF？若能，试确定点 P 的位置；若不能，请说明理由.

2. 如图 8-16 所示，在 $Rt\triangle ABC$ 中，$\angle C=90°$，$BC=3$，$AC=6$，D、E 分别是 AC、AB 上的点，且 $DE//BC$，$DE=2$，将 $\triangle ADE$ 沿 DE 折起到 $\triangle A_1DE$ 的位置，使 $A_1C\perp CD$，如图 8-17 所示.

(1) 求证：$A_1C\perp$ 平面 $BCDE$；

(2) M 是 A_1D 的中点，求 CM 与平面 A_1BE 所成角的大小；

(3) 线段 BC 上是否存在点 P，使平面 A_1DP 与平面 A_1BE 垂直？说明理由.

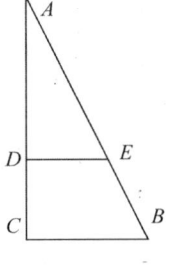

图 8-15

图 8-16　　图 8-17

自测训练答案

第九章　平面解析几何

考纲内容

数学学科知识包括大学本科数学专业基础课程和高中课程中的数学知识.

高中数学知识是指《课标》中所规定的必修课全部内容、选修课中的系列 1、2 的内容以及选修 3-1（数学史选讲），选修 4-1（几何证明选讲）、选修 4-2（矩阵与变换）、选修 4-4（坐标系与参数方程）、选修 4-5（不等式选讲）. 本章属于高中课程中的数学知识.

其内容要求是：理解高中数学中的重要概念，掌握高中数学中的重要公式、定理、法则等知识，掌握中学数学中常见的思想方法，具有空间想象、抽象概括、推理论证、运算求解、数据处理等基本能力以及综合运用能力.

考纲解读

坐标系是解析几何的基础. 在坐标系中，可以用有序实数组确定点的位置，进而用方程刻画几何图形. 为便于用代数方法刻画几何图形或描述自然现象，需要建立不同的坐标系. 极坐标系是与直角坐标系不同的坐标系，对于有些几何图形，选用极坐标系可以使建立的方程更加简单.

参数方程是以参变量为中介来表示曲线上点的坐标的方程，是曲线在同一坐标系下的又一种表示形式. 某些曲线用参数方程表示比用普通方程表示更方便. 学习参数方程有助于学生进一步体会解决问题中数学方法的灵活多变.

这种方法最大的优势是给曲线插上了方程的"翅膀"，使问题的解决过程更具一般化与程序化. 这种有别于传统的平面几何、立体几何的研究方法，通过本章的复习，考生一定会有更深的感受.

第一节　直线与方程

一、基础知识

1. 直线的斜率

两点确定一条直线，过 $P_1(x_1,y_1)$，$P_2(x_2,y_2)$（$x_1 \neq x_2$）两点的直线的斜率为 $k = \dfrac{\Delta y}{\Delta x} =$

$\frac{y_1-y_2}{x_1-x_2}(x_1\neq x_2)$. 可见斜率是"率".

一点和一个方向也确定一条直线,当直线的倾斜角不是 $\frac{\pi}{2}$ 时,用角来刻画的斜率就是它的倾斜角的正切值,即 $k=\tan\alpha(0\leq\alpha<\pi,\alpha\neq\frac{\pi}{2})$.

2. 直线方程的五种形式及适用条件(如表 9-1 所示)

表 9-1

名称	几何条件	方程	局限性
点斜式	过点 $P_0(x_0,y_0)$,斜率为 k	$y-y_0=k(x-x_0)$	不垂直 x 轴的直线
斜截式	斜率为 k,纵截距为 b	$y=kx+b$	不垂直 x 轴的直线
两点式	过两点 $P_1(x_1,y_1)$、$P_2(x_2,y_2)(x_1\neq x_2,y_1\neq y_2)$	$\frac{y-y_1}{y_2-y_1}=\frac{x-x_1}{x_2-x_1}$	不垂直坐标轴的直线
截距式	a,b 分别为直线的横、纵截距$(a\neq 0,b\neq 0)$	$\frac{x}{a}+\frac{y}{b}=1$	不垂直坐标轴且不过原点的直线
一般式		$Ax+By+C=0(A,B$ 不同时为 $0)$	

3. 两条直线的位置关系(如表 9-2 所示)

表 9-2

直线方程 位置关系	$l_1:y=k_1x+b_1$ $l_2:y=k_2x+b_2$	$l_1:A_1x+B_1y+C_1=0$ $l_2:A_2x+B_2y+C_2=0$	l_1 与 l_2 组成的方程组 $\begin{cases}A_1x+B_1y+C_1=0\\A_2x+B_2y+C_2=0\end{cases}$
平行	$k_1=k_2,b_1\neq b_2$	$\frac{A_1}{A_2}=\frac{B_1}{B_2}\neq\frac{C_1}{C_2}$	无解
垂直	$k_1k_2=-1$	$A_1A_2+B_1B_2=0$	有唯一解
相交	$k_1\neq k_2$	$A_1B_2-A_2B_1\neq 0$	有唯一解

4. 距离公式

两点间的距离公式:若 $P_1(x_1,y_1),P_2(x_2,y_2)$,则 $|P_1P_2|=\sqrt{(x_1-x_2)^2+(y_1-y_2)^2}$.

点 (x_0,y_0) 到直线 $Ax+By+C=0$ 的距离公式:$d=\frac{|Ax_0+By_0+C|}{\sqrt{A^2+B^2}}$.

两平行线间的距离:$l_1:Ax+By+C_1=0,l_2:Ax+By+C_2=0\Rightarrow d=\frac{|C_2-C_1|}{\sqrt{A^2+B^2}}$.

二、例题

例 如果 O 是等腰 $\triangle ABC$ 的底边 BC 的中点,过 O 作 $OD\perp AC$ 于 D,M 是 OD 的中点. 求证:$AM\perp BD$.

分析:通过直角坐标系,将几何对象代数化,只要证得 $k_{AM}\times k_{BD}=-1$ 即可.

证明:如图 9-1,以 BC 所在的直线为 x 轴,BC 的中点 O 为原点,建立直角坐标系,设 $B(-1,0),C(1,0),A(0,b)(b>0)$,显然,$k_{AC}=-b$,所以 $k_{OD}=\frac{1}{b}$,直线 OD 的方程为 $y=\frac{1}{b}x$,

又直线 AC 的方程为 $x+\dfrac{y}{b}=1$,

则可解得 $D\left(\dfrac{b^2}{b^2+1},\dfrac{b}{b^2+1}\right)$,进而可得 $M\left(\dfrac{b^2}{2(b^2+1)},\dfrac{b}{2(b^2+1)}\right)$,

所以 $k_{AM}=-\dfrac{1+2b^2}{b}$,而 $k_{BD}=\dfrac{b}{1+2b^2}$,

所以 $k_{AM}\times k_{BD}=-1$,即 $AM\perp BD$.

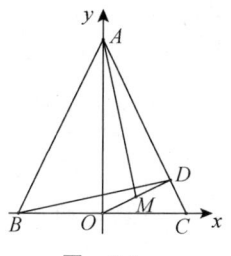

图 9-1

反思与启迪:这是一道著名的平面几何题,若用平面几何方法证明,需要多次用到四点共圆,非常繁难,而这里只需要进行简单的计算,便可得证.这显示出坐标法的强大威力.请考生研究该命题的逆命题.

知识拓展

四种常用的直线系方程

(1) 定点直线系方程:经过定点 $P_0(x_0,y_0)$ 的直线系方程为 $y-y_0=k(x-x_0)$(除直线 $x=x_0$),其中 k 是待定的系数;经过定点 $P_0(x_0,y_0)$ 的直线系方程还可写为 $A(x-x_0)+B(y-y_0)=0$,其中 A,B 是待定的系数.

(2) 共点直线系方程:经过两直线 $l_1:A_1x+B_1y+C_1=0,l_2:A_2x+B_2y+C_2=0$ 的交点的直线系方程为 $(A_1x+B_1y+C_1)+\lambda(A_2x+B_2y+C_2)=0$(不包含直线 l_2),其中 λ 是待定的系数.

(3) 平行直线系方程:直线 $y=kx+b$ 中当斜率一定而 b 变动时,表示平行直线系方程;与直线 $Ax+By+C=0$ 平行的直线系方程是 $Ax+By+\lambda=0(\lambda\neq C)$,$\lambda$ 是参变量.

(4) 垂直直线系方程:与直线 $Ax+By+C=0(A,B$ 不全为 $0)$ 垂直的直线系方程是 $Bx-Ay+\lambda=0$,λ 是参变量.

第二节 圆与方程

一、圆与方程中的基本问题(如表 9-3 所示)

表 9-3

内容\特征		几何特征	代数表示
圆与圆的方程	圆的标准方程 圆的一般方程	圆上任意一点与圆心的距离都等于半径的长度	1. 圆的标准方程: $(x-a)^2+(y-b)^2=r^2$ 2. 圆的一般方程: $x^2+y^2+Dx+Ey+F=0$ $(D^2+E^2-4F>0)$

续表

内容 \ 特征	几何特征	代数表示
圆与直线的位置关系	相离;相切;相交	$d>r;d=r;d<r$, 其中 d 表示圆心到直线的距离
圆与圆的位置关系	相离;外切;相交;内切;内含	$d>r_1+r_2;d=r_1+r_2$; $\|r_1-r_2\|<d<r_1+r_2$; $d=\|r_1-r_2\|;d<\|r_1-r_2\|$ 其中 d 表示两个圆心之间的距离

二、例题

例 在平面直角坐标系 xOy 中,设二次函数 $f(x)=x^2+2x+b(x\in \mathbf{R})$ 的图像与两坐标轴有三个交点,经过这三个交点的圆记为 C.

(1) 求实数 b 的取值范围.

(2) 求圆 C 的方程.

(3) 圆 C 是否经过某定点(其坐标与 b 无关)? 请证明你的结论.

分析:对(1),显然,二次函数的图像与 x 轴有异于原点的两个交点,即方程 $x^2+2x+b=0$ 有两个不为 0 的不等实数根,所以其判别式大于 0 且 $b\neq 0$;对于(2),先求二次函数的图像与坐标轴的三个交点,再利用待定系数法解方程组就可求出圆 C 的方程. 或者,由根与系数的关系可知,圆心在直线 $x=-1$ 上,求出圆心与半径,即得圆的方程;对于(3),先假定圆 C 过某定点,则这个定点必须是其中两个特殊圆(对应于 b 的不同取值)的交点,再进行验证即可.

解:(1) 令 $x=0$,得抛物线与 y 轴交点是 $(0,b)$;由题意知,函数 $f(x)=x^2+2x+b$ 的图像与 x 轴有异于原点的两个交点,所以 $b\neq 0$ 且 $\Delta>0$,解得 $b<1$ 且 $b\neq 0$. 即 b 的取值范围是 $(-\infty,0)\cup(0,1)$.

(2) 设所求圆的一般方程为 $x^2+y^2+Dx+Ey+F=0$. 令 $y=0$ 得 $x^2+Dx+F=0$,这与 $x^2+2x+b=0$ 是同一个方程,故 $D=2,F=b$. 令 $x=0$ 得 $y^2+Ey+F=0$,此方程有一个根为 b,代入得出 $E=-b-1$. 所以圆 C 的方程为 $x^2+y^2+2x-(b+1)y+b=0$.

(3) 方法 1:由(1)知,b 的取值范围是 $(-\infty,0)\cup(0,1)$,分别令 $b=-1,b=-3$,得 $(x+1)^2+y^2=2$ 和 $(x+1)^2+(y+1)^2=5$. 两方程左右相减得 $y=1$,进而 $x=0,x=-2$.

由此猜想圆 C 过定点 $(0,1)$ 和 $(-2,1)$.

将 $(0,1)$ 和 $(-2,1)$ 分别代入圆 C 的方程:$x^2+y^2+2x-(b+1)y+b=0$,左、右两边的值相等,所以圆 C 必过定点 $(0,1)$ 和 $(-2,1)$.

方法 2:将圆 C 的方程变形整理得 $(1-y)b+(x^2+y^2+2x-y)=0$.

令 $\begin{cases}1-y=0,\\x^2+y^2+2x-y=0,\end{cases}$ 得 $\begin{cases}y=1\\x=0\end{cases}$ 或 $\begin{cases}y=1,\\x=-2.\end{cases}$

经验证,可知点 $(0,1)$ 和 $(-2,1)$ 都满足圆 C 的方程,这说明,圆 C 必过定点 $(0,1)$ 和 $(-2,1)$.

反思与启迪：证明曲线(含直线)过定点有几种典型的方法，这里提供的是两种常用的有效方法．方法 1 是取 b 的两个特殊的允许值，得两个很简单的圆的方程，则很容易解得两个圆的公共点，但一定要验证这两个点都在圆 C 上，否则就失去了一般性．

链接阅读 ▽

解析几何产生的背景

16 世纪以后，文艺复兴后的欧洲进入了一个生产迅速发展、思想普遍活跃的时代．机械的广泛使用，逐步推动了人们对机械性能的研究，这需要运动学知识和相应的数学理论；建筑的兴盛、河道和堤坝的修建又提出了有关固体力学和流体力学的问题，而这些问题的解决需要正确的数学计算；航海事业的发展，向天文学，实际上也是向数学提出了如何精确测定经纬度、计算各种不同形状物体的面积、体积以及确定重心的方法；望远镜与显微镜的发明，提出了研究凹凸镜的曲面形状问题．德国天文学家开普勒发现行星是绕着太阳沿着椭圆轨道运行的，太阳处在这个椭圆的一个焦点上；意大利科学家伽利略发现投掷物体是作抛物线运动的……这些都涉及圆锥曲线．要研究这些比较复杂的曲线和解决在天文、力学、建筑、河道、航海等方面的数学问题，显然已有的初等几何和初等代数这类常数范围内的数学是无能为力、难以解决的．于是人们试图创设变量数学，这就导致了解析几何的产生．

另一方面，从数学本身来说，解析几何的创始人笛卡儿和另一创始人费马他们都认为，欧几里得的《几何原本》虽然建立起了几何学的完整体系，但古代的几何过于抽象，过多地依赖图形．而另一位古希腊数学家阿波罗尼斯所写的《圆锥曲线论》，虽然将圆锥曲线的性质几乎网罗殆尽，但阿波罗尼斯的几何却是一种静态的几何，它既不把曲线看作是一种动点的轨迹，更没有给它以一般处理方法．而代数符号化的建立恰好为解析几何的诞生创造了条件．代数学是一门潜在的方法科学．因此可把几何学和代数学中的精华部分结合起来取长补短，于是一门新的学科——解析几何便诞生了．

第三节　圆锥曲线与方程

一、椭圆与方程

椭圆的第一定义：平面内与两个定点 F_1,F_2 的距离的和等于常数(大于 $|F_1F_2|$)的点的轨迹叫作椭圆．这两个定点叫作椭圆的焦点，两焦点间的距离叫椭圆的焦距．

椭圆的第二定义：平面内到一个定点的距离和它到一条定直线 l 的距离之比是常数 $e(0<e<1)$ 的点的轨迹叫作椭圆．定点是椭圆的焦点，定直线 l 叫作椭圆的准线，常数 e 叫作椭圆的离心率．

椭圆的标准方程与几何性质如表 9-4 所示：

表 9-4

标准方程		焦点在 x 轴上	焦点在 y 轴上
		$\dfrac{x^2}{a^2}+\dfrac{y^2}{b^2}=1\,(a>b>0)$	$\dfrac{x^2}{b^2}+\dfrac{y^2}{a^2}=1\,(a>b>0)$
几何性质	范围	$\|x\|\leqslant a,\|y\|\leqslant b$	$\|x\|\leqslant b,\|y\|\leqslant a$
	顶点坐标	$(-a,0),(a,0)\,(0,-b),(0,b)$	$(0,-a),(0,a),(-b,0),(b,0)$
	焦点坐标	$F_1(-c,0),F_2(c,0)$	$F_1(0,-c),F_2(0,c)$
	准线方程	$x=\pm\dfrac{a^2}{c}$	$y=\pm\dfrac{a^2}{c}$
	焦半径	$\|MF_1\|=a+ex_0,\|MF_2\|=a-ex_0$	$\|MF_2\|=a-ey_0,\|MF_1\|=a+ey_0$
	对称轴方程	$x=0,y=0$	
	长短轴	椭圆的长半轴长是 a，椭圆的短半轴长是 b.	
	离心率	$e=\dfrac{c}{a}(0<e<1)$	
	a,b,c 关系	$a^2=b^2+c^2\,(a>b>0)$	

二、双曲线与方程

双曲线的第一定义：平面内与两个定点 F_1,F_2 的距离的差的绝对值等于常数（小于 $\|F_1F_2\|$）的点的轨迹叫作双曲线．这两个定点叫作双曲线的焦点，两焦点的距离叫双曲线的焦距．

双曲线的第二定义：平面内到一个定点的距离和它到一条定直线的距离之比是常数 $e(e>1)$ 的点的轨迹叫作双曲线．定点是双曲线的焦点，定直线叫作双曲线的准线，常数叫作双曲线离心率．

双曲线的标准方程与几何性质如表 9-5 所示：

表 9-5

标准方程		焦点在 x 轴上	焦点在 y 轴上
		$\dfrac{x^2}{a^2}-\dfrac{y^2}{b^2}=1\,(a>0,b>0)$	$\dfrac{y^2}{a^2}-\dfrac{x^2}{b^2}=1\,(a>0,b>0)$
几何性质	范围	$\|x\|\geqslant a,y\in\mathbf{R}$	$\|y\|\geqslant a,x\in\mathbf{R}$
	顶点坐标	$(-a,0),(a,0)$	$(0,-a),(0,a)$
	焦点坐标	$F_1(-c,0),F_2(c,0)$	$F_1(0,-c),F_2(0,c)$
	准线方程	$x=\pm\dfrac{a^2}{c}$	$y=\pm\dfrac{a^2}{c}$
	渐近线方程	$y=\pm\dfrac{b}{a}x$	$y=\pm\dfrac{a}{b}x$
	焦半径	$\|MF_1\|=\|a+ex_0\|,\|MF_2\|=\|a-ex_0\|$	$\|MF_1\|=\|a+ey_0\|,\|MF_2\|=\|a-ey_0\|$
	对称轴方程	$x=0,y=0$	

续表

标准方程		焦点在 x 轴上	焦点在 y 轴上
		$\dfrac{x^2}{a^2}-\dfrac{y^2}{b^2}=1(a>0,b>0)$	$\dfrac{y^2}{a^2}-\dfrac{x^2}{b^2}=1(a>0,b>0)$
几何性质	离心率	\multicolumn{2}{c}{$e=\dfrac{c}{a}(e>1)$}
	a,b,c 关系	\multicolumn{2}{c}{$c^2=a^2+b^2(c>a>0,c>b>0)$}

三、抛物线与方程

抛物线的定义：平面内与一个定点 F 和一条直线（不过点 F）的距离相等的点的轨迹叫作抛物线. 点 F 叫作抛物线的焦点，直线 l 叫作抛物线的准线.

抛物线的标准方程与几何性质（其中 $p>0$）如表 9-6 所示：

表 9-6

标准方程	$y^2=2px$	$y^2=-2px$	$x^2=2py$	$x^2=-2py$
图形				
焦点	$F\left(\dfrac{p}{2},0\right)$	$F\left(-\dfrac{p}{2},0\right)$	$F\left(0,\dfrac{p}{2}\right)$	$F\left(0,-\dfrac{p}{2}\right)$
准线	$x=-\dfrac{p}{2}$	$x=\dfrac{p}{2}$	$y=-\dfrac{p}{2}$	$y=\dfrac{p}{2}$
焦半径	$x_0+\dfrac{p}{2}$	$-x_0+\dfrac{p}{2}$	$y_0+\dfrac{p}{2}$	$-y_0+\dfrac{p}{2}$
范围	$x\geqslant 0,y\in \mathbf{R}$	$x\leqslant 0,y\in \mathbf{R}$	$y\geqslant 0,x\in \mathbf{R}$	$y\leqslant 0,x\in \mathbf{R}$
对称轴	x 轴	x 轴	y 轴	y 轴
顶点	原点 $O(0,0)$			
离心率	$e=1$			

椭圆、双曲线和抛物线是三种具体的圆锥曲线，在平面直角坐标系内，它们的标准方程分别为 $\dfrac{x^2}{a^2}+\dfrac{y^2}{b^2}=1\left(\text{或}\dfrac{y^2}{a^2}+\dfrac{x^2}{b^2}=1\right)$，$\dfrac{x^2}{a^2}-\dfrac{y^2}{b^2}=1\left(\text{或}\dfrac{y^2}{a^2}-\dfrac{x^2}{b^2}=1\right)$，$y^2=2px$（或 $y^2=-2px$，$x^2=2py,x^2=-2py$）. 根据它们的定义，可以得到圆锥曲线上的点的几何性质，即圆锥曲线上的点到焦点的距离满足特定的等式. 利用这些等式可以解决一些具体的问题.

椭圆、双曲线和抛物线有着各自的特殊形状特征. 其中椭圆是封闭曲线，在坐标系内，椭圆上的点的坐标取值是有界的；双曲线是开放曲线，有两条对称的渐近线；抛物线是单侧开放曲线，所有的抛物线都是相似图形. 对于椭圆、双曲线和抛物线来说，不同的离心率体现的是不同的形状.

四、例题

例 1 已知双曲线 $\dfrac{x^2}{a^2}-\dfrac{y^2}{b^2}=1(a>0,b>0)$ 的右焦点为 F，若过点 F 且倾斜角为 $60°$ 的直线 j 与双曲线的右支有且只有一个交点（如图 9-2 所示），则此双曲线的离心率的取值范围是（　　）．

A．$(1,2]$　　　B．$(1,2)$　　　C．$[2,+\infty)$　　　D．$(2,+\infty)$

分析：若联立直线 j 和已知双曲线的方程，消去 y，得到一个关于 x 的方程，这个方程有且只有一个大于 0 的实数解．这样既繁又易丢解．考虑到双曲线与其渐近线的关系，原命题等价于直线 j 与双曲线在一、三象限的渐近线 k 平行或它们的交点在第三象限．下面有两种思路．

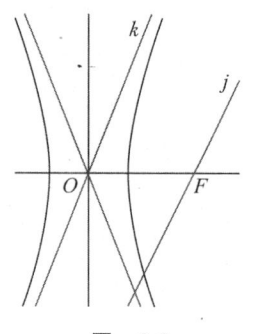

图 9-2

解：

方法 1：由 $\begin{cases} y=\dfrac{b}{a}x, \\ y=\sqrt{3}(x-c) \end{cases}$ 得 $\sqrt{3}c=\left(\sqrt{3}-\dfrac{b}{a}\right)x$，

所以 $\sqrt{3}-\dfrac{b}{a}\leq 0 \Leftrightarrow e\geq 2$，即此双曲线的离心率的取值范围是 $[2,+\infty)$．

方法 2：原命题等价于直线与双曲线在一、三象限的渐近线 k 在第一象限不相交，又等价于渐近线 k 的倾斜角不小于直线 j 的倾斜角 $60°$，所以 $\dfrac{b}{a}\geq \sqrt{3} \Leftrightarrow e\geq 2$．

例 2 已知抛物线 $y^2=4x$，过点 $P(4,0)$ 的直线与抛物线相交于 $A(x_1,y_1),B(x_2,y_2)$ 两点，则 $y_1^2+y_2^2$ 的最小值是多少？

解：由于过点 $P(4,0)$ 且与抛物线 $y^2=4x$ 相交有两个交点的直线不能是 x 轴，故可设这条直线为 $x=my+4(m\in \mathbf{R})$，将该直线方程与抛物线方程联立，消去 x，得 $y^2-4my-16=0$，所以 $\begin{cases} y_1+y_2=4m, \\ y_1y_2=-16, \end{cases}$ 进而 $y_1^2+y_2^2=(y_1+y_2)^2-2y_1y_2=16m^2+32\geq 32$，当且仅当 $m=0$，即直线与 x 轴垂直时，$y_1^2+y_2^2=32$．

思考与启迪：本题并没有落入"设直线的斜率为 k、将 $y_1^2+y_2^2$ 转化为 k 的函数，求这个函数的最小值"的俗套．而是类比直线方程的斜截式，将这条直线设为 $x=my+4(m\in \mathbf{R})$，如此处理，既不丢解又简捷明快．

知识拓展

曲线系

（1）共焦点的圆锥曲线系：

与椭圆 $\dfrac{x^2}{a^2}+\dfrac{y^2}{b^2}=1(a>b>0)$ 共焦点的圆锥曲线方程为

$$\dfrac{x^2}{a^2-k}+\dfrac{y^2}{b^2-k}=1 \ (k<a^2,k\neq b^2).$$

其中 $k<b^2$ 方程表示椭圆;$b^2<k<a^2$ 方程表示双曲线.

与双曲线 $\dfrac{x^2}{a^2}-\dfrac{y^2}{b^2}=1(a>0,b>0)$ 共焦点的圆锥曲线方程为

$$\dfrac{x^2}{a^2-k}-\dfrac{y^2}{b^2+k}=1\ (k<a^2,k\neq-b^2).$$

其中 $k<-b^2$ 的方程表示椭圆;$-b^2<k<a^2$ 的方程表示双曲线.

(2) 共渐近线的双曲线系:与双曲线 $\dfrac{x^2}{a^2}-\dfrac{y^2}{b^2}=1(a>0,b>0)$ 共渐近线的双曲线为

$$\dfrac{x^2}{a^2}-\dfrac{y^2}{b^2}=\lambda\ (\lambda\neq0).$$

链接阅读

圆锥曲线

用一个平面去截一个圆锥面,得到的交线就称为圆锥曲线(如图 9-3 所示).

通常提到的圆锥曲线包括椭圆,双曲线和抛物线,但严格来讲,它还包括一些退化情形.具体而言:

(1) 当平面与圆锥面的母线平行,且不过圆锥顶点时,结果为抛物线.

(2) 当平面与圆锥面的母线平行,且过圆锥顶点时,结果退化为一条直线.

(3) 当平面只与圆锥面一侧相交,且不过圆锥顶点时,结果为椭圆.

(4) 当平面只与圆锥面一侧相交,且不过圆锥顶点,并与圆锥面的对称轴垂直时,结果为圆.

(5) 当平面只与圆锥面一侧相交,且过圆锥顶点,并与圆锥面的对称轴垂直,结果为一点.

(6) 当平面与圆锥面两侧都相交,且不过圆锥顶点时,结果为双曲线的一支(另一支为此圆锥面的对顶圆锥面与平面的交线).

(7) 当平面与圆锥面两侧都相交,且过圆锥顶点时,结果为两条相交直线.

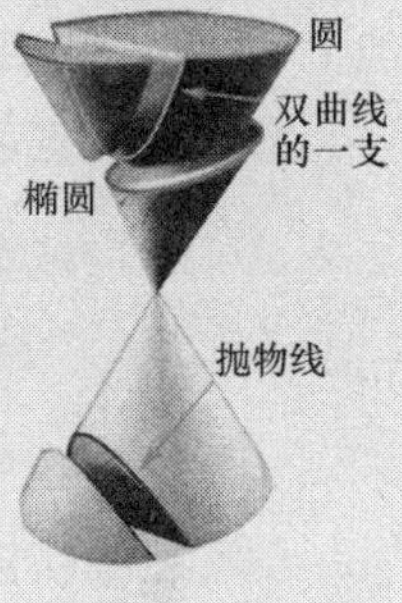

图 9-3

第四节 极坐标与参数方程

一、极坐标

1. 极坐标的概念

在平面上取一个定点 O,由 O 引一条射线 Ox,再选定一个长度单位、一个角度单位(通

常取弧度）及其正方向（通常取逆时针方向），这样就可以构造一个极坐标系．其中，O 叫作极点，Ox 叫作极轴．

设 M 是平面上一点，极点 O 与点 M 的距离 $|OM|$ 叫作点 M 的极径，记作 ρ；以极轴 Ox 为始边，射线 OM 为终边的角 xOM 叫作点 M 的极角，记为 θ．有序数对 (ρ,θ) 叫作点 M 的极坐标，记为 $M(\rho,\theta)$．

一般地，如不作特殊说明，我们认为 $\rho\geqslant 0$，θ 可取任意实数，(ρ,θ) 和 $(\rho,\theta+2k\pi)(k\in \mathbf{Z})$ 代表同一点．

2. 极坐标与直角坐标的关系

设点 M 的直角坐标为 (x,y)，极坐标为 (ρ,θ)，

则 $\begin{cases} x=\rho\cos\theta, \\ y=\rho\sin\theta \end{cases}$ 或 $\begin{cases} \rho^2=x^2+y^2, \\ \tan\theta=\dfrac{y}{x}(x\neq 0). \end{cases}$

3. 曲线的极坐标方程

一般地，在极坐标系中，如果平面曲线 C 上任意一点的极坐标中至少有一个满足方程 $f(\rho,\theta)=0$，并且坐标适合方程 $f(\rho,\theta)=0$ 的点都在曲线 C 上，那么方程 $f(\rho,\theta)=0$ 叫作曲线 C 的极坐标方程．

（1）过极点的直线方程为 $\theta=\theta_0$ 和 $\theta=\theta_0+\pi$（θ_0 为直线与极轴所成的角）．

（2）不过极点的直线方程为 $\rho=\dfrac{d}{\sin(\theta+\alpha)}$（$d$ 为极点到直线的距离，α 为极轴到直线的角）．

（3）圆心在极点的圆的方程为 $\rho=r$（r 为圆的半径）．

（4）圆心在极轴且过极点的圆的方程为 $\rho=2a\cos\theta$[$(a,0)$ 为圆心坐标]．

（5）圆心在 $\left(a,\dfrac{\pi}{2}\right)$ 且过极点的圆的方程为 $\rho=2a\sin\theta$．

二、参数方程

1. 参数方程的概念

一般地，在平面直角坐标系中，如果曲线上任意一点的坐标 x,y 都是某个变数 t 的函数 $\begin{cases} x=f(t), \\ y=g(t), \end{cases}$ 并且对于 t 的每一个允许值，由方程组 $\begin{cases} x=f(t), \\ y=g(t) \end{cases}$ 所确定的点 $M(x,y)$ 都在这条曲线上，那么方程 $\begin{cases} x=f(t), \\ y=g(t) \end{cases}$ 就叫作这条曲线的参数方程，联系变量 x,y 的变量 t 叫作参数，它可以有物理意义或几何意义，也可以没有实际意义．

相对于参数方程而言，直接给出点的坐标间的关系的方程叫作普通方程．

2. 直线的参数方程

直线过定点 $M_0(x_0,y_0)$，倾斜角为 α，直线的参数方程为 $\begin{cases} x=x_0+t\cos\alpha, \\ y=y_0+t\sin\alpha \end{cases}$[$t$ 为参数，其几

何意义是：设直线上点 $M(x,y)$，满足 $|M_0M|=t$].

3. 圆的参数方程

(1) 圆心在原点，半径为 r 的圆的参数方程为 $\begin{cases} x=r\cos\theta, \\ y=r\sin\theta \end{cases}$ (θ 为参数).

(2) 圆心在 (a,b)，半径为 r 的圆的参数方程为 $\begin{cases} x=a+r\cos\theta, \\ y=b+r\sin\theta \end{cases}$ (θ 为参数).

4. 圆锥曲线的参数方程

(1) 椭圆 $\dfrac{x^2}{a^2}+\dfrac{y^2}{b^2}=1$ 的参数方程为 $\begin{cases} x=a\cos\theta, \\ y=b\sin\theta \end{cases}$ (θ 为参数).

(2) 双曲线 $\dfrac{x^2}{a^2}-\dfrac{y^2}{b^2}=1$ 的参数方程为 $\begin{cases} x=\dfrac{a}{\cos\theta}, \\ y=b\tan\theta \end{cases}$ (θ 为参数).

(3) 抛物线 $y^2=2px$ 的参数方程为 $\begin{cases} x=2pt^2, \\ y=2pt \end{cases}$ (t 为参数).

考生要掌握极坐标和参数方程的基本概念，了解曲线的多种表现形式．能在极坐标系中用极坐标刻画点的位置，体会在极坐标系和平面直角坐标系中刻画点的位置的区别，能进行极坐标和直角坐标的互化．能在极坐标系中给出简单图形的方程．体会在用方程刻画平面图形时选择恰当坐标系的意义．

三、例题

例 已知曲线 C_1 的参数方程为 $\begin{cases} x=4+5\cos t, \\ y=5+5\sin t \end{cases}$ (t 为参数)，以坐标原点为极点，x 轴的正半轴为极轴建立极坐标系，曲线 C_2 的极坐标方程为 $\rho=2\sin\theta$.

(1) 把曲线 C_1 的参数方程化为极坐标方程.

(2) 求 C_1 与 C_2 交点的极坐标($\rho\geqslant 0, 0\leqslant\theta\leqslant 2\pi$).

解：(1) 将 $\begin{cases} x=4+5\cos t, \\ y=5+5\sin t \end{cases}$ 消去参数 t，化为普通方程 $(x-4)^2+(y-5)^2=25$，即

$$C_1: x^2+y^2-8x-10y+16=0. \quad ①$$

将 $\begin{cases} x=\rho\cos\theta, \\ y=\rho\sin\theta \end{cases}$ 代入①，得 C_1 的极坐标方程

$$\rho^2-8\rho\cos\theta-10\rho\sin\theta+16=0. \quad ②$$

(2) 将 $\rho=2\sin\theta$ 代入②，得 $1-\sin^2\theta-\sin\theta\cos\theta=0$. 所以 $\cos\theta=0$，或 $\cos\theta=\sin\theta$，因为 $0\leqslant\theta\leqslant 2\pi$，$\rho\geqslant 0$，所以 $\theta=\dfrac{\pi}{2}$，或 $\theta=\dfrac{\pi}{4}$，对应的 ρ 为 $2,\sqrt{2}$.

所以 C_1 与 C_2 的交点的极坐标分别为 $\left(\sqrt{2},\dfrac{\pi}{4}\right)$，$\left(2,\dfrac{\pi}{2}\right)$.

知识拓展

圆的渐开线

如图 9-4 所示,把一条没有弹性的细绳绕在一个定圆上,拉开绳子的一端并拉直,使绳子与圆周始终相切.绳子端点的轨迹是一条曲线.这条曲线叫作圆的渐开线.这个定圆叫作渐开线的基圆.

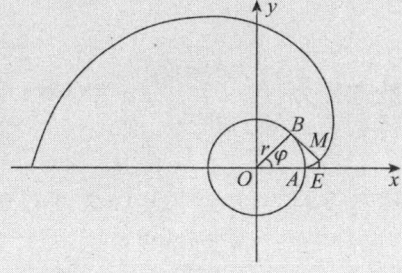

图 9-4

设基圆圆心为 O,半径为 r,细绳外端的初始位置为 A. 以 O 为原点,有向直线 OA 为 x 轴,建立平面直角坐标系. 设 $M(x,y)$ 是圆的渐开线上任一点,MB 是 $\odot O$ 的切线,B 为切点,$\angle AOB=\varphi$(弧度) 是以 OA 为始边,OB 为终边的正角. 取 φ 为参数,圆的渐开线的参数方程是

$$\begin{cases} x = r(\cos\varphi + \varphi\sin\varphi), \\ y = r(\sin\varphi - \varphi\cos\varphi). \end{cases}$$

圆的渐开线广泛应用于齿轮的啮合,齿轮的受力总是沿着与基圆相切的方向.

摆 线

如果用白色粉笔在自行车的轮子上标记一个白点 M,那么当自行车在笔直的道路上行驶时,点 M 会画出什么曲线?

这个问题抽象成数学问题就是:如图 9-5 所示,当一个半径为 r 的圆沿着一条定直线 l 无滑动地滚动时,圆周上定点 M 的轨迹是什么?

我们称这个轨迹为摆线.设开始时点 M 在直线 l 上,以点 M 为原点,直线 l 为 x 轴,

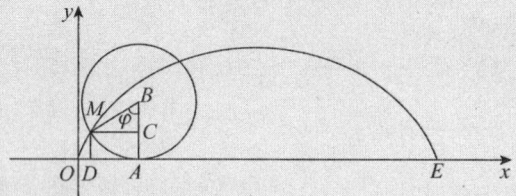

图 9-5

圆滚动了 φ 角后,设点 M 的坐标为 (x,y),则摆线的参数方程是

$$\begin{cases} x = r(\varphi - \sin\varphi), \\ y = r(1 - \cos\varphi). \end{cases}$$

本章知识结构

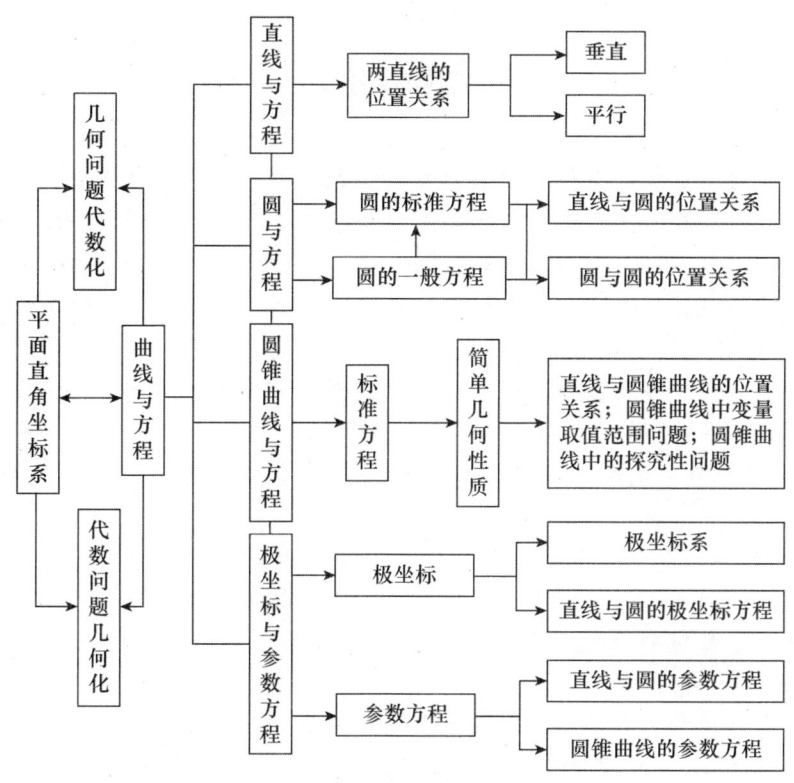

本章小结

一、本章主要内容

1. 直线与圆.

(1) 直线的方程及两条直线间的位置关系；

(2) 圆的方程及直线与圆、圆与圆的位置关系.

2. 圆锥曲线.

(1) 圆锥曲线的定义与简单几何性质；

(2) 直线与圆锥曲线的位置关系.

3. 极坐标与参数方程.

(1) 直角坐标与极坐标的互相转化；

(2) 普通方程与参数方程的互相转化.

二、本章重点和难点

1. 本章的重点是几种曲线(直线、圆、椭圆、双曲线、抛物线)的概念和相关的公式(斜率公式、距离公式等)，以及极坐标的定义和参数方程的概念.

2. 本章的难点是方法策略的选择.

三、学习时要注意的问题

考生要准确把握概念，既能正向判断(定义)，又能反向应用(性质)；熟练使用公式，能够注意公式使用的条件,并能准确计算;对于知识交汇问题,能够恰当地进行转化,并能选择恰当的解题策略.

备考指南

　　解析几何是通过坐标系用代数方法研究几何问题的一门数学学科,其核心是数形结合思想和"坐标法".用它解决问题的基本步骤可以概括为"三部曲",即建立适当的坐标系,把问题涉及的点和曲线(包括直线)转化成坐标和方程;然后通过代数运算和变换,解决代数问题;最后再把代数结果翻译成相应的几何结论.这种方法最大的优势是给曲线插上了方程的"翅膀",使问题的解决过程更具一般化与程序化.

　　直线的倾斜角和斜率是刻画直线(相对于轴)倾斜程度的几何要素与代数表示,是用坐标法研究直线及其几何性质的基础.确定直线的条件既可以是"点与斜率",又可以是不同的两点,所以直线方程有不同的表现形式,它们既能相互转化,又有各自的优势.这为优化解题过程提供了方便.

　　圆锥曲线的方程,曲线的中心、顶点、焦点的坐标,(抛物线的)准线、渐近线的方程都随它在坐标系中的位置变化而变化,但决定圆锥曲线形状、大小的量不变,对称中心、焦点、准线、渐近线中任何两个的相互关系不变.圆锥曲线的这种不变性是解析几何中的非常重要的性质,请务必重视.

　　解决坐标系与参数方程的相关问题最常用的方法是转化与数形结合,转化是指极坐标与直角坐标的互化、参数方程与普通方程的互化,数形结合是指在解决问题时,要能够画出符合问题要求的示意图,结合图形分析条件和结论之间的关系,思考并选择简捷的解题策略.

自测训练

一、选择题

1. 以平面直角坐标系的原点为极点,x 轴的正半轴为极轴,建立极坐标系,两种坐标系中取相同的长度单位. 已知直线 l 的参数方程是 $\begin{cases} x=t+1, \\ y=t-3 \end{cases}$($t$ 为参数),圆 C 的极坐标方程是 $\rho=4\cos\theta$,则直线 l 被圆 C 截得的弦长为( ).

    A. $\sqrt{14}$　　　　B. $2\sqrt{14}$　　　　C. $\sqrt{2}$　　　　D. $2\sqrt{2}$

2. 若实数满足 $0<k<9$,则曲线 $\dfrac{x^2}{25}-\dfrac{y^2}{9-k}=1$ 与曲线 $\dfrac{x^2}{25-k}-\dfrac{y^2}{9}=1$ 的( ).

    A. 离心率相等　　　　　　　B. 虚半轴长相等
    C. 实半轴长相等　　　　　　D. 焦距相等

3. 已知抛物线 $C:y^2=8x$ 的焦点为 F,准线为 l,P 是 l 上一点,Q 是直线 PF 与 C 的一个交点,若 $\overrightarrow{FP}=4\overrightarrow{FQ}$,则 $|QF|$ 等于( ).

    A. 5　　　　　　B. 4　　　　　　C. 3　　　　　　D. 2

4. 设 $m \in \mathbf{R}$，过定点 A 的动直线 $x+my=0$ 和过定点 B 的动直线 $mx-y+(-m)+3=0$ 交于点 $P(x,y)$，则 $|PA| \cdot |PB|$ 的最大值是（ ）．
   A. 3   B. 4   C. 5   D. 6

二、解答题

1. 已知抛物线 $C: y^2 = 2px(p>0)$ 的焦点为 F，直线 $y=4$ 与 y 轴的交点为 P，与 C 的交点为 Q，且 $|QF| = \frac{5}{4}|PQ|$．

   (1) 求 C 的方程；

   (2) 过点 F 的直线 l 与 C 相交于 A, B 两点，若 AB 的垂直平分线 l' 与 C 相交于 M, N 两点，且 A, M, B, N 四点在同一圆上，求 l 的方程．

2. 已知椭圆 $C: \frac{x^2}{a^2} + \frac{y^2}{b^2} = 1 (a>b>0)$ 的一个焦点为 $F(2,0)$，离心率为 $\frac{\sqrt{6}}{3}$．过焦点 F 的直线 l 与椭圆 C 交于 A, B 两点，线段 AB 的中点为 D，O 为坐标原点，直线 OD 交椭圆于 M, N 两点．

   (1) 求椭圆 C 的方程；

   (2) 求四边形 $AMBN$ 面积的最大值．

自测训练答案

第十章　统计与概率

考纲内容

数学学科知识包括大学本科数学专业基础课程和高中课程中的数学知识.

高中数学知识是指《课标》中所规定的必修课全部内容、选修课中的系列 1、2 的内容以及选修 3-1（数学史选讲），选修 4-1（几何证明选讲）、选修 4-2（矩阵与变换）、选修 4-4（坐标系与参数方程）、选修 4-5（不等式选讲）.本章属于高中课程中的数学知识.

内容要求是：理解高中数学中的重要概念，掌握高中数学中的重要公式、定理、法则等知识，掌握中学数学中常见的思想方法，具有空间想象、抽象概括、推理论证、运算求解、数据处理等基本能力以及综合运用能力.

考纲解读

现代社会是信息化的社会，统计与概率的基础知识已经成为一个未来公民的必备常识.对统计与概率这部分内容的考试来说，要求如下.

理解总体、简单随机样本、统计量、样本均值、样本方差、标准差的概念.掌握运用频率分布直方图、茎叶图、表格等形式分析处理数据的方法.理解显著性检验的基本思想，掌握假设检验的基本步骤.掌握某些经典统计案例，能用科学的语言对统计现象进行分析与评价.

理解古典概型等重要概率模型及相关计算.掌握加法计数原理和乘法计数原理，并能处理相关计算问题.理解离散型随机变量和连续型随机变量概念.掌握两点分布、超几何分布、贝努利分布、几何分布等重要分布，并能解决一些实际问题.掌握概率论的发展历史，能科学地运用统计概率的观点分析实际问题.

第一节　统　　计

统计是研究如何合理收集、整理、分析数据的学科，它可以为人们制定决策提供依据.

本小节主要介绍如何确定统计考查对象、运用图表分析数据和从经典案例分析帮助我们对统计的全过程进行认识.

一、总体和样本

被考查的对象的某一个(或多个)数量指标(如研究 100 瓦灯泡的寿命这一数量指标)的全体称为总体(如考查 6000 个 100 瓦的灯泡),记为 X;总体中的某一元素称为样品或个体(如一个 100 瓦灯泡).我们不可能把全部 6000 个灯泡都测试,所以,需要从总体(6000 个灯泡)中随机抽取 n 个(如取 $n=50$)样品组成样本,这个过程称为抽样.n 称为样本容量,并把样本看成是 n 个相互独立且具有完全相同分布的随机变量,记为 $(X_1, X_2, \cdots, X_{50})$,它是 X 的一个子集,称为简单随机样本.显然,如果测试还没开始,则 $(X_1, X_2, \cdots, X_{50})$ 就是一个 50 维随机变量,如果测试已经完成,则 $(X_1, X_2, \cdots, X_{50})$ 就对应有一组具体值 $(X_1, X_2, \cdots, X_{50})$,称为样本观察值,即样本值.

样本 $(X_1, X_2, \cdots, X_{50})$ 每次测试的所有可能值的全体称样本空间,记为 Ω,一次测试所得的一组样本观察值 $(X_1, X_2, \cdots, X_{50})$ 是 Ω 中的一个样本点,容量为 n 的简单随机样本的数字特征及分布就代表了总体的特性.

① 样本均值为

$$\overline{X} = \frac{1}{n}\sum_{i=1}^{n} X_i.$$

② 样本方差为

$$S^2 = \frac{1}{n-1}\sum_{i=1}^{n}(X_i - \overline{X})^2 = \frac{1}{n-1}\left[\sum_{i=1}^{n} X_i^2 - n\overline{X}^2\right].$$

我们注意到 $\sum_{i=1}^{n} \overline{X}_i = n\overline{X}$.

③ 样本标准差为

$$S = \sqrt{S^2} = \sqrt{\frac{1}{n-1}\left[\sum_{i=1}^{n} X_i^2 - n\overline{X}^2\right]}.$$

二、运用图表分析数据

1. 编制频率分布表的步骤

(1) 求全距,决定组数和组距,组距 = $\dfrac{全距}{组数}$;

(2) 分组,通常对组内数值所在区间取左闭右开区间,最后一组取闭区间;

(3) 登记频数,计算频率,列出频率分布表.

2. 作频率分布直方图的步骤

(1) 把横轴分成若干段,每一线段对应一个组的组距;

(2) 以此线段为底作矩形,它的高等于该组的 $\dfrac{频率}{组距}$,这样得出一系列的矩形;

(3) 每个矩形的面积恰好是该组上的频率.

3. 制作茎叶图的方法

将所有两位数的十位数字作为"茎",个位数字作为"叶",茎相同者共用一个茎,茎按从小到大的顺序从上向下列出,共茎的叶一般按从大到小(或从小到大)的顺序同行列出.

几种频率分布表示法的优点与不足如表 10-1 所示.

表 10-1

	优点	不足
频率分布表	表示数量较确切	分析数据分布的总体态势不方便
频率分布直方图	表示数据分布情况非常直观	原有的具体数据信息被抹杀掉了
茎叶图	所有的信息都可以从图中得到,且展示了数据的分布情况	不方便表示三位以上的数据

三、例题

例1 为了解本市居民的生活成本,甲、乙、丙三名同学利用假期分别对三个社区进行了"家庭每月日常消费额"的调查.他们将调查所得到的数据分别绘制成频率分布直方图(如图 10-1 所示),记甲、乙、丙所调查数据的标准差分别为 S_1, S_2, S_3,则它们的大小关系是怎样的?(用">"连接)

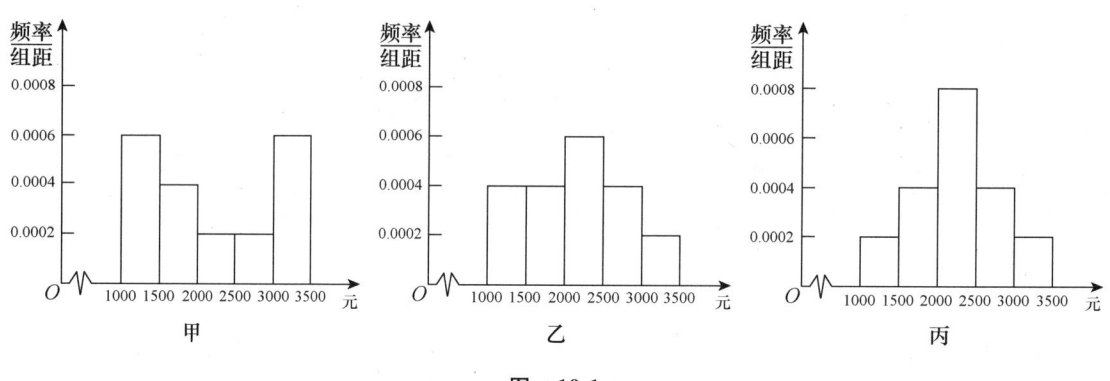

图 10-1

解:从数据表面现象上看:乙的数据远不如甲的那么分散.由此可以得出乙的方差比甲的小;再看丙的数据分布,显然丙的数据完全是正态分布的,因此丙的方差最小.则它们的大小关系为:$S_1 > S_2 > S_3$.

本题主要考查标准差、频率分布直方图的概念,检验读图、识图能力.如果只是机械记忆标准差运算公式,那么就会感到数据缺失,无法下手;如果不能正确从图形语言中准确表征,错误理解为直方图中纵向上矩形高度差接近,也会出现错误.

例2 某工厂有工人1000名,其中250名工人参加过短期培训(称为A类工人),另外750名工人参加过长期培训(称为B类工人),现用分层抽样方法(按A类、B类分二层)从该工厂的工人中共抽查100名工人,调查他们的生产能力(此处生产能力指一天加工的零件数).

从A类工人中的抽查结果和从B类工人中的抽查结果分别如表10-2和表10-3所示.

表 10-2

生产能力分组	[100,110]	[110,120]	[120,130]	[130,140]	[140,150]
人数	4	8	x	5	3

表 10-3

生产能力分组	[110,120]	[120,130]	[130,140]	[140,150]
人数	6	y	36	18

(1) 先确定 x,y，再在答题纸上完成下列频率分布直方图．就生产能力而言，A 类工人中个体间的差异程度与 B 类工人中个体间的差异程度哪个更小？（不用计算，可通过观察直方图 10-2 直接回答结论）

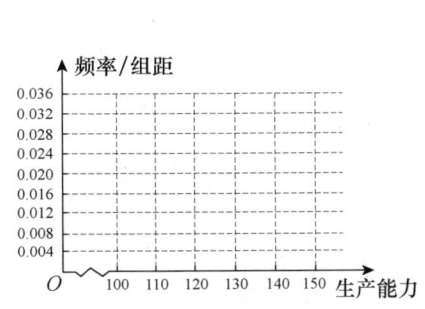
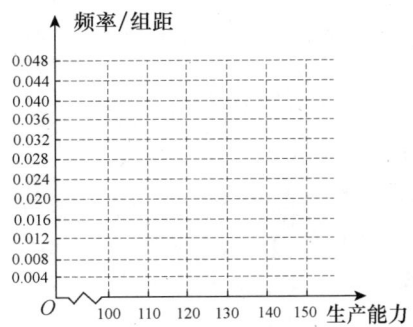

图 10-2

(2) 分别估计 A 类工人和 B 类工人生产能力的平均数，并估计该工厂工人的生产能力的平均数，同一组中的数据用该组区间的中点值做代表．

解：(1) 由题意知 A 类工人中应抽查 25 名，B 类工人中应抽查 75 名．

故 $4+8+x+5+3=25$，得 $x=5,6+y+36+18=75$，得 $y=15$．

频率分布直方图如图 10-3 所示：

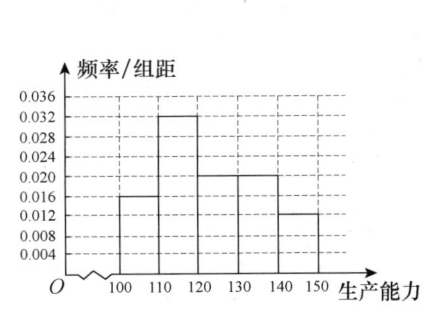
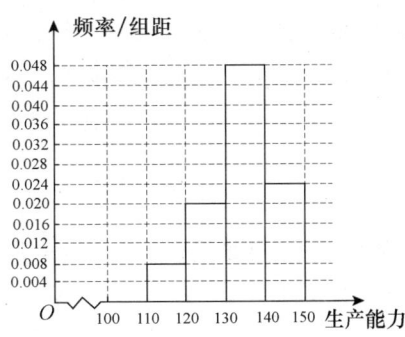

图 10-3

从直方图可以判断：B 类工人中个体间的差异程度更小．

(2) $\overline{X}_A = \frac{4}{25} \times 105 + \frac{8}{25} \times 115 + \frac{5 \times 125}{25} + \frac{5}{25} \times 135 + \frac{3}{25} \times 145 = 123$，$\overline{X}_B = \frac{6}{75} \times 115 + \frac{15}{75} \times 125 + \frac{36}{75} \times 135 + \frac{18}{75} \times 145 = 133.8$，$\overline{X} = \frac{25}{100} \times 123 + \frac{75}{100} \times 133.8 = 131.1$.

A 类工人生产能力的平均数，B 类工人生产能力的平均数以及全工厂工人生产能力的平均数的会计值分别为 123，133.8 和 131.1.

链接阅读

抽烟使人变笨，跳蚤带来健康？

有人费尽周折以探求是否抽烟者的大学成绩比不吸烟者差，结果确实如此．而且整个研究过程是正确的：样本容量足够大，正确的抽样方式，相关关系的确十分显著……

这个谬误是：如果 B 紧跟着 A 出现，那么 A 一定导致 B．但实际上这是不正确的，更大的可能是，这两个因素并不互为因果，而同是第三个因素的产物．

英国新赫布里底群岛土著居民的信条是：身上的跳蚤会带来健康的身体．因为通过几个世纪的观察，土著居民发现健康人的身上总有一些跳蚤而身体羸弱的人通常没有跳蚤．于是他们得出结论：跳蚤使人身体健康，每个人身上都应该有跳蚤．观察是正确的，但这并不意味着结论就是正确的．

而真相是：在大多数情况下，每个居民身上都有跳蚤，这是正常情况．然而，当人们发烧时（说不定这还是由跳蚤引起的），随着体温上升，跳蚤不能承受因为高温引起的不适，因此就会离开．人们完全将因果关系扭曲、颠倒了．

第二节 概　　率

概率是研究随机现象规律的学科，它为人们认识客观世界提供了重要的思维模式和解决问题的方法，同时为统计学的发展提供了理论基础．

本节介绍概率的基本概念、基本概率模型以及相关重要分布．

一、基本概念

1. 关于随机试验、随机事件、事件的关系等请见第四章第一节

这里需要提醒大家注意的是：不可能事件（$\varnothing$）的概率为零，而概率为零的事件不一定是不可能事件；同理，必然事件（Ω）的概率为 1，而概率为 1 的事件也不一定是必然事件．互斥未必对立．

2. 概率的公理化定义

设 Ω 为样本空间，A 为事件，对每一个事件 A 都有一个实数 $P(A)$，若满足下列三个条件：

(1) $0 \leq P(A) \leq 1$;

(2) $P(\Omega) = 1$;

(3) 对于两两互不相容的事件 $A_1, A_2, \cdots$,有 $P(\bigcup_{i=1}^{\infty} A_i) = \sum_{i=1}^{\infty} P(A_i)$.

则称 $P(A)$ 为事件 A 的概率.

二、几个重要概率模型及计算

1. 古典概型

$\Omega = \{\omega_1, \omega_2, \cdots, \omega_n\}$, $P(\omega_1) = P(\omega_2) = \cdots = P(\omega_n) = \frac{1}{n}$,设任一事件 A,它是由 $\omega_1, \omega_2, \cdots, \omega_m$ 组成的,则有

$$P(A) = P(\omega_1) + P(\omega_2) + \cdots + P(\omega_m)$$
$$= \frac{m}{n} = \frac{A \text{ 所包含的基本事件数}}{\text{基本事件总数}}.$$

2. 几何概型

若随机试验的结果为无限不可数并且每个结果出现的可能性均匀,同时样本空间中的每一个基本事件可以使用一个有界区域来描述,则称此随机试验为几何概型.

对任一事件 A, $P(A) = \frac{L(A)}{L(\Omega)}$. 其中 L 为几何度量(长度、面积、体积).

3. 几个公式

(1) 加法公式:$P(A+B) = P(A) + P(B) - P(AB)$,当 $P(AB) = 0$ 时,$P(A+B) = P(A) + P(B)$.

(2) 减法公式:$P(A-B) = P(A) - P(AB)$,当 $B \subset A$ 时,$P(A-B) = P(A) - P(B)$,当 $A = \Omega$ 时,$P(\bar{B}) = 1 - P(B)$.

(3) 条件概率:设 A、B 是两个事件,且 $P(A) > 0$,则称 $\frac{P(AB)}{P(A)}$ 为事件 A 发生条件下,事件 B 发生的条件概率,记为 $P(B/A) = \frac{P(AB)}{P(A)}$.

条件概率是概率的一种,所有概率的性质都适合于条件概率. 例如,$P(\Omega/B) = 1 \Rightarrow P(\bar{B}/A) = 1 - P(B/A)$.

(4) 乘法公式:$P(AB) = P(A)P(B/A)$.

更一般地,对事件 $A_1, A_2, \cdots, A_n$,若 $P(A_1 A_2 \cdots A_{n-1}) > 0$,则有

$$P(A_1 A_2 \cdots A_{n-1}) = P(A_1) P(A_2 \mid A_1) P(A_3 \mid A_1 A_2) \cdots P(A_n \mid A_1 A_2 \cdots A_{n-1}).$$

(5) 事件的独立性:

① 两个事件的独立性.

若事件 A、B 满足 $P(AB) = P(A)P(B)$,则称事件 A、B 是相互独立的.

若事件 A、B 相互独立,且 $P(A) > 0$,则有

$$P(B \mid A) = \frac{P(AB)}{P(A)} = \frac{P(A)P(B)}{P(A)} = P(B).$$

若事件 A、B 相互独立,则可得到 $\bar{A}$ 与 B,A 与 $\bar{B}$,$\bar{A}$ 与 $\bar{B}$ 也都相互独立. 必然事件 Ω 和不可能事件 $\varnothing$ 与任何事件都相互独立. $\varnothing$ 与任何事件都互斥.

② 多个事件的独立性.

设 A、B、C 是三个事件,如果满足两两独立的条件:$P(AB) = P(A)P(B)$,$P(BC) = P(B)P(C)$,$P(CA) = P(C)P(A)$,并且同时满足 $P(ABC) = P(A)P(B)P(C)$,那么 A、B、C 相互独立.

三、计数原理

(1) 分类加法计数原理:做一件事,完成它有 n 类办法,在第一类办法中有 m_1 种不同的方法,在第二类办法中有 m_2 种不同的方法……在第 n 类办法中有 m_n 种不同的方法. 那么完成这件事共有 $N = m_1 + m_2 + \cdots + m_n$ 种不同的方法.

(2) 分步乘法计数原理:做一件事,完成它需要分成 n 个步骤,做第一个步骤有 m_1 种不同的方法,做第二个步骤有 m_2 种不同的方法……做第 n 个步骤有 m_n 种不同的方法. 那么完成这件事共有 $N = m_1 \times m_2 \times \cdots \times m_n$ 种不同的方法.

(3) 排列:从 n 个不同元素中任取 $m(m \leqslant n)$ 个元素,按照一定的顺序排成一列,叫作从 n 个不同元素中取出 m 个元素的一个排列.

排列数:从 n 个不同元素中取出 $m(m \leqslant n)$ 个元素的所有排列的个数,叫作从 n 个不同元素中取出 m 个元素的排列数,用符号 A_n^m 表示.

排列数公式:$A_n^m = n(n-1)(n-2)\cdots(n-m+1)$,这里 $n, m \in \mathbf{N}$,并且 $m \leqslant n$.

全排列:n 个不同元素全部取出的一个排列叫作 n 个不同元素的一个全排列.

阶乘:正整数由 1 到 n 的连乘积叫作 n 的阶乘,用 $n!$ 表示,即 $A_n^n = n!$.

排列数公式还有另一种形式:$A_n^m = \dfrac{n!}{(n-m)!}$.

规定 $0! = 1$.

(4) 组合:从 n 个不同元素中任取 $m(m \leqslant n)$ 个元素并成一组,叫作从 n 个不同元素中任取 m 个元素的一个组合.

组合数:从 n 个不同元素中,任意取出 $m(m \leqslant n)$ 个元素的所有组合的个数,叫作从 n 个不同元素中取出 m 个元素的组合数. 用符号 C_n^m 表示.

组合数公式:$C_n^m = \dfrac{n(n-1)(n-2)\cdots(n-m+1)}{m!}$,$C_n^m = \dfrac{n!}{m!(n-m)!}$,另外 $C_n^0 = 1$.

组合数的两个性质:(1) $C_n^m = C_n^{n-m}$;

(2) $C_{n+1}^m = C_n^m + C_n^{m-1}$.

(5) 二项式定理:$(a+b)^n = C_n^0 a^n + C_n^1 a^{n-1}b + C_n^2 a^{n-2}b^2 + \cdots + C_n^r a^{n-r}b^r + \cdots + C_n^n b^n$ ($n \in \mathbf{N}^*$)

其中 $C_n^r (r = 0, 1, 2, \cdots, n)$ 叫作二项式系数,$C_n^r a^{n-r} b^r$ 叫作通项公式,记作 T_{r+1},由二项式定理可得 $0 \leqslant r \leqslant n$,$r \in \mathbf{N}$,$n \in \mathbf{N}^*$.

四、离散随机变量及其重要分布

1. 概率分布

离散型随机变量的概率分布及其性质请见第四章第三节.

2. 几个重要分布

(1) 两点分布：$P(X=1)=p$，$P(X=0)=q$.

(2) 伯努利分布：在 n 重伯努利试验中，设事件 A 发生的概率为 p。事件 A 发生的次数是随机变量，设为 X，则 X 可能取值为 $0,1,2,\cdots,n$.

$P(X=k)=P_n(k)=C_n^k p^k q^{n-k}$，其中 $q=1-p$，$0<p<1$，$k=0,1,2,\cdots,n$，则称随机变量 X 服从参数为 n,p 的二项分布，记为 $C\sim B(n,p)$.

当 $n=1$ 时，$P(X=k)=p^k q^{1-k}$，$k=0,1$，这就是两点分布，所以两点分布是二项分布的特例.

(3) 超几何分布：$P(X=k)=\dfrac{C_M^k \cdot C_{N-M}^{n-k}}{C_N^n}$ $(k=0,1,2,\cdots,l)$ $l=\min(M,n)$，随机变量 X 服从参数为 n,N,M 的超几何分布，记为 $H(n,N,M)$.

(4) 正态分布详见第四章第五节.

五、例题

例1 由 $1,2,3,4,5,6$ 组成没有重复数字且 $1,3$ 都不与 5 相邻的六位偶数的个数是（　　）.

A. 72　　　　B. 96　　　　C. 108　　　　D. 144

解：先选一个偶数字排个位，有 3 种选法，再考虑 1、3、5 的排列：

① 若 5 在十位或十万位，则 1、3 有三个位置可排，$3A_3^2 A_2^2 = 36$ 个；

② 若 5 排在百位、千位或万位，则 1、3 只有两个位置可排，共 $3A_2^2 A_2^2 = 12$ 个，

算上个位偶数字的排法，共计 $3(36+12)=108$ 个.

例2 为了比较注射 A，B 两种药物后产生的皮肤疱疹的面积，选 200 只家兔做试验，将这 200 只家兔随机地分成两组，每组 100 只，其中一组注射药物 A，另一组注射药物 B.

(1) 甲、乙是 200 只家兔中的两只，求甲、乙分在不同组的概率；

(2) 表 10-4 和表 10-5 分别是注射药物 A 和 B 后的皮肤疱疹面积的频数分布表（疱疹面积单位：mm^2）.

表 10-4

疱疹面积	[60,65)	[65,70)	[70,75)	[75,80)
频数	30	40	20	10

表 10-5

疱疹面积	[60,65)	[65,70)	[70,75)	[75,80)	[80,85)
频数	10	25	20	30	15

① 图 10-4 和图 10-5 分别为注射药物 A 和药物 B 后皮肤疱疹面积的频率分布直方图，完成这两幅频率分布直方图，并比较注射两种药物后疱疹面积的中位数大小；

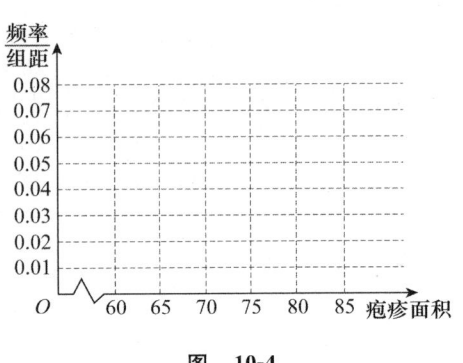

图 10-4

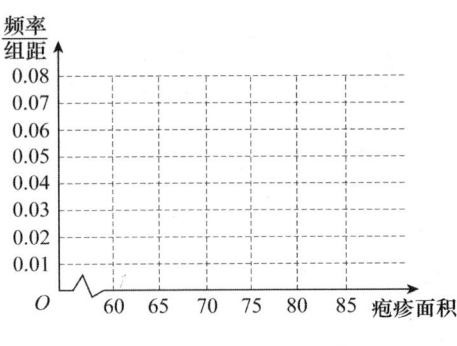

图 10-5

② 完成如表10-6所示的2×2列联表,并回答能否有99.9%的把握认为"注射药物A后的疱疹面积与注射药物B后的疱疹面积有差异".

表 10-6

	疱疹面积小于70mm²	疱疹面积不小于70mm²	合计
注射药物A	$a=$	$b=$	
注射药物B	$c=$	$d=$	
合计			$n=$

附: $K^2 = \dfrac{n(ad-bc)^2}{(a+b)(c+d)(a+c)(b+d)}$

$P(K^2 \geqslant k)$	0.100	0.050	0.025	0.010	0.001
k	2.706	3.841	5.024	6.635	10.828

解:(1)甲、乙两只家兔分在不同组的概率为 $P = \dfrac{2C_{198}^{99}}{C_{200}^{100}} = \dfrac{100}{199}$

(2)① 图10-4中注射药物A后皮肤疱疹面积的频率分布直方图如图10-6所示,图10-5中注射药物B后皮肤疱疹面积的频率分布直方图如图10-7所示.

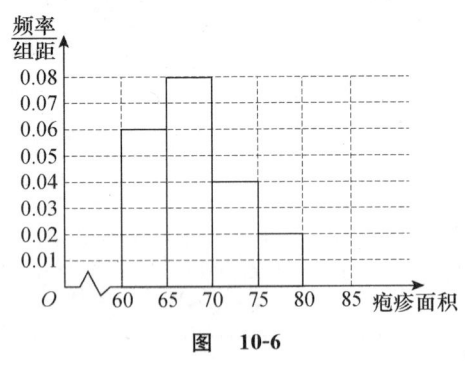

图 10-6

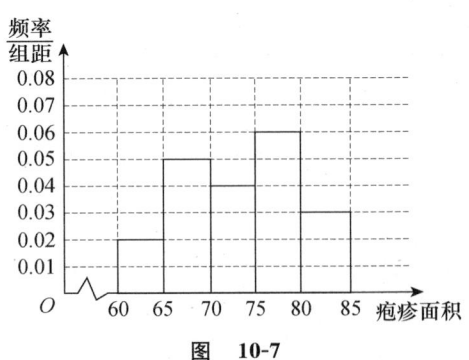

图 10-7

可以看出注射药物A后的疱疹面积的中位数在65至70之间,而注射药物B后的疱疹面积的中位数在70至75之间,所以注射药物A后疱疹面积的中位数小于注射药物B后疱疱疹面积的中位数.

② 2×2 列联表内容如表 10-7 所示.

表 10-7

	疱疹面积小于 70mm²	疱疹面积不小于 70mm²	合计
注射药物 A	$a=70$	$b=30$	100
注射药物 B	$c=35$	$d=65$	100
合计	105	95	$n=200$

$$K^2=\frac{200\times(70\times65-35\times30)^2}{100\times100\times105\times95}\approx24.56,$$ 由于 $K^2>10.828$,所以有 99.9% 的把握认为 "注射药物 A 后的疱疹面积与注射药物 B 后的疱疹面积有差异".

这道题以医学对比实验为背景,体现了统计在医学中的应用价值;考查了频数分布表、频率分布直方图、由频率分布直方图确定中位数、独立性检验的 2×2 列联表.

从本题的设问来看,此题用了中位数和卡方统计量这两个不同的统计量,都可以说明 "注射药物 A 后疱疹面积与注射药物 B 后疱疹面积" 有差异. 但这两个统计量又层层递进,中位数只能看到差异,但无法说明差异的显著程度;卡方统计量不仅说明了差异,而且定量到 "有 99.9% 的把握".

例 3 李明在 10 场篮球比赛中的投篮情况如表 10-8 所示(假设各场比赛互相独立):

表 10-8

场次	投篮次数	命中次数	场次	投篮次数	命中次数
主场 1	22	12	客场 1	18	8
主场 2	15	12	客场 2	13	12
主场 3	12	8	客场 3	21	7
主场 4	23	8	客场 4	18	15
主场 5	24	20	客场 5	25	12

(1) 求从上述比赛中随机选择一场,李明在该场比赛中投篮命中率超过 0.6 的概率;

(2) 求从上述比赛中选择一个主场和一个客场,李明的投篮命中率一场超过 0.6,另一场不超过 0.6 的概率;

(3) 记 $\bar{x}$ 是表中 10 个命中次数的平均数,从上述比赛中随机选择一场,记 X 为李明在这比赛中的命中次数,比较 $E(X)$ 与 $\bar{x}$ 的大小(只需写出结论).

解:(1) 在随机选择的一场比赛中,李明的投篮命中率超过 0.6 的概率是 0.5.

(2) 设事件 A 为 "在随机选择的一场主场比赛中李明的投篮命中率超过 0.6",事件 B 为 "在随机选择的一场客场比赛中李明的投篮命中率超过 0.6",事件 C 为 "在随机选择的一个主场和一个客场中,李明的投篮命中率一场超过 0.6,一场不超过 0.6".

则 $C=A\bar{B}\cup\bar{A}B$,A,B 独立.

根据统计数据,$P(A)=\dfrac{3}{5}$,$P(B)=\dfrac{2}{5}$,$P(C)=P(A\bar{B})+P(\bar{A}B)=\dfrac{3}{5}\times\dfrac{3}{5}+\dfrac{2}{5}\times\dfrac{2}{5}=\dfrac{13}{25}$.

所以,在随机选择的一个主场和一个客场中,李明的投篮命中率一场超过 0.6,一场不超过 0.6 的概率为 $\dfrac{13}{25}$.

(3) $EX = \bar{x}$.

链接阅读

概率的出现

第一个系统地推算概率的人是 16 世纪的卡尔达诺,记载在他的著作 Liber de Ludo Aleae 中. 书中关于概率的内容是由 Gould 从拉丁文翻译出来的.

卡尔达诺的数学著作中有很多给赌徒的建议. 这些建议都写成短文. 例如:《谁,在什么时候,应该赌博?》《为什么亚里士多德谴责赌博?》《那些教别人赌博的人是否也擅长赌博呢?》等.

然而,首次提出系统研究概率的是在帕斯卡和费马来往的一系列信件中. 这些通信最初是由帕斯卡提出的,他想找费马请教几个关于由 Chevvalier de Mere 提出的问题. Chevvalier de Mere 是一知名作家,是路易十四宫廷的显要,也是一名狂热的赌徒. 提出的问题主要是两个:掷骰子问题和比赛奖金如何分配的问题.

本章知识结构

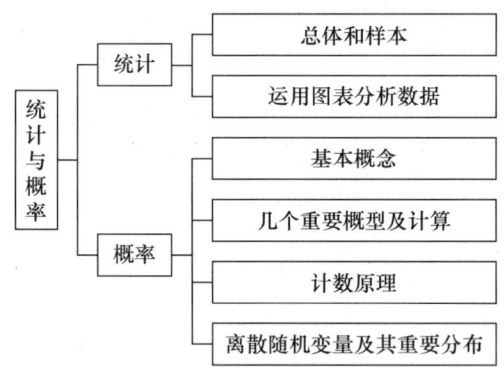

本章小结

一、本章主要内容

1. 统计中的总体与样本简单抽样方法.
2. 运用图表分析、整理数据,并对数据进行假设性检验.
3. 概率的基本概念,几个重要的概率模型.
4. 加法计数原理、乘法计数原理与简单的排列组合问题.
5. 随机变量的分布列及几个重要的分布.

二、本章重点和难点

1. 本章的重点是:

(1) 通过实例理解总体样本,能运用恰当的抽样方法进行简单随机抽样.

(2) 掌握运用图表分析、整理数据的方法.

(3) 理解古典概型,掌握几个重要的分布.

2. 本章的难点是:

(1) 通过实例理解如何选择正确的抽样方法.

(2) 连续型随机变量的分布在实际生活中的运用.

三、学习时要注意的问题

1. 熟悉统计的全过程及收集数据、分析整理数据、对数据进行说明并结合数据给出决策,能够在现实生活中至少完成一次有意义的统计活动.

2. 结合实例能用科学的、简洁的语言描述统计的全过程.

3. 两个计数原理是科学计数的基本原理,在解决实际问题的时候要重点关注两个计数原理的使用,不必过分强调排列组合的计数技巧.

4. 明确古典概型与几何概型在实际中的运用,能运用概率学知识解释生活中的现象.

5. 通过实例明确几个不同分布的特征并能灵活应用.

备考指南

统计概率内容重点在于将统计概率内容应用到活动当中,但是如何组织科学有效的统计活动、设计合理的概率模型,则依赖于教师对统计概率知识的深刻理解.因此,我们需明确:对于统计问题,构建"随机抽样→收集数据→整理分析数据→提取信息→用信息去说明问题"的框架.

在统计问题中,数据的获得是至关重要的.如果从总体中抽取的样本不均匀,不具备随机性,那么后期对样本的数据分析就变得苍白无力.因此无论是在学习统计问题的时候,还是在进行复习的时候,都要帮助学生遵循"随机获取、均匀抽样"的原则;另外,在数据处理之后,要养成运用数据说明问题的习惯,不能把统计题目只看成对数据进行计算.统计学的核心思想就是抽样思想,基本思维模式是:首先,确定研究的客观存在的总体;其次,抽取总体中的一个随机样本;最后,依据样本得出的数据信息(特征)来推测总体的某些数字信息(特征).

对于概率问题,构建"认清随机事件,科学使用枚举法计数,并合理利用概率模型(古典概型、独立与互斥事件、超几何分布、二项分布)解题"的思维模式,最终帮助学生形成能用概率来解释生活中的一些随机现象的能力.

自测训练

一、选择题

1. 某棵果树前 n 年的总产量 S 与 n 之间的关系如图 10-8 所示.从目前记录的结果看,前 m 年的年平均产量最高 m 值为( ).

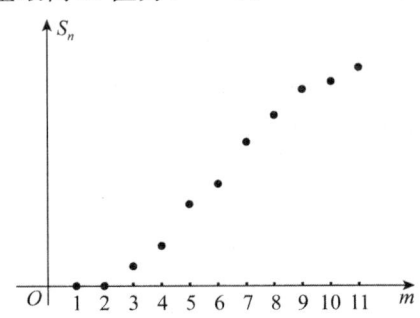

图 10-8

A. 5　　　　B. 7　　　　C. 9　　　　D. 11

2. 已知离散型随机变量 X 的分布列如表 10-9 所示,则 X 的数学期望 $E(X)=$( ).

表 10-9

X	1	2	3
P	$\frac{3}{5}$	$\frac{3}{10}$	$\frac{1}{10}$

A. $\frac{3}{2}$　　　　B. 2　　　　C. $\frac{5}{2}$　　　　D. 3

3. 通过随机询问 110 名性别不同的大学生是否爱好某项运动,得到如下的列表(如表 10-10 所示):

表 10-10

	男	女	总计
爱好	40	20	60
不爱好	20	30	50
总计	60	50	110

由 $K^2=\dfrac{n(ad-bc)^2}{(a+b)(c+d)(a+c)(b+d)}$ 算得 $K^2=\dfrac{110\times(40\times30-20\times20)^2}{60\times50\times60\times50}\approx7.8$.

附表:

$P(K^2\geqslant k)$	0.050	0.010	0.001
k	3.841	6.635	10.828

参照附表,得到的正确结论是( ).

A. 在犯错误的概率不超过的前提下,认为"爱好该项运动与性别有关"

B. 在犯错误的概率不超过的前提下,认为"爱好该项运动与性别无关"

C. 有以上的把握认为"爱好该项运动与性别有关"
D. 有以上的把握认为"爱好该项运动与性别无关"

二、解答题

1. 图 10-9 是某市 3 月 1 日至 14 日的空气质量指数趋势图,空气质量指数小于 100 表示空气质量优良,空气质量指数大于 200 表示空气重度污染. 某人随机选择 3 月 1 日至 3 月 13 日中的某一天到达该市,并停留 2 天.

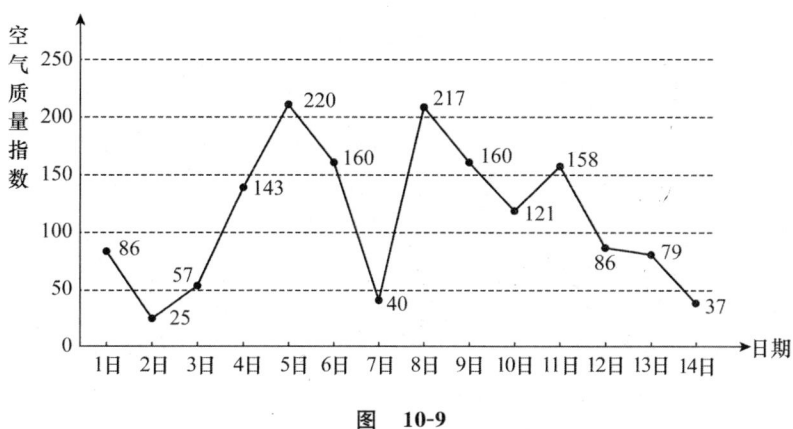

图 10-9

(1) 求此人到达当日空气重度污染的概率;
(2) 设 X 是此人停留期间空气质量优良的天数,求 X 的分布列与数学期望;
(3) 由图 10-9 判断从哪天开始连续三天的空气质量指数方差最大?（结论不要求证明）

2. 如图 10-10 所示,一个小球从 M 处投入,通过管道自上而下落 A 或 B 或 C. 已知小球从每个岔口落入左右两个管道的可能性是相等的. 某商家按上述投球方式进行促销活动,若投入的小球落到 A,B,C,则分别设为 $1,2,3$ 等奖.

(1) 已知获得 $1,2,3$ 等奖的折扣率分别为 $50\%,70\%,90\%$. 记随机变量 ξ 为获得 $k(k=1,2,3)$ 等奖的折扣率,求随机变量 ξ 的分布列及期望 $E\xi$;

(2) 若有 3 人次(投入 1 球为 1 人次)参加促销活动,记随机变量 η 为获得 1 等奖或 2 等奖的人次,求 $P(\eta=2)$.

图 10-10

自测训练答案

第十一章 数学史选讲

考纲内容

数学学科知识包括大学本科数学专业基础课程和高中课程中的数学知识.

高中数学知识是指《课标》中所规定的必修课全部内容、选修课中的系列 1、2 的内容以及选修 3-1(数学史选讲)、选修 4-1(几何证明选讲)、选修 4-2(矩阵与变换)、选修 4-4(坐标系与参数方程)、选修 4-5(不等式选讲).本章属于高中课程中的数学知识.

其内容要求是:理解高中数学中的重要概念,掌握高中数学中的重要公式、定理、法则等知识,掌握中学数学中常见的思想方法,具有空间想象、抽象概括、推理论证、运算求解、数据处理等基本能力以及综合运用能力.

考纲解读

与通常的数学学科内容不同,数学史学科主要关注数学学科知识、重要思想方法的发生和发展历程,重要的文明(国家)与数学人物的数学研究成果以及影响数学发展的社会、文化因素等内容.

与高中阶段有关的数学史知识的定位是专题史的定位.不追求面面俱到地叙述整个数学的发展历史(通史),而是选择数学发展历程中具有里程碑意义的数学内容、思想方法、重要人物,以专题分析的形式为高中生呈现数学史的核心内容.旨在为学生更深刻地理解数学学科内容提供平台,激发学生数学学习的兴趣.专题史不追求数学发展历史的系统性和完整性,重点体现数学学科的本质与基本观点.其中,史料是呈现数学史的基本载体,掌握基本史料是学习本章内容的重点之一.

本章内容:《课标》中没有明确规定哪些是高中数学课程中必须涉及的内容,而是提供了若干个供教科书编写选择的专题.这些专题基本覆盖了适合高中生认知发展阶段的数学史专题.本章将就几个重要专题的基本史料和基本观念做一梳理.

第一节 数学发展简史

数学发展大致可以分为四个时期:数学形成时期、初等数学时期、变量数学时期、现代数学时期.

1. **第一个时期：数学形成时期**

这是人类建立最基本的数学概念的时期. 这个时期主要的标志是：数的概念、记数系统、算术、几何等初步形成.

这个时期的数学基本上是由经验来确定的, 处于原始积累时期. 这就是这一时期数学发展的特点.

2. **第二个时期：初等数学时期, 即常量数学时期(公元前 6 世纪—16 世纪)**

这个时期形成了初等数学的主要分支—算术、几何、代数、三角. 它的基本的成果构成了现在中学数学的主要内容. 这个时期延续了两千年左右.

从内容上, 初等数学可以分为两部分：几何发展时期和代数发展时期. 按照历史条件的不同, 初等数学的发展又可以分为两个系统：中国系统与西方系统. 西方系统又分成希腊的、东方的(指阿拉伯世界、印度)和欧洲文艺复兴的.

3. **第三个时期：变量数学时期(17 世纪—19 世纪初)**

16 世纪的欧洲, 封建制度开始消亡, 资本主义开始发展并兴盛起来. 在这一时期, 家庭手工业、手工业作坊逐渐地改革为工场手工业生产, 并进而转化为以使用机器为主的大工业. 同时, 世界贸易的高涨导致航海业的空前繁荣, 而航海业需要更准确的天文知识. 武器的改进刺激了弹道问题的研究等等, 所有这些对数学提出了新的、更高的要求.

由于实践的需要和各门科学的发展, 使自然科学转向对运动和变化的研究, 对各种变化过程的研究, 对各种变化着的量之间依赖关系的研究. 因此, 对运动和变化的研究成为自然科学研究的中心问题. 为了进一步反映"变化着的量"的一般性质和它们之间的依赖关系, 数学中产生了变量和函数的概念. 数学研究对象发生了根本性的拓展, 这些决定了数学向新的阶段, 即向变量数学时期的过渡. 这一阶段的肇始是解析几何与微积分的诞生与发展.

4. **第四个时期：现代数学时期(19 世纪中叶—现在)**

现代数学发展的最初阶段是以基础学科代数、几何、分析的深刻变化为特征的, 它反映了数学基础的深刻变化. 这些变化主要反映在：研究对象的拓展、研究方法的创新、新研究领域的形成.

进入 20 世纪后, 数学的各个分支都取得了实质性的进展, 出现了一大批令人鼓舞的伟大成就.

数学与计算机的密切结合、相辅相成, 成为现代数学发展的一个重要特征. 伴随着计算机的发展, 数学的应用开拓了更为广阔的天地. "高科技本质上是数学技术", 这一观念已经被越来越多的人所接受. 计算机也为纯粹数学的发展带来了福音, 它不仅为数学家进行大量计算节省了宝贵的时间, 而且渗透到了各个纯粹数学分支, 解决了许多重大数学问题, 促进了一些新的数学分支的产生.

在数学发展史上, 一代代数学家各领风骚, 他们创造着数学、发展着数学, 他们在思想上、学科上留给后人丰富而宝贵的财富. 著名的数学家有：阿基米德, 欧几里得, 笛卡儿, 费马, 牛顿, 莱布尼兹, 欧拉, 拉格朗日, 拉普拉斯, 高斯, 阿贝尔, 柯西, 黎曼, 康托, 希尔伯特, 彭加勒等, 数不胜数. 尤其是欧拉、拉格朗日、拉普拉斯、高斯、希尔伯特等数学家所具有的品质和魅力——全才、大气、博大精深、开创性,深深地刻在后人脑海里.

第二节 社会文明与数学发展

一、早期算术与几何——计数与测量

通常意义上的几个古代文明古国都对数学知识的起源与发展做出过突出的贡献,包括古巴比伦、古埃及、古印度、古中国、古希腊等.

算术与几何的早期起源与早期形态涉及几个主要文明古国的重要文献对于算术和几何的记载(如古巴比伦的泥板、古埃及的纸草书等).

算术内容包括记数符号:与记数法则(十进制与其他进制;位置制与非位置制).多个古代文明都选择十进制作为基本进位制的"生理"基础:人的十指的作用.当然有人提出六十进制的自然基础和"生理"基础:12个月和五指的整合.

古埃及采取十进位的非位置制记数法,在数系中 1 到 9 的每一种数字都有一个特定符号,同样从 10 到 90 的每一个 10 的倍数以及从 100 到 900 的每一个 100 的倍数也都有各自特定的符号,以此类推(但没有表示 0 的符号);此外,古巴比伦文明采取六十进位的位置制记数法;印度和阿拉伯采取十进制的位置制记数法,并首次使用了 0 的符号(即我们现在通行的记数法);玛雅采用二十进位的位置制.

几何内容主要包括早期几何处理的基本问题,主要为几何起源于早期土地测量的需要,以有关的面积、体积的计算为主,主要是经验性的近似计算,包括计算的直线型基本图形的周长面积、体积计算.例如,古巴比伦人认为等边三角形高是底的 $\frac{7}{8}$;以及非直线型,特别是圆的周长与面积计算的经验公式,如古埃及利用 $\left[\left(\frac{8}{9}\right)d\right]^3$($d$ 为直径)来计算圆的面积,古巴比伦人用公式 $\frac{C^2}{12}$(C 为周长)或 $\frac{Cd}{4}$ 来计算圆的面积,当然,以上计算都是以实用为目的,其计算公式据信是基于粗略的经验而非严谨的逻辑推理或者严格的科学实验获得的.

> **链接阅读** ▽
>
> ### 勾股定理的发现
>
> 几个早期文明古国对于勾股定理问题有基本阐述.对于古巴比伦泥板的研究分析显示,古巴比伦人发现勾股定理的基本结论晚于古巴比伦人,古中国的数学兼天文学著作《周髀算经》也很早地记载了勾股定理的有关内容.但需要注意的是,这些有关勾股定理的研究成果虽然与现代数学给出的结论相同,但在应用于实践中时,都未给出严格的推理证明,甚至没有意识到应该对于这些结论给出严格的证明.因此,讨论勾股定理发现的优先权问题以及定理的命名问题时,就有两个阶段,即谁最先经验性地发现了勾股定理的内容(包括有关勾股定理的特例)和谁最先给出勾股定理的一般性证明.

二、古希腊数学

古希腊不是数学的发源地,古希腊人所掌握的数学知识在很大程度上是继承了古埃及、古巴比伦的数学成就.

但古希腊人在世界数学史、科学史乃至文明史上的地位,远比其他文明值得关注,或者说,对于现代数学的影响来说,古希腊人的作用不可替代. 在数学上,古希腊远比其他文明古国走得更远,在数学史上的地位是独一无二的. 古希腊也是西方科学传统的发源地. 他们开创了现代数学研究的基本范式,数学的本质在古希腊人手里得到了升华,他们不满足于仅仅计算出问题的数值结果,而且还必须证明结论的正确性,建立在公理体系和演绎逻辑(如三段论)基础上的数学论证范式成为现在数学研究的基本范式.

泰勒斯是现在人们所知的第一位古希腊数学家,他认识到数学需要证明,被认为是古希腊数学传统的开创者.

在古希腊,数学是哲学的一部分,数学被哲学家们用来作为解释世界的基本方式. 人们熟知的毕达哥拉斯学派提出"万物皆数"的观点,强调数(主要指正整数及有理数)形成了宇宙的基本组成原则,即数是世界的本源. 任何事物都具有一个数或可以用数来记,并且数是所有物理现象的基础,例如,天空里的一个星座可用组成它的星星的数目来刻画;音调的和谐由数值的比决定,如一根拉紧的弦,若取原长的二分之一,则可弹出八度音调;正多面体对应四古典元素(火、空气、水和土)等. 关于数的理论研究成为毕达哥拉斯学派乃至整个古希腊数学的标识之一,如有关数的奇偶性、形数(三角形数,四边形数等)的研究,许多问题的研究一直持续到现代,如孪生素数等.

此外,勾股定理在西方被称为毕达哥拉斯定理,被认为是由毕达哥拉斯学派最早给出一般性证明的.

我们熟悉的尺规作图问题也源于古希腊,这是古希腊人数学观念的重要体现. 尺规作图要求只在有限次使用无刻度的直尺与圆规做出有关图形. 这种限制符合古希腊人对于公理化方法的追求,体现了古希腊人的基本数学观念. 古希腊人提出的用尺规作图实现化圆为方、倍立方体和三等分任意角问题被称为三大几何难题,直到19世纪才被人们用高等数学的方法彻底解决. 特别地,虽然最后研究的结果是上述三大几何难题都是无法通过尺规作图实现的,但在这个过程中所发展的数学理论与方法是十分丰富的,如人们熟悉的圆锥曲线的有关内容等.

古希腊数学家欧几里得的巨著《几何原本》提出了数学的公理体系与公理化方法. 这成为后世数学研究的典范,其影响也波及其他的学科,如物理学、政治学等. 欧几里得以基本定义、公设和公理作为全书推理的出发点. 其中,著名的第五公设就是五条公设中的最后一条:若一直线落在两直线上所构成的同旁内角和小于两直角,那么把两直线无限延长,它们将在同旁内角和小于两直角的一侧相交. 对于第五公设的研究直接导致了非欧几何等重要领域的诞生,并且导致了人们对于数学的再认识(包括对于数学基础的再讨论).

链接阅读

关于《几何原本》

《几何原本》是一部集前人思想和欧几里得个人创造性于一体的不朽之作.作者把人们公认的一些事实列成定义和公理,以形式逻辑的方法,用这些定义和公理来研究各种几何图形的性质,从而建立了一套从公理、定义出发,论证命题得到定理的几何学论证方法,形成了一个严密的逻辑体系——几何学.而这本书,也就成了欧式几何的奠基之作.

《几何原本》已经基本囊括了几何学从公元前7世纪的古埃及,一直到公元前4世纪前后总共四百多年的数学发展历史.它不仅保存了许多古希腊早期的几何学理论,而且通过欧几里得开创性的系统整理和完整阐述,使这些远古的数学思想发扬光大.

《几何原本》开创了古典数论的研究,在一系列公理、定义、公设的基础上,创立了欧几里得几何学体系,成为用公理化方法建立起来的数学演绎体系的最早典范.

《几何原本》大约成书于公元前300年,原书早已失传.全书共分13卷.书中包含了5个假设、5条公设、23个定义和48个命题.在每一卷内容当中,欧几里得都采用了与前人完全不同的叙述方式,即先提出公理、公设和定义,然后再由简到繁地证明它们.这使得全书的论述更加紧凑、明快.

而在整部书的内容安排上,也同样贯彻了欧几里得的这种独具匠心的安排.《几何原本》由浅到深,从简至繁,先后论述了直边形、圆、比例论、相似形、数、立体几何以及穷竭法等内容.其中,有关穷竭法的讨论,成为近代微积分思想的来源.

照欧氏几何学的体系,所有的定理都是从一些确定的、不需证明的基本命题即公理演绎出来的.在这种演绎推理中,对定理的每个证明必须或者以公理为前提,或者以先前就已被证明了的定理为前提,最后做出结论,对后世产生了深远的影响.《几何原本》标志着几何学已成为一个有着比较严密的理论系统和科学方法的学科.

两千多年来,《几何原本》一直是学习数学几何部分的主要教材.哥白尼、伽利略、笛卡儿、牛顿等许多伟大的学者都曾读过《几何原本》,从中汲取了丰富的营养,从而做出了许多伟大的成就.

1582年,意大利人利玛窦到中国传教,带来了15卷本的《原本》.1600年,明代数学家徐光启与利玛窦相识后,便经常来往.1607年,他们把《几何原本》的前6卷"平面几何"部分合译成中文.后9卷是1857年由中国清代数学家李善兰和英国人伟烈亚力译完的.

三、中国古代数学

中国古代数学在世界数学史上具有举足轻重的地位.与希腊数学相比,中国古代数学更看重算法的概括,但不讲究命题的公理化与逻辑论证,特别重视为了解决一类实际问题而概括出来的一般性的计算方法.当然刘徽等数学家也对于这些一般性的算法进行过论证,但非严格的公理化方法.

《九章算术》是中国古代数学最重要的著作,基本反映了中国古代数学的基本特征.该书

第十一章 数学史选讲

采用问题集的形式,共包括 246 个实际问题,通过问题、解法、方法的形式呈现数学内容,与古希腊的公理、定理的形式风格迥异,对于每个问题给出的都是一个构造性的算法. 全书分为 9 章包括:第一章"方田",主要讲述了平面几何图形面积的计算方法;第二章"粟米":计算各种粮食兑换、计算商品单价等比例问题;第三章,"衰分",比例分配问题;第四章"少广":已知面积、体积,反求其一边长和径长等;介绍了开平方、开立方的方法;第五章"商功",土石工程、体积计算;除给出了各种立体体积公式外,还有工程分配方法;第六章"均输":合理摊派赋税;用衰分术解决赋役的合理负担问题;第七章"盈不足",即双设法问题;提出了盈不足、盈适足和不足适足、两盈和两不足三种类型的盈亏问题;第八章"方程",一次方程组问题;采用分离系数的方法表示线性方程组;第九章"勾股",利用勾股定理求解的各种问题.

《九章算术》在算术、代数和几何方面取得了举世瞩目的成就,如引入了正负数的概念,并总结了正负数的加减运算法则,称为正负术;同时,给出了线性方程的消元法解法,称为遍乘直除算法.

《周髀算经》是另一部重要的数学著作,以文字形式叙述了勾股定理的应用算法. 三国时期的数学家赵爽在《周髀算经》的注解中给出了著名的"弦图",用面积的出入相补方法证明了勾股定理.

中国古代的著名数学家,除了赵爽,以及在圆周率计算方面取得重要成就的祖冲之之外,还有著有《数书九章》、并给出求解一次同余式方程组算法——大衍求一术的数学家秦九韶,这一研究可能是受到了天文历法问题的推动. 这也是中国古代数学的特征之一,即与实际问题的紧密联系.

中国非常著名的数学家刘徽在为《九章算术》做注解的过程中展示出非凡的数学才华. 其成就包括创造性地应用了割圆术,运用朴素的极限思想计算圆面积和圆周率;建立了重差术;特别是,在其数学工作中重视理论的建构推理,同时又注意几何直观的作用,为精制的算法开发提供了基础. 刘徽在公元 263 年撰写的著作《九章算术注》以及后来的《海岛算经》,是我国最宝贵的数学遗产,从而奠定了他在中国数学史上的不朽地位.

链接阅读

中国古代的圆周率计算

古今中外,许多人致力于圆周率的研究与计算. 为了计算出圆周率越来越好的近似值,一代代的数学家为这个神秘的数贡献了无数的时间与心血. 19 世纪前,圆周率的计算进展相当缓慢. 中国古算书《周髀算经》(约公元前 2 世纪)中有"径一而周三"的记载,认为圆周率是常数.

我国数学家刘徽在注释《九章算术》时只用圆内接正多边形就求得了 π 的近似值,也得出精确到两位小数的 π 值,他的方法被后人称为割圆术. 刘徽用割圆术一直算到圆内接正 192 边形,得出 $\pi \approx \sqrt{10}$(约为 3.16).

汉朝时,张衡得出π的平方除以16等于5/8,即π≈$\sqrt{10}$(约为3.162).虽然这个值不太准确,但它简单易理解,所以也在亚洲风行了一阵.王蕃发现了另一个圆周率值,这就是3.156,但没有人知道他是如何求出来的.

南北朝时期著名数学家祖冲之进一步得出精确到小数点后7位的π值,给出不足近似值3.1 415 926和过剩近似值3.1 415 927,还得到两个近似分数值,密率355/113和约率22/7.祖冲之的辉煌成就比欧洲至少早了1000年.其中的密率在西方直到1573年才由德国人奥托得到,1625年发表于荷兰工程师安东尼斯的著作中.

第三节 数学枝繁叶茂

17世纪初到19世纪20年代这段时间被称为近代数学时期.对数的产生,牛顿、莱布尼兹的微积分,帕斯卡等人的概率论等都是这一阶段的重要成果.

19世纪20年代以来,数学发展的主要特征是空前的创造精神和高度的严格精神相结合,这个世纪的数学成果超过以往所有数学成果的总和,其中最典型的成就当属分析学的严格化,射影几何的复兴及非欧几何的诞生,代数学中群论和非交换代数学的产生,以及公理化运动的开端等.这些事件具有重大的意义,从某种程度来说,它们改变了人类的思维方法,并且最终影响到人们对数学的本性的理解,这些事件也深深地影响了20世纪数学的发展趋势,主要反映在纯粹数学方面.

一、平面解析几何的产生

形数结合的思想是数学史上具有里程碑意义的思想方法.其中,重要的数学研究领域为解析几何.17世纪法国杰出的数学家费马与笛卡儿独立地发明了平面解析几何是数学史上的重要事件.

近代数学本质上是研究变量的变量数学,而变量数学的第一个里程碑是平面解析几何的发明.

平面解析几何的发明并非灵光一现,而是长期历史积累的结果,其基础包括古希腊时期以来对曲线研究,特别是对于圆锥曲线研究的积累;中世纪后期对于形态幅度的研究,包括用模糊的坐标方法研究运动与变化;特别是文艺复兴时期以来代数学中,数学符号系统的发展和代数方程理论的发展为解析几何的发明提供了重要的基础.文艺复兴时期以来科学技术发展的需要也迫切需要解析几何的"诞生",如天体运行规律、战争武器中的弹道问题等对于运动与变化的研究的需要.

费马和笛卡儿的工作出发点不尽相同,但却殊途同归.其中,笛卡儿的工作更具有哲学的意味.给出"我思故我在"名言的笛卡儿同时是著名的哲学家,关于解析几何的工作包括在其著作《几何学》中,而《几何学》是其哲学巨著《更好地指导推理和寻求科学真理的方法论》的三个附录之一.笛卡儿研究的主要方向是寻求发现真理的一般方法,他将一般方法设想为所谓的"通用数学",即将任何问题转化为数学问题进而转化为代数问题,最后转化为方程求解的问题,而解析几何恰恰实现这一理论设计的方法论蓝图.

二、微积分的产生

与平面解析几何的产生类似,微积分的产生也是数学知识长期发展的结果.其思想萌芽,特别是积分学原始思想可以追溯到古希腊、古中国以及古印度数学中,用无限小过程计算特殊形状的面积、体积和曲线长的例子.

文艺复兴以来,有关瞬时变化率问题、切线问题、函数极大值和极小值问题,以及复杂面积、体积、曲线长、重心和引力计算的问题等研究的需要为微积分的产生提供了重要动力.笛卡儿、费马、惠更斯、开普勒、帕斯卡、巴罗等数学家的前期工作使得微积分的产生只差"临门一脚",牛顿和莱布尼兹分别独立地完成了微积分创立中最后也是最关键的一步.微积分基本定理也称为牛顿-莱布尼兹公式.

牛顿和莱布尼兹与那个时代的许多科学家一样,都在多个领域取得了辉煌的成就.牛顿在数学、物理学等领域取得划时代性的成就,莱布尼兹在哲学上的成就不亚于其数学成就,同时也是一位外交官.

牛顿和莱布尼兹都提出了同微积分两个基本问题相联系的基本概念:牛顿的说法是流数和流量,莱布尼兹的提法是微分和积分(即现在的说法),着重解决极值和面积两个基本问题.莱布尼兹还率先建构了现代微积分的基本术语和符号,他们都发展了使人们能方便地使用这些概念的符号和算法.牛顿和莱布尼兹都提出了微积分基本定理的基本内容,也使用两个基本概念解决了许多从前不能解决的困难问题.其中,牛顿运用微积分工具,严格证明了包括开普勒行星运动三大定律、万有引力定律在内的一系列结果,将其应用于流体运动、声、光、潮汐、彗星及宇宙体系,充分显示了这一新数学工具的威力.

三、康托的集合论——对无限的思考

自从微积分诞生的那天起,便伴随着对其严格化问题的争论(所谓第二次数学危机).17世纪至19世纪,数学家都在对于这个问题进行探索,并且同时还在思考与之伴随的关于代数严格化的问题,如有关负数、无理数、复数乃至四元数的基础问题.当然,这些问题很大程度上就是古希腊不可公度问题(第一次数学危机)的延续.在非欧几何出现以来,关于古希腊欧式几何基础的问题也引起了数学家的再思考.

19世纪末有关数学严格化的努力,最后促成了集合论的诞生,集合论加公理化方法也成为现在数学的基本建构模式.

康托的贡献在于,将人们熟悉的集合的概念由有限集合推广到无穷集合的范畴上,使用了一一对应的关系来建立两个集合之间的大小关系.从而正整数和正偶数之间是"一样多"的,自然数和有理数是一样多的,实数比有理数"多".虽然,对于无穷集合的研究颠覆了许多前人的数学观念,部分可以等于整体,无穷本身也是有大小的等.虽然集合论的发展经历了各种波折,如悖论的产生和克服等,但在众多一流数学家的共同努力下,集合论思想逐渐被越来越多的人接受,并成为一门独立的数学分支,尤其已经成为整个数学的理论基石.

链接阅读

集合论的诞生

集合论是德国著名数学家康托于19世纪末创立的.17世纪,数学中出现了一门新的分支:微积分.在之后的一二百年中这一崭新学科获得了飞速发展并结出了丰硕成果.其推进速度之快使人来不及检查和巩固它的理论基础.19世纪初,许多迫切问题得到解决后,出现了一场重建数学基础的运动.正是在这场运动中,康托开始探讨了前人从未碰过的实数点集,这是集合论研究的开端.到1874年康托开始提出"集合"的概念,他对集合所下的定义是:把若干确定的、有区别的(不论是具体的或抽象的)事物合并起来,看作一个整体,就称为一个集合,其中,各事物称为该集合的元素.人们把康托于1873年12月7日给戴德金的信中最早提出集合论思想的那一天定为集合论诞生日.

四、随机思想的发展

人们通常认为现代的概率理论开始于帕斯卡和费马在1654年的通信,这些通信在某种程度上是为了回应他人给帕斯卡提出的赌博问题.因为赌博是最古老的休闲活动之一,所以很可能人们从远古时代就考虑过概率的基本概念,至少是在经验的基础上或者是至少拥有在某一赌局中如何计算特定事件发生的可能性的模糊观念.

从概率论的初创阶段直到19世纪,"等可能性"一直是一个基本而核心的概念,它指的是每个简单事件具有相同的概率.人们对这一性质的认识经历了相当曲折的过程,最终用概率测度概念取代了它,逐渐形成了公理化的概率论.

简单的统计自古以来就有,早期的统计实践植根于诸如人口调查的实践活动中.在18、19世纪出现了统计推断思想的萌芽并有一定发展,但以概率论为基础、以统计推断为主要内容的现代意义的数理统计学,则到20世纪才告成熟.

第四节 中国现代数学的发展

中国古代数学史在世界数学史曾经书写下了华彩的篇章,但自明代以后逐步落后于西方的近现代数学.20世纪初,大批有志青年远涉重洋去国外留学,担负起了振兴中国数学的重任.

经过几代人的努力,我国的数学研究在数理逻辑、数论、代数、微分几何、拓扑学、函数论、泛函分析和积分方程、常微分方程、概率论、运筹学、控制论、计算数学、数学的机械化证明等方面全面展开,并取得了不少研究成果,其中有一些已达到了国际一流水平.

冯祖荀,胡明复,姜立夫,陈建功等数学家为中国现代数学的早期发展做出了卓越的贡献.数学也陆续成为中小学教育的基本内容,逐渐成为国民教育与国民素质的一部分.我国几所著名的大学陆续建立了数学学科,逐渐取得了许多令国际数学界瞩目的成果,涌现出一批杰出的数学家,如华罗庚、陈省身、许宝騄、苏步青、吴文俊、陈景润、丘成桐等.

在杰出数学家的贡献中,以陈省身、华罗庚做出的贡献最为著名.

美籍华裔数学家陈省身在海外数学家群体中,做出了最为辉煌的学术成就,是当代微分几何大师,他的《闭黎曼流形的高斯-博内公式的一个简单内蕴证明》《Hermitian流形的示性类》奠定了他在数学史中的地位.陈省身于1984年获得著名的沃尔夫数学奖.

华罗庚从美国伊利诺伊大学教授职位归国后担任中国科学院数学研究所的第一任所长,开创了多个中国数学研究领域的先河,在解析数论、矩阵几何学、典型群、自守函数论、多复变函数论、偏微分方程、高维数值积分等领域的研究取得了突出成就,并为中国培养了一大批优秀的数学家,如陈景润,王元等.

陈景润对哥德巴赫猜想的研究获得了国际数学界的高度重视和称赞.英国数学家哈伯斯坦和德国数学家黎希特把陈景润的结论写进数学书中,称为"陈氏定理".苏步青先生在一般曲面研究中发现了四次(三阶)代数锥面(称为"苏锥面"),为几何学研究带来重大突破.吴文俊先生在拓扑学的示性类和示嵌类、数学机械化等领域中做出了重要贡献,后者得益于他对中国数学史的研究.这是近代数学史上的第一个中国原创的领域,被国际上称为"吴方法",获得首届国家自然科学一等奖和国家最高科学技术奖.丘成桐由于在微分方程、代数几何中的卡拉比猜想,广义相对论中的正质量猜想以及实和复的蒙目-安培方程等领域里所作出的杰出贡献,荣获1982年度菲尔兹奖,是第一位获得这项被称为"数学界的诺贝尔奖"的华人,也是继陈省身后第二位获得沃尔夫奖(2010年)的华人.

本章知识结构

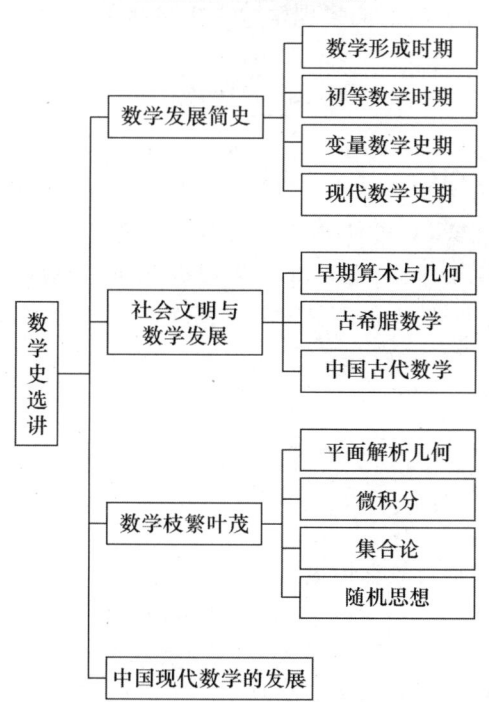

本章小结

一、本章主要内容

本章概括了几个数学史专题内容,简述了讨论相关问题的要点.

概要性的章节:数学发展简史.

以数学内容为线索的章节:平面解析几何的产生,微积分的产生,康托的集合论和随机思想的发展.

以主要文明的数学为线索的章节:早期算术与几何,古希腊数学,中国古代数学,中国现代数学的发展.

最后简要介绍了中国现代数学的发展.

二、本章重点和难点

1. 本章的重点是:

(1) 理解数学史发展的分期.

(2) 几个主要的数学内容的历史发展(如代数、几何、解析几何、微积分等).

(3) 几个主要文明数学的历史发展(如中国数学、古希腊数学).

2. 本章的难点是:

从文化的视角理解数学的历史发展,结合具体的数学知识(如本书其他章节的内容)理解数学的历史发展.

三、学习时要注意的问题

1. 适当扩大阅读量,针对推荐阅读的内容扩展自己的数学史知识.

2. 尽量避免背诵本章内容,而应当理解数学史分析问题的基本视角、方法和观点.

备考指南

本章不同于其他数学学科知识的内容体系,包括的知识点较多且繁杂.考生需要了解层面学习常识性的数学史实,如在数学史上发挥重要作用的几个文明,解析几何、微积分与概率论等学科的基本发展历程,著名数学家的成就与贡献等.同时,理解有关数学发展的基本观点,如数的发展并非沿着数学逻辑结果的线索发展,微积分的发明与发展是社会、科学与数学学科综合作用的结果等.

自测训练

一、选择题

1. 中国古代数学与古希腊数学最显著的区别是( ).

A. 年代的差异   B. 数学水平的差异

C. 数学观的差异   D. 数学教育方式的差异.

2. 以下条目不是微积分发明的特征的是( ).

A. 是社会发展的需要   B. 受到继往数学研究成果的推动

C. 是牛顿灵光一现的成果 D. 是不同学科相互促进的成果
3. 集合论诞生的直接目的是（　　）.
  A. 数学基础的问题 B. 解决古代的数学悖论问题
  C. 推翻既往的数学理论 D. 解决数学交流语言的问题
4. 以下哪位数学家建构了现代微积分的基本术语和符号？（　　）
  A. 莱布尼兹 B. 欧拉 C. 高斯 D. 牛顿
5. 下列条目不是数的发展与微积分的发展的共同特征是（　　）.
  A. 社会需要的产物 B. 沿着逻辑的线索发展
  C. 有著名的数学家为之做出过贡献 D. 是一个长期发展的过程
6. 下列不属于解析几何发明的数学基础是（　　）.
  A. 古希腊时代以来对曲线研究 B. 中世纪后期对于形态幅度的研究
  C. 代数学中,数学符号系统的发展 D. 集合论的发展

二、简答题

试比较中国古代数学与古希腊数学的异同.

自测训练答案

第三篇　高中数学课程与教学的理论与实践

第十二章　高中数学课程

> **考纲内容**
>
> 了解高中数学课程的性质、基本理念和目标.
> 熟悉《课标》所规定教学内容的知识体系,掌握《课标》对教学内容的要求.
> 了解《课标》各模块知识编排的特点.
> 能运用《课标》指导自己的数学教学实践.

> **考纲解读**
>
> 对高中数学课程的理解,主要是通过对《课标》的学习与研究.考纲中虽然对课程的性质、基本理念和目标要求是"了解"这个层次,但这部分内容是有关课程灵魂的,是用以指导《课标》中其他内容的,因此,考生要重视此部分内容.教学内容在课程中是最"实在"的部分,也是对教学实施的具体指导,因此,对相关内容要做到熟悉.
>
> 课程的设置特点反映了设计者对数学及其教学的理解与认识,其结构特征既反映了数学自身的内在规律,又体现了学习认知规律.把握高中数学课程最终是要运用到教师的教学实践,因此,学习高中课程的过程应当是伴随教学设计和教学实践的过程,在这个过程中实现对高中数学课程的真正理解、整体把握,构建优质的数学教育.

第一节　高中数学课程的基本理念与目标

一、高中数学课程的基本理念

1. 构建共同基础,提供发展平台

高中教育属于基础教育.高中数学课程应具有基础性,它包括两方面的含义:第一,在义务教育阶段之后,为学生适应现代生活和未来发展提供更高水平的数学基础,使他们获得更高的数学素养;第二,为学生进一步学习提供必要的数学准备.高中数学课程由必修系列课程和选修系列课程组成.必修系列课程是为了满足所有学生的共同数学需求;选修系列课程是为了满足学生的不同数学需求,它仍然是学生发展所需要的基础性数学课程.

2. 提供多样课程，适应个性选择

高中数学课程应具有多样性与选择性，使不同的学生在数学上得到不同的发展．

高中数学课程应为学生提供选择和发展的空间，为学生提供多层次、多种类的选择，以促进学生的个性发展和对未来人生规划的思考．

3. 倡导积极主动、勇于探索的学习方式

高中数学课程倡导自主探索、动手实践、合作交流、阅读自学等学习方式．这些方式有助于发挥学生学习的主动性，使学生的数学学习过程成为在教师引导下的"再创造"过程．高中数学课程应力求通过各种不同形式的自主学习、探究活动，让学生体验数学发现和创造的历程，发展他们的创新意识．

4. 注重提高学生的数学思维能力

高中数学课程应注重提高学生的数学思维能力，这是数学教育的基本目标之一．人们在学习数学和运用数学解决问题时，不断地经历直观感知、观察发现、归纳类比、空间想象、抽象概括、符号表示、运算求解、数据处理、演绎证明、反思与建构等思维过程．这些过程是数学思维能力的具体体现，有助于学生对客观事物中蕴含的数学模式进行思考和做出判断．数学思维能力在形成理性思维中发挥着独特的作用．

5. 发展学生的数学应用意识

高中数学课程应提供基本内容的实际背景，反映数学的应用价值，开展"数学建模"的学习活动，设立体现数学某些重要应用的专题课程．高中数学课程应力求使学生体验数学在解决实际问题中的作用、数学与日常生活及其他学科的联系，促进学生逐步形成和发展数学应用意识，提高实践能力．

6. 与时俱进地认识"双基"

关于数学基础知识和基本技能，课程目标提得非常明确，即第一要获得必要的数学基础知识和基本技能，理解基本的数学概念、数学结论的本质；第二要了解概念、结论产生的背景、应用，要求通过不同形式的自主学习、探究活动，体验数学发现和创造的历程；第三要体会其中所蕴含的数学思想方法，以及它们在后续学习中的作用．这里，既有过去所强调的"双基"的要求，又有新的发展．

7. 强调本质，注意适度形式化

形式化是数学的基本特征之一．在数学教学中，学习形式化的表达是一项基本要求，但是不能只限于形式化的表达，要强调对数学本质的认识，努力揭示数学概念和法则、结论的发展背景、过程和本质，揭示人们探索真理的道路．

8. 体现数学的文化价值

数学课程应帮助学生了解数学在人类文明发展中的作用，使学生逐步形成正确的数学观．为此，高中数学课程提倡体现数学的文化价值，并在适当的内容中提出对"数学文化"的学习要求，设立"数学史选讲"等专题．

9. 注重信息技术与数学课程的整合

一是信息技术与高中数学课程内容的有机整合；二是增加数学的可视化，提高数学课堂教学效率；三是运用信息技术改变学生的学习方式，运用信息技术进行探索和发现，运用网络收集信息、扩大视野、增进交流．

10. 建立合理、科学的评价体系

高中数学课程应建立合理、科学的评价体系,包括评价理念、评价内容、评价形式和评价体制等方面.评价既要关注学生数学学习的结果,也要关注他们数学学习的过程;既要关注学生数学学习的水平,也要关注他们在数学活动中所表现出来的情感态度的变化.在数学教育中,评价应建立多元化的目标,关注学生个性与潜能的发展.

链接阅读 ▽

关于"四基"

数学基础教育中"双基"的提法,在教育部 2011 年 12 月 28 日颁布的《义务教育数学课程标准(2011 年版)》(以下简称为《课标》)中被发展为"四基",即从"数学的基础知识、基本技能"发展为"数学的基础知识、基本技能、基本思想、基本活动经验".

新中国的数学基础教育,历来重视"双基",即要求学生基础知识扎实,基本技能熟练,这是正确的,其历史贡献也是应该肯定的,所以《课标》中的"四基"继续保留和强调了"双基".但是,在"知识爆炸"的时代,在现代信息技术突飞猛进的时代,在获取知识、技能的渠道大大增加的时代,对于过去数学"双基"的某些内容,如繁杂的计算、细枝末节的证明技巧等,需要有所删减;而对于估算、算法、数感、符号意识、收集和处理数据、概率初步、统计初步、数学建模初步等,又要有所增加.数学的"双基"内容要与时俱进.

"双基"发展为"四基"有下面三个理由.第一,"双基"仅仅涉及"知识与技能",而"数学基本思想、基本活动经验"涉及"过程与方法"和"情感态度与价值观".第二,因为某些教师有时片面地理解"双基",往往在实施中"以本为本",见物不见人,而教育必须以人为本,新增加的"数学思想"和"活动经验"就直接与人相关,也符合"素质教育"的理念.第三,因为仅有"双基"还难以培养创新性人才,"双基"只是培养创新性人才的一个基础,但创新性人才不能仅靠熟练掌握已有的知识和技能来培养,获得数学思想和活动经验等也十分重要.

数学思想是数学科学发生、发展的根本,也是数学课程教学的精髓.数学的基本思想,主要有数学抽象的思想、数学推理的思想、数学模型的思想.人类通过数学抽象,从客观世界中得到数学的概念和法则,建立了数学学科及其众多的分支;通过数学推理,进一步得到大量结论,数学科学得以丰富和发展;通过数学模型,把数学应用到客观世界中,产生了巨大的社会效益,又反过来促进了数学科学的发展.

数学的基本活动经验可以按不同的标准分成若干类型.有的学者把它分为如下四种:直接的活动经验、间接的活动经验、设计的活动经验和思考的活动经验.直接的活动经验是与学生日常生活直接联系的数学活动中所获得的经验;间接的活动经验是学生在教师创设的情景、构建的模型中所获得的数学经验;设计的活动经验是学生从教师特意设计的数学活动中所获得的经验;思考的活动经验是通过分析、归纳等思考获得的数学经验.

"活动"必须有明确的数学内涵和数学目的,体现数学的本质,才能称得上是"数学活动",它们是数学教学的有机组成部分."经验"必须转化和建构为属于学生本人的东西,才可以认为学生获得了"活动经验".学生只有积极参与数学课程的教学过程,经过独立思考、探索实践、合作交流,才有可能积累数学活动经验.

二、高中数学课程的目标

数学课程目标反映了社会、数学、教育的发展对数学教育的要求;体现的是不同性质、不同阶段的教育价值.因此,数学课程目标是对教师教学、学生学习所提出的明确要求.

高中数学课程的总目标是:使学生在九年义务教育数学课程的基础上,进一步提高作为未来公民所必要的数学素养,以满足个人发展与社会进步的需要.

(一)具体目标

(1)获得必要的数学基础知识和基本技能,理解基本的数学概念、数学结论的本质,了解概念、结论等产生的背景、应用,体会其中所蕴含的数学思想和方法,以及它们在后续学习中的作用.通过不同形式的自主学习、探究活动,体验数学发现和创造的历程.

(2)提高空间想象、抽象概括、推理论证、运算求解、数据处理等基本能力.

(3)提高数学地提出、分析和解决问题(包括简单的实际问题)的能力,数学表达和交流的能力,发展独立获取数学知识的能力.

(4)发展数学应用意识和创新意识,力求对现实世界中蕴含的一些数学模式进行思考和作出判断.

(5)提高学习数学的兴趣,树立学好数学的信心,形成锲而不舍的钻研精神和科学态度.

(6)具有一定的数学视野,逐步认识数学的科学价值、应用价值和文化价值,形成批判性的思维习惯,崇尚数学的理性精神,体会数学的美学意义,从而进一步树立辩证唯物主义和历史唯物主义世界观.

(二)对具体目标的理解

1. 目标有三个层次

上述六条目标基本上可以分为三个层次:第一个层次是知识与技能;第二个层次是过程与方法,具体体现就是在这个过程中,把握方法、形成能力,在这个过程中发展意识,比如应用意识、创新意识;第三个层次就是情感态度价值观,一种对于人的全面和谐发展和社会发展的更高层次的要求.

三个层次之间是不可分割的,是一个整体,体现了过程与结果的有机结合.因为方法的把握、能力的形成必须有知识作为载体,以技能作为基础,而知识的学习和技能的形成又依赖于方法的把握和具备的各种能力;在发展能力的过程中,逐渐形成意识,在参与数学活动的过程中,提高学习兴趣,提高学习数学的信心,形成积极的学习态度,认识数学的价值和数学的教育价值,崇尚理性精神,培养良好的个性品质,进一步树立辩证唯物主义和历史唯物主义的世界观.对于知识与技能、过程与方法、情感态度价值观三者的有机结合,是"标准"的基本理念,其中,明确提出对"情感态度价值观"方面的要求,以及三者的有机结合是一个发展,是对数学学习和数学教育本质深入研究的体现.

2. 对能力的新要求

1963年《全日制中学数学教学大纲(草案)》中明确提出三个基本能力:计算能力、逻辑推理能力和空间想象能力.这三大能力是中国著名数学家华罗庚先生首先提出的.明确提出三大能力,对中小学数学教育起到了很大的推动作用.2011年的《课标》中提出了五个基本能力:计算能力、逻辑推理能力、空间想象能力、抽象概括能力、数据处理能力.与以往的《大纲》相比,《课标》增加了抽象概括能力和数据处理能力.

增加抽象概括能力和数据处理能力反映了对数学课程认识上的变化.数学不是无源之水、无根之木,无论是数学的抽象性,还是数学应用的广泛性,都反映了它具有丰富的背景,每一个数学概念、数学公式、数学的结果,都与其他的数学知识、其他学科的知识、社会生活、日常生活的经验有着密切的联系,它们有"来龙",也有"去脉".我们不仅仅需要学生掌握数学知识和技能本身,还应该帮助学生了解知识、技能、结论的形成过程和产生过程,能够从特殊到一般,从具体到抽象,能够从一些现象中,通过类比、归纳、猜想,通过合情推理,总结数学规律,发现数学规律.这也是数学的一种重要的思维方式,而且是非常重要的创造性思维方式.

随着社会发展,人们对于数据、信息的关注越来越多.处理数据,已经成为百姓生活不可回避的问题.生活中的很多数据都是"杂乱"的,但并非"无章",如何发现其中的规律,如何利用这些规律提高生活质量,是现代人必须面对的问题.数据处理能力已成为现代人的基本能力.在高中学习中,有必要掌握基本数据处理能力:收集数据、整理数据、分析数据、从数据中提取信息、利用信息说明问题等.

发现问题和提出问题是我国数学教育中的一个薄弱环节,而发现问题和提出问题又是创造的前提,因而,发现问题和提出问题能力的培养是创新意识和创造能力培养的一个非常重要的方面.数学表达和交流能力、独立获取数学知识的能力是数学学习的需要,更是现代社会对人才培养的需要.

3. 数学应用是高中数学课程目标的要点

应用的广泛性是数学的三大特点之一.学好数学为的是用好数学,不是学了数学就会用,需要具有应用意识,这种意识是需要培养的.发展学生的应用意识是培养创新能力的需要,是培养学习兴趣的需要,也是培养学生自信心的需要.

链接阅读

普通高中教育的培养目标

普通高中教育是在九年义务教育基础上进一步提高国民素质、面向大众的基础教育.普通高中教育为学生的终身发展奠定基础.

普通高中教育应全面落实《国务院关于基础教育改革与发展的决定》所确定的基础教育培养目标,并特别强调使学生:

(1) 初步形成正确的世界观、人生观、价值观;

(2) 热爱社会主义祖国,热爱中国共产党,自觉维护国家尊严和利益,继承中华民族的优秀传统,弘扬民族精神,有为民族振兴和社会进步做贡献的志向与愿望;

(3) 具有民主与法制意识,遵守国家法律和社会公德,维护社会正义,自觉行使公民的权利,履行公民的义务,对自己的行为负责,具有社会责任感;

(4) 具有终身学习的愿望和能力,掌握适应时代发展需要的基础知识和基本技能,学会收集、判断和处理信息,具有初步的科学与人文素养、环境意识、创新精神与实践能力;

(5) 具有强健的体魄、顽强的意志,形成积极健康的生活方式和审美情趣,初步具有独立生活的能力、职业意识、创业精神和人生规划能力;

(6) 正确认识自己,尊重他人,学会交流与合作,具有团队精神,理解文化的多样性,初步具有面向世界的开放意识.

为实现上述培养目标,普通高中课程应:

(1) 精选终身学习必备的基础内容,增强与社会进步、科技发展、学生经验的联系,拓展视野,引导创新与实践;

(2) 适应社会需求的多样化和学生全面而有个性的发展,构建重基础、多样化、有层次、综合性的课程结构;

(3) 创设有利于引导学生主动学习的课程实施环境,提高学生自主学习、合作交流以及分析和解决问题的能力;

(4) 建立发展性评价体系.改进校内评价,实行学生学业成绩与成长记录相结合的综合评价方式;建立教育质量监测机制;

(5) 赋予学校合理而充分的课程自主权,为学校创造性地实施国家课程、因地制宜地开发学校课程,为学生有效选择课程提供保障.

第二节 高中数学课程的框架

高中数学课程分必修和选修.必修课程由 5 个模块组成;选修课程有 4 个系列,其中系列 1、系列 2 由若干个模块组成,系列 3、系列 4 由若干专题组成;每个模块 2 学分(36 学时),每个专题 1 学分(18 学时),每两个专题可组成 1 个模块.高中数学课程结构如图12-1所示.

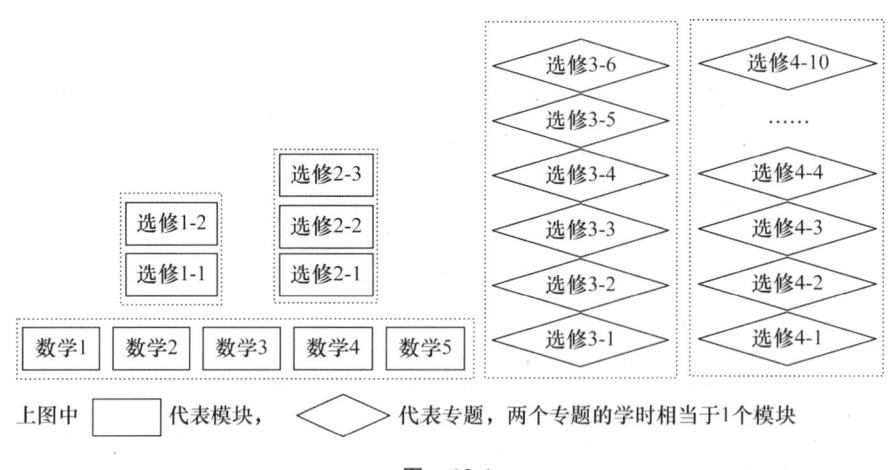

图 12-1

必修课程是选修课程中系列 1,系列 2 课程的基础.选修课程中系列 3、系列 4 基本上不依赖其他系列的课程,可以与其他系列课程同时开设,这些专题的开设可以不考虑先后顺序.必修课程中,数学 1 是数学 2、数学 3、数学 4 和数学 5 的基础.

1. 必修课程

必修课程是每个学生都必须学习的数学内容,包括 5 个模块.

数学1：集合、函数概念与基本初等函数I(指数函数、对数函数、幂函数).
数学2：立体几何初步、平面解析几何初步.
数学3：算法初步、统计、概率.
数学4：基本初等函数II(三角函数)、平面上的向量、三角恒等变换.
数学5：解三角形、数列、不等式.

2. 选修课程

对于选修课程，学生可以根据自己的兴趣和对未来发展的愿望进行选择.选修课程由系列1、系列2、系列3、系列4组成.

系列1由2个模块组成.选修1-1：常用逻辑用语、圆锥曲线与方程、导数及其应用.选修1-2：统计案例、推理与证明、数系的扩充与复数的引入、框图.

系列2由3个模块组成.选修2-1：常用逻辑用语、圆锥曲线与方程、空间中的向量与立体几何.选修2-2：导数及其应用、推理与证明、数系的扩充与复数的引入.选修2-3：计数原理、统计案例、概率.

系列3由6个专题组成，即数学史选讲、信息安全与密码、球面上的几何、对称与群、欧拉公式与闭曲面分类、三等分角与数域扩充.

系列4由10个专题组成，即几何证明选讲、矩阵与变换、数列与差分、坐标系与参数方程、不等式选讲、初等数论初步、优选法与试验设计初步、统筹法与图论初步、风险与决策、开关电路与布尔代数.

3. 关于课程设置的说明

必修课程内容确定的原则是：满足未来公民的基本数学需求，为学生进一步的学习提供必要的数学准备.

选修课程内容确定的原则是：满足学生的兴趣和对未来发展的需求，为学生进一步学习、获得较高数学素养奠定基础.系列1是为那些希望在人文、社会科学等方面发展的学生而设置的；系列2则是为那些希望在理工、经济等方面发展的学生而设置的.系列1，系列2内容是选修系列课程中的基础性内容.系列3和系列4是为对数学有兴趣和希望进一步提高数学素养的学生而设置的，所涉及的内容反映了某些重要的数学思想，有助于学生进一步打好数学基础，提高应用意识，有利于学生终身的发展，有利于扩展学生的数学视野，有利于提高学生对数学的科学价值、应用价值、文化价值的认识.系列3不作为高校选拔考试的内容，对这部分内容学习的评价适宜采用定量与定性相结合的方式，由学校进行评价，评价结果可作为高校录取的参考.

高中数学课程要求把数学探究、数学建模的思想以不同的形式渗透在各模块和专题内容之中，并在高中阶段至少安排较为完整的一次数学探究和一次数学建模活动.

第三节 高中数学课程的内容线索

一、函数主线

1908年，在巴黎的国际数学家大会上，德国数学家克莱因倡导函数的概念应该成为数学思维的心脏和灵魂,渗透到数学课程的每一个部分.在英国数学家贝利等人的大力倡导和推动下,函数进入了中学数学.

1. 函数主线结构图(如图 12-2 所示)

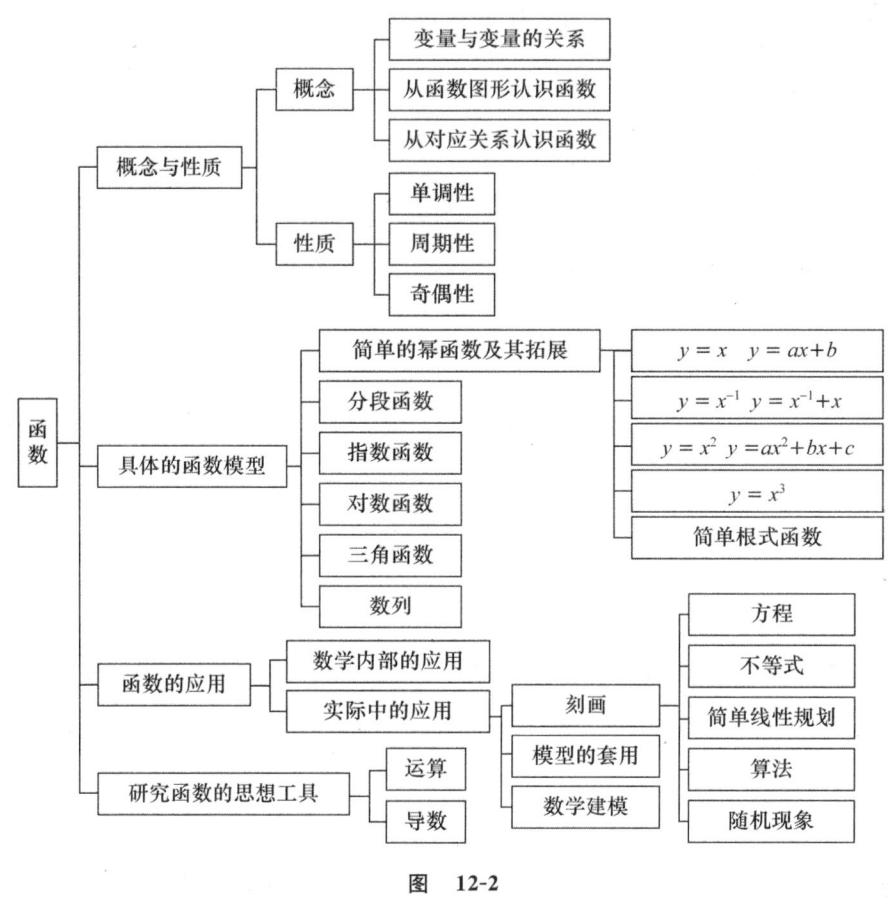

图 12-2

2. 对函数概念的认识

函数是刻画变量与变量之间依赖关系的模型.通过探索、理解可以用变量与变量之间的依赖关系反映事物规律,这是我们认识现实世界的重要视角.

函数在两个数集之间架起了一座桥梁.这样的看法反映了数学中的一种基本思想.在代数学中,同构、同态都是构架两个代数结构的桥梁.在拓扑学中,连续、同胚都是构架两个拓扑结构的桥梁.这种思想渗透到每一个数学分支中.

有的函数表达方式是坐标系中的曲线图,研究一般的函数式又常常观察其图像,从这个意义上讲,函数就是数形的结合,研究函数就是研究曲线的变化特征.实际上,高中数学课程中的数形结合主要表现在三个方面:函数,解析几何,向量几何.

数学中研究函数主要是研究函数的变化特征.因为,函数的变化特征反映了它所刻画的自然规律的特征.在高中阶段主要研究函数的单调性、周期性,也讨论某些函数的奇偶性.

(1) 单调性是在高中阶段讨论函数"变化"的最基本的性质.在高中数学课程中,对于函数这个性质的研究分成两个阶段.第一阶段,安排在数学 1 中.根据函数图像直观地感受单调性,理解单调性的定义,通过大量的具体函数,理解单调性在研究函数中的作用;第二阶段,安排在选修系列1和系列2课程的导数及其应用中.导数是描述函数变化率的概念,导数概念可以帮助我们对函数的变化有进一步了解.

（2）周期性是中学阶段学习函数的另一个基本性质.在我们的生活中,存在着大量的周期变化的现象,因此,学会用周期的观点来看待周围事物的变化是非常重要的.三角函数是刻画周期变化的基本函数模型.在高中数学课程中,不讨论一般函数的周期性,只讨论三角函数的周期性.

（3）奇偶性不是最基本的函数性质.奇偶性反映了函数图形的对称性质,可以帮助我们用对称思想来研究函数的变化规律.

学习函数就要把握一批重要的函数模型,在高中阶段给出的函数模型是幂函数、指数函数、对数函数、三角函数等基本初等函数和简单的分段函数,这些函数是最基本的,也是最重要的.

3. 函数与其他内容的联系

函数作为高中数学的一条主线,贯穿于整个高中数学课程中.特别是在方程、不等式、线性规划、算法、随机变量等内容中都突出地体现了函数思想.

用函数的观点看待方程,可以把方程的根看成函数图像与 x 轴交点的横坐标,即零点的横坐标.因此,解方程 $f(x)=0$ 就是求函数 $y=f(x)$ 的零点的横坐标,从而,方程可看作函数的局部性质.如何利用函数的整体性质来讨论函数的局部性质——这是解决方程问题的基本思想.

具体来说,如果函数 $y=f(x)$ 连续,且 $y=f(x)$ 在区间 $[a,b]$ 两端点的值异号,即 $f(a) \cdot f(b)<0$,那么函数图像会从 $[a,f(a)]$ 点出发并一定会穿过 x 轴到达 $[b,f(b)]$ 点,即方程 $f(x)=0$ 在区间 $[a,b]$ 内有解,原因就是由于函数曲线不间断.如果函数有这一性质,我们就可以运用二分法求出方程的近似解.

用函数的观点讨论不等式的问题,与讨论方程的问题类似.用函数的观点看,解不等式 $f(x)>0$ 就是确定函数 $y=f(x)$ 的图像在 x 轴上方的 x 的区域.

数列是特殊的函数.它的定义域一般是指正整数集,有时也可以为自然数集,或者自然数集的子集.自然数是离散的,因此,数列通常称为离散函数.在高中阶段,主要讨论两个数列——等差数列和等比数列,等差数列是线性函数的离散化,而等比数列是指数函数的离散化.

线性规划问题是最优化问题的一部分.从函数的观点看,首先,要确定目标函数,用目标函数来刻画"好、坏"或"大、小"等,高中课程中的目标函数是二元函数;其次,需要确定目标函数的可行域;最后,讨论目标函数在可行域(由约束条件确定的定义域)内的最值.

总之,在高中课程中,方程、不等式、数列、线性规划、导数及其应用,包括概率统计中的随机变量等,以及选修系列3和系列4中的大部分专题内容,都与函数有着密切的联系.用函数(映射)的思想去理解这些内容,是非常重要的一个出发点;反过来,通过这些内容的学习,可以加深对函数思想的认识.

二、运算主线

对数学最朴实的理解是:数学就是"算",即"运算"."运算"几乎渗透到数学的每一个角落,运算是贯穿数学的基本脉络,是贯穿高中数学课程的主线.

1. **运算主线结构图(如图12-3所示)**

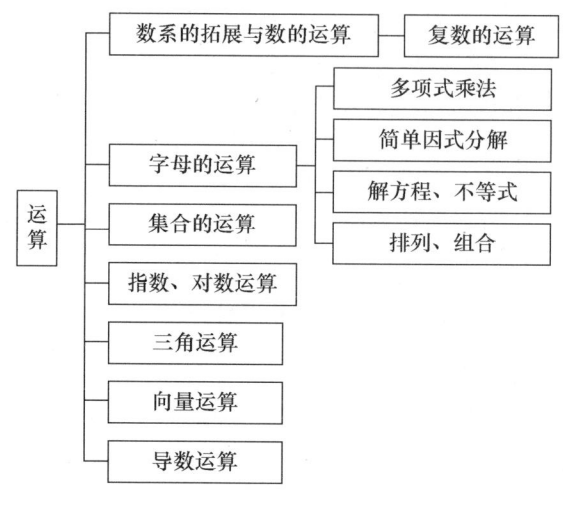

图 12-3

2. **对运算的认识**

运算是数学学习的一个基本内容.运算对象的不断扩展是数学发展的一条重要线索.从数的运算到字母运算,是运算的一次飞跃.数的运算可以用来刻画具体问题中的数量关系,解决一个一个有关数量关系的具体问题.而字母运算则可以刻画蕴含规律的一类问题,解决一类问题.

从数的运算,到向量运算,是认识运算的又一次飞跃.运算是一类映射.在代数中,最常见的运算是这样的映射:$A \times A \to A$,它是二元映射.实数的加法和乘法运算就是二元映射.但是,并不是二元映射都是运算.实际上,大部分二元映射不是运算,只有满足运算规律的二元映射才可以成为运算,即代数运算.向量是可以"算"的,向量运算不同于数的运算,它涵盖了三种类型的代数运算.向量的加法、减法运算是属于 $A \times A \to A$ 型的代数运算;数与向量的数乘也是一种运算,是属于 $A \times B \to B$ 型的代数运算;向量的数量积也是一种运算,属于 $A \times A \to B$ 型的代数运算.与数的运算相比,向量运算扩充了运算的对象.向量运算更加清晰地展现了三种类型的代数运算的特征以及代数运算的功能,同时,向量运算具有与数运算不同的一些运算律,这对于学生进一步理解其他数学运算、发展学生的运算能力具有基础作用.

指数运算、对数运算、三角运算、导函数运算等,从形式上看,它们都是 $A \to A$ 型的映射,满足一些运算规律.例如,指数满足:$a^{x+y} = a^x \cdot a^y$;求函数的导函数满足:两个函数和的导函数等于先求导再求和,这是运算的规律.通常把具有运算规律的映射称为"算子".这是对运算的认识的又一次飞跃.

运算是贯穿于整个学校数学课程的主线之一.用这种思想认识高中数学,对提高数学素养,提高解决问题的能力是非常有用的.

3．运算的作用

（1）运算与推理．

运算本身是代数研究的重要内容，美籍华裔著名数学家项武义教授认为代数问题就是运用运算和运算法则解决的问题，这样概括是有道理的．在某种意义上说，在中学阶段，解方程问题，解不等式问题，一些函数性质的研究等，都是代数问题．在运算过程中，每一步运算所依据的是运算法则和运算规律，运算过程本身就是代数推理的过程．因此，运算与推理有着密切的联系，可以说，运算也是一种推理，这是高中数学学习的最重要的思想之一．因此，运算的学习对于培养学生的逻辑推理能力同样具有重要作用．

（2）运算与恒等变形．

在解决数学问题的过程中，需要进行各种各样的恒等变形．例如，在求一元二次函数最值时，往往通过配方实现，配方的过程就是恒等变形．通过恒等变形使表达式能"说话"，即从中读出有意义的信息．因此，运算和运算法则的学习，对于理解恒等变形的原理，提高恒等变形的能力是非常重要的．

三、几何主线

1．几何主线结构图（如图 12-4 所示）

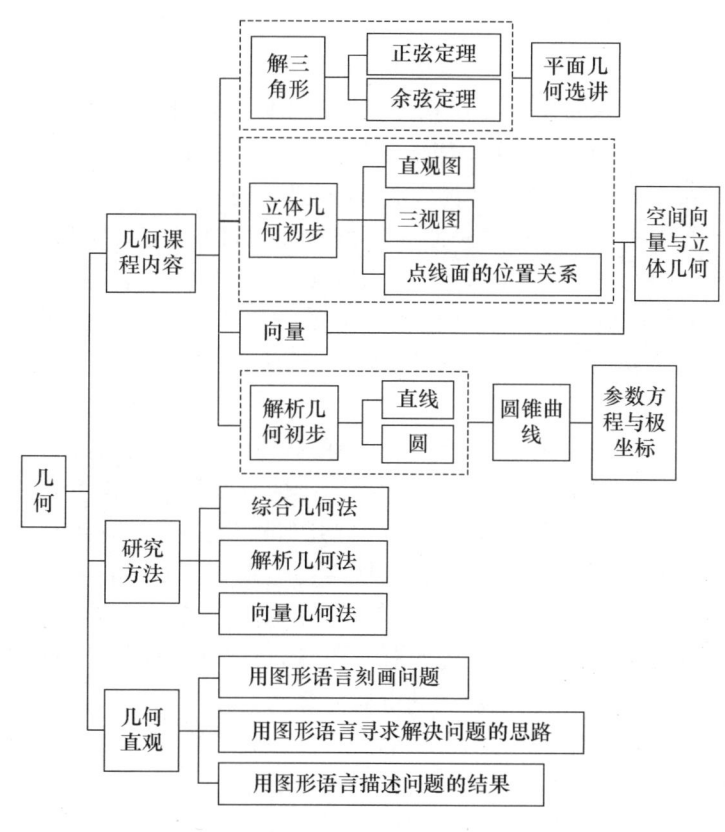

图　12-4

2. 几何的教育功能

长期以来有这样几个词汇被数学家屡屡强调：空间想象能力、几何直观能力、把握图形能力、几何洞察能力。这些词的基本含义是相同的，这些能力不仅对数学研究是极为重要的、基本的，对数学教育和数学课程的设计同样是重要的、基本的。这些能力不仅仅是几何课程的任务，而且是整个数学课程的基本任务。因此，几何是贯穿于整个高中数学课程中的主线之一，在其他的数学内容学习中，也要强调通过几何直观，通过图形来认识相关内容的数学本质。

几何直观能力有三个层次：一是利用图形生动形象地描述数学问题，二是利用图形直观地表述出思考、讨论问题的思路，三是利用图形揭示丰富多彩的数学思想。几何直观能力在几何课程本身的学习中发挥着不可替代的作用，并且贯穿于整个高中数学学习中，在数学研究中的巨大威力也是不可替代的。我们可以举出很多这样的实例，它们属于其他的数学领域，但是在研究的过程中，"几何思想"发挥了重要作用。实际上，越抽象的数学，越需要直观图形的支持。在高层次的思考中，"抽象思维"和"形象思维"是密不可分的，几何直观能力是一种基本的数学素质。

高中的几何课程把数学所特有的形象思维和逻辑思维有机地结合起来。几何的作用主要在于培养学生的几何直观能力和推理论证能力。这两种能力对于学生思维的发展和对数学本质的理解都是非常重要的。

3. 高中几何研究的对象和方法

高中几何是研究几何体的位置关系和度量的。基本几何图形——点、线、面之间的位置关系主要是平行和垂直，图形的度量主要有夹角、长度、面积、体积等。

研究图形的方法主要有：综合几何法、解析几何法、向量几何法等。

（1）综合几何法是利用几何的方法研究图形的性质，即用已知的基本图形的性质去研究组合图形的性质。这种方法的基本特点就是把复杂的图形转化为简单的图形，把空间的图形转化为平面图形。例如，把空间两直线的垂直问题转化为平面上两直线的垂直问题（三垂线定理），利用三视图研究空间几何体等。在综合几何法中，平移、旋转、对称、降维、分解、投影，是研究图形性质的基本手段。

（2）解析几何法是利用代数的方法研究几何图形的性质。用解析几何法研究图形时，是通过代数的方法把几何图形用方程表示，通过对方程的研究揭示几何图形的性质。

（3）向量几何法就是用向量及其运算来研究几何图形的位置关系和度量问题。用向量的数乘运算、数量积运算刻画线线、线面、面面的平行与垂直关系；用向量的数量积运算度量角度、长度、面积、体积等。用向量几何法研究几何图形有时比解析几何法中的坐标法更具有优越性。这是因为，向量是自由向量，不需要选择原点，这就使得向量几何法更加灵活、方便。

在高中数学课程中，从立体几何初步到空间向量与立体几何，从解析几何初步到圆锥曲线，再到参数方程与极坐标，这是一套大家熟悉的基础知识链。而球面上的几何、欧拉公式与闭曲面分类、矩阵与变换、对称与群、统筹与图论初步等是人们不太熟悉的拓展知识链。两链结合，勾画出高中数学课程中的几何知识网。

4. 几何课程的知识结构特征

在高中数学课程中有三条几何知识线：第一条线是平面几何，第二条线是立体几何，第三条线是解析几何.

(1) 平面几何分两部分：一部分是解三角形,另一部分是几何证明选讲.

(2) 立体几何的主要构成是"立体几何初步"和"空间向量与立体几何"两部分.前者解决的问题是空间观念,后者解决的问题是立体几何中较复杂的证明和计算问题.

(3) 解析几何的主要构成是"解析几何初步""圆锥曲线"和"极坐标与参数方程"."解析几何初步"解决的问题是通过用代数研究熟悉的几何知识,初步理解解析几何的思想和坐标法的步骤；"圆锥曲线"则是进一步熟悉解析几何思想,通过研究圆锥曲线彰显坐标法的效能；"极坐标与参数方程"的内容表现出坐标法的多样性、简捷性与灵活性.

四、概率统计主线

概率与统计是在1958年前后进入中国大学数学课程的.几经反复,1977年以后,概率与统计在大学数学课程中站住了脚,同时,也渗透到其他相关学科中.在传统的大学概率统计课程中,概率的分量大于统计,随着时代的发展,社会已经信息化,信息的主要载体是数据,统计在社会发展中的作用越来越大,大学的概率统计课程也就发生了变化,统计的分量大大加强.近年来,在数学与应用数学专业中,概率统计课已经成为基础课.这种变化也影响到了中小学的课程,概率统计的内容大大增加已经成为国际中小学数学课程发展的趋势.

1. 概率统计主线结构图（如图12-5所示）

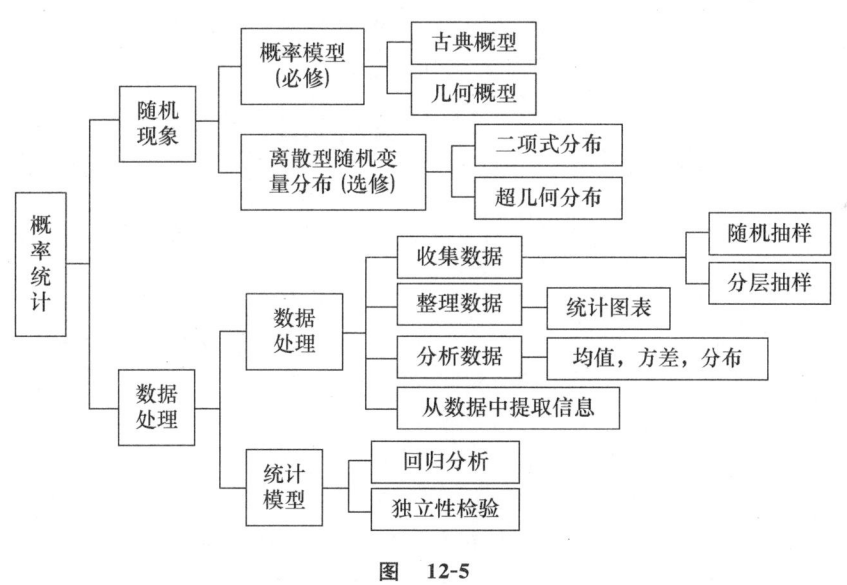

图 12-5

2. 统计注重过程

学会统计就是要会用数据"说事",会收集数据、整理数据、分析数据、从数据中提取信息,并利用这些信息做出判断,这是一个统计的全过程.要掌握这个过程,就需要经历这个过程.课程的设置充分考虑了这个学习特点,于是分成几个阶段.在必修阶段的定位是使学生对统计有一个初步的认识,利用较简单的案例体会统计的全过程并体会统计的重要性；在选修课程中,介绍了几种常见的统计案例(模型),希望学生通过这些常见的案例分析,能够再进一步体会统计的全过程,获得数据处理的能力.

3. 统计的思维方式是归纳

在长期的数学学习中,以演绎为特征的思维方式占据绝对主流.而统计则与之不同,它是一种归纳的思维方式.在统计过程中,收集数据、利用图表整理和分析数据、求出数据的数字特征、进行统计推断等一系列步骤,集中反映出归纳的特点.

4. 随机的思想

随机思想是认识随机现象和统计规律的重要思想,在自然界和人类事物中,随机现象是大量存在的.用样本估计总体是统计的核心方法,而样本来源于随机抽样的结果.因此,统计结果具有随机性,这就意味着统计推断有可能是错误的.概率统计正是对随机变化的数学描述,它是揭示偶然世界的规律性的学科,随机现象是偶然的,但又是有一定规律的,概率能帮助我们认识客观世界中的各种不确定现象,能帮助我们做出合理的决策,并能告诉我们犯错误的概率.随机思想是理解统计问题的一个基本思想.

五、数学应用主线

1. 数学应用主线结构图(如图 12-6 所示)

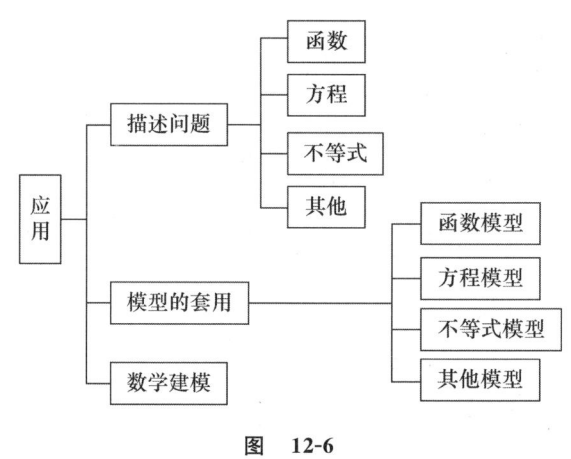

图 12-6

2. 对应用的认识

(1) 为何要发展学生的应用意识.

数学已经从幕后走到了台前,在许多方面直接为社会创造价值.20 世纪中叶以来,由于计算机和现代信息技术的飞速发展,使应用数学和数学应用得到了前所未有的发展,数学渗透到几乎每一个学科领域和人们日常生活的每一个角落.人们越来越认识到"高科技本质上是数学技术".数学应用的巨大发展成为数学发展的显著特征之一.

解决实际问题、提升应用意识有助于培养学生的创新能力.实际问题是丰富的、多样的、变化的,很难用固定的模式进行分类.一般来说,解决不同的实际问题需要做出不同的分析和思考.再者,解决实际问题的过程是在探索中展开的,有时需要提出一些猜想,在探索过程中不断地检验、修改猜想、改进解决问题的思路.

在数学应用过程中会产生对数学的兴趣和学好数学的信心.有的人因为严格的数学证

明而对数学产生兴趣,也有的人则是因为数学的广泛应用而对数学产生兴趣.在数学学习中,有一些人不擅长从概念到概念的抽象数学理论的学习,却擅长从实际问题出发理解数学.尊重学生的这种差异和喜好,将会使不擅长抽象数学理论学习的学生也能体验到成功,从而树立学好数学的自信心.

(2) 会用数学是需要学习的.

有些人对于数学应用存在着一个误解,认为只要数学学好了,自然就会应用.实则不然,会用数学首先是要有数学应用的意识,它绝不是知识学习的附属产品,需要在实际生活中有意识地用数学的眼光观察现象,提出问题,尝试着解决问题.为此,高中数学课程的设置强调在数学概念形成时关注背景,重视数学知识发生发展的来龙去脉;注重运用数学语言去描述周围世界出现的现象;开展数学建模的学习活动;设立体现数学某些重要应用的专题课程,拓展学生的视野,使学生体会数学的应用价值.

会用数学还需要掌握一些基本的数学模型.例如,在日常经济生活中应用广泛的数列,在优化问题中发挥重要作用的均值不等式、线性规划等.这些抽象的数学模型具有广泛的应用价值,数学模型掌握得越丰富、越牢固,在实际问题面前就越从容不迫,就越能选择更适合的数学手段去解决.

3. 应用的层次和课程设置

对于高中课程中数学应用的水平,可以分成三个层次.

一是基于实际背景的数学概念和公式的数学语言描述.即在高中数学课程中,学习一些重要的数学概念和公式(例如,函数、数列、统计、概率、向量、线性规划、圆锥曲线、计数原理、导数等),它们都有着丰富的实际背景,了解这些实际背景对于抽象出这些概念的定义和理解这些概念和公式的意义都是重要的.

二是将学到的数学模型直接用到实际中.在学习高中课程中给出的数学模型时,有必要将这个模型直接应用到某个实际问题中去思考和实验.如学到等差、等比数列,就试着分析一下教育储蓄的需求与实施.

三是经历数学建模的过程.多年来中学生数学建模活动的实践充分证明,让学生经历数学建模活动有利于培养学生的数学观念、科学态度、合作精神,有利于激发学生的学习兴趣,有利于培养学生认真求实、崇尚真理、追求完美、讲求效率、联系实际的做事态度和习惯,有利于为学生创设一个学数学、用数学的环境,有利于为学生提供自主学习、自主探索、自主提问的机会,有利于为不同水平的学生提供展现他们创造力的舞台,提高他们应用所学的数学知识解决实际问题的能力.

高中数学课程要求把数学建模的思想以不同的形式渗透在各模块和专题内容之中,强调知识的来龙去脉.在数学教学中,应注重发展学生的应用意识;通过丰富的实例引入数学知识,引导学生应用数学知识解决实际问题,经历探索、解决问题的过程,体会数学的应用价值.帮助学生认识到:数学与我有关,与实际生活有关,数学是有用的,我要用数学,我能用数学.高中数学课程中特别要求在高中阶段至少安排较为完整的一次数学建模活动.

上述高中数学课程的五条主线都是贯穿在高中数学课程始终的,构成高中数学的基本脉络.这些主线之间联系密切,像一张无形的网,把高中数学课程的所有内容有机地联系起来.抓住由主线所构成的知识网,就可以整体把握高中数学课程,突出数学本质,提高学习效率.当然,也会提高解题能力、应考能力.有抓住主线这个网的学习过程和能力,在以后的大学学习及工作中也会实现整体把握,突出本质,提高学习和工作效率.著名数学家华罗庚先生强调打好学习的基础要经历把书读厚再把书读薄的过程,"由薄到厚"是学习、接受的过程,"由厚到薄"是消化、提炼的过程.华先生说:"当你读一本书或是看一叠资料的时候,如果对它们的内容和精神做到了深入钻研,透彻了解,掌握了要点和关键,你就会感到这本书和这叠资料变薄了.这看起来你得到的东西似乎比以前少了,但实质上是经过消化,变成精炼的东西了.不仅仅在量中兜圈子,而有质的提高了."[①]现在,我们的中学教育非常重视细节,这是好的传统,应该保持,但相对于细节的另一方面是整体,在一定程度上,整体更为重要,也必须重视.

第四节　教材编写和校本课程建设

　　课程设置、教材编写、教学实施是学科教育的三个主要环节,其中,教材的编写非常重要,教材是最重要的课程资源,课程标准下高中数学课程的理念与要求,通过教材得以展现.
　　进入21世纪以来,在我国提倡教材编写的多样化,一个课程标准,多套教材,每一套教材都由经验丰富的专家编写,通过权威组织审定.每一套教材都有其编写特色,突出了编写者对数学和教育的深入研究和独到的理解.为使用者提供了即符合国家课程标准,又具有鲜明风格和特点的教学参考.
　　教师是教材的使用者,不仅要在使用上下功夫,还要对教材的价值有足够的认识,对教材的编写有清楚的了解.这是实施高质量教学的前提.

一、教材的功能

　　教材的功能表现在三个方面.

1. 信息源功能

　　这是最基本的功能,教材要为教师,特别是为学生选择和传递有价值的信息和知识.尽管课程标准已经对学习内容有了明确的规定,学习什么,哪些是重点,课程标准作了基本的概括;但它毕竟是纲要性的,揭示内容的本质,提炼学科的思想,是需要教材论述的.有价值的信息怎样表达,是用文字,还是用图表,或用其他手段?教材则根据数学的特点和学习者的需求予以选择并呈现.

2. 结构化功能

　　教材对信息的组织不可能是"散落式"或"百科全书式"的,而是体现一定基本思路的结构化体系,以帮助学生建构和梳理自身的知识结构体系.课程标准理念和内容的阐述以及数学本身的知识逻辑和思想脉络需要教材的结构化诠释,这种结构化特别体现在教材的章节设计上.对于不同的教材,宏观上趋同式的章节安排恰恰体现了课程标准的基本框架;而章节的不同设计也正反映了教材编写者特有的观点和思路.

---

　　① 华罗庚.科普著作选集[M].上海:上海教育出版社,1984.

3. 指导性功能

教材隐喻着对学生学习方法的指导和引领,帮助学生学会学习.教材要紧紧围绕着普遍的学生的认知水平和思维基础展现数学的内容.数学是高度抽象的学科,形成抽象数学的来源,一方面是数学自身积累,另一方面是自然与社会.数学教育要反映这种数学之源,还要反映数学的发展和应用.教材中的栏目设计,例如"问题提出""思考交流""动手实践"等栏目,都是对学生学习的具体引导,也是教师教学方式的有益提示.

二、高中数学教材编写中应当注意的问题

在《课标》中,对教材编写提出了具体的建议,明确了七点注意的问题.

1. 素材的选取应体现数学的本质、联系实际、适应学生的特点

素材应具有基础性、时代性、典型性、多样性和可接受性.选择学生感兴趣的、与其生活实际密切相关的素材,现实世界中的常见现象或其他科学的实例,展现数学的概念、结论,体现数学的思想、方法,反映数学的应用,使学生感到数学就在自己身边,数学的应用无处不在.

2. 体现知识的发生发展过程,促进学生的自主探索

课程内容的呈现,应注意反映数学发展的规律,以及人们的认识规律,体现从具体到抽象、特殊到一般的原则.应注意创设情境,从具体实例出发,展现数学知识的发生、发展过程,使学生能够从中发现问题、提出问题,经历数学的发现和创造过程,了解知识的来龙去脉.应为学生自主探索留有比较充分的空间,有利于学生经历观察、实验、猜测、推理、交流、反思等过程.

3. 体现相关内容的联系,帮助学生全面地理解和认识数学

为了培养学生对数学内部联系的认识,教材需要将不同的数学内容相互沟通,以加深学生对数学的认识和对本质的理解.注意使学生在已有知识的基础上螺旋上升、逐步提高.

4. 注意新理念、新内容在教材编写上的特殊处理

依据本次课程改革的新理念,在高中数学课程中,引入了一些新的课程内容和新的处理方式,编写教材时应特别留意对它们的处理,按照本标准规定的内容要求来进行.如"数学探究""数学建模"和"数学文化"等新的学习活动.教材编写时,应把这些活动恰当地穿插安排在有关的教学内容中,并注意提供相关的推荐课题、背景材料和示范案例,帮助学生设计自己的学习活动,完成课题作业或专题总结报告.

5. 渗透数学文化,体现人文精神

在教材编写中,应将数学的文化价值渗透在各部分内容中,采取多种形式,如与具体数学内容相结合或单独设置栏目作专题介绍,也可以列出课外阅读的参考书目及相关资料源,以便学生自己查阅、收集整理.

6. 内容设计要有一定的弹性

教材编写时,内容设计要具有一定的弹性.可以在高中数学课程的相关内容中安排一些引申的内容,这些内容可能是一些具有探索性的问题,也可能是一些拓展的数学内容,或一些重要的数学思想方法.选择和安排这些内容时,要注意思想性,反映数学的本质.这些内容不作评价要求.

7. 反映现代信息技术与数学课程的整合

遵循有利于对数学本质理解的原则,教材可以在处理某些内容时,使用计算器或计算机,帮助学生理解数学概念,探索数学结论,还应鼓励学生使用现代技术手段处理繁杂的计算,解决实际问题,以利用更多的时间和精力去探索和发现数学的规律,培养创新精神和实践能力.改进学生的学习方式,引导学生通过网络搜集资料,研究数学的文化,体会数学的人文价值.

三、校本课程建设

2001 年教育部颁发的《基础教育课程改革纲要(试行)》明确提出:"实行国家、地方、学校三级课程管理""学校在执行国家课程和地方课程的同时,应视当地社会、经济发展的具体情况,结合本校的传统和优势、学生的兴趣和需要,开发或选用适合本校的课程".按照课程计划,学校和地方课程占总课时数的 $10\%\sim12\%$.如此说来,校本课程建设是学校必须做的,不容忽视的办学内容.

1. 校本课程的特点

(1) 目标明确、内容多样,设置灵活的校本课程能使学生在完成国家课程的同时,得到个性发展的及时补偿.对于学生,通过在多样中的选择,有益于发现并激发个人的兴趣和专长;通过针对性的适合的课程学习,有益于深入探寻科学或强化技能;伴随着对喜爱的内容的学习,有益于更好地认识学习的价值,塑造健全的人格.

(2) 校本课程开发是提高教师专业水平、研究能力和创新能力的一条有效途径.课程的开发要求教师不仅会"教书",还要会"设计课程".在实践中,教师不再是被动的课程实施者,他们思考的问题变了,思考问题的角度变了,思考问题的深度不一样了.数学校本课程的开发,促使教师思考学生要学习什么样的数学,选择的数学内容对学生有什么意义,在有限的课时中如何选择内容并使之构成一定的体系.数学校本课程的开发,促使教师学会自己编织大纲,自己编写教材,自己制订教学计划.这一切,对教师都是挑战,经历了这一切,教师也就上了一个大大的台阶.

(3) 学校的意义更加凸显.校本课程的核心词是"校本",是学校个性的标志.学校只有在明确的培养目标之下才能有一套反映学校特色的校本课程,而校本课程的不断积累和成效的显示又能逐渐清晰地解读培养目标,二者可谓相辅相成.教师伴随着校本课程的开发而成长,良好的校本课程环境培养了一批有志且有才之师,形成办学的中坚力量.日趋完善的校本课程体系可以使学校定位更加明确,使之成为社会和家庭了解、选择学校的重要窗口.

2. 校本课程开发的程序

在学校形成了校本课程的总体目标与课程结构的前提下,开发每一个具体的校本课程都需要经过以下程序.

(1) 选题评估.评估是设计校本课程时首先要做的研究性工作.要审查这个选题是否符合学校的课程目标,调查是否符合学生的发展需要,分析是否有相适应的课程资源.

(2) 课程设计.在选题通过的基础上,课程开发者要研制教学大纲,研制教学方案,编写讲义或者教材,要通过学校课程审议委员会的审核.

（3）课程实施. 学生根据自己的志愿选课，选课人数达到一定的数量后，才准许开课. 教师按计划教学，并不断完善教学大纲、讲义或教材.

（4）课程评价. 评价是指校本课程开发过程中的一系列价值判断活动，它包括学生对课程实施的效果评价，专家对课程的总体评价，同行和专家对课程改进的建议.

3. 校本教材的编写

校本教材是校本课程的组成部分，是为了有效地实现校本课程目标，是学校教师对教学内容进行研究、开发和编写的教科书，是校本课程实施的媒介.

《课标》中对教材编写提出的七点注意的问题完全适合校本教材的编写，除此之外，校本教材的编写还应注意以下问题.

（1）叙述的科学性. 校本的特点决定了教材的编写者是学校教师，不论在人员结构上，还是人员数量上，都有局限性. 这就需要编写者进一步学习、全面收集相关资料，充分讨论，全面把握教学内容，反复研磨，逐字落实文稿.

（2）结构的完整性. 虽然校本课程的课时较少，教学内容也不多，但是并不意味着内容零碎. 校本教材要反映出课程内容的相对完整，使学生能够对所学习的知识有一个较系统的认知.

（3）资源的丰富性. 面对学生自主选择的校本课程，其教材更要适合学生自学，这就要求教材的资料要丰富、翔实. 这不仅体现在学生可以直接从教材中读到的资料，教材还要安排学习任务，让学生通过文献阅读、网络收集、实际调查的形式自己获得必要的资料.

（4）任务的引导性. 高质量的校本课程是学生特色发展的舞台，要给学生足够的发展空间. 由于教材直接引导着教学，所以在教材中要充分设计高质量的问题，让学生参与深入的任务活动，在一个一个有分量的任务完成中，建立学生的自信，激发他们的学习兴趣，实现学有特长.

本章知识结构

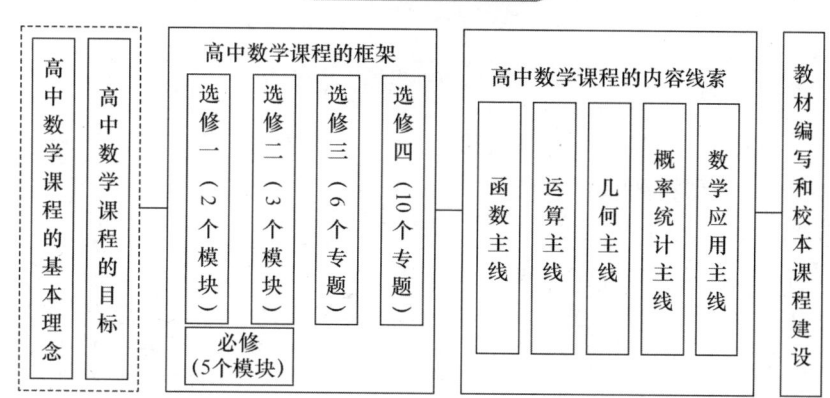

本章小结

一、本章主要内容

1. 高中数学课程的基本理念和目标,基本理念共 10 条,目标有 6 条.

2. 高中数学课程的框架,所有课程分为必修课程和选修课程. 必修课程的 5 个模块,选修课程分为 4 个系列.

3. 高中数学课程内容有 5 条主线,分别是:函数主线、运算主线、几何主线、概率统计主线、数学应用主线.

4. 教材编写与校本课程.

二、本章重点和难点

熟悉课程理念和目标,特别是 6 条目标的具体指向,明确课程框架,理解课程内容主线.

三、学习时要注意的问题

1. 高中数学课程的权威文件是《课标》,它是学习这部分内容的重要参考书.

2. 要站在高中课程整体规划的高度理解数学课程的目标,从高中课程内容设置的基本原则——时代性、基础性、选择性的角度理解数学课程的框架.

3. 熟记高中数学课程结构的框架图,利用框架图叙述出整个内容结构,包括有什么内容和各系列之间的关系.

4. 结合本书中"高中数学基础知识"的有关章节,把握高中数学课程内容的 5 条主线.

备考指南

本章考题的题型一般是单选题、简答题和论述题. 解答问题时要立足课程的理念和目标,熟悉课程内容的框架和主线,条理清楚,不宜赘述. 课程结构的框架图突出了结构,并没有详细的内容,所以还要对每一系列的具体内容熟记在心,这也是考试的内容.

自测训练

一、选择题

1. 高中数学选修课程的系列有( ).

   A. 3 个   B. 4 个   C. 5 个   D. 6 个

2. "计数原理"这部分内容在模块( )中.

   A. 必修 3   B. 必修 5   C. 选修 1-2   D. 选修 2-3

3. 选修系列 4 的专题开设( ).

   A. 必须以必修课程为基础

   B. 必须以选修系列 1 或系列 2 为基础

   C. 必须以选修系列 3 为基础

   D. 可以与其他系列课程同时进行

4. 以下不是高中数学课程主线的选项是( ).

A. 几何主线 B. 方程主线
C. 运算主线 D. 数学应用主线

二、简答题

1. 高中数学课程目标指出"提高数学地提出、分析和解决问题（包括简单的实际问题）的能力"，这是第一次把提出问题作为数学能力目标，请讲一下原因.

2. 为什么说数学应用是一条主线？

3. 数学课程标准中提出的五大能力是什么？其中哪两条是新增的？为什么增加这两条？

自测训练答案

第十三章　高中数学教学

> **考纲内容**
>
> 　　了解包括备课、课堂教学、作业批改与考试、数学课外活动、数学教学评价等基本环节的教学过程.
> 　　掌握讲授法、讨论法、自学指导法、发现法等常见的数学教学方法.
> 　　掌握概念教学、命题教学等数学教学知识的基本内容.
> 　　掌握合作学习、探究学习、自主学习等中学数学学习方式.
> 　　掌握数学教学评价的基本知识和方法.

> **考纲解读**
>
> 　　本章重点讲解了讲授法、讨论法、自学指导法、发现法等常见的数学教学方法,考生要掌握概念教学、命题教学、问题解决教学等的基本内容,并不断提高在不同的教学内容中有针对性地选取教学方式的能力,以促进学生对数学的理解.

第一节　高中数学教学原则

　　教学原则的确立往往由多方面因素决定,其中两个最主要的因素是数学学科的特点和学生的认知特点,这两者的综合作用决定了数学教学原则的选取.其中学生的认知特点侧重影响下文中的前5条原则,即一般性原则;数学学科特点侧重影响下文中的后3条原则,即学科性原则.

一、一般性原则

（一）启发性原则

　　启发性教学是中国古代传统思想.《论语》中就曾提出"不愤不启,不悱不发",这句话的意思是:不到学生努力想弄明白但仍然想不透的程度不要去开导他;不到学生心里明白却不能完善表达出来的程度不要去启发他.
　　在西方,苏格拉底在教学中十分重视启发,他善于用问答方式来激发和引导学生自己去寻找正确答案,被称为"产婆术",意指教师在引导学生探求知识过程中起着助产的作用.德国著名教育家第斯多惠有句名言:"一个坏的教师奉送真理,一个好的教师则教人发现真理."当代倡导的发现法或探究学习,都传承与弘扬了启发教学的思想.

在数学教学中如何运用启发性原则?

(1) 调动学生主动思考.在数学学习中,只有学生愿意思考、愿意求知,才能获得积极的学习成效,启发式教学要鼓励学生主动思考,激发学生的好奇心和学习兴趣,增强他们学习的动力.

(2) 从贴近学生认知的节点提出数学问题.教师的提问如何做到恰到好处?如何能让学生有所思、有所得?标准之一就是问题是否贴近学生的认知节点,用一系列关键问题引领教学.

(3) 把握好问题的延展.富有启发性的教学中,教师提出的问题一定不能太过封闭,否则将会桎梏学生的思维.问题需要有适宜的空间,给不同思维水平的学生以发展的可能对学生来说是很重要的.当然,教师要把握好问题的开放程度和开放性问题的数量.

(二) 循序渐进原则

循序渐进原则认为,来自环境的知识和经验可以相应转化为学习者的认知结构、情意状态和行为结构,教育者根据不同对象的发展水平,有步骤地提高所呈现的知识和经验的结构化过程,组织好从简单到复杂的有序累积过程,是提高转化效率的基础.[1]

遵循循序渐进原则,就要认识在数学发展中概念的产生过程、数学命题的发现过程、数学思想方法的形成过程和数学知识结构的建立过程.在教学中教师要尽量艺术地再现数学知识发生发展的序列过程,从而艺术地、有效地促进学生的数学认知发展.

在数学教学中运用此原则要注意以下方面.

(1) 明确教学目标,每堂课都围绕一个中心论题展开和深化,组织精当的层次序列,把主要教学力量放在关键性问题上,突破难点.

(2) 尽量保持知识的连贯性.使新知识与学生头脑里已有的相关知识、经验建立实质性的联系.在提出问题、分析问题、解决问题的过程中,要明确知识内容的最佳结构以及各个结构之间的最佳序列,让学生清晰地了解知识的产生过程、知识间的相互联系及整个知识体系的框架,从而帮助学生理解知识本身蕴含的思维形式和思维方法.[2]

(3) 尽量保持思想方法的一致性.使前后每一课之间形成精当的层次序列,使学科教学的主线、学科内容的诠释一以贯之.

(三) 教师主导与学生主体相结合原则

课堂教学中,良好的师生角色定位是顺利完成教学任务的保证.教师和学生是学校教育活动中最基本也是最关键的要素.

在教学过程中,教师是教学的主导,学生是教学的主体.要保持教学过程中师生间、生生间良好的动态信息交流,信息包括知识、情感、态度、需要、兴趣、价值观以及生活经验、行为规范等,实现师生间相互沟通、相互影响、互动发展.

---

[1] 顾泠沅.教学改革的行动与诠释[M].北京:人民教育出版社,2003.
[2] 史宁中,柳海民.素质教育的根本目的与实施路径[J].教育研究,2007(8).

在数学教学中应如何实现教师主导与学生主体相结合?

(1) 教师要成为学生学习的组织者.

这种组织是对学生数学学习活动有充分的考虑预设之后,有详尽的、周密策划的组织. 组织者就是教师要给学生创设自主、探究、合作学习的空间.

(2) 教师要成为学生学习活动的引导者.

现代教学论认为,教育的本质属性是教师的价值引导和学生自主建构的辩证统一. 教师要引导学生进行恰当的学习活动,引导学生进一步深入探究,引导学生实现课程资源价值的超水平发挥. 在此过程中,教师应激发学生的学习积极性,向学生提供充分从事数学活动的机会,帮助他们在自主探索和合作交流的过程中,真正理解和掌握基础知识、基本技能.

(3) 教师要成为学生学习活动的合作者.

教学的过程是师生共创共生的过程,教师要主动成为学生学习活动的合作者. 教师参与学生学习活动的方式主要是观察、倾听和交流,这样既可以增强与学生之间的互动,又可以发现学生在学习活动中的动态并为今后的数学教学提供最为直接的材料.

(四) 面向全体与差异教学相结合原则

我国的《课标》指出要使人人都能获得良好的数学教育,不同的人在数学上得到不同的发展. 美国数学教师理事会(NCTM)的《学校数学的课程与评价标准》明确表示每个学生必须学习数学,学习适合所有儿童的数学. 在此我们需要考虑一些特殊群体,如有学习障碍的学生、不同家庭文化背景的学生、不同性别的学生、数学资优生等.[①]教师对所有学生都应有足够的期待,所有的学生无论他们的性格、背景或身心素质如何,都应获得同等机会和帮助.

在数学教学中贯彻此原则要做到以下几点.

(1) 关注每个学生的特点. 教师要根据学生的准备水平、学习兴趣、学习需要和学习风格来设计教学. 每个学生都具有特点,对学生个体间差异的了解更能帮助教师对学生数学学习进行有针对性的指导.

(2) 实现不同的人在数学上得到不同的发展. 学生的数学潜能不尽相同,关注差异的教学要立足于学生现有的水平,为每个学生开发潜能创造空间. 在追求共性价值的同时还要考虑到个性与共性的和谐统一.

(3) 提倡多视角的数学教学. 将数学教学置于多视角之下,使学生从数学史、数学文化、数学与生活、数学与社会、数学与文学、数学与艺术等多角度展开学习,以加深他们对数学的理解,在数学上获得更好的发展.

(五) 学科知识与现实世界相结合原则

理论联系实际是辩证唯物主义认识论和方法论的基本原理,是马克思主义思想的一项重要原则. 当抽象的数学结论形成并得以证明之后,还应及时以反映抽象结论的实际事例让学生判断、检测这个结论,使学生对理论知识有深刻的认识与理解.

---

① 全美数学教师理事会. 美国学校数学教育的原则和标准[M]. 蔡金法,等译. 北京:人民教育出版社. 2003.

在数学教学中应如何遵循这一教学原则？

（1）加强数学知识与实际问题的联系．在教学中要使教材中呈现的理论知识与客观实际紧密联系，尽可能结合实际来阐明知识，通过一定的实践活动使学生深刻地理解知识的实质并得以巩固和记忆．

（2）充分认识到数学教学中数学建模的价值．用数学理论知识解决实际问题的典型形式是数学建模．教师要充分利用难度适宜的数学建模问题，使学生探索如何通过建立数学模型解决问题，培养科学精神，学习科学探究方法，体会数学的思想方法．

（3）重视数学与其他学科的联系．数学与各个学科都有着广泛深入的联系，教师在教学中要注意体现这种联系性，引导学生认识到数学在其他学科发展中的作用，体会数学的价值．

二、学科性原则

（一）具体与抽象相结合原则

数学思维对象是形式化的思想材料，也就是经过人类思维抽象后的产物，因而，数学具有高度的抽象性．随着年龄的增长和知识面的扩大，中学生的抽象思维能力也将得到快速发展．虽然，高中阶段的学生其思维发展正处于抽象逻辑思维与辩证思维成为主导的阶段，但让学生经历由具体到抽象，由较低级抽象到较高级抽象的过程，对于学生的数学学习依然是十分重要的．

在教学中实现具体与抽象相结合，应注重以下方面．

（1）运用具体材料引入数学概念，实现从具体到抽象．

在数学教学中，教师要创设具体情境，呈现直观感性材料，如实物、模型、实例等，从中抽象出数学元素及其关系，获得概念或规律．如在空间立体几何的教学中，通过展示实物模型或者让学生亲手制作相关模型，对于学生理解空间直线间、直线与平面间、平面间的平行、相交、垂直等抽象关系是非常有利的．教师还要注意从具体实例引入教学，既让学生感到数学的用途，又能引发学生的学习兴趣．

（2）将具体情境层层拆分，逐步揭示出一般性规律．

无论是数学情境还是教学情境，教师都要具备将问题拆分的能力，以引导学生学会数学地思考问题、研究问题．

> **链接阅读** ▼
>
> **普通高中教育的培养目标**
>
> 例如，在学习位似时，教师可以首先请学生根据要求画出图形，如图13-1、图13-2、图13-3、图13-4，比较各个小组之间所画图的不同，同时每个小组都可以思考：绘制图形的方法是什么？是否只有这一种画图的方法？位似中心是否可以有其他情况？两个图形是否一定要在点的一侧？可不可以分布在两侧？如果位似中心在图形内部会怎样呢？如果把位似中心与对应点的连线反向延长会怎样呢？

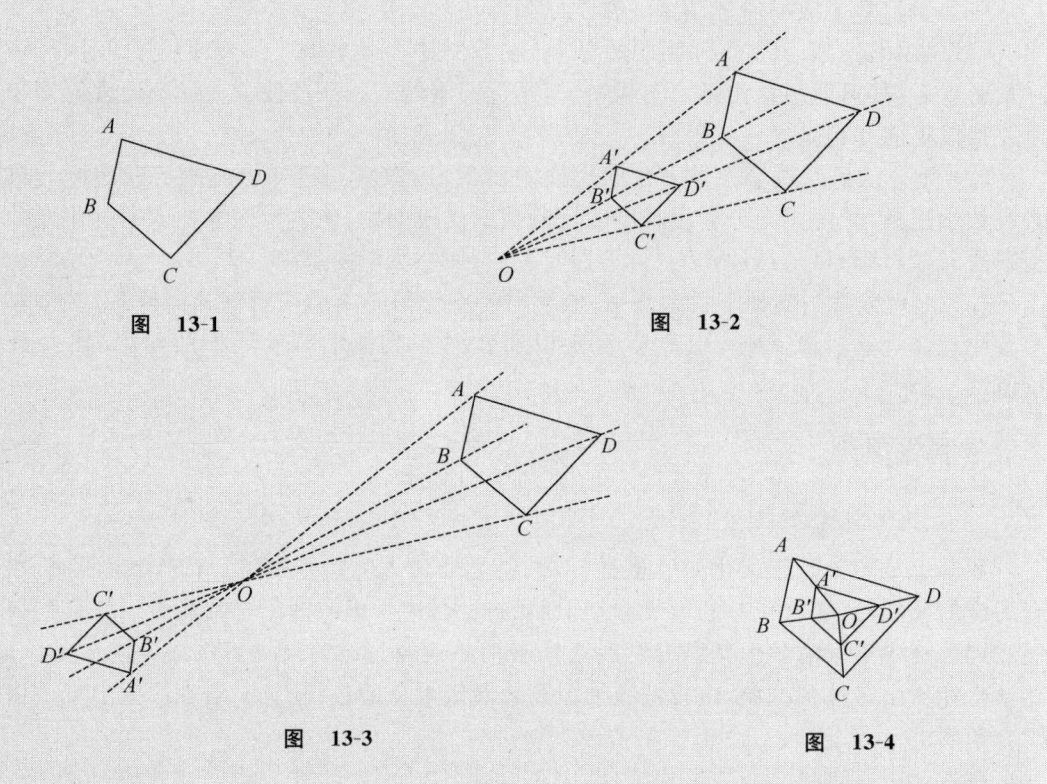

图 13-1　　　　　　　　图 13-2

图 13-3　　　　　　　　图 13-4

接下来,教师根据四幅图提出问题:

这些图中各含有几个图形?

一大一小两个图形有什么关系?你能确定图形的对应点和对应线段吗?对应点和对应线段各有什么特点?该图形和相似有什么联系?

如果我们把具有这种特征的关系叫作"位似",你可以试着给位似下定义吗?

最后,教师和学生一起加以归纳,得到位似图形定义:如果两个图形对应点连线交于一点,并且对应点到这点的距离成比例,那么这两个图形叫作位似图形,这一点叫位似中心.

(3)在数学探究中完成从抽象到具体的过程.

从具体到抽象只是学生掌握数学理论的一个阶段,学生要真正掌握抽象理论,更重要的是能运用相关理论解决问题,即从抽象到具体.具体来讲,教学中要注意运用有关理论去解释具体现象、解决具体问题.如在学习了函数的相关内容以后,可以从具体问题总结出一类特殊函数,再将函数的概念性质应用于一类具体问题.需要指出的是,从抽象到具体并不是回到原来抽象时赖以为基础的具体,这两个"具体"在认识意义上存在质的区别:前一阶段的"具体"是直观感性材料,其作用是为上升到抽象认识提供基础;后一阶段的"具体"则是抽象材料的具体化,其作用是理性认识的进一步深化.

（二）严谨性与量力性相结合原则

1. 数学教学中的严谨性与量力性

严谨性是数学的特点,数学学科强调概念要明确、判断要正确、推理要合理严密.教学中的量力性是强调要把握学生认识发展的基本特点,使教学与学生的年龄特征、知识水平、思维发展水平及接受能力等密切相关.中学生对数学严谨性的不适应主要表现在两个方面：对严谨的数学语言难适应；对严谨的逻辑推理难适应.

严谨性与量力性相结合就是要求根据学生的认知规律适度严谨,在不过分超越学生原有认知基础的前提下,使数学教学达到充分严谨的程度.

我国现行的中学数学教材处理就充分考虑了这一原则,例如,初高中教材中函数概念的差异是因为初中生难以理解"对应说"中的对应关系,而高中生已经学习了集合语言,能理解"对应关系"这样更抽象、更严谨的函数定义.

2. 严谨性与量力性相结合的原则在数学教学中的运用

（1）恰当制定教学目标.

在教学过程中要贯彻严谨性与量力性相结合的原则,首先要明确该原则确立的出发点,在数学教学中,应恰当地制定教学目标,确保目标与学生的身心发展特点相适应.

（2）要认识到数学学科的严谨特征具有相对性.

人类认识数学的活动从来就不是一蹴而就的,数学结果也并不是生而就严谨的.纵观数学发展历史,不严谨的数学内容长期存在.比如最早以公理化演绎为基本方法的欧式几何,在其诞生后就被奉为严谨逻辑推理的经典,但是在19世纪也被发现其不严谨之处；微积分在诞生之初也不符合逻辑严谨性.可见,在人类社会发展史上,不严谨的数学内容也曾极富生命力,为推动人类社会发展发挥了极大的作用.

作为学科课程的中学数学,针对学生的认知水平,尤其要考虑数学严谨的相对性.如上所述,在不超越学生原有认知基础的前提下,使数学教学达到充分严谨的程度.

（3）教学中要找到严谨性与量力性的平衡点.

数学教学中应注意防止两个极端：一是考虑到数学的特点从而使得教学过于严谨；二是考虑到学生的年龄特征从而使得教学过于通俗,甚至违背科学性.

对于中学阶段的学生来说,数学推理的过程较其结果更难以确保严谨,教学中要找到严谨性与量力性之间的平衡点.作为静态结论的数学具有严谨性,而作为学生学习动态过程的数学则更体现为严谨与合理的结合.教学中,教师要鼓励学生在观察、猜想和尝试论证时使用不同形式的思维方式,如直觉、类比、想象等,逐步培养学生严谨的逻辑思维与推理论证能力.

（三）适度形式化原则

1. 为什么数学教学要适度形式化

数学的研究对象是形式化的思想材料,数学的内容是抽象的纯粹形式结构,数学内容的表达是符号化的数学语言.

链接阅读

> 数学形式化是用一套表意的数学符号去表达数学对象的结构和规律,从而把对具体数学对象的研究转化为对相应数学符号的研究,并生成演绎的数学体系.一般来讲,形式化包括符号化、逻辑化和公理化三个层面,其中符号化是数学形式化的第一步,是基础."符号"对于数学的重要性就如"汉字"之于语文的重要性,可以说数学的世界就是一个符号化的世界,通过数字、字母及运算符号之间的逻辑组合,就形成能对数量关系及空间形式进行准确描述的知识体系.故数学的内容表述主要用的是形式化语言,也就是各种数学符号或术语,学生学习数学必然要学习形式化.

从小学到高中,学生数学学习的过程,就是逐渐形式化的过程,是逐渐形成能将所学习的事物抽象成符号,并将一系列符号按照一定的逻辑规则组成公式或定理以表达数学内容的能力.但如果数学教学过度强调数学的形式化而忽视了数学的思想内容,那无疑会使得数学学习变得枯燥无味.

张奠宙先生等指出,教科书里的数学知识,是形式化地摆在那儿的.准确的定义,逻辑的演绎,严密的推理,一个字一个字地线性地印在纸上.这是知识的学术形态,学生比较难懂.而好的教师,不只讲推理,更要讲道理,把印在书上的数学知识转化为学生容易接受的教育形态.[①]数学学习是进行再创造的过程,因此,我们提倡数学教学适度形式化的原则.

2. 适度形式化的原则在教学中的运用

(1) 淡化形式,突出本质.

《课标》把"强调本质,注意适度形式化"作为基本的课程理念之一提出.在数学教学中不可避免地要经历数学形式化,但要更加突出数学内容的本质.教师要精心设计教学内容与教学环节,合理安排学生的自主探索,促进学生对数学内容本质的理解.

(2) 形式化呈现出阶段性发展.

学生学习的不同阶段应该有不同的数学形式化要求,数学教学中的形式化要与学生的身心发展水平相适应,要建立数学内容本质与表达形式化之间的有机联系.例如,在现代数学体系中,"函数"的本质是"关系".而初中教材考虑到初中生的年龄特征,采用的是初期"函数"定义的"变量说";到了高中阶段,学生学习了集合语言,"函数"的定义又上升为"对应说".可见,数学教学要适应学生的身心发展规律,做到适度形式化.

(3) 利用学生已有经验.

在数学教学中,要充分利用学生已有的生活背景和实践经验.数学形式化有三个层面:符号化、逻辑化和公理化,也就是产生数学知识的"原材料"(即数学产生的生活背景与实践经验)经符号化变为零散的数学知识,再经逻辑加工,转为实体的公理系统,进而提高到形式化的公理演绎体系.这一过程是形式化程度不断提高的过程,其中形式化的第一步是将具体问题转变为数学问题,在这个过程中,学生已有的生活背景和实践经验将直接影响学习数学

---

① 张奠宙,王振辉.关于数学的学术形态和教育形态——谈"火热的思考"与"冰冷的美丽"[J].数学教育学报,2002(5).

形式化的效果.

第二节　高中数学教学方法

教学方法是指完成教学任务所使用的工作方法,它包括教师教的方法和学生学的方法.因此,教学方法应全面地理解为:是开展教与学的双边活动的方法,包括各种具体方式和手段.教学方法是为完成教学任务和达到教学目的服务的.

一、数学教学与数学学习

(一)数学教学

数学教学是教师和学生以课堂为主要渠道的交往过程,是教师的教与学生的学的共同活动,通过这个活动交往过程,学生掌握一定的数学知识和技能,形成一定的能力和态度,人格获得一定的发展.

教学既是科学又是艺术.教学的根本任务是促进人的身心全面发展,所以,教学应建立在一定的科学基础上,符合人的心理发展规律,完成教学任务必须对人的认知发展规律有充分的理解和把握.同时,教学过程充满教师与学生之间、学生与学生之间情感和观念的交流,这就决定了教学要有效促进学生情感、观念的完善,因此,教学又是一门艺术.

(二)数学学习

1. 数学学习的内涵

数学学习是指了解、理解、掌握和应用数学知识、数学技能和数学思想方法,发展数学能力的过程,它是学生对客观事物的数量关系和空间形式的能动反映.

2. 数学学习的特点

数学是研究事物数量关系和空间形式的科学,它有三个显著的特点:内容高度抽象、逻辑推理严谨、应用广泛.数学学习除了学习基本的数学知识、技能和思想方法外,更为重要的是学习如何培养数学思维.思维能力的发展是数学学习的根本目标.

3. 影响数学学习的基本因素

影响数学学习的内在因素有学习动机、兴趣、意志品质等非认知因素,还有已有的数学知识水平、能力水平、数学记忆能力、思维能力、学习能力、数学元认识能力等认知因素.

影响数学学习的外在因素有数学学习内容、教师、学习方式、环境等.

(三)数学教学方法的选择

教学方法是教与学相统一的方法,选择教学方法应考虑以下因素.

1. 依据教学目标选择教学方法

无论采用什么样的教学方法,数学课堂教学是为了达到一定的教学目标而进行的,这就意味着教学方法的确定必须服从于教学目标的要求.既要服务于每节课的具体教学目标,也要服务于蕴含了教学思想的整体教学目标.

2. 依据教学内容选择教学方法

任何教学方法都是通过特定教学内容表现出来的,离开了教学内容就无所谓教学方法,教学内容本身也是教学的重要因素.例如,对于学生学习有难度的内容,可以选用探究发现法;对于学生而言比较简单的内容,可以选用自学指导法.

3. 依据师生情况选择教学方法

要取得理想的教学效果,确定教学方法必须要考虑学生和教师的特点.学生的认知水平、学习风格和特点影响了教学方法的选择;教师自身的教学风格和教学能力也影响了教学方法的选择.例如,如果学生的理解力较强,同时教师的表达能力也比较强,则可以采用讲授法;如果学生的表达能力较强,教师的调控能力也比较强,则可采用讨论法.

一般而言,一节课所采用的教学方法都不是唯一的,往往是多种方法的综合运用.

二、数学教与学的方法

(一) 讲授法

1. 何为讲授法

讲授法是由教师对教学内容进行系统地讲述的一种教学方法.其特点是以教师为主导,利用口头语言作为传递知识的基本工具,学生是知识信息的接受者.

2. 讲授法的基本要求

(1) 科学性.讲解的内容要准确无误,即要讲清楚概念,把握好概念的内涵与外延;阐述命题及其证明,推理要合乎逻辑,思路和方法要明确、清晰.

(2) 系统性.讲解要条理清楚、层次分明,重点突出,注意学生理解问题的认识规律,使讲授内容系统化.

(3) 启发性.讲授中要引起学生的求知欲,激发学生思维活动.运用讲授法不等于"满堂灌"、注入式.教师在讲解中要善于提出问题、创设问题情境,激发学生质疑思疑,主动参与学习活动.

(4) 艺术性.讲解的语言要清晰、简练、准确、生动,尽量做到深入浅出,通俗而不失严谨.讲解语言音量适当,抑扬顿挫,富有情趣,快慢适当.

(5) 情感性.讲授课容易让学生产生枯燥无味之感,而情感因素的注入和渲染可以提高讲授效果.

3. 讲授法的优缺点

讲授法的优点:有利于教师控制教学时间和进度,保持所授内容的流畅与连贯;便于教学重点内容的分析、教学难点的突破;易于帮助学生抓住问题的关键,节约教学时间.

讲授法的缺点:教学中学生以听和观为获取知识信息的主要渠道,容易造成被动接受知识的状态,不利于探究等能力的培养;由于统一进度,不易照顾学生中思维反应快与慢的学生的差别,不利于关照学生的个体差异.

(二) 讨论法

1. 何为讨论法

讨论法是学生根据教师所提出的问题,在集体中,相互交流个人的看法,相互启发、相互学习的一种教学方法.

讨论法的主要特点是:信息交流既不同于讲授法的单向交流,也不同于谈话法的双向交流,而是讨论集体成员之间的多向信息交流.学生的发言可以及时获得反馈信息,调节自己的观点,课堂气氛活跃.

2. 讨论法的基本要求

(1) 讨论前师生都要做好充分准备.教师要向学生提出讨论的课题,指出注意事项,提供一些阅读的参考资料,每个学生都应按要求做好讨论发言准备.

(2) 讨论题需简要明确,有具体的目标,问题深浅适当.

(3) 讨论中要鼓励学生大胆发言,勇于表达自己的观点.

(4) 每个问题讨论结束时,教师要作小结.

3. 讨论法的优缺点

讨论法的优点:讨论活动是以学生自己的活动为中心,每个学生都有发言的机会,这对于培养学生的语言表达能力是十分有益的;讨论前需要学生自学并准备发言提纲,这既培养了学生的自学能力,又调动了学生学习的主动性和积极性;讨论中的发言固然要围绕讨论的中心,但又可以不受教材的限制,因而有利于促进学生独立思考和培养学生的创造精神.

讨论法的缺点:课堂教学组织不易控制,比较耗费教学时间.

(三)探究发现法

1. 何为探究发现法

探究发现法又称探索法、研究法、启发式或问题教学法,指教师在学生学习概念、命题时,只是给出一些事实和问题,让学生积极思考,独立探究,自行发现并掌握相应的原理和结论的一种教学方法.它的指导思想是以学生为主体,独立实现认识过程,即在教师的启发下,使学生自觉地、主动地探索,实践科学解决问题的方法及步骤,研究对象的起因和内部联系,从中找出规律,形成概念、命题或解决问题.

> **链接阅读**
>
> 探究发现法就其思想渊源来说有着悠久历史,但是引起人们对探究发现法的重新关注和研究,是由于20世纪60年代美国著名心理学家布鲁纳的大力倡导.布鲁纳认为,要培养具有发明创造才能的科技人才,不但要使学生掌握学科的基本概念、基本原理,而且要发展学生对待学习的探索性态度,从而大力提倡广泛使用发现法.而芝加哥大学施瓦布教授提出的"探究学习"则认为,学生学习的过程与科学家的研究过程在本质上是一致的,因此,学生应像"小科学家"一样,以小主人公的身份去发现问题、解决问题,并在探究过程中获取知识、发展技能、培养能力,特别是培养创造能力,发展自己的个性.

2. 探究发现法的基本要求

(1) 教师要发挥主导作用,精心创设情境,引导学生有目的、有步骤地去发现问题.

(2) 学生要发挥主体作用,积极主动地参与发现过程,充分运用观察、试验、联想、类比、分析、归纳等方法,积极提出猜想,进行论证.

(3) 教师要强调发现问题的思维过程,使学生逐步掌握数学的思想方法.

3. 探究发现法的优缺点

探究发现法的优点：能使学生产生学习的内在动机，增强自信心；能使学生学会发现的探索方法，培养学生提出问题、解决问题的能力和创新精神；利于学生自己将知识系统化和结构化，更好地理解和巩固知识.

探究发现法的缺点：花费较多学时；受学生思维发展水平限制，很多内容的学习不适宜发现法；对教师的要求较高，如果教师没有较高水平，那么采用发现法进行教学是难以取得好效果的.

案例透视　由求曲线的切线引出导数的概念

一、教学基本流程

求曲线的切线方程→切线的新概念→利用割线的斜率求切线的斜率→导数的概念及其几何意义→应用、总结、练习.

二、教学情景设计

1. 课题引入

师：求函数 $y=-\dfrac{2}{x}$ 在点 $P(1,-2)$ 处的切线方程.

生 1：设切线的斜率为 k，则切线方程是 $y+2=k(x-1)$，

联立得方程组 $\begin{cases} y=-\dfrac{2}{x}, \\ y=kx-k-2, \end{cases}$

消去 y，整理得 $kx^2-(k+2)x+2=0\cdots(*)$，

当 $\Delta=[-(k+2)]^2-8k=0$ 时，得 $k=2$，因此，所求切线的方程是 $y=2x-4$.

师：你的解题依据是什么？

生 1：曲线的切线与曲线只有一个公共点，即方程 $(*)$ 的判别式 $\Delta=0$.

生 2：生 1 的做法有点问题：方程 $(*)$ 还可能是一次方程，且当 $k=0$ 时，得直线 $y=-2$，与双曲线也只有一个交点.

师：有意思！看来在 P 处有两条切线.

生 3：直线 $x=1$ 与双曲线也只有一个交点，生 1 在设切线方程时，假设切线斜率 k 存在，但是 $x=1$ 时偏偏没有斜率，这在解析几何中是个逻辑漏洞.

师：太好了.是不是说在双曲线的 P 处有三条切线？

生 4：我感觉直线 $x=1$，$y=-2$ 不能称为双曲线的切线.

师：不错，直观上，我们很难承认直线 $x=1$，$y=-2$ 是双曲线的切线.生 1 的结论没问题，但是解题过程有漏洞.如果推理过程完备，结论却又不妥，这是什么原因呢？（学生思考）

师：说明切线的概念有问题.我们目前对切线的认识主要来源于圆：圆的切线与圆只有一个交点.这对于双曲线不一定适合.如何定义双曲线的切线呢？或者，如何定义曲线的切线呢？

设计意图：本来想用"求函数 $y=x^2$ 在点 $P(1,1)$ 处的切线方程"引入问题，为了更能暴露问题，选择上例引入．一方面，用到的都是解析几何的基础知识和基本技能，克服学生的畏难情绪；另一方面，通过出现的认知冲突，使学生产生强烈的探究愿望．

2. 完善概念

师：我们以退为进，再想想圆的切线，它除了与圆只有一个公共点之外，还有什么可说的？

生5：圆的切线动一动，它和圆的一个公共点就一分为二，变成两个公共点，切线变成了割线．反过来，割线与圆的两个交点，如果慢慢接近，直到合二为一，割线就变成了切线．

师：非常漂亮！我们把生5的观点一般化：过曲线上一点 P 和另一点 Q 作割线，让点 Q 沿曲线向点 P 靠拢，当点 Q 与 P 重合时，割线 PQ 就成为过 P 处的切线．

我们一起来实施想法．

参考文献：

柴化安，常清．探究式教学一例：由求曲线的切线引出导数的概念[J]．中学数学教学，2009，(5)：23-24．

评析：

中学生学习导数的主要目的是利用导数研究函数的单调性，进而研究函数的极值（最值）．但教材仅仅由求物体的瞬时速度引出导数概念后，贴一个标签：导数的几何意义是曲线切线的斜率．微积分的创立史上，求物体的瞬时速度与求曲线的切线，是两个"源问题"．对于高中学生而言，通过"求曲线的切线引出导数"比通过"求物体的瞬时速度引出导数"更重要，原因是函数的单调性取决于导数的符号，而导数的几何意义是曲线切线的斜率，直线的倾斜程度比较直观．因此，导数的几何意义教学要加强．

这节课的主要内容是以发展曲线的切线概念为载体，展示导数的产生过程．与求物体的瞬时速度比较，可以发现，不同的问题可以用相同的数学形式来处理，体现了数学的概括性与抽象性．努力使数学学术形态向教育形态转化，让学生体验到数学概念的完善、数学知识的发展所蕴含的思想方法，这是新课程理念所倡导的．

（四）合作学习法

1. 何为合作学习法

合作学习法是指学生为了完成共同的任务，有明确的责任分工的互助性学习方法．合作学习法鼓励学生为集体的利益和个人的利益而一起工作，在完成共同任务的过程中实现自己的理想．

合作学习是20世纪70年代初兴起于美国，并在70年代中期至80年代中期取得实质性进展的一种富有创意和实效的教学理论与策略．由于它在改善课堂内的社会心理气氛，大面积提高学生的学业成绩，促进学生形成良好个性品质等方面实效显著，很快引起了世界各国的关注，并成为当代主流教学理论与策略之一，被人们誉为"近十几年来最重要和最成功的教学改革"．

2. 合作学习法的基本要求

(1) 组间同质,组内异质.

从小组的构成看,每个小组的4~5名成员在性别、个性特点、家庭和社会经济背景、学业成绩、能力水平等方面需有明显的差异.使每个小组都成为整个班级的缩影,各小组之间力量均衡,便于对各个小组的工作成效进行公平的比较和评价.同时,由于组内各成员在各个方面的差异,他们可以有效地展开互助与合作,最终促进组内每个成员在认知、情感、个性和社会交往等各方面的提高.

(2) 设立小组目标.

在活动中,小组是一个整体.目标的达成是以小组而不是以每个组员的成就来衡量的.也就是说,只有当小组的其他成员都达到了目标时,自己才达到目标.在共同目标的作用下,各组员结成"利益共同体":成绩好、能力强的学生在自己完成学习任务后会积极帮助其他学生;而成绩较差、能力较弱的学生则会出于集体荣誉感和自尊心,尽自己的最大努力去学习,以保证自己所在小组不会因为自己的失败而失败.

(3) 明确个人职责.

为了实现小组目标,保证每个组员都能对小组成绩有所贡献,小组活动前应对组内成员进行明确的分工.

(4) 成功机会均等.

由于每个小组的构成大体相同,学生无论在哪一组,只要自己努力,并有同伴之间的相互帮助,都会有成功的机会.同时,由于是以小组目标实现与否作为衡量各个组员工作成效的标准,因而无论单个组员的背景和能力如何,也都有均等的机会享受成功.

3. 合作学习法的价值

(1) 合作学习法有利于体现学生的主体地位.

小组合作学习要求学生向别人发问,向别人阐述自己的看法.这不但可以增加学生学以致用的机会,更可以增强他们对学习的兴趣,提高他们的学习能力,还可以使他们接受不同的观点,扩展他们的视野,促进思维的发展.

(2) 合作学习法有利于提高学习效率.

在小组合作学习中,由于强调小组中每个成员都积极参与到学习活动中,并且每个成员都带有极大的热情,学习任务由大家共同分担,集思广益,各抒己见,人人都尽其所能,这样问题就变得容易解决.

(3) 合作学习法能增进学生的感情,培养学生的人际交往能力.

小组合作学习是同学之间互帮互学,彼此交流知识的过程,也是互爱互助,相互沟通感情的过程.在小组合作学习中,大家互相勉励、互相鼓励,增强克服困难的勇气;同时,组员们学会了如何关怀和帮助他人、评价他人,即学会承认他人的优点,容忍他人的缺点,虚心向他人学习,听取他人的意见.它使每一成员都融入集体中,增强了合作精神和集体意识.

(4) 合作学习有利于培养学生的自学能力.

合作学习把学生由旁观者变为参与者.它主张那些已经掌握某种知识和技能的学生把知识和技能教给其他成员.学生的学习积极性提高了,自学能力也提高了.

案例透视 "集合与函数概念"教学片段

一、课前准备

(1) 分组：4至6人为一个小组，确定一人为组长．教师要做好安排协调工作，确保每位学生都积极参加．

(2) 选题：以函数为主线结合个人兴趣确定题目．教师应该到各组中去了解选题情况，注意避免选题的重复性．参考题目：① 函数产生的社会背景；② 函数概念发展的历史过程；③ 函数符号的故事；④ 数学家（如伽利略、笛卡儿、牛顿、莱布尼兹、贝努利、欧拉、柯西等）的传记．

(3) 分配任务：根据个人情况和特点，经过小组共同协商，共同确定出每位同学的具体任务．

(4) 搜集资料：根据所选题目，查阅相关书籍或相关网页搜集素材，包括文字、图片、数据等，并记录相关资料，写出实习报告．

(5) 把各组的实习报告，贴在班级的学习栏内，让学生学习交流．

二、教学过程

(1) 出示课题：各组展示本组课题．

(2) 交流、分享：由数学科代表主持，小组推荐代表发言，以下记录均为发言简述．

① 学生甲：函数小史．

纵观数学历史可以看出，重要的数学概念的产生和发展对数学的进步起着举足轻重的作用．还有些数学概念对数学分支的产生也起着支撑性的作用，我们刚学完的函数就是这样的概念．笛卡儿引入变量之后，变量和函数等概念就渐渐地渗透到科技的各个领域．17世纪德国数学家莱布尼兹最早提出了函数(function)的概念，最初莱布尼兹用"函数"一词表示幂．1755年，瑞士数学家欧拉给出了不同的函数定义．数学书上使用的"函数"一词是由英文翻译而来的．后来是我国清代数学家李善兰在翻译《代数学》(1895年)一书时，把"function"译成"函数"的．

我们可以估计到，关于函数的争论、研究和发展，将不会停止，也正是这些影响着数学及其相关领域的发展．

教师带头鼓掌并评价：内容简单、全面，使同学们对函数的发展有了比较系统的认识．

② 学生乙：函数概念的纵向发展．

该同学从早期函数概念（几何观念下的函数）到18世纪函数概念（代数观念下的函数）来阐述函数概念的发展．接着又讲述了19世纪函数概念（对应关系下的函数）以及现代函数概念（集合论下的函数）．函数的概念经过了300多年的锤炼、深化，形成了函数的现代定义．

教师带头鼓掌并评价：该组同学对函数发展的各阶段做了详细的陈述，使我们认识了函数的各类定义．

③ 学生丙：我国数学家李国平与函数.

学生丙描述了我国数学家李国平(1910—1996)的身世和他的成长历程.李国平1933年毕业于中山大学数学天文系,后历任中国科学院数学计算技术研究所所长、中国科学院武汉数学物理研究所所长、中国数学会理事、中国科学院学部委员等职务.学生丙还通俗地介绍了李国平先生在微分方程及复变函数论领域的巨大贡献.

教师带头鼓掌并评价：从这段表述中我们了解了这位伟大的数学家的经历,使我们明白一个人要想有所作为就必须付出艰辛的努力.

④ 学生丁：函数概念对数学发展的影响.

该学生从有史以来重要的数学概念对数学发展的促进作用出发,讲述了函数概念对数学发展的深远影响,可以说是贯穿古今、非同凡响.回顾函数概念的历史发展,看一看函数概念不断被精炼、变革、丰富的历史过程,对我们来说是大有裨益的一件事情.它不仅可以帮助我们清晰地认识函数概念的来龙去脉,还能促进我们了解数学概念对数学发展、数学学习的巨大作用.

教师带头鼓掌并评价：从以上函数概念发展的全过程中,我们体会到,联系实际,收集大量数学素材来研究、发掘、拓展数学概念的内涵与外延是何其重要.

课堂小结：只有我们在课下每位同学密切合作,才能取得课上的圆满交流.通过这次实习作业的开展,我们不仅学到了很多知识,还学会了如何与人交往,同时也增强了合作能力.

参考文献：

白霞.高中数学合作式学习探究[D].呼和浩特：内蒙古师范大学.2011.

评析：

本节课采用了合作式学习的方法,设置小组合作目标,责任到人,在成绩分工法中采用了"提高分"游戏竞赛法中的"积分点数",让每一个学生都能感受到成功,并为小组做贡献创造了公平的机会.

在这一种方法中,首先,要将学生分成几个小组,每组学生都学习已经被划分成片段的学习材料,以函数为主线结合个人兴趣确定题目.其次,将各小组中学习内容相同的学生组成"专家组",他们要在一起共同讨论交流各自所要学的内容,直到搞懂.最后,将这些学生分别返回到各自的组内,并将所学东西教给其他组员,因为每个人不但要求掌握自己的那部分内容,还要掌握其他内容；在合作式学习的过程中,每位同学还需要聆听他人的方法,所以增加了彼此间的了解,也丰富了所学的内容.

整节课拓展了学习内容,这要求教师对所教内容进行系统的学习和整理.此外,教师还要对学生出现的问题、易错点要予以强调并精讲,引导学生对本节所学知识进行归纳、提升,形成知识体系,这样可激发各组学生积极参与归纳陈述.

（五）自学指导法

1. 何为自学指导法

自学指导法就是在教师的指导和辅导下，以学生自学为主的一种教学方法．它的优点在于能更多地调动学生学习的主动性，并且能较好地发挥教师的主导作用，有利于培养学生独立思考、独立学习的能力．

狭义的自学指导法指卢仲衡教授首先提出的"自学-辅导法"．他运用有关学习的九条心理学原则，对初中数学自学辅导教学进行了深入研究，主编了初中数学自学辅导教材，从60年代起在全国许多地区展开了中学数学自学辅导的教学实验，取得了富有意义的成果．

广义的自学指导法指新课程提出的"自主学习"概念．《基础教育课程改革纲要（试行）》中指出，教师要注重培养学生的独立性和自主性，引导学生质疑、调查、探究，在实践中学习，促进学生在教师的指导下富有个性地学习．在数学教学实践中，对自主性的理解不要过于绝对化，也就是要防止将自主学习看成是学生的绝对自由．在学校教育中，教师必须对学生的学习进行恰当的、科学的指导．目前有些教师有个错误的认识，即认为只要把学习时间交给学生，让学生自己去学习，就是以自主学习为中心的课堂教学．教师应该认识到，让学生能够探索、学会探索，才是自主学习的本意．

2. 自学-辅导法的教学过程

卢仲衡所提出的"自学-辅导"教学模式包括"启—读—练—知—结"五个环节，课堂实施的具体步骤如下．

第一步，启发，即从旧知识引进新问题，激发学生的求知欲望，使他们有迫切需要阅读课本和解决问题的要求；

第二步，阅读，即课堂上学生在教师的督促和指导下独立阅读和思考；

第三步，练习，即学生按照要求自做练习；

第四步，知即知己，也就是学生做完练习就检查答案的正确性，及时知道自己做得是否正确；

第五步，小结，即概括全貌，纠正学生的错误，使做题规范化，解决疑难问题，促使知识系统化．

3. 对自主学习的基本要求

（1）激发学生的学习动机．

自主活动的核心因素在于激发学生的学习动机，具体可从四个方面来实施：一是兴趣的引领；二是目标的导向；三是评价的激励；四是竞争的促动．

（2）注意给学生学习的适当自主权．

学习的主体是学生，教师起到的只是"引领"作用，教师要充分调动学生的主观能动性，真正让学生成为学习的主人．自主学习要求学生在学习的各个方面和整个过程中尽可能摆脱对教师或他人的依赖，由自己做出选择和控制，独立开展学习活动．当然，对学生的"放权"要注意限度，毕竟学生受年龄的限制，认知不够深刻，完全由学生自己做主可能会出现意料之外的结果．

（3）尊重学生的能动性．

自主学习有别于其他各种形式的学习，它是学生积极、主动、自觉地从事和管理自己的学习活动,而不是在外界的各种压力和要求下被动地从事学习活动,或需要外界来管理自己的学习活动.这种自觉从事学习活动、自我调控学习的最基本的要求是主体能动性.

(4) 体现自主学习的有效性.

由于自主学习的出发点和目的是学生尽量协调好自己学习系统中各种因素的作用,使它们发挥出最佳效果.因此,自主学习在某种意义上讲就是学生采取各种调控措施使自己的学习达到最优化的过程.一般说来,学习的自主水平越高,学习过程也就越优化,学习效果也就越好.

第三节 概念、命题与问题解决教学

一、概念教学

(一) 对概念的认识

数学概念是客观现实中的数量关系和空间形式的本质属性在人脑中的反映.数学的研究对象是客观事物的数量关系和空间形式.在数学中,客观事物的颜色、材料、气味等非数学所关注属性都被舍弃,只保留它们在形状、大小、位置及数量关系等方面的共同属性.在数学科学中,数学概念的含义都要给出精确的规定,因而,数学概念比一般概念更准确.

1. 概念的内涵和外延

概念的内涵和外延是概念的基本特征,是准确把握概念和系统掌握知识的基础.概念的内涵是概念所反映事物的本质属性的总和;概念的外延是概念所反映的事物的总和(或范围).概念的内涵和外延分别是对事物的质和量的规定.例如,"偶数"这个概念的内涵是"能被2整除"这个性质,其外延是2,4,8等所有偶数的全体.在概念教学中,要通过对具体事例的观察使学生认识这个概念所反映的对象范围和属性.例如,在向量的学习中,可以让学生观察受到重力影响的物体带动了弹簧变化,从而将力、位移这些既有大小又有方向的量抽象为一种新的量,即抽象出向量的概念.

2. 概念间的逻辑关系

两个概念的外延之间有相容关系和不相容关系.

(1) 如果两个概念的外延交集是非空集合,即外延至少有一部分是重合的,则称两个概念具有相容关系.相容关系包括全同关系、交叉关系、从属关系(包含关系).其中,如果两个概念的外延完全重合,那么就说这两个概念具有全同关系.例如,自然数和非负整数.如果两个概念的外延只有一部分重合,那么这两个概念具有交叉关系.例如,"菱形"与"矩形"具有交叉关系.如果一个概念的外延包含另一个概念的外延,那么这两个概念的关系称为从属关系.例如,"矩形"和"平行四边形".

(2) 如果两个概念是属于同一属概念下的种概念,并且它们的外延的交集为空集,那么称这两个概念间的关系是不相容关系或全异关系或排斥关系.不相容关系包括对立关系和矛盾关系.其中,在同一属概念下的两个种概念,如果它们的外延之和小于属概念的外延,而且这两个种概念具有全异关系,那么这两个种概念的关系为对立关系或者反对关系.例如,

"正实数"与"负实数"相对于其属概念"实数"来说是对立关系,"锐角三角形"与"钝角三角形"相对于"三角形"是对立关系. 在同一属概念下的两个种概念,如果它们的外延之和等于属概念的外延,而且这两个种概念具有全异关系,那么这两个种概念的关系为矛盾关系. 例如,"负数"与"非负数""相等"与"不相等"都是矛盾关系.

3. 数学概念的表征形式

概念表征主要有样例表征和语义表征两种形式.

(1)样例表征是指学习者通过各种样例来逐渐归纳出事物的定义特征. 例如,学生通过对各种棱锥的观察,发现棱锥的大小形状虽然不同,但都是由多边形围成的几何体,其中一个面是多边形,其余各个面都是有公共顶点的三角形.

(2)语义表征是指学习者通过语义的理解而获得概念的内在本质属性. 语义表征可以使认识主体克服事物表面直觉影响的局限,迅速抓住事物的本质. 例如,方程是含有未知数的等式,这样的语义表征中体现了因果关系和逻辑关系.

4. 获得概念的两种形式

概念形成与概念同化是两种基本的概念获得方式.

概念形成主要依靠对具体事物的抽象概括,教学中要注重让学生从同类事物中找到关键属性;概念同化主要依靠学生对经验的概括和新旧知识的联系,在具体教学中常常用定义的方式使学生利用已有认知结构中的有关知识来理解概念. 用概念形成的方式学习概念,比较直观,学习较为容易;用概念同化的方式学习概念,要求学生要能够将所要学习的概念主动与已有知识建立有意义的联系.

(二)概念教学的基本要求

1. 了解概念的来龙去脉,能够正确地理解概念

概念在数学的学习中起着关键的作用,特别是一些重要的概念,如自然数是整个数系的基础;函数概念则贯穿于整个代数学习的始终,它标志着常量数学向变量数学的飞跃. 概念教学不仅要使学生理解概念的内涵和外延,还应该使学生了解概念的实际背景和来源、形成和发展的过程,了解如何应用这些概念.

2. 明确概念间的关系,会对概念进行分类,形成概念体系

学习数学概念的过程是对数学知识体系的认识不断加深与拓展的过程,教学中要引导学生从数学概念间的各种关系来丰富对所学知识的认识. 概念的分类就是将概念的外延逐次划分成这个概念的子概念,要求任意两个子概念的外延之间没有重叠部分,所有子概念应该穷尽被分类的概念. 分类要注意不重不漏,每次划分的标准要统一. 例如,把三角形划分为等边三角形、等腰三角形、钝角三角形,这个划分是不对的,因为这个划分中用了边、角大小的两个不同的依据. 这就犯了"标准不统一"的逻辑错误.

3. 正确理解并能运用概念的名称和符号

数学概念学习主要是通过抽象的名词、术语、符号来界定概念,数学中的计算、推理、证明也常常是借助抽象的符号来实现,因此,概念教学中要使学生正确理解概念的名称和符号.

4. 发挥数学概念在运算、推理、证明中的作用

数学的运算、推理和证明都以有关概念为依据. 例如,判断三角函数值的符号必须以三角函数的定义为依据,证明图形的性质必须由图形的定义出发.运算、推理和证明既可以巩固学生对数学概念的理解,又可以深化他们对数学概念地位的认识.

(三)概念教学的一般过程

任何数学概念都有它产生的背景,考察它的来龙去脉,有助于我们对概念的把握.要让学生理解概念,就要了解它产生的背景,通过大量实例分析概念的本质属性,建立与已有知识的联系,进一步巩固和应用概念.因此,概念教学的环节应包括引入概念—明确概念—巩固概念—应用概念.

1. 引入概念

教师应设置合理的教学情景,使学生体会学习新概念的必要性和意义.概念的引入的方式通常有三种.

(1)以学生的感性认识为基础引入概念.

以学生的感性认识为基础引入概念,首先,能够建立数学与现实世界的联系;其次,能够帮助学生理解概念,使他们对新概念有熟悉感,从而有效地将新概念纳入到自己的数学认知结构中;最后,能够培养学生观察、分析、类比、抽象等能力.

(2)在学生原有的知识基础上引入概念.

数学概念常用的一种定义方式是属加种差定义法.用这种方法定义概念,要做好两方面的工作:一是找出被定义概念的邻近的属;二是确定种差,即找出被定义概念所反映的事物区别于包含在同一属中其他概念所反映事物的本质属性.例如,用等式定义方程,"等式"是"方程"的属概念,"含有未知数"是种概念"方程"的本质属性,即种差.

(3)从现实生产、生活中的需要引入概念.

教学中概念引入的素材往往来源于学生的生活现实或生产实际,这也体现了"数学来源于生活".可以说,教材中的几乎所有概念都有"生活背景".所以在进行概念教学时,应密切联系概念的现实原型,引导学生分析日常生活和生产实际中常见的事例,使学生在观察有关实物、图示、模型的同时,获得对于所研究对象的感性认识,在此基础上逐步认识并抽象出它的本质属性,提出概念的定义,建立新的概念.例如,教材中"数轴"的概念有些教师是用温度计来引入的;"平面直角坐标系"有些教师是从学生列队的实际问题来引入的.

2. 明确概念

引入概念,仅是概念教学的第一步,要使学生获得概念,还必须引导学生准确地理解概念,明确概念的内涵与外延,正确表述概念.

(1)明确概念的内涵,准确地给概念下定义.

每一个概念都有它的含义,例如,"人"这个概念的含义是指"有语言、能思维、会制造工具的高等动物".概念的含义叫作概念的内涵,它表示概念所反映的事物的特有属性.例如,"等边三角形是三条边都相等的三角形","三条边都相等"是"等边三角形"的特有属性.

(2)明确概念的外延,正确地给概念分类.

每一个概念又都有它适用的范围,例如,"人"这个概念适用于古今中外的一切人.概念所适用的范围叫作概念的外延.概念的外延有大有小.例如,"人"这个概念的外延,比"中国人"这一概念的外延要大.

(3) 明确概念的表达及限制条件.

数学概念一般有很多表达方式,如函数概念既有文字表达,也有符号表达和图像表达,这些概念之间的相互转化是学生学习的难点之一.

懂得了概念的内涵和外延的这种关系,我们就可以对某个概念加以一定的限制(可以在名词前面加上定语,动词、形容词前面加上状语),从而使概念的内涵增加、外延缩小. 相反,去掉了对某些概念起限制作用的词语,就可以减少概念的内涵,扩大它的外延. 例如:

① 自然数→整数→有理数→实数→复数→数(内涵减少、外延扩大).

② 四边形→平行四边形→菱形→正方形(内涵增多、外延缩小).

3. 巩固概念

教学中不仅要求学生理解概念,而且要使学生熟记并灵活地运用概念. 运用概念并对概念作归纳整理,对巩固概念具有特殊意义.

(1) 学过的概念要归纳整理才能系统巩固.

学习一个阶段以后,教师要引导学生把学过的概念进行归类整理,明确概念间的联系与区别,使学生建立并不断完整概念体系.

例如,学生学了"比"的全部知识后,教师要帮助他们归纳整理比的定义,比和除法、分数的关系,比的基本性质,利用比的基本性质化简比等.

(2) 通过运用和反思,巩固概念.

在概念学习中要让学生经历运用和反思的过程. 解决实际问题既是数学学习的目的之一,也是加深对基本概念的理解的有效途径. 反思可以帮助学生更好地理解概念. 例如,在学习了集合概念之后,教师可以让学生思考:你能否确定你所在班级中高个子同学构成的集合?你能否确定你所在班级中个子最高的三位同学构成的集合? 从而使学生体会集合的确定性,即,作为集合的元素必须是确定的.

4. 应用概念

概念一旦获得以后,就能在认知活动中发挥重要的作用,可以在不同认知水平上加以运用.

(1) 在知觉水平上的运用.

在人的认知结构中已经获得同类事物的概念以后,他再遇到这类事物的特例时,就能立即把它看作这类事物中的具体例子,把它归入一定的知觉类型. 也就是说,学习者能够判断一组特例是否属于某个概念的外延. 例如,学习了等比数列之后,学生就能够判断出来一个数列是否是等比数列.

(2) 在思维水平上的运用.

概念在思维水平上的应用是指将概念用于问题解决中. 由于问题解决涉及的概念、命题较多,因此,概念在思维水平上的应用是一个比较复杂的过程,它需要学习者通过外部信息区激活、选择和提取相关的概念和命题,并将其与当前问题联系起来.

案例透视 "古典概型"教学片段

一、设置悬念,情境引入

请同学们思考这样一个问题:(投影)口袋里有编号为 1、2、3 的三个红球和编号为 4 的一个白球,这四个球除颜色之外完全相同.甲、乙两位同学做了这样一个游戏:从袋中一次任意摸出两个球,若取到两个同色球则是甲赢.不同色则是乙赢.这个游戏公平吗?

设计意图:激发学生兴趣和思考,提示判断一个游戏是否公平的依据是什么,设置悬念,引出本节课课题.

二、归纳辨析,形成概念

1. 基本事件

提出如下一系列问题.

投掷一枚硬币,可能出现哪些结果?

每一个结果是什么事件?为什么?

这两个随机事件在同一次试验中,能同时发生吗?

这两个事件是什么关系?

设计意图:通过一步一步地追问,引出如下结论.我们把这样的随机事件叫作基本事件,它们是两两互斥的,通常情况下,它们是试验中最简单的结果,可以比作一个一个"细胞".那么,分析一个事件中的细胞群就要从每一个细胞出发.进而引出:分析一个试验,首先就要分析它包含哪些基本事件.回到游戏,请写出它包含的所有基本事件.

2. 古典概型

提出问题:

在上述试验中,每个试验所包含的基本事件的个数是有限的还是无限的?每个试验中基本事件发生的可能性大小是否相等?

引发学生思考,并给予学生足够的思考时间.引导学生发现问题,并做出如下总结.

一个试验中,如果所有可能出现的基本事件只有有限个,并且,每个基本事件出现的可能性相等,那么,我们就把具有这两个特点的概率模型称为古典概率模型,简称古典概型.(板书概念).

验证"游戏公平吗"是否属于古典概型.

例题练习:

投点问题:如图 13-5 所示,向一个圆面内随机地投射一个点,如果该点落在圆内任意一点都是等可能的,你认为这是古典概型吗?为什么?

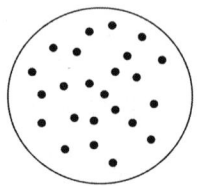

图 13-5

设计意图：通过具体问题，引导学生归纳特点，形成概念并及时辨析巩固，为后续的概念应用与深化理解打下基础．教师适时到位的"追问"，可以进一步引导学生立足基本事件的分析，抓住概念的核心要素．

三、引导探究，获得公式

提出问题，带动学生思考，从特殊到一般，一步一步引导学生总结出古典概型的公式．

对于古典概型，若基本事件总数为 n，事件 A 包含的基本事件个数为 m，则事件 A 发生的概率是 $\dfrac{m}{n}$．

根据古典概型的公式和理解来分析最初的游戏是否公平．

注重思维：即学好数学，可以使我们的思维变得理性，避免判断的盲目性．当然，用这个公式计算概率是有前提的：所用概率模型必须是古典概型．

四、迁移应用，深化理解

以抛硬币的形式练习和巩固．

参考文献：

陆学政，范银萍，陈春生．围绕核心概念，问题引导探究，关注学生发展——"古典概型（第一课时）"教学实录与评析[J]．中学数学教学，2014，(11)：10-13．

评析：

本节课在学习新知识的过程中，以"游戏公平性问题"为主线，使学生自然建构了基本事件、古典概型的概念，获得了古典概型的概率计算公式；在概念深化的过程中，以"相同结果"还是"不同结果"的辨析为主线，通过变换问题情境，让学生不断面对新的挑战，自然引发学生思维上的矛盾冲突；在解决难点的过程中，将抽象的数学问题与现实中的生活问题巧妙地联系在一起，引导学生消除认知障碍，走出认知误区．

此外，本设计科学把握了教学的重心．以古典概型为例，不少教师将主要精力放在如何计算基本事件的个数上，而对概念中的"等可能性"判断则轻描淡写，往往因为觉得"不好讲"，所以敷衍了事、一带而过，严重偏离了教学的重心．本节课，教师没有因为生源状况不太好就回避难点，而是利用质疑、设"陷阱"、辨析等方式，引起思维冲突，在解决问题的过程中，学生对概念本质的理解不断得以深入．

从整体来看，教师从实例出发，结合概率的有关性质，以问题串的形式，引导学生归纳、类比，通过合情推理得出古典概型的概率计算公式，进而解决了上课伊始提出的"游戏是否公平"的问题．设置的问题要条理清晰、梯度合理，有利于学生保持思维的连贯性．值得商榷的是，只用一个特殊事例就归纳出计算公式，显得单薄了些．另外，这个公式完全可以通过演绎进行推导，若考虑到学生的接受能力而不在本节课上处理，也可以考虑让学生课下思考，以完善其认知结构．

二、命题教学

(一) 对命题的认识

1. 命题的概念

命题：可以判断真假的陈述句叫作命题.

真命题：判断为真的语句叫作真命题.

假命题：判断为假的语句叫作假命题.

2. 数学命题的形式

在结构上不能再分解出其他命题的命题称为简单命题. 由简单命题用联结词联结而成的命题称为复合命题. 复合命题是由否定（非）、合取（且、与）、析取（或）、蕴含（若……则……）、等价（当且仅当）等逻辑连词联结起来构成的命题.

3. 数学命题的条件和结论

数学命题中的条件是对数学对象作出判断的依据，一般是命题讨论的范围，或数学对象具有的某种性质. 命题的结论是根据命题的条件，对数学对象作出判断的具体内容，一般是对数学对象具有某种性质或关系的判断.

根据命题的条件 p 对结论 q 所起的作用，可以把命题的条件分为以下四种情况.

(1) 充分非必要条件.

在命题"若 p 则 q"中，若条件 p 为真，则结论 q 为真；另一方面，若结论 q 为真，却不一定能推出条件 p 为真，这时称命题中的条件 p 为结论 q 的充分非必要条件.

充分条件一般作为对某概念具有某种性质的判定定理.

(2) 必要非充分条件.

在命题"若 p 则 q"中，若由结论 q 真必然推出条件 p 真；另一方面，若条件 p 真却不能推出结论 q 真，这时称命题中的条件 p 为结论 q 的必要非充分条件.

(3) 充分必要条件.

在命题"若 p 则 q"中，若条件 p 为真则结论 q 一定真；另一方面，结论 q 为真则必有条件 p 真，这时称命题中的条件 p 为结论 q 的充分必要条件.

如果把具有充要条件关系的命题的条件和结论看成是两个命题，则这两个命题具有等价关系.

(4) 既非充分又非必要条件.

除上述三种情况以外的所有数学命题都可称为既非充分又非必要条件的命题. 这类命题一般都是假命题. 其特点是对数学概念的性质和关系的错误判断，对教学的作用在于明确概念的内涵或外延.

4. 命题的四种形式及关系

(1) 原命题：若 p，则 q. 一个命题的本身称之为原命题. 例如：若一个数是负数，则它的平方是正数.

(2) 逆命题：若 q，则 p. 将原命题的条件和结论颠倒的新命题. 例如：若一个数的平方是正数，则它是负数.

(3) 否命题：若 ¬p，则 ¬q. 将原命题的条件和结论分别否定，并保持条件和结论顺序的新命题.例如:若一个数不是负数,则它的平方不是正数.

(4) 逆否命题:若¬q,则¬p.将原命题的条件和结论颠倒,然后再分别将条件和结论否定的新命题.例如:若一个数的平方不是正数,则它不是负数.

四种命题之间的关系如图13-6所示.

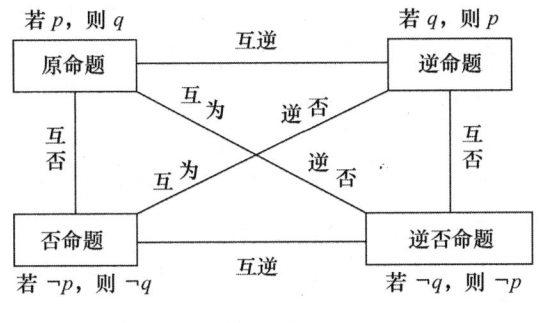

图 13-6

(二) 命题教学的基本要求

数学中的定义、公理、定理、公式、性质和法则等都是数学命题.数学命题教学的基本要求如下.

1. 注重对公式、定理的理解

在教学中,首先要分清定理的条件和结论;其次要正确理解定理中关键词语的意义;再次要注意公式、定理的应用范围.例如,算术根的运算法则是以各个算术根存在为前提;对数运算法则必须以各对数有意义为前提;均值不等式必须以非负数为前提,等等.此外,还要注意某些定理的隐含条件.

2. 重视公式、定理的证明与推导

命题教学的重点在于让学生掌握证明问题的思路和方法,对那些思路、方法和技巧上具有典型意义的要加以总结,以提高学生分析、解决问题的能力.教学时,教师应该把重点放在思路的分析和方法的获得上.它包括两个方面:使学生了解怎样探索证明途径;使学生掌握定理证明过程中每一步推理的依据.

3. 掌握公式、定理的应用

明确定理的应用价值和适用范围,并能灵活运用,不断巩固.学习定理的目的之一在于应用.我们是从定理运用的角度来看定理的适用范围.学生明白了定理的适用范围,可以提高运用定理的目的性和学习的积极性,同时对于学生灵活运用知识、发展思维能力也是有益的.因此,在命题教学中,要注意安排好各类习题,除基本的巩固题、综合题外,还应该适当补充一些逆用、变用定理的例题和习题,以培养学生活用、逆用定理的能力.

4. 建立系统化数学命题体系

中学数学中的许多定理彼此联系紧密,但在数学课本中不一定相继出现,有时相距甚远.在教完这些定理之后,教师应注意及时揭示这些定理之间的内在联系,使学生的知识系统化,形成数学命题体系.这对于学生掌握知识、培养辩证观点、建立系统化数学命题体系都是十分重要的.

（三）命题教学的一般过程

数学命题教学的过程分为命题的引入、命题的证明和命题的应用三个阶段．

1. 命题的引入

一般而言，命题的引入可以分为两种形式．一种是直接向学生展示命题，教学的重点放在分析和证明命题以及命题的应用方面．另一种是向学生提出一些供研究、探讨的素材，并作必要的启示引导，让学生在一定的情境中独立进行思考，通过运算、观察、分析、类比、归纳等步骤，自己探索规律，建立猜想和形成命题．

现代数学教学理论认为，数学教学是一种数学思维活动的教学，教师要引导学生主动参与，积极思维，在"活动"中获取知识．显然，在命题教学中，后一种引入命题的方式更能体现这一思想．具体地说，命题教学中可用观察、实验的方法引入命题；用观察、归纳的方法引入命题；由实际的需要引入命题；由"矛盾"引入命题；加强或减弱已有命题的条件引入新命题．

除了上述几种常用的引入命题的方法外，教学中还可以从概念的定义出发，结合图形，运用已知公理、定理进行推理导出命题；也可以从已知定理出发，运用命题形式的关系，构造其逆命题、否命题或逆否命题，得到新的命题．总之，在命题教学中，要根据命题内容，结合学生的具体情况，灵活恰当地设计引入方式，这对于学生理解和掌握命题是十分有益的．

2. 命题的证明

命题引入后，教师的重点工作转向对命题的条件、结论剖析，探讨其证明思路．在教学中要做好以下几方面的工作．

（1）注意对命题证明的思路分析．

首先，要切实分清命题的条件与结论，要求学生能用语言和数学符号将其表述出来，这是命题证明的基础．其次，要分析命题的证明思路，让学生掌握证明的方法．教学中宜采用以分析法探索证题途径，用综合法表达证明过程，长此训练，使学生养成"执果索因"的习惯．

（2）注意命题的多种证法．

对一个命题采用多种证明方法，不仅可以开拓学生的思路，训练思维能力，而且还能使学生从横向和纵向方面把握命题，加深对命题的理解．

（3）注意建立数学命题体系．

如同形成概念体系一样，数学命题的体系化对于学生全面系统地掌握知识，形成合理完善的认知结构有积极的促进作用．在教学中，教师要揭示命题之间的联系，从纵、横两个方向对知识进行整理，纵的方向按逻辑关系整理，横的方向按命题的用途归类，这样就把数学命题与其相关的知识联成网络，在应用时就能使相关的知识发挥其各自的作用，同时还能体现出知识的整体功能．例如，直线方程的几种形式可以在直线的一般式方程中得到统一，教学中教师应当揭示这种内在的统一性，同时还要指出各种形式方程的不同用途．

（4）注意揭示数学的思想方法．

一个数学命题的产生，本身就包含着一定的思想和方法．在命题教学中，教师应当揭示隐含于数学表层知识之中的数学思想方法，这对于发展学生的数学能力、提高数学素养是十分有利的. 例如, 关于数列的有关概念、性质, 则应体现"递归思想""函数思想", 其研究方法又涉及了"归纳法""迭代法""累加法"等具体的数学方法.

3. 命题的应用

应用数学中的定理、法则、公式可以解决众多的数学问题. 同时, 命题的应用又是训练学生的逻辑推理能力、发展学生思维能力的必由之路. 因而, 命题的应用是命题教学中必不可少的重要环节. 在定理、公式、法则的应用中, 要注意安排好各类习题, 既有基本训练题, 又有巩固知识的题型, 还要有综合型的题目. 应注意适当补充一些逆用、变用定理及公式的例题、习题, 以培养学生活用、逆用命题的能力.

在命题应用教学中应考虑如下几个方面.

(1) 注意定理的条件. 忽视定理、公式的条件而产生错误, 是学生数学学习中的一种普遍现象, 教学中必须引起教师的高度重视.

(2) 注意研究定理的变式. 研究定理的变式, 是训练学生逆向思维能力的有效途径, 教师应当有这种意识.

(3) 灵活应用定理. 以题组的形式, 由浅入深地在不同层次上应用定理.

(4) 进行定理的推广. 在命题教学中, 根据学生的知识水平和接受能力, 有时可以将命题进行一定程度的推广, 以开拓学生的视野, 使其受到数学研究方法的熏陶, 逐步提高创造性思维能力.

案例透视 "直线与平面垂直的判定定理"的教学设计

一、直线与平面垂直判定定理的探究

1. 设置问题情境

生活中有许多线面垂直的例子, 打开的一本书竖直放在桌面上, 书脊所在直线与桌面是线面垂直的; 教室里面墙面的侧棱与地面和天花板是线面垂直的. 如果在操场上新树立一根旗杆, 要求旗杆与地面垂直, 你有什么好办法?

设计意图: 创设契合学生学情的问题情境引入定理, 激发学生的学习兴趣, 调动学生学习的积极性.

2. 折纸实验

每个小组分发两个一样的(任意)三角形纸片. 过△ABC的顶点A翻折纸片得折痕AD, 将翻折后的纸片竖立放在桌面上, 要求BD、CD与桌面接触. 观察并思考: 折痕AD与桌面是否能垂直? 在这些不同折的方式中, 哪一种折法使得折痕AD与桌面所在平面垂直?

二、归纳直线与平面垂直的判定定理

(1) 思考: 折痕 $AD \perp BC$, 翻折之后即 $AD \perp BD$、$AD \perp CD$ 的垂直关系是否发生变化?

(2) 由上面的思考你能得到什么样的结论?

(3) 归纳出直线与平面垂直的判定定理.

定理: 如果一条直线与平面内的两条相交直线垂直, 则这条直线与这个平面垂直.

符号语言: 如图13-7所示, $l \perp m, l \perp n, m \cap n = A, m \subset \alpha, n \subset \alpha \Rightarrow l \perp \alpha$.

方法: 线线垂直⇒线面垂直⇒线线垂直

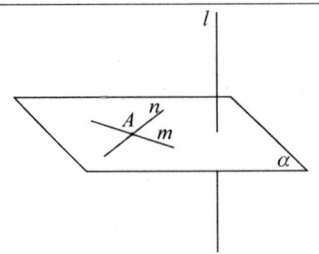

图 13-7

(4) 通过结构化策略来促进直线与平面垂直判定定理的理解.

定理的条件：一条直线与平面内的两条相交直线垂直.

定理的结论：这条直线与这个平面垂直.

关键词：相交直线.

(5) 几点说明

第一，可用直角三角板量一量折痕 AD 与桌面是否垂直；

第二，在折纸实验中会出现"垂直"和"不垂直"两种情况，教师引导学生进行交流，根据直线与平面垂直的定义说一说"不垂直"的原因；

第三，可以利用多媒体技术辅助教学，增强直观性.

三、直线与平面垂直判定定理的应用

1. 基础练习

例 1 已知一条直线与平面内的三角形的两条边垂直，证明这条直线与这个平面垂直.

2. 变式练习

如图 13-8 所示，已知 $l // m, l \perp \alpha$，求证：$m \perp \alpha$.

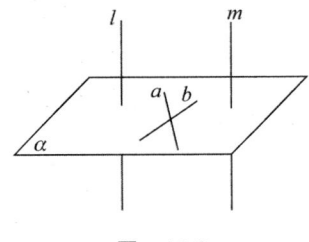

图 13-8

参考文献：

叶彬彬.高中数学命题教学研究及案例分析[D].大连：辽宁师范大学，2014.

评析：

高中数学教学的主要内容包括概念、公理、定理、公式、法则、数学思想方法等，而这些内容都与数学命题有关.命题是描述概念之间关系的语句，而概念由命题揭示；数学中的公理、定理、公式、法则都属于数学命题的范畴；数学的许多思想方法都包含在数学命题的证明之中.通过对数学命题的教学，不但可以培养学生的分析、综合与运算的能力，还能够培养学生的思维能力.

> "直线与平面垂直的判定定理"为一篇几何定理教学设计,整体设计注重定理的引入、证明与应用.教学设计中主要用到了数学命题引入的情境策略、促进数学命题理解的结构化策略以及促进数学命题掌握的变式策略.情境策略是通过创设学生熟知的生活实例情境以及学生动手实验的情境来引导学生自己归纳出直线与平面垂直的判定定理.结构化策略通过分析定理的条件和结论、定理中的关键字以及定理的应用条件来促进学生对直线与平面垂直判定定理的理解,明确只有同时具备五个条件才能推出结论.变式策略通过设置变式练习来促进学生对定理的掌握.

三、问题解决教学

(一)对问题解决的认识

"问题解决"的含义是什么?不同学者的解释并不统一,但归纳起来有五种基本看法.

其一,问题解决是心理活动.问题解决"指的是人们在日常生活和社会实践中,面临新情境、新课题,发现它与主客观需要的矛盾而自己却没有现成对策时,所引起的寻求处理问题办法的一种心理活动".

其二,问题解决是过程."问题解决是把前面学到的知识运用到新的和不熟悉的情境中的过程."

其三,问题解决是教学类型.问题解决的活动形式可以看作是教或学的类型.

其四,问题解决是目的.学习数学的主要目的在于问题解决.

其五,问题解决是能力.把数学用于各种情况的能力,叫作问题解决.

上述各种解释,在形式上似乎并不一致,但是应看到它们所强调的共同内容,即问题解决不应仅仅理解为一种具体的技能,它贯穿在整个数学教育中,应该是数学教育所体现的一条主线.

问题解决的问题,应该是学生能够理解的,而且是在学生已有的知识和能力范围内有多种方法解决的;问题的解答中应该包含着明显的数学概念或技巧,可以借助于模型或图像解决;学生能够用已有的知识和方法进行推广或扩充到各种情形.

(二)问题解决教学的基本要求

1. 明确问题解决与习题解答的异同

问题解决:在问题空间中进行搜索,以便使问题的初始状态达到目标状态的思维过程.它可能存在不同的角度、方法,可以体现学生的分析和比较.

习题解答:运用已有的知识,按一定的程序推理或计算得出题目的答案的过程.

2. 引导学生从对问题的表层理解进入到深层理解

问题解决者对问题进行逐字逐句的理解常常是一种表层理解,读懂的标志是他能用自己的语言重述问题的条件.在问题表层理解的基础上,问题解决者需要识别问题的类型,区分问题中的有效信息与无关信息,这属于问题的深层理解.

3. 使学生经历问题解决的全过程

(1)分析问题背景,寻找数学联系.通过对所给问题的分析,理解问题背景的意义,从中找出它们与哪些数学知识有联系,以便为建立有关的数学模型或使问题数学化做准备.

(2)建立数学模型.在分析的基础上,将实际问题符号化,并确定其中的关系,进而写出由这些符号和关系所确定的数学联系,用具体的数学知识把这些数学联系确定下来,以便形成数学模型.

(3)求解数学问题.根据数学模型的特征,采用适当的数学知识和解决问题的方法,对数学模型进行求解.

(4)检验.将数学问题的求解结果返回到实际问题中去进行检验,看它是否与实际问题的情形相吻合,从而决定是否要修改模型或选择其他方法.

(三)问题解决教学的一般过程

问题解决教学一般由如下几个环节组成.

创设情境:使学习能在和现实情境基本一致或相类似的情境中发生.

确定问题:选择出与当前学习主题密切相关的事件或问题,选出的事件或问题就是"锚",这一环节的作用就是"抛锚".

自主学习:不是由教师直接告诉学生应当如何去解决面临的问题,而是由教师向学生提供解决该问题的有关线索,并要特别注意发展学生的自主学习能力.

协作学习:讨论、交流,通过不同观点的交锋,补充、修正、加深学生对当前问题的理解.

效果评价:对这种教学效果的评价往往不需要进行独立于教学过程的专门测验,只需在学习过程中随时观察并记录学生的表现即可.

案例透视 "解三角形"教学设计片段

一、创设情境、提出问题

教师:已知,在△ABC中,$a=22$cm,$b=25$cm,$\angle A=133°$,解三角形.

根据正弦定理,$\sin B=\dfrac{b\sin A}{a}=\dfrac{25\sin 133°}{22}\approx 0.8311$,

因为$0°<\angle B<180°$,所以$\angle B\approx 56.21°$,或$\angle B\approx 123.79°$.

于是$\angle C=180-(\angle A+\angle B)\approx -9.21°$,或$\approx -76.79°$.

到这里,让我们惊讶的是所计算出的角竟然是负角.问题出在哪里呢?是已知条件出现问题了吗?

学生:$a=22$cm,$b=25$cm,这里$a<b$,$\angle A=133°$,是一个钝角,根据三角形的性质,应该有$\angle A<\angle B$,因而$\angle B$也应该是一个钝角,而在一个三角形中是不可能有两个钝角的.这说明满足已知条件的三角形是不存在的.

教师:从上面分析我们发现,在已知三角形的两边及其中一边的对角解三角形时,在某些情况下会出现无解的情况.下面我们一起深入研究一下这种情况下解三角形的问题.

二、数学问题解决

教师:以已知a、b、$\angle A$,解三角形为例来讨论.这种情况下我们可以先用正弦定理,计算出另一边的对角的正弦值,并由$\sin B=\dfrac{b\sin A}{a}$求出$\angle B$;再用三角形内角和定理计算出第三个角∠C＝180－(∠A+∠B).然后,应用正弦定理计算第三边 $c=\dfrac{a\sin C}{\sin A}$,最后,得出如下结论.

(1) 当∠A 为钝角或直角时,必须 $a>b$ 才能有且只有一解;否则无解.

(2) 当∠A 为锐角时,

如果 $a\geqslant b$,那么只有一解.

如果 $a<b$,那么可以分下面三种情况来讨论：

① 若 $a<b\sin A$,则有两解；

② 若 $a=b\sin A$,则只有一解；

③ 若 $a>b\sin A$ 则无解.

三、反馈评价

注意：在已知三角形的两边及其中一边的对角解三角形时,只有当∠A 为锐角且 $b\sin A<a<b$ 时,有两解；其他情况时,则只有一解或无解.

1. ∠A 为直角或钝角,下面以钝角图示意(如图 13-9、图 13-10 所示)

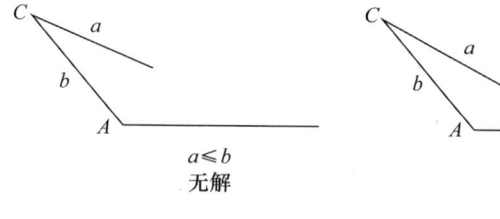

图 13-9　　　　　图 13-10

2. A 为锐角(如图 13-11、图 13-12、图 13-13、图 13-14 所示)

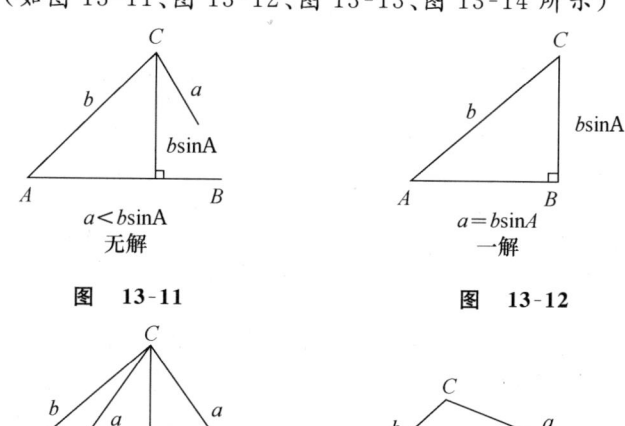

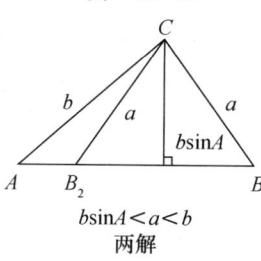

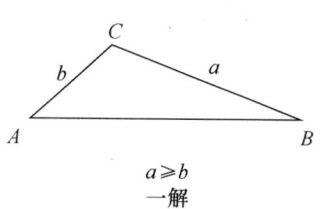

图 13-13　　　　　图 13-14

四、变式拓展、应用

师生活动：前面接触的解三角形问题是在一个三角形内研究问题，而角 B 的平分线 BD 将 $\triangle ABC$ 分成了两个三角形：$\triangle ABD$ 与 $\triangle CBD$，故要证结论成立，可证明它的等价形式：$AB:BC=AD:DC$，从而把问题转化到两个三角形内，而在三角形内边的比等于所对角的正弦值的比，故可利用正弦定理将所证继续转化为 $\dfrac{BC}{\sin\angle BDC}=\dfrac{DC}{\sin\angle DBC}$，再根据相等角正弦值相等，互补角正弦值也相等即可证明结论.

五、总结反思

在已知三角形的两边及其中一边的对角解三角形时，结果有三种情况：① 两解；② 一解；③ 无解.

参考文献：

刘先茹.高中数学问题解决及教学研究[D].长春：东北师范大学，2015.

评析：

学习进入高中之后，最重要的是灵活应用，而不是一味做难题.学生能够用多种方法很熟练解出一道典型题目，或者用一种解题技巧做出多道题目，往往远胜于做出了好多道难题.本节课在问题解决课堂中注重这一点，以一题多解和多题一解的讲解方式逐步深入探讨，充分体现了问题解决能力的培养.

本章知识结构

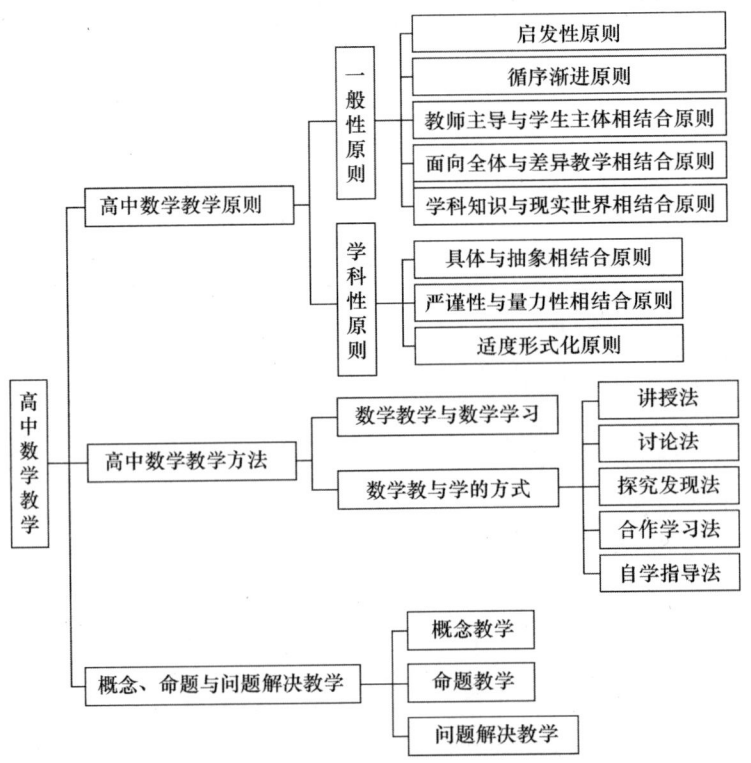

本章小结

一、本章主要内容

本章讨论了高中数学教学原则,包括启发性原则、循序渐进原则、教师主导与学生主体相结合原则、面向全体与差异教学相结合原则、学科知识与现实世界相结合原则等五个一般性原则,还包括具体与抽象相结合、严谨性与量力性相结合、适度形式化原则等三个数学学科性原则.

在高中数学教学方法部分,本章首先分析了教学与学习的关系,并介绍了讲授法、讨论法、探究发现法、合作学习法、自学指导法等教与学的方法.

在数学概念、命题与问题解决教学部分,本章分别用翔实的讨论和充实的案例对不同类型教学的方式加以解读,为三类教学提出了建议.

二、本章重点和难点

本章的学习重点是掌握不同教学方法的使用要领,掌握概念教学、命题教学和问题解决教学的基本内容.本章的学习难点是在三类教学中灵活运用教学方法.

三、学习时要注意的问题

学习本章时要注意,教学时应综合把握不同教学原则,在一些情境中,可能会着重体现一种教学原则;在另一些情境中,可能会体现多种教学原则.

概念教学、命题教学和问题解决教学中,首先要认识概念、命题和问题解决自身的特征,这是后续确立教学方式的最重要因素.

备考指南

本章内容常以选择题和简答题的形式出现.

考生在备考时,要理解各种教学原则.教学原则可能有不同的表述,但内涵是一致的,要能够在具体情境中识别出其教学指导原则是什么,不宜生搬硬套.

另外,考生还要掌握各种基本的数学教学方法,能够认清不同方法的优劣和适用范围,在具体情境中能够有针对性地选取适合的教学方法.

在数学概念、命题与问题解决三类教学中,首先要确定高中数学的典型概念、典型命题和典型问题解决,从典型课中体会如何体现概念、命题和问题解决的实质.

自测训练

一、选择题

1. 学生围绕一个主题进行小组合作学习,先独立思考,再小组讨论,最后以小组为单位进行全班交流.老师运用了(   ).
   A. 自学指导法　　　B. 探究发现法　　　C. 讨论法　　　D. 讲授法

2. 自学-辅导法是由(   )首先提出的.
   A. 布鲁纳　　　B. 陶行知　　　C. 卢仲衡　　　D. 蔡元培

3. 发现法是由（　　）提出的.
   A. 布鲁纳　　　B. 陶行知　　　C. 卢仲衡　　　D. 蔡元培
4. 下列关于概念教学的说法不正确的是（　　）.
   A. 概念的内涵与外延这两个方面是相互联系、互相制约的
   B. 根据概念外延间的同异关系，概念间的关系分为全同关系和交叉关系
   C. 数学概念的活动有两种方式，概念形成与概念同化
   D. 高中数学概念下定义的常见方式主要包括属概念加种差、揭示外延、描述性定义等
5. "大于"与"小于"这两个概念属于（　　）.
   A. 矛盾关系　　　B. 对立关系　　　C. 从属关系　　　D. 同一关系

二、简答题

1. 如何在数学教学中贯彻抽象与具体相结合的原则？
2. 简述讲授法的优缺点.
3. 小明家刚购买的房子成正方形（如图13-15所示），如果洗手间铺成白色的地砖，厨房和卧室铺浅黄色地砖，那么小明家需要购买多少 m^2 白色地砖？多少 m^2 浅黄色地砖？这些地砖的面积与小明家所购买房子的总面积是什么关系？这个关系能够推广到一般情形吗？

图 13-15

(1) 简述探究发现法的含义.
(2) 通过该题谈谈探究发现法对学生的作用.
4. 简述概念教学的基本过程.
5. 举例说明问题解决、解决问题与解答习题的区别.

自测训练答案

第十四章 数学教学设计

> **考纲内容**
>
> 能够根据学生已有的知识水平和数学学习经验,准确把握所教内容与学生已学知识的联系.
>
> 能够根据《课标》的要求和学生的认知特征确定教学目标、教学重点和难点.
>
> 能正确把握数学教学内容,揭示数学概念、法则、结论的发展过程和本质,渗透数学思想方法,体现应用与创新意识.
>
> 能选择适当的教学方法和手段,合理安排教学过程和教学内容,在规定的时间内完成所选教学内容的教案设计.

> **考纲解读**
>
> 本章重点讲解了如何合理分析数学内容,如何恰当把握学情,如何设计教学目标,如何设计教学方法,如何设计教学过程.考生要努力提高依据具体的数学教学内容进行完整科学的教学设计的能力.

第一节 数学教学设计的基本理念

一、教学设计的内涵

教学设计是依据系统论的观点和方法,运用现代教育心理学和教学设计的基本原理与技术,根据教学内容、教学目标和教学对象的特点,有效安排和组织各种教学资源(教师、教学内容、教学媒体、教学方法、教学环境等),使之序列化、最优化、行为化,以提高课堂教学效果而制订教学方案的过程.

从性质上看,教学设计是一个谋划过程,既涉及教师对教学诸要素的内在认知加工过程,又涉及如何有效选择、安排和呈现教学信息、组织教学实践活动的行为操作过程.从内容上看,一个完整而有效的课堂教学设计需要解决好四个基本问题:现在在哪里——教学的主体分析;要去哪里——教学目标的设计;如何去那里——教学内容、媒体、组织形式与方法等的设计;是否到达了那里——教学的监控与评估.因此,良好的课堂教学设计是优化教学资源、提高教学效率的重要措施.

二、数学教学设计的特征

1. 系统性

教学可以看成是由许多因素构成的系统,而数学教学设计实际上是用系统方法处理教学问题,即对整个教学工作的一个系统规划,使课堂教学的每一个活动都服务于教学目标的实现,在系统中谋划教学资源的开发和利用,教学重、难点的确定,教学方法与手段的选择等.

2. 前瞻性

数学教学设计总体上是在对教学环境、教学对象、教学内容、教师的教学行为及学生可能产生的反应等做出事先的预设,拟出可能的图景.

3. 创造性

更多的情况下,学习是一种个体的体验活动.所以数学教学设计是对课程的二次开发,教学设计者依据学生的学习实际与教材内容,创造出具有个性的教学方案,它凝聚着教师对教学的理解、感悟,反映教师的教育理念、追求,闪烁着教师的智慧.正是教师的这一创造性劳动使教学设计具有常教常新的生命力.

三、数学教学设计的基本要求

1. 充分体现数学新课程的基本理念

基础教育课程改革把"学生发展为本"作为基本的课程理念,"学生的发展"既指全体学生的发展,也指全面和谐的发展、终身持续的发展、活泼主动的发展和个性特长的发展.新课程的教学设计要为每位学生的发展创造合适的"学习的条件",包括:促进全体学生的最佳发展;注重学生的基本素养的全面提高;引导学生生动活泼地主动地学习.

2. 整体把握教学活动的结构

教学活动是一种由教师、学生、教学内容和教学环境四个因素所组成并且相互作用的动态系统.因此,数学新课程的教学设计应当以系统的眼光和动态的观念看待教学活动.一方面要有效整合教师、学生、教学内容、教学环境四个结构要素,形成一种持续交互作用的动态教学情境;另一方面要实现学生学习方式、内容呈现方式、教师教学方式与师生互动方式的同步变革.

3. 突出创新精神与实践能力的培养

素质教育要求以培养学生创新精神和实践能力为重点,新课程教学设计必须始终贯彻这一思想.教师在具体的教学设计中,要注重培养学生收集数据和处理信息的能力、获取新知识的能力、分析和解决问题的能力和团结协作的能力.创设学生自主参与、探究发现、合作交流的教学情境,让学生感受和理解知识的产生与发展的过程,最大限度地组织学生亲历数学探究的过程,在动手、动口、动脑和"做中学""学中用"的协作参与中,发展他们的个性和能力.

4. 根据数学特点和知识类型设计教学

数学新课程在学科观和知识观上的变化,更要求我们更新教学观念,努力探索符合数学特点的教学设计思路和教学模式,凸显数学在目标、内容、方法上的特点,要以学生整体发展为本,树立超学科的综合性学习的理念.按照不同类型的知识"量体裁衣",进行教学设计.

5. 符合学生的学习心理和年龄特征

要做到为学习而设计,必须心中有学生.处于基础教育学习阶段的学生同时也处于青春发育期这一特殊的年龄阶段,会出现一些典型的心理特征.教师应当认真分析这些特点,并根据学生的发展水平、认知方式和其所具有的生活经验开展教学设计,使数学学习的过程成为学生全面和谐发展的过程.

第二节 数学教学设计的主要环节

一、教学内容分析

教学内容分析主要包括教学内容的整合与选择、组合、呈现方式,重、难点的确定与处理等.

(一)知识地位分析

进行教学设计应首先了解相关数学知识产生的背景和发展历程,以及与其他数学知识、其他学科、生活实际的联系,挖掘其教学价值.依据《课标》对该部分知识的要求,通览教材,熟悉教材内容知识结构图,从整体上把握教材,明确本课内容在相关章节中的地位和作用,弄清本课内容与相关内容之间的上下位关系以及横向联系,明确例题、习题的编排与教学功能.

案例透视

案例1:"对数的概念"知识地位分析

"对数函数"作为学生进入高中后学习的第二类重要函数模型,被安排在必修1第3章《指数函数、对数函数和幂函数》的第2节,共分3个课时完成."对数的概念"又是第2节中第1课时内容,对于高一学生来讲是一个全新的概念.此前,学生已经学习了分数指数幂及指数函数,知道了开方运算就是已知指数和幂求底数,而本节课将学习的对数则是已知底数和幂值反过来求指数.对数的概念的学习既能加深学生对指数式的理解,又为后面对数的运算性质及对数函数的学习打好基础,起到了承前启后的重要作用.

参考文献:

卓斌."对数的概念"教学设计与教后反思[J].中小学教学(高中版),2013(11).

评析:

从整个高中课程,到本册教材,再到本章节的地位都分析得比较清楚,熟悉教材内容知识的结构.尤其是与前一节指数函数的关系分析得比较准确,明确本课内容在相关章节中的地位和作用.此外,本节课对后面几节课的学习的影响也分析得比较到位.

案例 2 "二面角的平面角"知识地位分析

二面角是空间几何的重要知识,普通高中课程标准实验教材(人教 A 版)在必修 2 中重点揭示二面角的平面角概念的形成过程,而求二面角大小的问题留在选修 2-1 中运用向量工具来处理.在必修 2 第 2 章第 3 小节中,二面角的概念是两个平面垂直的判定中的内容.它是在学生学习了异面直线所成的角、直线与平面所成的角之后,又一个要学习的空间角,为以后从度量的角度揭示平面与平面的位置关系(垂直关系是其中的一种特殊关系)奠定了基础.因此,二面角的内容在教材中起到了承上启下的作用.同时,通过本节课的学习,可以进一步培养学生的空间想象能力和逻辑思维能力.

参考文献:

王文静,李晓芬,韩龙淑.基于启发式数学教学思想的概念教学设计——以"二面角的平面角"概念为例[J].教学与管理,2014(13).

评析:

在必修 2 和选修 2-1 中都有这部分的知识,但是在学习必修 2 时应该掌握到什么程度,为接下来的学习以及以后学习选修 2-1 打下怎样的基础都要有所考虑.同时也要关注本节课的内容在本章中的地位和作用.

(二)重点和难点分析

教学的重点是指在整个教材(数学课程内容)或课题习题中具有重要地位和作用的内容.确定教学内容的重点,一般考虑该内容相对于教材的有关部分是否是核心,或者考虑它是不是以后学习其他内容的基础,或者考虑它是不是具有广泛的应用.

在确定重点时,应"由大到小、由粗到细"进行层层分析,就会使重点更加明确,便于教学时掌握.

难点主要指学生理解接受起来比较困难的知识点.教师只有深入了解学生实际,才有可能充分分析学生学习中的困难,把握难点以及如何解决学生学习中的困难.

二、学情分析

(一)学情分析的含义

学情是指学生在学习新知识之前已经具备的知识结构和学生在学习新知识时体现出来的个性的差异.

学情涉及的内容非常广泛,学生各方面情况都有可能影响学生的学习.学生现有的知识结构、学生的兴趣点、学生的思维情况、学生的认知状态和发展规律、学生心理生理状况、学生个性及其发展状态和发展前景、学生的学习动机、学习兴趣、学习内容、学习方式、学习时间、学习效果,学生的生活环境,学生的"思维最近发展区"、学生感受、学生成功感等都是进行学情分析的切入点.

(二)学情分析的主要方面

1. 分析学生原有的认知基础

教师要了解和分析学生学习该内容时所具备的与该内容相联系的知识、技能、方法、能力等,以确定新课的起点,做好承上启下、新旧知识的有机衔接工作.中学生的认识能力是逐步发展的,他们抽象思维能力较低,对教材中概念、原理、规律等知识的理解比较困难;形象思维能力强,精力旺盛,但注意力分散.

2. 分析学生的个性差异

学生由于遗传素质、社会环境、家庭条件和生活经历不同,形成了独特的个性.教师只有了解学生的个体差异,教学上才能有的放矢.学生的个体差异主要有学习习惯、学习兴趣、知识基础、学习能力等智力因素和非智力因素,同时还应该包括学生的生长环境、家庭因素等.

3. 分析学生学习知识时可能会遇到的困难

通过分析不同层次学生的认知基础和心理特征,加之已有的教学经验,教师可以获知学生学习中可能产生的误区、存在的困难,这些问题和困难往往会成为学生进一步学习与发展的障碍.教师可以有针对性地设计课堂教学中如何处理学生可能遇到的困难与问题,思考相关策略,使教学工作具有较强的预见性、针对性和功效性.

链接阅读 ▼

余弦定理

学生已有数学知识:勾股定理、正弦定理、三角函数知识、平面向量的基本知识和平面解析几何初步知识,并且学生还具有一定的直觉、归纳、概括及运算求解和演绎证明的能力.

在余弦定理学习过程中,学生认知的主要困难有以下三个方面:一是学生虽能从直角、钝角和锐角的不同情形中直观感知边长受角度的影响,但还不能从数量关系上准确刻画余弦定理的内容;二是学生虽有一定的学习基础和学习兴趣,但由于学生总体上的探究能力不够强,知识的系统性还不够完善,加之学生的运算能力一般,使得学生在余弦定理证法的探求上仍有一定困难;三是如何用准确的文字语言描述余弦定理的数学符号语言,以及余弦定理的适用范围,这些问题都是学生自身难以认识全面的.

分析了学生在本课之前的知识储备及能力水平,并且对学习本课将会出现的各种困难作了预设,有助于教师及时地帮助学生克服困难和障碍,并根据这些困难和障碍产生的原因,思考相应的具有针对性的教学策略.

三、教学目标设计

(一) 教学目标设计的依据

教学目标设计的依据主要有三个方面:一是教育方针、公民素养等;二是高中数学课程标准与教材;三是学情.

课程改革提出了三维课程目标的理论,即:知识与技能、过程与方法、情感态度与价值观.通过十多年的课程实施,许多教师对三维目标的理解尚有偏差.三维目标不是三个目标,它们是一个有机的整体,知识与技能是最基本的要求,是学习的结果.学生获得一定的知识与技能必须借助一些方法,同时经历一定的学习过程,在这些学习过程中,学生总会伴随一定的情感、态度的收获和一定的价值观的形成.

(二) 教学目标设计的要求

1. 以学生角度来描述

教学目标的行为主体是学生,而不是教师.行为目标只能描述学生的行为,通常在表述学习目标时,行为主体可以省略不写,但教学设计中必须清晰,教学目标是针对特定的学习者的.

2. 教学目标要具体且准确,切忌目标描述含糊不清或过大、过泛

教学目标的表述不易出现模棱两可的情况,对学生应当达成的状态应有恰当的描述,刻画出学生应达到的程度有何具体表现.如"使学生认识方程的解和曲线上的点的关系"就不妥,应改为"通过直线方程的复习引入,使学生直观地认识到方程的解和曲线上的点的一一对应关系".有一些词汇是描述整个高中阶段学生可以达成的目标,不宜套用到一节课中.

3. 教学目标的结构要合理

教学目标表述的句法结构通常有四种:行为表现;行为条件+行为表现;行为表现+表现程度;行为条件+行为表现+表现程度.教师可以根据教学内容的特点进行选择.

案例透视 "随机抽样"教学目标设计

随机抽样教学目标一:

(1) 正确理解随机抽样的概念,掌握抽签法、随机数表法的一般步骤.

(2) 随机抽样的过程与方法.

① 能够从现实生活或其他学科中提出具有一定价值的统计问题;

② 在解决统计问题的过程中,学会用简单随机抽样的方法从总体中抽取样本.

随机抽样教学目标二:

(1) 能够从现实生活或其他学科中提出具有一定价值的统计问题,能说出统计的基本思想.

(2) 能举例说明什么是随机抽样,并结合实例说明为什么要抽样,初步评论抽样的重要性.

(3) 在解决统计问题的过程中,会用抽签法、随机数表法等简单随机抽样方法的一般步骤从总体中抽取样本,能解释怎样"搅拌均匀"和"机会都相等".

参考文献:

薛红霞,刘谦,王义和.记数学结论还是理解数学本质——以"随机抽样(第一课时)"为例[J].中国数学教育,2014(12).

评析:

两个案例的教学目标不同,第一个案例目标为"掌握"随机抽样,第二个目标为"能举例"说明什么是随机抽样.但两者都强调在解决统计问题的过程中,要会使用随机抽样方法抽取样本.可见,同一教学内容可以有不同的教学目标.但从可操作的角度来讲,第二个案例中的教学目标的设置更为合理一些.

四、教学方法设计

教师在设计教学方法时,首先应知晓主流数学教学方法及其功用,其次要进行不同方法的优化与组合.

常用的教学方法有:

(1) 以语言传递信息为主的方法,如讲授法、谈话法、讨论法、读书指导法等.

(2) 以直接感知为主的方法,如演示法、参观法等.
(3) 以实际训练为主的方法,如练习法、实验法、实习作业法等.
(4) 以欣赏活动为主的教学方法,如陶冶法等.
(5) 以引导探究为主的方法,如发现法、探究法等.

数学教学中要将这些教学方法根据教学的实际需要进行组合与优化,取其精华作为课堂教学方法.

在设计教学方法时还要注意增强教学方法的可操作性.通常教学方法的表述一般都高度概括,但它们的思想内涵都很丰富,如何将其丰富的思想内涵转化到可操作的层面,设计者要煞费心思.例如,尽管我们对启发式教学的思想很熟悉,但针对不同的课型与学情,我们如何设置恰当的问题对学生加以启发,如何把握启发的度,事先都要有预设.如果启发过度,会破坏学生高认知状态的学习.

案例透视　等差数列的通项公式——探究法

教学重点是等差数列的定义和通项公式的认识与应用,等差数列是特殊的数列,定义恰恰是其特殊性,也是本质属性的准确反映和高度概括.准确把握定义是正确认识与解决相关问题的前提.通项公式是项与项数的函数关系,是研究一个数列的重要工具.等差数列的通项公式的结构与一次函数的解析式密切相关,这使得通过函数图像研究数列性质成为可能.

教法建议:

本节内容分为两课时,一节为等差数列的定义与表示法,一节为等差数列通项公式的应用.

等差数列定义的引出可先给出几组数列,让学生观察、比较、概括共同规律,再由学生尝试说出的定义,对学习困难的学生可以提示定义的结构:"……的数列叫作",由学生把限定条件一一列举出来,为等比数列的定义作准备.如果学生给出的定义不准确,可让学生研究讨论,用符合学生的定义但不是等差数列的数列实例作为反例,再由学生修改其定义,逐步完善定义.

等差数列的定义归纳出来后,由学生举一些的例子,以此让学生思考确定一个等差数列的条件.

由学生根据一般数列的表示法尝试表示等差数列,前提条件是已知等差数列的首项与公差.明确指出其图像是一条直线上的一些点,根据图像观察项随项数的变化规律;再看通项公式,项可看作项数的一次函数,这与其图像的形状相对应.

参考文献:

杨继武.等差数列的通项公式.第三届全国中小学"教学中的互联网搜索"优秀教学案例.

评析:

在高中数学概念的教学中,运用探究法可以将课堂教学分为"创设情境,引出定义""巩固概念,明确内涵""探究问题,深入理解"三个阶段.教师在学生感性认识的基础上进行启发,帮助学生进行深入的探究,并且凭借教学经验引导学生进行概念的辨析,巩固对于概念内涵的理解,通过对新的问题的探讨提升学生的理性和认识,使学生对于概念的理解更加深入.

当学生掌握数学概念产生的来龙去脉,能够举一反三时,就可以从"题海战术"中解脱出来,获得数学知识、能力和素养等方面的全面发展.

五、教学过程设计

（一）教学过程的含义

数学教学是师生"双边"或"多边"的交往过程.这种交往活动离不开学生的学习活动和教师"教"的活动.对于教师"教"的活动,设计怎样的学生学习活动,以引发学生真正参与到课堂学习之中,催生学生深层次的思维活动,常常是教学设计的难点.

链接阅读

教学过程的几种成熟的模式如表14-1所示：

表 14-1

赫尔巴特	凯洛夫	我国常用的课堂教学模式	加涅	皮连生		改进后的课堂教学过程模式	
				陈述性知识	程序性知识	教学环节	任务设置
1. 预备	1. 组织上课	1. 激发动机	1. 引起注意	1. 注意与预期		1. 导入新课	创设情境,激发动机;告之目标,引起注意
	2. 检查复习	2. 复习旧课	2. 告知学习目标				
2. 提示	3. 提出上课的目的、内容和要求	3. 讲授新课	3. 激活相关的原有知识	2. 激活原有知识		2. 学习新知	运用"先行组织者",与学生原有知识相联系,形成选择性知觉,提供方法和实例
			4. 呈现刺激材料	3. 选择性知觉			
			5. 提供学习指导	4. 新信息进入原有命题网络			
3. 比较	4. 讲授新教材并明确内容要点		6. 引发学习行为	5. 认知结构重建与改组	5. 变式练习,知识转化为技能	3. 巩固练习	促进学生意义建构、加强反馈
4. 概括			7. 提供反馈				
5. 应用	5. 检查巩固所学的知识	4. 检查巩固	8. 评估学习行为	6. 根据线索提取知识	6. 技能在新的情境中应用	4. 评价修正	形成性检测
	6. 布置课外作业	5. 布置作业	9. 促进记忆与迁移			5. 促进迁移	归类、重组,保持、迁移

（二）教学过程设计的要求

1. 要有利于引发学生主体参与

教学活动的展开,一定是从具体的学习任务开始的,这些学习任务必须有利于引发学生的主体参与.新一轮课程改革以来,人们越来越重视创设恰当的问题或问题情境来引发学生主动参与,展开课堂学习活动.数学教学中,好的教学情境来自现实,学生必须经历一系列的数学思维活动如抽象、概括、转化,将其提升为一个数学问题,并进行数学问题解决,这本身就是在经历数学化的过程,从而凸现数学的本质.长期的情境渗透,可以增强学生数学应用的意识,发展学生发现问题、提出问题、分析问题、解决问题的能力,促进学生良好的数学观的养成.

2. 要有利于满足多样化的学习需求

我国《课标》明确指出:学生的数学学习活动不应只限于接受、记忆、模仿和练习,高中数学课程还应倡导自主探究、动手实践、合作交流、阅读自学等学习数学的方式.这些方式有助于发挥学生学习的主动性,使学生的学习过程成为教师指导下的"再创造"过程.[①]因此,应根据学生的实际和教学内容特点为学生设置不同的、多样化的学习活动,并为学生留足独立思考、合作交流的时间和空间.

3. 要有利于提高学生的数学思维能力

数学是思维的体操.数学教学应该注重学生思维能力的培养,使学生数学学习经常经历:直观感知、观察发现、归纳类比、空间想象、抽象概括、符号表示、运算求解、数据处理、演绎证明、反思建构等思维活动过程.[②]教学过程设计就是要为学生设计上述思维活动,使学生在活动中获得思维的体验,形成相关数学活动经验.

4. 要有利于学生感悟数学思想的魅力

数学思想蕴含在数学知识产生、发展与运用过程之中,设计的数学活动要有利于学生感悟数学思想的作用.如引导学生用类比等式的基本性质来探索不等式的性质,并借助归纳推理活动获得初步的结论,建立不等式求解的理论依据,使学生体会推理对不等式知识体系的建构作用.

第三节 数学教学设计的一般结构

教学设计反映的是教师对一节课完整的教学方案.教学设计的编写方式可以因教师、学生、教学内容和课型的不同而有所区别,一般而言,教学设计应包含下列内容.

(1) 课题.包括章节,本课名称,如第一章,第4节第一课时,可以写成:§2.6 任意角的三角函数(一).

(2) 教学内容分析.说明知识在教材中的地位和作用,以及教师个人对教材的整合与创新等.

(3) 学情分析.对学生的学习情意、生活现实、数学现实和认知现实进行分析.

(4) 教学目标.说明本课要完成的教学任务和应达到的程度与条件.根据上述分析确定本节课的教学重点和教学难点.

(5) 教学方法与教学媒体选择.选择合适的教学方法、教学手段和教学媒体,并对学生学习方法进行指导,并加以分析.

(6) 教学活动过程.教学过程是教案的重点内容,教学活动过程是一个又一个课堂活动构成的连贯自洽的整体.通常至少包括,怎样引入教学,为什么这样引入教学,学生的活动指

---

① 普通高中《数学课程标准》(实验)[M].北京:人民教育出版社,2004:2.
② 同上书,第3页.

向与活动内容、方式,学生可能的表现与困惑,教师如何实施教学调控,何时给以某些示范,等等.总之,教学过程要清晰地体现教与学环节的交互过程并且教师本人要明了实施这种交互的原因及要达到的教学目的.

通常一个完整的教学设计还包括课堂小结、布置作业、板书设计等内容,限于篇幅这里不再赘述.

本章知识结构

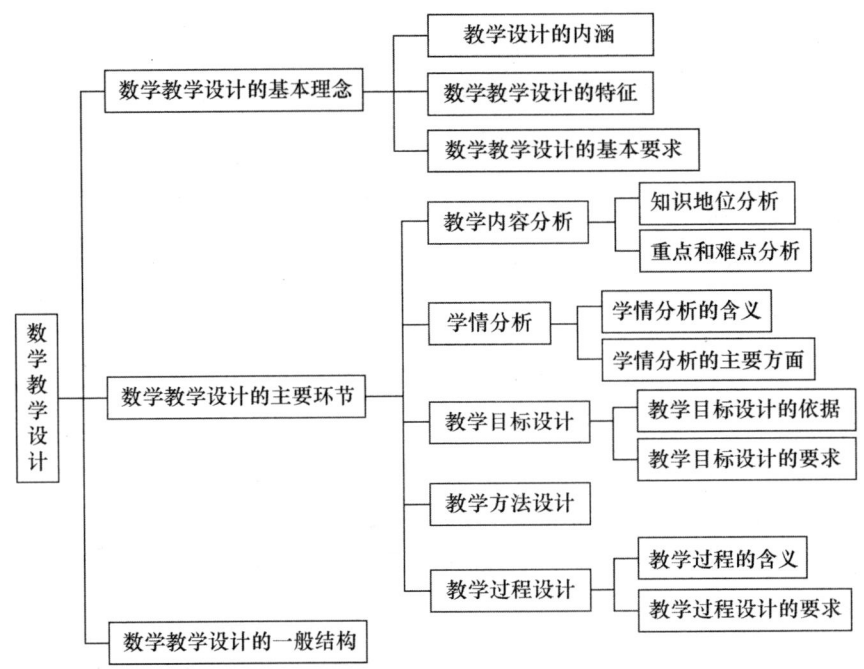

本章小结

一、本章主要内容

本章首先从内涵、特征和基本要求三个方面梳理了数学教学设计的基本理念;然后分别从如何合理分析数学内容、如何恰当把握学情、如何设计教学目标、如何设计教学方法、如何设计教学过程等方面对教学设计的主要环节作了系统的分析;最后介绍了数学教学设计的一般结构.

二、本章重点和难点

本章的学习重点是教学设计的几个主要环节和教学设计的一般结构.本章的学习难点是根据具体数学教学内容进行完整的、科学的教学设计,以及教学设计主要环节的优化.

三、学习时要注意的问题

在学习本章时,要首先理解数学教学设计的基本理念,以此为基础进行各个环节的教学设计.对一份教学设计进行评析时,也要把握数学新课程的发展脉络,将理论与情境结合起来展开讨论.

备考指南

本章内容常以案例分析题、教学设计题的形式出现.

教学设计是较为综合的内容,融程序性知识和策略性知识于一体,所以备考本章和其他章节有很大不同.首先要对中学知识进行梳理,建立中学数学知识的框图.一方面,不能仅仅选择高中数学知识做分析,还要将初中知识纳入进来;另一方面,要将中学数学整理为知识群的形式,即做结构性梳理,以便确立指向数学课程的核心内容的数学核心课.在备考过程中,做到精备十节核心课,并将核心课延伸扩展.此过程中,每节核心课都要做到三易其稿,例如,先研读教材和课程标准,做出两套平行的教学设计,之后查阅资料,将自己的设计与优秀教学设计对比分析,完善为第三稿,往复进行.

自测训练

1. 请设计"等差数列"一节的教学目标.

2. "两角差的余弦公式"是高中数学必修 4 中的内容.学生在本节课的学习中经历用向量的数量积推出两角差的余弦公式的过程,进一步体会向量方法的作用.请完成"两角差的余弦公式推导过程"教学设计中的下列任务:

(1) 分析学生已有的知识基础;

(2) 确定学生学习的难点;

(3) 写出推导过程.

3. 请以"归纳推理(第一课时)"为课题,完成下列教学设计:

(1) 教学目标;

(2) 教学重点、难点;

(3) 教学过程(只要求写出新课导入和新知识探究、巩固、应用等)及设计意图.

自测训练答案

第十五章　数学教学实施

考纲内容

　　能创设合理的数学教学情境,激发学生的数学学习兴趣,引导学生自主探索、猜想和合作交流.
　　能依据数学学科特点和学生的认知特征,恰当地运用教学方法和手段,有效地进行数学课堂教学.
　　能结合具体数学教学情境,正确处理数学教学中的各种问题.

考纲解读

　　本章重点讲解了数学课堂教学各个环节应如何有效实施,包括课堂导入、课堂讲解、课堂提问、课堂板书、课堂反馈、课堂讨论、课堂小结.考生在复习时要注意在数学教学实施的过程中如何实现有效教学,如何处理好预设和生成的关系.

第一节　有效数学教学

　　所谓有效教学,是指在师生双方的教学活动中,通过运用适当的教学策略,使学生的基础性学力、发展性学力和创造性学力得到很好的发展.有效教学是有明确任务指向的教学;有效教学是学生高度参与的教学;有效教学是最优化教学策略实施的教学;有效教学是促进学生深层理解的教学;有效教学是三维目标统一的教学;有效教学是师生生命价值彰显的教学.

一、有效体现数学本质

　　数学学科内在知识的逻辑联系非常紧密,形成了一个层层相连不可分离的整体结构.师生对这一结构的理解是有效教学的前提和必要保障.

　　(一)在教学中凸显数学本质的意义

　　1. 基于数学本质的教学能够提升学生的数学理解

　　数学学习重在理解,在理解数学的基础上才能进行运算、推理与证明等活动.学生的数学理解必然体现在他们对数学关系、数学算理、数学定理等内容的理解上,教师在教学中关键要注重学生对数学本质的理解.在数学教学中,教师要时刻有意识地揭示数学本质,加深学生对数学本质的理解.

2. 对数学本质的把握能够帮助教师落实重点

在确立每一节课的重点的时候,该部分数学内容的本质是一个重要依据.很多数学发展上的关键点、数学知识网络之中的网节点,都是教学的重点,教师不仅要能够准确捕捉这些重点,更要明白这些内容为什么会成为重点,它们在数学发展中的作用是什么.在课堂中落实这些重点内容必须依靠师生对数学本质的理解.

3. 理解数学知识的内在特点可以促进学生运用数学解决问题

数学学习的重要目标之一是运用数学解决问题,学生在运用数学知识时,必须依据自己建立起的数学知识网络.因此,学生首先要建立合理的知识网络,通过不断地归纳、抽象、概括、分析知识间的内在联系对知识网络进行完善,继而在解决问题时激活已有的认知,找到问题解决的突破口.

(二) 如何有效凸显数学本质

1. 深入领悟数学内容

要切实提高课堂教学效果,教师必须将数学内容研究透彻,深钻教材,理清知识发生的过程以及每一部分知识的地位与作用,把握最重要、最本质的内容.课堂最能激发学生思考的是富有"数学味"的问题,这些问题往往是需要教师精心思考设计的.有数学深度的问题可以帮助学生领悟所学内容,不仅仅是看到数学的公式和定理,还能从文本中读出鲜活的数学思想.

2. 把握学生数学学习规律

数学教学必须遵循学习规律.心理性的遗忘规律指出:如果所学内容之间缺乏必要的逻辑关系,不仅难以记忆,而且遗忘速度快.因此,把握数学知识之间的本质联系是十分重要的,使学生能够通过各种活动体会到这种联系,可以有效调动学生的内在学习动机,提高其思维参与度.

3. 追求数学知识的返璞归真

数学教学中,要让学生理解数学的本质,从基础知识、基本技能出发,关注问题解决的方法,关注探究过程,提炼数学中的思想,挖掘数学知识的来龙去脉,分析数学知识产生的过程,提升从原始认识逐步深入探究问题的能力.

二、有效创设问题情境

教学过程设计的中心任务就是要设计出一个核心问题,把教学过程组织成为提出问题和解决问题的过程,把教学活动整合到提出问题、解决问题的过程中去.教师通过提出问题来激发、调控学生的思维活动,来揭示知识发生的过程,让学生在解决问题的过程中做数学、学数学,体验数学,增长知识,形成能力,获得发展,从而完成数学教学任务.

(一) 问题和情境

问题是数学教学活动的载体,在教学设计中应该特别关注问题的有效性.数学问题是指学生个体与已有认知产生矛盾冲突,尚不能理解或者不能正确解答的数学结构.

所谓情境就是环境,在教学中,情境可以为学生从事学习活动、产生学习行为提供背景.数学教学中的情境一般分为三类:一类来源于现实生活;一类来源于其他学科;还有一类来源于数学内部.

知识拓展

下面的情境可以在充要条件的学习中供学生探究:
如图 15-1 所示,开关 A 闭合是灯泡 B 亮的充分不必要条件;
如图 15-2 所示,开关 A 闭合是灯泡 B 亮的必要不充分条件;
如图 15-3 所示,开关 A 闭合是灯泡 B 亮的充分必要条件;
如图 15-4 所示,开关 A 闭合是灯泡 B 亮的既不充分也不必要条件.

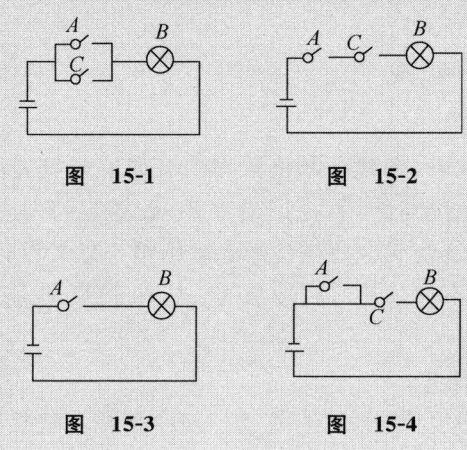

图 15-1　　　　图 15-2

图 15-3　　　　图 15-4

(二)有效数学情境中问题的特征

1. 可及性

问题的设计要符合学生的一般认知规律、身心发展规律,包括学生的知识经验、能力水平、学习习惯、生活经历及环境,个性、爱好及基本心理状况等.

2. 启发性

问题应对所研究的课题具有提示作用,符合学科特点,使学生借助这种启发领悟数学知识的本质,提炼思想方法,灵活运用知识.

3. 开放性

问题应富有层次感,入手较易,开放性强,解决方案多,学生思维与创造的空间较大.

4. 挑战性

问题应能引起学生的认知冲突和学习心向,能激发兴趣,促进学生积极参加,接受问题的挑战.

5. 体验性

问题应能给学生提供深刻体验,人人有所得,包括操作、探究的机会或替代性经验,学生能够感受、体验数学,并有助于学生发现问题、提出问题.当然,有效教学情境中设置的问题在使用中是否有效还需要经课堂教学的检验.

6. 衍生性

问题应能够继续推广,通过这个问题,能产生环环相扣、由浅入深的问题.

三、有效达成过程性目标

教学中我们必须达成各种目标,既要落实学生的行为目标,也要注重学生的行为过程.所谓"重过程",就是重视学生自主经历观察、实验、解释、分析、概括、交流等各种有价值的学习活动,通过活动,在实现知识与技能目标的同时,让学生获得体验,形成意识,掌握方法,提高能力.

(一)过程与结果的关系

以往的数学教学存在着重结果轻过程的倾向,严重影响了学生创新意识和探索精神的形成与发展.

数学教学应重视过程,与其说数学教学是数学活动结果的教学,不如说是数学活动的教学.在活动教学的过程中,学生不仅能掌握知识与技能,还能体会到知识的产生背景与方式,感悟其中运用到的数学思想方法,积累数学活动经验.过程性教学还可以提升学生学会学习、学会思考的能力,促进学生数学素养的提高.一定程度上讲,过程不仅仅是手段和环节,其本身就是数学教学的目标之一.

《课标》中倡导在落实知识基础的同时发展学生的数学能力和情感态度,能力和情感态度价值观都是依附于知识的发生、发展过程之中的,是在探索知识的过程中得以形成和发展的.学生不可能学会所有的知识,所以必须要学会怎么样去学习,以便能适应自己所不熟悉的环境,并能不断地学习新的知识.因此,过程性目标的实现可以为学生的终身学习和发展奠定一些基础.

在强调过程的同时,我们也不应忽视结果,教学中将过程与结果有机联系起来,使得过程性体验有助于学生对结果的理解.

(二)如何有效达成过程性目标

1. 设计活动使学生亲历学习过程

教师要创设适宜的教学情境,使学生不仅掌握知识与技能,还能提高数学思考和问题解决的能力.在活动中,教师的角色发生了的变化.富尔向教科文组织提交的研究报告《学会生存》中作了精辟的论述:"教师的职责现在越来越少地传递知识,而越来越多地激励思考,除了他的正式职能外,他越来越将自己作为一位顾问,一位交换意见者,一位帮助发现矛盾焦点而不是拿出现成真理的人."

2. 重视探究性学习

波利亚提出的学习三原则之一是"学东西最好的途径是亲自去发现它".这种数学发现即为数学探究.理解探究的特征、学会探究的方法可以丰富学生的过程性收获.过程,既包括外在的学习活动过程,又包括学习者的学习思维过程,从这个角度讲,数学学习本是探究的过程,就像警察分析案情,从所有可能的线索出发,顺藤摸瓜,逐步深入,经过严密的推理找到结论.在数学探究中,学生要勇于思考,经历发现问题、提出问题、分析问题、解决问题的全过程,以多元视角认识开放性的问题,利用科学的方法解决问题.

3. 有效利用交流合作

与他人交流可以实现信息的传递、意见的交换和思维的碰撞,相互启发,获得更多的对数学问题的理解,学生在交流讨论中得以完善自己的认识.

与人合作可以培养学生的合作意识和协作能力,很多数学问题都是要依靠合作来完成的,当小组成员共同商讨解决问题的方案,会提高成果的实效,为解决问题提供宽广的思路.

四、有效使用信息技术

(一)信息技术的使用中存在的问题

1. 用信息技术代替黑板

很多教师过多地依赖信息技术方便的展示功能,课件代替了黑板,内容转换过快,课堂成了播放室,教师成了放映员.这种对信息技术的依赖导致教师若遭遇停电就上不了课.其实并不是有了信息技术就不用粉笔了,在教学中应综合使用各种媒体,客观分析各种手段的特点,取长补短.技术不是万能的,不能为了使用技术而使用技术,若对不同教学内容不加选择地使用信息技术,不仅不够合理,有时反而弄巧成拙.

2. 忽视教学内涵

绝大多数教师在教学时可以有效利用多媒体技术,但在创设问题情境的环节,有些教师过于重视课件的生动活泼而将情境的创设泛化,一味重视课件的艺术性而忽视了其科学性,出现喧宾夺主的现象,分散了学生的注意力,干扰学生的观察和思考.这使得技术的运用适得其反,没有体现技术与内容整合的效果,不利于数学知识的学习.

3. 忽视学生的主体作用

在一些教学中,教师仅仅将信息技术作为填鸭式教学的工具,难以体现教学中的互动性.例如,一位教师在进行切线长定理的教学时,本可以让学生通过观察、发现、动手、体验等活动猜想出定理,但教师直接用多媒体演示了切线长相等,点和圆心的连线平分两条切线的夹角的知识.课件虽然形象、准确,但学生只需接受事实即可,缺少了观察、分析、动手体验的学习过程,效果将适得其反.

4. 忽视教学过程

相比起黑板、实物教具等传统教学媒体,多媒体使用的定位是什么?如果将其定位为现象的演示和知识的传授,那么,使用课件就只能是走马观花地一一呈现,缺乏课堂上的逐步生成,缺乏对学生思维的引导.一道题在黑板上讲解需要10分钟,多媒体上放映只需要3~5分钟,这种时间差异不仅仅表现为教师书写板书的时间差,还表现为学生过程性思考的时间差,学生的思维空间被大大压缩,这是舍本逐末的做法.

(二)在数学教学中有效运用信息技术的关注点

1. 构建多元联系的数学学习环境

运用信息技术可以创设一种多元的、数学对象相互联系的数学情境.在这种情境下,学生可以从直观的角度理解抽象的数学概念,通过对数学对象的操作,如图像局部放大、重复立方体的折叠过程等加深对数学对象的各部分特征及其相互之间关系的变化情况的认识,从中体会到数学对象的本质属性.

2. 让学生成为学习的主体

依照建构主义理论,数学教学应在教师的指导下,让学生成为课堂学习的主人,体验学习,主动思考,并通过信息技术,帮助构建学生自己的知识系统.学生通过自主地感受、探索、理解、吸收,掌握数学的基础知识和基本方法,提高数学能力,成为知识的发现者,完善者.人本主义理论提倡以教师为主导、以学生为中心开展教学活动,促进学生自主学习、自我实现,激发学生的主观能动性及创造性,这有助于学生的独立性、自主性和创新思维能力的提高.

3. 凸显发现式学习

信息技术有助于学生进行猜测和验证.以往教材中呈现的数学结论常常是演绎性的,掩盖了猜想和发现的思考过程.几何画板、图形计算器等技术可以使学生在较短时间内获得大量的实例或是数学对象中参数变化后的不同结果,从中发现规律并产生猜想.

链接阅读 ▼

> 探索"三角形三条角平分线交于一点,并且这一点到三条边的距离相等",以往需要画出许多三角形和三条角平分线.教学时间的限制使得教师不得不缩减学生探索的时间,让学生对一两个三角形进行尝试之后就推测结论,结论的可靠性不强,学生对获得结论的体验也不多,导致了学生对定理的记忆不深.而使用几何画板或Z+Z智能平台可以只画一个三角形,分别作三条角平分线.然后只需拖动三角形的顶点就可以将原三角形变成各种形状的三角形.在拖动中学生就可以发现无论如何改变三角形的形状,三条角平分线均交于一点,并且这一点到三条边的距离相等.

4. 落脚于数学学科知识

信息技术与数学课程的整合不是简单的拼凑,而是本质上的融合.整合的中心是数学课程内容,围绕数学中的学科教学任务进行,信息技术仅仅是达成这种目标的手段.因此,教师需要结合数学知识特点运用信息技术,体现数学学习的发现、探索过程,突出教学的重点,突破教学的难点,高效完成教学任务服务.教师应在信息技术与数学的整合中提高学生的数学思维能力,用数学思维方式发现问题、解决问题,提升学生的数学素养.

第二节 数学教学技能

一、课堂导入

课堂导入是课堂教学的重要环节,是一堂课得以成功的重要条件.高尔基在谈创作体会时说:"开头第一句是最难的,好像音乐里的定调一样,往往要费很长时间才能找到它."教学也是如此,良好的开端是成功的一半,新颖别致的导课,必然会先声夺人,对学生产生强烈的吸引力,整个教学气氛便会立刻活跃起来,教学也就容易进入最佳境界.

(一)课堂导入的价值

1. 引起学生注意,使其尽快进入学习状态

在课的开始,由教师精心设计的数学学习情境,可给学生带来较强的、新颖的刺激,促使其尽快地收敛课前各种分散的思绪,引起注意,为学习新课做好心理准备.为了让学生进入学习状态,导入要直接有效,避免兜圈子.

2. 起到承上启下、温故知新的作用

根据教学的内容设计一种恰当的导入,能为学生的学习起到承上启下、温故知新的功效.为此,导入要针对所学知识.例如,在高中阶段进行函数学习时,可以先问学生已学过的函数有哪些,在回顾旧知识时学生可以逐步进入到新知识的探究之中.有针对性的活动方式可使学生积极思考,为进一步的教学活动打下良好的基础.

3. 激发学习兴趣,引起学习动机

数学是基础学科,它与自然界、人们的生产和生活有着密切的联系.在导入过程中,教师可向学生展示数学在生活中丰富多彩的情境,给学生带来亲切的感受.学生的求知欲望得以激发,会将数学学习当作一种自我需要,自然地进入学习新知识的状态.例如,在讲授指数函数时,用一张纸对折多少次可达多高导入,往往会使学生产生浓厚的兴趣.再如,在学习圆时,教师可使用多媒体演示将石子扔向湖中,然后问所产生的波浪是什么形状.这会让学生感受到数学就在自己身边,从而形成较强烈的认知需要.

4. 为新课的学习确定明确的目标

课堂教学是在教师引导下的目的性很强的学习活动.教师通过精心设计的导入教学活动,不仅给学生以强烈的刺激,激发学生的求知欲望,还可以使学生的注意力集中,引导学生思维,使学生明白将要学什么,如何学习,解决什么问题,达到什么目的,为整个教学过程创造一个良好的开端.

总之,精心设计的课堂导入,能够起到调动学生积极性和激发教师教学情绪的双重作用,从而顺利完成课堂教学任务.一段精彩的课堂导入,能让学生温故知新,激发兴趣,唤起求知欲,更可以产生强烈的情感效果,从而为上好一节课奠定基础.

(二)课堂导入的方法

在数学教学过程中,导入的方法多种多样.有时可以开门见山,直接进入本节课的主题;有时可以巧妙设计问题情境,教师善"导",学生方能"入".

1. 问题导入

古希腊哲学家亚里士多德认为:"思维从对问题的惊讶开始."课堂教学中,恰当的问题可以使学生产生疑虑困惑,积极思考.布鲁纳的发现学习理论也认为,在学习时,教师最好不要把教学内容直接告诉学生,而是向他们提供问题情境,来激发学生的求知欲,引导学生对问题进行探究,让学生在探究的过程中有所发现.

例如,在学习"相互独立事件同时发生的概率"时,提出这样的问题:常说三个臭皮匠顶一个诸葛亮,真的能顶上吗?如果诸葛亮解出问题的概率为0.8,三个臭皮匠解出问题的概率分别为 0.5、0.45、0.4,且每个人必须独立解题,那么,三个臭皮匠中至少有一个人解出问题的概率与诸葛亮解出问题的概率比较哪个更大?这样的导入可以激发学生强烈的探索欲望.

2. 旧知导入

《论语》道"温故而知新",美国心理学家奥苏贝尔也指出"影响学习最重要的因素是学生已经知道了什么.学生能否习得新信息,主要取决于他们认知结构中已有的有关概念"[①]. 在学习一个新概念之前,头脑里要具备与之有关的准备知识,它们是支撑新概念形成的依托. 所以,教师可以在引导学生复习有关旧知识的基础上,来引入新知识. 例如,学习平行线分线段成比例定理时,先复习平行线等分线段定理,然后在此基础上提出:等分线段即两线段的比为 1,如两线段的比不等于 1,结果会怎样呢?

3. 类比导入

波利亚说:"类比是提出新问题和获得新发现取之不竭的泉源."类比导入是通过比较两个或两类数学对象的共同属性来引入新课的方法. 如果已知的数学对象比较熟悉,新的数学对象通过与已知的数学对象类比,那么引入就比较自然. 由于数学内容具有较强的系统性,前后知识衔接紧密,所以,由类比导入新课在数学教学中最为常见. 例如,学习圆锥曲线时,椭圆的探究可以由圆类比,双曲线和抛物线的探究可以由椭圆类比. 类比导入既能使学生抓住共同点,又能使学生认清不同点.

4. 实物导入

有时也可用展示物品的方法导入新课,学生摸得着、看得见,有助于学生第一信号系统和第二信号系统协同活动. 实物导入可化抽象为具体,为学生提供丰富的感性材料. 这样不仅可以达到吸引学生的目的,而且可以给学生留下深刻的印象. 教师展示的物品可以是一张图、一幅画、一张表、一件实物教具等,只要运用得当,都会达到很好的教学效果. 例如,有位教师在寒冷的冬天拿着一把扇子走进教室,同学们感到很惊奇,大热天教师上课从未带过扇子,为什么今日严冬一反常态,带扇子上课?教师的这一举动激起学生的好奇心,接着教师把扇子打开倒挂在黑板上,点明今天授课的内容——求扇形的面积. 这样的导入虽朴实却不乏新意.

5. 历史故事导入

在人类数学发展的历史上,产生了许许多多值得颂扬、脍炙人口的数学故事和数学家轶事. 结合课本内容适当地介绍一些古今中外数学史或有趣的数学故事,利用这些丰富的文化资源创设教学情境,不仅能激发学生的求知欲望,还能使学生从中学习数学知识,领略数学家的人格魅力,接受思想教育. 如高斯、笛卡儿、牛顿以及我国数学家祖冲之、华罗庚、陈景润等都有很多故事可以用来设计教学情境. 例如,在讲平面直角坐标系时,可利用历史上笛卡儿在梦中见到蜘蛛网上蜘蛛的爬动,受其启发发明解析几何的故事来设计教学情境.

6. 游戏导入

荷兰数学教育家弗赖登塔尔与苏联数学教育家斯托里亚尔都提倡,数学教学是数学活

---

① 王惠来. 奥苏伯尔的有意义学习理论对教学的指导意义[J]. 天津师范大学学报(社会科学版). 2011,(3):67-70.

动的教学.教师要教活动的数学,设计直观、有启发性和趣味性的游戏来导入教学,可以帮助学生在头脑中建立动作表象,形成感知动作思维,帮助学生从多角度理解概念.游戏能培养学生动手操作、手脑并用的协调能力.数学教学中如能结合学生的心理特点把游戏引入课堂,让学生在游戏中自己去发现问题和解决问题,往往能起到事半功倍的效果.例如,在教坐标时,可以设计一个玩坐标的游戏:用教室里的两排座位构成坐标系,让一个同学做原点,学生对应坐标、象限、直线 $y=x$ 等都可以在教室中具体体现出来.在此游戏中,教师可以将原点变动,坐标也就随着变化.这一游戏活动简便易行,数学内涵丰富.

(三)课堂导入效果的提升

设计新课的导入,首先,要体现数学新课程理念,即回归学生生活世界,提升学生主体意识,用学生生活中接触的主题来引导他们对数学的学习,培养学生主动解决问题的意识;其次,要考虑数学教材本身的知识体系及相关内容;再次,还要考虑学生的实际情况,包括他们的年龄特征、心理特征和知识接受能力等因素.

只有充分考虑课程理念、内容、教师、学生四者的关系,才能设计出各种各样、妙趣横生、具有学科特点的新课导入,才能先声夺人,造成学生渴望追求新知的心理状态,激起他们的学习兴趣,吸引其注意力,就如向平静的湖面上投石,激起一片思维涟漪.

成功的导入会为整节课起到很好的铺垫作用,成功的导入通常具备以下基本特征.

1. 针对性

导入的目的是调动学生的积极性,点明课堂教学的主要内容,讲清楚课堂教学的目的,为讲授新课作好铺垫.因此,无论采用何种导入方式,都应使设置的问题情境指向本节教学的核心教学目标.通过教学导入活动,应使学生明确将主要解决什么问题,学习后能做什么.课堂导入首先要针对不同的教学内容和教学对象,确定不同的导入方式.但前提是必须引起学生的注意力,明确课堂教学的目的.不要使导入游离于教学内容之外或偏离教学目标,千万不能"为了导入而导入".

2. 启发性

学生是教学的主体,课堂导入要关注学生是否能从中获得启发.导入所引用的材料要尽可能直观、引人注目,密切联系学生的实际,新颖有趣,既使学生有新奇感,又使学生从中受到启发,从而使学生积极思考,发现问题.在设计课堂导入时,教师要根据学生的认知水平、思想实际,运用教学内容的重要之处,采用揭示矛盾、设置悬念、提出问题等方法,从生疑、质疑入手,使学生由此及彼、由表及里、由因到果,防止牵强附会和呆板.

3. 简洁性

导入的设计要短小精悍,一般两三分钟就要转入正题,时间过长会喧宾夺主.例如,有的教师在讲授平移时,为了引出平移的概念,运用了航天飞船对接的情境,过度使用视频,甚至谈及航天飞船的结构等内容.这样苦心设计的导入其实背离了本节课的教学目标,有失简洁.教师要注意导入和课堂教学整体的关系,教学导入阶段学习情境设计应在分析新知识的逻辑意义和学生的认识结构的基础上进行,要明确两者产生的实质联系,为新课的学习打开思路.

案例透视　投影（教学片段）

周末，妈妈要儿子写作业．

儿子对妈妈说："如果你给我买玩具，那么我就写作业．"

妈妈说："如果你写作业，那么我就给你买玩具．"

儿子说："如果你不给我买玩具，那么我就不写作业．"

妈妈说："如果你不写作业，那么我就不给你买玩具．"

师：他们母子之间的这段对话，有的是从正面说，有的是从反面说，但都是围绕着买玩具和写作业，表现出了不同的表达形式，反映了不同的因果逻辑关系，其意思是否相同呢？这些正说反说的语句是否是以前学过的"命题"呢？请回答下列问题．

(1) 什么样的语句才是命题？命题的一般形式是怎样的？

(2) 下列语句哪些是命题？为什么？①请坐下！②今天天气如何？③若 $x^2=1$，则 $x=1$；④如果两个三角形全等，那么它们的面积相等．

生1：能够判断真假的语句叫作命题；命题的一般形式是"如果……那么……"的句式，由条件和结论构成；第①②句话都不能判断真假，所以都不是命题；第③句为假，第④句为真，所以③④都是命题．

师：很好，称③为假命题，④为真命题．那么，这两个命题的条件、结论各是什么？

生2：③的条件是"$x^2=1$"，结论是"$x=1$"；④的条件是"两个三角形全等"，结论是"它们的面积相等"．

师：针对上面命题④"如果两个三角形全等，那么它们的面积相等"，你能否构造出一个新的命题来？如通过变换条件和结论的位置．

生3：逆命题，具体为"如果两个三角形的面积相等，那么这两个三角形全等"．

(板书)命题1：如果两个三角形全等，那么它们的面积相等．

命题2：如果两个三角形的面积相等，那么这两个三角形全等．

师：这里命题2的条件和结论分别是命题1的结论和条件，这样的两个命题称为互逆命题，若以其中一个为原命题，记为"若 p 则 q"，则另一个叫作它的逆命题，记为"若 q 则 p"．

参考文献：

姚平.四种命题的教学与反思[J].中学数学月刊，2014(1).

评析：

在课的开始，由教师精心设计的数学生活情境"对话"，给学生带来亲切的感受，学生感到数学就在身边，从而激发其学习欲望和求知欲望，形成强烈的认知需要．在该课堂教学中，提出问题"这些语句是否就是我们学过的命题呢？"可以了解到学生是否具备了已有的相关知识，从而引入新知识的学习．

课堂设置的问题情境指向本节教学的核心教学目标，具有针对性，所引用的材料直观形象，既使学生有新奇感，又使学生从中受到启发，从而积极思考，发现问题．

二、课堂讲解

(一) 课堂讲解的含义

讲,就是讲述;解,就是解释.讲解是教师运用口头语言对数学教学内容进行说明、分析、归纳、概括、论证和阐释,以促使学生进行知识和方法的建构,促进其心智发展的一类教学行为方式.讲解是教学的基本功,是必要且重要的教学能力.

课堂讲解有两大特点:首先,语言是讲解的主要媒体,运用语言的技巧是做好讲解的前提,数学教师的教学语言应科学、规范,用词准确、叙述精炼、前后连贯、具有逻辑性;其次,在讲解中,信息传递具有单向性,因而要时刻关注学生的听讲状态,及时获取反馈信息.同时,为避免教师只按自己的想法讲解,在备课时要从受教者入手,不能只分析自己的想法,还要研究学生是怎样想的,为什么这样想.

(二) 课堂讲解的要素

在课堂讲解中,要把握讲解的度、讲解的时机和讲解的效果.以下与讲解技能相关的要素值得关注.

1. 讲解语言

教师的语言修养,在一定程度上决定着学生在课堂上学习的效率.语言的无限魅力可以从两方面来揭示:有声语言是交流思想、表达观点、传播信息的工具;无声语言可以展现教师对数学内容的内在情感,以及对学生的无限期望.有声语言是讲解的重要手段,讲解时,要使用普通话,声音圆润,音量适度,语速适中,吐字清晰,语调、音色富有感染力.从形式与内容的关系角度看,普通话是形式,教学语言和教育语言是内容.教师职业语言的训练重在语言所承载的具体内容以及内容之间的逻辑性.但无论是教学语言还是教育语言均需要以一定的语音、语调和语速得以表现.

数学教学中讲解的语言使用要得体.尤其是阐述数学事实的言语要尽可能严谨、准确,如对"反比例"和"反比"以及"分式"和"分数"等概念要有效区分.讲解要适度停顿,有间断的课堂讲解能够给学生提供思维空间,尝试用自己的思考把问题联系起来.讲解语言要有吸引力,教师要善于运用直观的、富有感染力的、生动形象的语言吸引学生的注意力,把深奥的原理形象化,把抽象的概念具体化,把复杂的问题简单化.

2. 使用例证

数学知识是抽象的,举例说明是进行学习的重要手段,讲解本身是一个说理过程,在此过程中若能合理使用例证,则会有效启发学生的理解.

数学教学讲解的举例要注意:(1)举例的内容要恰当,要能正确反应数学内容中的概念、原理;(2)例证要适合学生的认知水平,便于学生分析概括;(3)注重对例证的分析,对经典的例子与原理之间的关系应分析透彻,才能使学生做到举一反三.

教师要学会使用正例和反例.在引入某数学概念、定理或公式时,常常使用正例.正例的使用可以使学生从具体问题归纳、抽象出一般问题,获得对新知识的理解.在学生初步掌握了某数学知识之后,可以使用反例.反例的作用是从不同角度帮助学生认识问题,防止学生单纯进行形式上的概括,而未从本质上理解数学对象.

3. 进行强调

在知识、技能的讲解过程中，主要以教师单向信息输出为主，学生处于被动地位，不可避免地出现学生在教师讲解过程中分心、注意力不集中、主动性学习不足的状况．因此，适时强调在讲解过程中就显得十分必要．强调可以有效地集中学生的有意注意，加深其对知识的印象．

在什么关键点上进行强调呢？教学中的重点需要强调，难点需要强调，常用的逻辑思维方法、数学思想方法也需要强调．

讲解技能中强调的形式不一，有语言强调，也可通过语速、语调的变化来强调，还可以结合板书用标记进行强调．例如，在一些关键的字、词、句下面画线或用彩色粉笔突出某些重要内容等．总之，强调不是简单重复，而是一种概括提升，是对学生学习的反馈和调控．

4. 形成连接

所谓形成连接，是强调教学环节之间的过渡与衔接．清楚连贯的讲解是由新、旧知识之间，例证和原理之间，问题与问题之间恰当的逻辑连接构成的．讲解过程中如何将以上关系有机地联系在一起，就要仔细安排各步骤的先后次序，选择起连接作用的词语加以说明，使得讲解从一个环节到另一个环节之间的过渡自然流畅．后一环节是前一环节的逻辑延伸和扩展，前一环节是后一环节的启发与开端，使讲解形成意义连贯的完整系统．

5. 获得反馈

讲解过程中，教师要随时注意学生的兴趣、态度以及他们理解的程度，获得反馈，及时调整自己的讲解．在课堂教学过程中，教师及时获取反馈可以实现师生之间的默契和情感交流；教师可随时调整讲解进度，使多数学生的理解能与教师的讲解同步前进；教师还可及时发现学生存在的问题，引导学生的认识达到教学目标的要求．

（三）课堂讲解效果的提升

成功的讲解具备如下特征．

1. 语言准确生动

在数学课堂教学过程中，数学知识的传递、学生接受知识情况的反馈、师生间的情感交流等，都离不开语言，数学教师的课堂语言艺术在课堂教学中也显得尤为重要．目前，数学课堂教学语言主要发生了以下转变：由指令式的语言向商讨式的语言转变；由灌输式的语言向引导式的语言转变；由评判式的语言向建议式的语言转变；由统一式的语言向开放性的语言转变．

在数学教学中，教师讲解语言的准确性和生动性至关重要．数学学科的严谨性特征向教师的讲解用语提出了准确性的要求，对一些关键术语我们不能模棱两可，在教学中要适当区分口语表达和数学表达．语言的生动性也会影响教学成效，它是活跃课堂气氛、激发学生兴趣和求知欲的重要手段．教师在讲解时运用形象化的教学语言可以将学生"带入"到数学情境中，使其产生如临其境的感觉，激起浓厚的学习兴趣．讲解中要求教师语言流畅、准确、明白，饱含激情，朴实简洁，不哗众取宠．同时还要善于运用语音的高低和强弱、说话的速度和停顿，以引起学生的注意和思考．一般来说，教师的声音要响亮、清楚、悦耳，说话的速度既不能太快，也不能太慢．对于一些重要问题，要加重语气，或有适当的停顿，让学生有思考的时间，讲解时切忌呆板、单调、平铺直叙．

2. 善于启发诱导，激活思维

教师的课堂讲解必须具有启发性．启发的目的在于促使学生积极思考，而思考总是从问题开始的．因此，教师在讲解过程中提出的问题须精心设计，并遵循以下原则：第一，要紧紧围绕教学目的的要求和教材的重点、难点；第二，问题要明确，难易要适度；第三，要激发学生学习兴趣，引起其求知欲望．有经验的教师一般都善于运用启发诱导的手段，通过多种多样的方式，让学生主动地去思考展示在他们面前的复杂问题．

教师在讲解时的主导作用，绝不是代替学生去寻找答案，而是诱导学生自己去探索、比较、归纳、综合、解决问题．同时，以《课标》为指导，从教学内容出发，有计划地设置有内在联系、环环相扣、层层深入的问题系列，使学生的思路在教师的启发诱导下循序发展、不断深入．这种科学的讲解对发展学生的数学思维能力无疑是非常有益的．

3. 讲解深入浅出

讲解的目的是要扫除学生学习中的障碍，把课本上的知识转化为学生头脑里的知识，进而转化为能力．转化的关键点就是要求教师做到深入浅出，化难为易．这一点说起来容易，但做起来较难．

在数学教学中，优秀的教师可以将抽象的道理、深奥的知识、复杂的现象通过生动形象、明白易懂的语言表述出来，让学生自然而然地感觉学得明白，如痴如醉，兴趣盎然．要想达到这样深入浅出的语言表达境界，不仅仅要有扎实的语言基础，还要由浅入深、由表及里、由此及彼地研究数学、研究学生、研究教法．

要避免深入深出的讲解，即教师的讲解和问题的设计一下子将学生引向理解的最高层次，教师没有为学生搭好脚手架，使得学生缺少"登堂入室"的感受与体验，在理解上往往生吞活剥，消化不良．

4. 讲解逻辑严密，主次清晰

数学知识之间存在突出的系统性，知识环环相扣，推理步步相依．逻辑的严谨性是数学学科的特点之一，而不同内容的联系性、数学思想方法的一致性则是严谨性的关键所在．利用数学内容的内在联系，使不同的数学内容相互沟通，既是使学生建立功能良好的数学认知结构的需要，也是提高学生数学能力和对数学的整体认识水平的需要．为实现讲解中的逻辑严密，教师要准确把握数学知识结构，把握知识的基本线索．只有教师在示范时恰当地使用了严谨的数学推理，学生才能养成逻辑思考的习惯，逐步学会借助数学符号和逻辑关系进行数学推理和探究，有条理地、符合逻辑地进行思考、推理、表达与交流．

在一节课里，要讲的内容很多，所以教师在处理教材和讲解课文时就要分清主次，去繁求简，抓住重点，进行精讲，不能贪多求全．教师在讲解前，须按照《课标》要求和学生的实际知识水平，对教材进行科学的"再创造"．对一节课的重点，教师在讲解时应不惜时间，详细讲解．对于不是重点的内容略讲，甚至不讲，只是指导学生自己学习．这样的讲解无疑是科学的、合理的，符合学生的认知水平，能较好地完成课堂教学任务．

5. 讲解时间适宜

心理学研究表明，在45分钟的独白式讲解中，听者对前面15分钟的讲解内容接受程度最高．课堂上，连续15分钟以上的讲解会失去教学的有效价值．因此，讲解时间不宜太长，10分钟左右为宜，较长的讲解可以分成几段．在进行较长时间的讲解时，中间要穿插适当的对话交流,以设问、答问等形式传达要讲解的内容比一言堂更生动活泼.

6. 讲解方式多样且恰当

一堂课,就像一篇结构严谨完整的文章一样,要脉络分明,虽不力求讲解的每一个问题都非常系统严密,但要追求讲解方式多样,每一种讲解方式的选择都要得当,要让学生感受到多元的学习途径,也可以照顾到学习风格不同的学生.

综上,成功的讲解既要目标明确、内容准确,又要做到语言简练清晰、描述生动、富于感染力.

最后,一定要清楚过度讲解会使学生处于被动地位,单向接收教师传递的信息不利于学生对知识的理解和保持,在教学中要适时适度地运用讲解.

三、课堂提问

(一) 课堂提问的价值

"问题"是教师在数学教学中架设的桥梁,提问不仅是课堂教学中最常用的策略之一,也是最有影响力的教学艺术之一.

> **链接阅读** ▽
>
> **普通高中教育的培养目标**
>
> 一般来讲,教学中会多么频繁地使用提问呢?心理学家史蒂文斯通过录音和观察,四年时间先后分析了100名中学教师在教学中的语言行为,内容包括语言时间所占比率、提问次数与速率、问题类别等项目.她发现,教师在课堂上的提问数量格外惊人——平均每天大约提问395个问题,且教师之间差异较大[①].可见提问在课堂教学中十分重要.

1. 提问是推进教学的工具

通过提问,教师可以让学生回忆以前所学知识,诊断学生的能力、态度和倾向,唤起学生对数学学习的兴趣,鼓励他们对问题进行反思、讨论,激励批判性和创造性的思维,鼓励学生参与讨论,管理和控制学生行为.运用提问可以使教学顺利进行.

2. 提问能揭示教学重点

良好的提问可以展示教学中的重点所在.有研究表明,教师善于运用提问技巧,与学生的绩效成正相关.这些技巧包括提出一些措辞清楚的问题;探明学生对问题的反应;问题面向全班学生;在答问的志愿者和非志愿者之间保持平衡;在提出问题及回答问题之后要有适当的等待时间;对学生的回答要有反馈.

3. 提问能促进学生思维

提问不仅可以鼓励学生思考,还能给学生以语言进行思考和表达思想的机会,从掌握记忆性知识到掌握推理性知识和评价性知识;甚至,高认知水平的提问能培养学生的批判性思维.

---

① 程广文. 数学课程提问研究[D],华东师范大学. 2003.

4. 提问能引导学生参与

提问可以引起多数学生的参与，促使全体学生更积极主动地加入到课堂互动之中。

5. 提问能培养学生提出问题的能力

教师精心设计的问题同样可以促进学生提出更好的问题。研究者认为，教师应给学生形成问题的时间。基于此，一些学者认为应鼓励学生在教学中充当"教师"，培养他们在阅读一些内容之后提出问题。

（二）课堂提问的类型

桑得士根据布卢姆所提的知识、理解、应用、分析、综合、评价等六项认知性目标对提问进行了分类研究，他将问题分为七类，具体如下。

（1）记忆性问题。要求学生回忆或认知已学过的知识，包括事实、定义、规则、价值观及技能等。

（2）转换性问题。对问题的回答是将原材料转化为另一种语言或符号来表达。

（3）解释性问题。学生回答问题，对两个或更多个别事实、规则、定义、价值观念或技能等，找出其间的关系，包括比较的、应用的、数据的、归纳的、因果的等。

（4）应用性问题。学生回答问题表现为运用已有的知识和能力去解决新的问题。

（5）分析性问题。学生回答问题，表现为依据事实以及思考方法（归纳、演绎等方法）或由实例类推去分析其关系。

（6）综合性问题。学生回答问题表现为应用想象，可以别出心裁地设想或发现前所未有的方法。此类问题允许学生自由寻求各种不同答案。

（7）评价性问题。学生回答问题，须先设定自己的标准或价值观念，以此来评价事物或观念。

结合我国的教学实践，我们还可以将提问分为直问和曲问、正问和反问、单问和复问、发问与设问、快问和慢问、齐问与独问等不同形式。

尤其值得一提的是，课堂教学中提问的灵活在于追问。追问这一形式对教师有较高的要求，必须针对教学目标，围绕教学内容精心准备一系列问题，包括进一步深究的问题，即每个问题可能的追问点。在提问时还要善于与学生交流、沟通，能娴熟地对学生的回答做出反应，能从学生的回答中了解隐含的意思，以便有针对性地抛出连环相扣的问题，引领学生走向数学思维的巅峰。

（三）课堂提问效果的提升

现在课堂当中的提问尚存在很多问题。例如，在提问的内容上，偏重于记忆性问题，需要深度思考才能回答的综合性问题往往较少，批判性问题和创造性问题则更是难得一见；在提问的频次上，过多或过少。提问过多会阻碍学生酌情度理、慎思明辨的能力的发展，提问过少则难以激发学生的思考。有些教师表现出提问的焦虑，过于短暂的候答时间会使提问的效果大打折扣。

一般来讲，可以从以下三个方面判断课堂提问能否发挥积极的作用。

1. 好的提问内容

一个好的问题应该是用明确和直接的语言表达的、能被学生理解的问题，它必须与课堂教学的目标相一致。含糊而又考虑不周的问题不仅不能促使学生认真思考当前的问题，反而容易将他们的思维引向模糊的枝节的问题上.提问的一个主要目的是促进学习,好的问题能调动学生的心智,因此,好的问题一定能够引起学生的思维活动,而那种只需要重复一遍书本知识便可以回答的问题是永远不会促使学生进行深度思维的.好的问题一定不是漫无目的,而是探究疑难并发人深思的.

在学生对问题作答之后,教师可以有策略地进行追问.例如,可让学生用其他方式复述自己的解答,还可以请学生对解答进行进一步解释,或提出验证性问题.例如:你是怎么想到的?你能举出例子来说明吗?你以前在哪儿看到过相关的问题?等等.

2. 好的提问技术

提问时应不拘泥形式:可以采用个别提问或全体提问;可以使用设问来自问自答,也可以将问题抛给学生共同探讨;可以适当采用追问,在追问中不断深化学生对数学的理解;可以在封闭式问题之中适当使用开放式问题,以便为学生提供更宽广的思维空间.

在设计问题时,要注意以下问题.

(1) 不要为了提问而提问,有时形式化的提问会使学生找不到教学的方向.

(2) 不要仅仅在问题的趣味性、开放性上下功夫,而要考虑问题是否直接与教学内容相关.

(3) 尽量少使用教师说一多半,学生跟着齐答一少半的"填空式"问题,尽量少使用"是"或"非"的两分式问题,因为这样的问题限制了学生的思维空间.

(4) 在理答时,对于错误的回答不必直接批评或请他人代答,对于正确的回答也不必喜不自禁赞赏有加,而应引导学生分析各种答案的思路和价值.

(5) 在助答时,教师不要吝惜自己的鼓励和引导,要为学生的思考营造出轻松的心理氛围.

(6) 在候答时,教师要耐心等待,给学生适宜的思考时间,必要时给予适当的提示.

3. 好的提问环境

教师提问不应给学生出难题,教师应该明确提问是为了了解学生存在什么问题并试图加以解决,而不是对学生掌握了多少知识的检查.教师应以愉快、友好、从容、谈话式的态度来提问,这有利于保持学生思维的活跃.

提问环境是设计提问的先决条件,这里的环境既包括学生的条件,也包括教师自身的条件.教师在准备关键问题时应考虑这样几个方面的因素:(1)问题是否与回答问题学生的年龄、能力和兴趣相适应?(2)问题面向的对象是谁?范围是否足够大?(3)问题是否超出了学生的接受能力?(4)问题是否过于宽泛?思维跨度是否过大?(5)教师是否有能力掌控问题的探究过程?

在课堂教学中,由于每个学生的具体情况不同,他们需要的问题也不同.作为教师,应尽量满足不同层次的学生的要求,善于提出一些不同层次的问题,或者在同一个问题上鼓励有不同层次的回答,让每个学生都有回答问题的机会,都能在课堂提问中展现出自己的心智和努力.例如,"是什么""怎么样""为什么""有什么异同"等不同类型的问题应该合理分配给不同类型的学生作答.

为了实现成功的课堂提问,威伦等为教师的有效提问提供了九种策略:(1)设计提示教学内容结构的关键问题;(2)问题的措辞必须清晰、明确;(3)提出的问题要符合学生的能力水平;(4)要有逻辑地、连续地提问题;(5)设计的问题要有水平区分度;(6)问题要紧追学

生的反馈;(7)回答问题时,要给学生充分的思考时间;(8)提出能调动更多学生参与积极性的问题;(9)鼓励学生提问.①

提问是对应答的引领,应答也是对提问的开启.提问实际上是一个不断使问题展开、澄明、深入的过程,是问与答、答与问的螺旋上升的过程.

案例透视　"余弦定理"教学片段

定理的猜想:在△ABC中,两直角边a、b,斜边c,有$c^2 = a^2 + b^2 - 2ab\cos C$.

师:如何证明这个猜想?

师:从两边的二次式,能想到什么?

学生:勾股定理.

教师:能直接用勾股定理吗?

学生:不能!因为∠C不一定是直角.

教师:很好!刚才我们已经看到∠C可能是直角、锐角和钝角.因此我们要对∠C进行分类,分直角、锐角和钝角三种情形.直角时成立,不是直角时怎么办呢?

学生:构造直角三角形.

教师:从表达式$c^2 = a^2 + b^2 - 2ab\cos C$的结构上看,应构造怎样的直角三角形?

学生:构造以c为斜边的直角三角形.

教师:怎样构造以c为斜边的直角三角形呢?

学生:可以过点A或B作对边的垂线,譬如过点B作对边的垂线,垂足为D.

教师:垂足D落在边AC上的什么位置呢?(此处,留足够的时间让学生讨论)

学生:垂足D可以落在边AC上,或边AC的延长线上,所在位置取决于∠A和∠C的大小.

教师:很好,此处我们仅以∠A为锐角进行论证,其他情形,请同学们课后探究.

师生一起证明:当∠C为锐角时,在△ABC中,有

$c^2 = BD^2 + AD^2 = (a\sin C)^2 + (b - a\cos C)^2 = a^2 + b^2 - 2ab\cos C$

教师:当∠C为钝角时,在△ABC中,有

$c^2 = BD^2 + AD^2 = (a\sin\angle BCD)^2 + (b + a\cos\angle BCD)^2 = (a\sin C)^2 + (b - a\cos C)^2$
$= a^2 + b^2 - 2ab\cos C$

教师:能否用文字语言叙述上述表达式?

学生:在△ABC中,已知a、b和∠C,有$c^2 = a^2 + b^2 - 2ab\cos C$成立.

教师追问:你能把上述符号语言表达式"翻译"成文字语言吗?

学生:在三角形中,一边的平方,等于其他两边的平方和,减去这两边与它们夹角的余弦的积的两倍.

教师进一步追问:在△ABC中,如果已知b、c、∠A,求a,或已知c、a、∠B,求b呢?

学生:给出相应的表达式:$a^2 = b^2 + c^2 - 2bc\cos A$(板书),$b^2 = c^2 + a^2 - 2ca\cos B$(板书).

教师:能否用文字语言概述上面三个表达式?

---

① William Wilen, Margaret Ishler, Janice Hutchison, Richard Kindsvatter. Dynamics of Effective Teaching [M], Longman, an imprint of Addison Wesley Longman, Inc. 2000:189.

> 学生：三角形中，任一边的平方，等于其他两边的平方和，减去这两边与它们夹角的余弦的积的两倍.
>
> 教师：这就是我们今天学习的余弦定理(并板书课题：余弦定理).
>
> **参考文献：**
>
> 郭宗雨.HPM教学模式案例——余弦定理第一课时[J].中学数学教学参考(上旬)，2014(8).
>
> **评析：**
>
> 本节课的课堂提问设置类型多样，有要求学生回忆或认知已学过的知识的记忆性问题，有学生可以依据事实以及思考方法或由实例类推去分析的问题和教师的追问等.教师在提问时善于与学生交流、沟通，能娴熟地对学生的回答做出反应，能从学生的回答中了解隐含的意思，以便有针对性地抛出连环相扣的问题，引领学生走向数学思维的巅峰.

四、课堂板书

（一）课堂板书的作用

板书是教师根据教学目标进行教学的手段之一，运用板书可以向学生呈现教学内容，分析认知过程，将知识概括化、系统化，启发学生思维，帮助学生理解数学.板书技能是教师的基本功.

课堂板书的主要作用如下.

(1) 提示内容，呈现过程：体现本节课的主要内容，同时呈现内容结构.

(2) 激发兴趣，引发思考：教师要将对数学的认识过程全面呈现，将关键性的设疑或结论在板书上体现出来，以问题激发学生的兴趣，引发学生的思考.

（二）课堂板书的类型

1. 提纲式

提纲式板书是按照教学设计条理分明地编排板书书写的形式.教师要对课堂内容综合地把握，提炼出其中的若干要点，按照它们的逻辑顺序逐层展开.这样的板书便于学生把握重点内容，理解所学知识，它体现了数学知识的结构性和系统性.

2. 演绎式

演绎式板书是教师根据教学设计对数学内容进行演绎梳理并在黑板上呈现出来的形式.这种形式在解题中广为使用，表现为对定理的具体应用.板书时基本模式是规范的，推理过程明确，图形标准.这种板书常常是学生进行数学演绎推理的范例.

3. 对比式

对比式板书是教师将教学内容进行比较并呈现在黑板上的形式.常常应用于两种或多种概念的辨析上.教师将易混淆的概念、法则、公式进行对比，在对比中加深学生对概念的理解，分清两者的关系.可以使用文字进行对比，也可以列表，必要时可用彩色粉笔圈出重点.

（三）课堂板书效果的提升

1. 关注板书的结构性

在设计板书前，教师要对板书的内容、容量、顺序、布局做出统筹规划，不仅仅要考虑书写的内容、字体的大小,还要考虑容量是否适宜,布局是否合理.一般来说,板书可以分为主板书区域和副板书区域.主板书区域呈现本节课的教学主要内容,重点和难点包含在其中;副板书区域是在教学过程中教师将一些不是很重要的计算过程书写在黑板的一侧,一些回顾性知识、拓展性知识等都可以呈现在副板书区域.

在数学学科中,板书的结构性还体现在知识的逻辑联系上,板书尽可能要显示出知识之间的内在联系,板书的各个部分之间要相互支撑、融为一体,要让学生通过板书辅助自己建构完整的认知结构.

2. 确保板书的科学性

板书作为基本的信息传递方式,必须确保科学规范.教师要注意文字和符号的书写规范,不写连体字,不自造简化字.画图时需要使用尺规认真绘制,如果徒手绘制则尽可能确保图清晰准确.解题过程规范,详略得当,关键步骤完整、准确.

3. 提升板书的艺术性

板书的艺术性体现在两个方面.一方面我们要从一般审美的角度认识板书作品,板书的设计大方美观,色调和谐,使学生在学习过程中通过板书唤起内心美的感受,形成积极愉悦的情感体验,提高学习兴趣,促进学习效果.另一方面我们要从数学美的角度认识板书作品,使学生能够从板书中体会到数学的严谨性带来的美感、逻辑性带来的美感、直观性带来的美感、简洁性带来的美感,等等.

4. 将板书和教学融为一体

板书不仅仅是一种教学的载体,而且可以提升教学的互动性.教师在写板书过程中不能只顾书写而不顾学生的反应,而应当边说边写、边问边写、边听边写.在归纳了概念之后进行的板书应做到边说边写,在问题提出过程中的板书应做到边问边写,在学生回答问题时的板书应做到边听边写.此外,板书设计时还要尽可能使教学更具启发性,可以用适当的符号进行标注,还可以加入问号、箭头等形式激发学生的探索兴趣,实现以板书引领学生的思考.板书要为教学设计服务,同样,使用课件也要为教学设计服务,板书和课件要有机地搭配使用.

五、课堂反馈

(一)课堂反馈的含义

数学课堂教学中,教师往往需要对学生的学习行为做出相应的反应,这种反应可以给学生提供反馈信息,从而对学生的学习与行为具有重要的作用.在教学设计阶段,教师首先要分析学生的学习需求;在教学过程中,教师能够有针对性地为学生提供有效而及时的信息;在教学结束后,教师要帮助学生进行回顾和反思.整个过程都需要教师极强的反馈能力.

课堂反馈行为是指教师对课堂上的各种信息迅速进行分析对比、综合判断并及时地做出反应的教学行为.如果教师对来自课堂环境、学生的信息(如回答问题、完成作业、遵守纪律、学习习惯等)不能及时做出反馈,教师就不能很好地掌控课堂教学,也就很难完成教学任务.教师反馈行为主要通过口头语言及体态语言进行.口头语言反馈通常是指教师以声音、声调、词语和语法结构形式传达反馈;体态语言反馈通常是指教师以手势或面部表情来表示自己情绪反应的反馈.

课堂反馈能力主要包括课堂信息的分析、判断能力和重组课堂信息能力.

（二）课堂反馈的价值

反馈对激励学生和让他们认识到自己的行为是否正确非常重要. 教师的反馈行为为学生参加教学活动、掌握知识提供了动力. 实践表明，学生喜欢自己行为能立即获得反馈信息，并利用教师的反馈指导随后的活动.

从教育学角度看，教学反馈主要是指教师针对学生的学习表现同教学目标之间的差距给出有效信息，学生利用这些信息调整自己的学习甚至重构自己的知识. 从心理学角度看，反馈对学习的影响机制主要表现在：反馈可以帮助学生明确现有学习表现与学习目标之间的差距；教师的反馈行为可以有效缓解学生的认知负担；反馈可以引起学生对问题或错误的注意，从而具有纠正功能，帮助教师和学生最终达到预期的教学目标.

随着对反馈行为与学生学习关系的研究，发现反馈行为也可能对学习产生负面影响. 西方课程改革专家富兰指出，当今的课堂教学中，多数教师的课堂教学反馈行为都流于表面化，妨碍了有效课堂教学的实施. 从我国目前的课堂教学现状来看，许多教师并不重视反馈的功能，他们给学生的反馈往往处于缺失、盲目和随意的状态，而且反馈形式单一、机械、呆板，较难产生积极的唤起效应.

（三）课堂反馈效果的提升

反馈行为是教师评价学生、促进学生发展的重要手段. 积极的反馈行为对教学活动起着重要的导向和激励作用，会使教学过程更趋完善，能更高效地促进学生的发展，能改善师生关系以形成良好的教学环境，使学生对数学有更深刻的理解和更深厚的兴趣，这正是学好数学的有利条件.

教学中进行成功的反馈可以从以下几方面思考.

1. 反馈要有针对性

反馈不一定很长，但必须具体；教师不一定总是亲自做出反馈，可以让学生自己或者学生相互提供反馈；反馈的语言可以简短，但必须一针见血；反馈可以及时也可以延宕，但务必选择时机做出准确的反馈. 无论如何，在课堂教学中，教师对学生的反馈行为是贯穿始终的，它伴随着教学的每个环节、每个步骤. 教师对学生的反馈行为不能处于盲目、随意的状态，反馈语言太过僵化也会丧失对学生的激励作用.

2. 反馈的形式多样

反馈形式多样，一方面体现在对于不同性格、不同年龄和不同社会背景的学生应该采用不同的反馈方式；另一方面体现在教师要同时进行过程性反馈和结果性反馈. 虽然我们通常认为对学生的答案或行为表现进行评价是最根本的，但是也要关注学生在完成任务时所使用的方法，以便突出强调学生对所学习内容是否具有更深层次的理解，学生能否在学习过程中构建自己的知识体系.

3. 反馈的过程旨在推进教学

教学中的反馈行为为学生搭了一个学习的脚手架，推动学生向前构建自己的数学知识结构. 这种脚手架式的反馈行为主要有提供范例、提供线索、进行提示、进行暗示以及直接教学等五种形式. 反馈行为必须达到：让回答问题的学生了解所提供的答案是否正确；让全班学生获得每个问题最完整、正确和适当的答案. 通过教师给学生恰当的反馈行为，学生学习上的进步获得教师承认,心理获得满足,从而强化学生的学习积极性.对于学生的学习行为,教师必须给出合适的反馈,不给学生反馈意见会降低他们的学习热情.肯定的反馈行为一般会对学生的学习起激励作用,否定的反馈行为往往会使学生产生焦虑,而适度的焦虑往往可以成为学生努力学习的动力.

案例透视　"幂的运算"教学片段

问题:怎样进行幂的加法运算?我们先来研究 $a^m+b^n=?$

生1: $a^m+b^n=(a+b)^{m+n}$.

生2:生1的结果有问题,我用数值代入是不正确的.

师:生1对 a^m+b^n 运算结果作了美好的预期,但是其结果是错误的.看来美好的东西不一定是正确的,就像"罂粟花",它虽然很美丽,但它是"大毒品"(学生笑).同学们,在自己的学习及生活中一定要用理性的眼光看问题、下结论.

生3:我想,从道理上讲,计算 a^m+b^n 时只能是先分别把两个幂算出来,再将两个幂相加,否则不可能有其他方法求出结果的.

师:生3思考问题的角度很特别.他从"算理"的角度来认识问题,给我们解决问题提供了一个新的视角,我们要珍惜这种思维方式.很显然,对于 a^m+b^n 这种类型的幂的加法,即底数、指数都不相同的幂的加法,我们只能用生3的思路去解决问题了.

师:既然底数、指数都不相同的幂的加法,没有更好的计算方法,那么,我们可以对 a^m+b^n 中的字母作特殊化处理.我们先来控制"底数",使其底数相同,指数不同,问题就转化成了 $a^m+b^n=?$

生4: $a^m+b^n=(a+b)^{m+n}$.

生5:生4的结果一定是不对的.他所犯的错误与生1的错误如出一辙!

生6:对于 a^m+b^n,也只能用生3的方法来解决.

师:既然计算 a^m+b^n 没有更好的方法,我们再来控制另一个字母,即让其指数相同,底数不同,来解决" $a^m+b^n=?$ "这样一个问题.

生7:这个问题显然是生3、生6解决的问题.

师:看样子同学们已进入探究问题的状态了,下面我提一个具有挑战性的问题,看大家能否解决?对于幂的加法,我们分别研究了"底数、指数都不相同""底数相同,指数不同""指数相同,底数不同"这三种类型,下面你认为我们该如何继续研究幂的加法呢?

生8:下面我们可以把幂的底数、指数控制一下,使其都相同,即研究 a^m+a^m 型的幂的加法.

师:生8同学,你能沿着老师研究的思路,用准确的语言提出问题,很了不起,看来你具备研究"大学问"的潜质.

参考文献:

卜以楼.让复习课留下一串串生长节——"幂的运算"的小结与思考教学实录与反思[J].中学数学月刊,2013,11(4-7).

评析：

　　课堂反馈行为是指教师对课堂上的各种信息迅速及时地进行分析对比、综合判断、反应的教学行为.在本节数学课堂教学中,教师具有极强的反馈能力,对学生的学习行为做出相应的反应.教师反馈行为是指教师在课堂上,针对学生在学习中的表现,如回答问题、完成作业、遵守纪律、学习习惯等方面做出的评判.本节课中,教师的反馈形式多样,既有对学生思路的反馈,也有对学生的鼓励和表扬,最终实现了让回答问题的学生了解所提供的答案是否正确,让全班学生获得每个问题最完整、正确和适当的答案.

六、课堂讨论

　　课堂讨论,是教学中常用的一种教学方法,学生在教师的指导下,围绕某一数学问题,交流意见,互相启发,共同研究.组织好课堂讨论,可以激发学生的学习兴趣,活跃学生的思想;加深学生对数学知识的理解;转变学生的学习方式,发挥学生的主体作用;培养学生的学习能力、交流能力与合作能力.

　　（一）课堂讨论的环节

　　(1) 进行合理分组.

　　要组织好课堂讨论,教师首先要根据学生的不同特点进行分组,一般分组以就近原则,4~6人一组为宜.在每一小组内应该指导以明确的分工,如设置组长、记录员、报告员等角色,便于各司其职进行有效讨论,角色定期进行互换.其中应该考虑到学生性格的互补、知识结构、特长的发挥等因素,让学生在合作中可以取长补短,如将性格内向的学生与外向的学生分在一组,可以帮助内向的学生克服自己性格上的不足,同学间组成的"同伴系统"可以帮助大家取得相得益彰的学习效果.

　　(2) 确定好讨论的形式和问题.

　　教师要根据教材的内容确定好讨论形式和讨论的问题.确定讨论问题时要注意以下几个方面：① 紧扣课文内容,体现教学重难点；② 问题的难度要适度,要与学生的生理与心理特点相适应,难度过大,讨论无法深入,也就失去了讨论的意义；③ 问题的设置要由浅入深,便于引导学生在探究问题中逐步深入；④ 设置拓展问题时,要延伸有度,且具有可操作性.

　　同时,教师要指导学生做好讨论前的准备.要有一个科学、高效的课堂讨论,学生必须要有一定的知识和经验作为支撑,因此,教师要组织学生搜集资料,做好课堂讨论准备.

　　(3) 讨论中落实以教师为主导、以学生为主体.

　　讨论中教师要充分尊重学生,全面落实学生主体地位,尤其是鼓励那些平时很少发言的学生也加入到讨论中.当然,教师不能置身事外,要成为讨论的参与者,深入到某几组中,以平等的身份参与讨论,认真倾听学生的意见和看法,并发表自己的见解.

　　教师还是讨论的调控者和推动者.确保讨论不要离题太远,确保组长、记录员、报告员在讨论中各尽其职,让每个学生都有机会发言或者代表小组发言,避免课堂讨论成为个别优生的一言堂,把个别的思想代替全组.

　　值得特别指出的是,讨论时间的安排要适度,不宜过短或太长,否则就会有讨论之形而没有讨论之实或是偏离中心,难以达到课堂讨论的目的.

(4)进行总结和评价.

讨论过程中学生各抒己见,畅所欲言,必然会出现观点分散的局面.讨论结束前,教师还要作为一名阐述者补充完善学生的观点,作为一名总结者,在学生交流的基础上进行概括性的总结.教师要引导学生对讨论进行回顾,既要把正确的结论凸现出来,又要肯定学生讨论中迸发出来的各种思想方法.

(二)课堂讨论的认识误区

(1)讨论可以取代独立思考.

任何课堂讨论都是以学生自主、独立学习为先决条件的.学生没有经过思考、体会和感悟,又能讨论什么呢?学生还没有思路就去讨论会浪费大量的时间,讨论中你一句我一句还会干扰学生的思维.没有充裕时间的独立思考,课堂讨论充其量只能是蜻蜓点水、浮光掠影,收效甚微.其实,学生只有自己先有了想法,才有和小组成员交流和讨论的源泉.有的教师为了迎合潮流而不顾教学内容是否需要讨论,在一堂课中设置多次讨论,并忽视给学生充分的独立思考时间,这使得课堂讨论沦为花瓶.

(2)学生议而不思,说而不听.

讨论中有的学生只顾发表自己的看法和见解,而没有组织小组全体参与讨论的责任感或意识,使讨论的参与率降低,学习有困难的学生很少有发表意见和提出问题的机会.学优生在讨论时会因难以说服持有不同意见的同学而产生争执.这样容易造成学生们只作不合、只议不思、只说不听,学生大多各自为政.这样的课堂讨论,学生实质上没有认真思考,更没有思维撞击的火花.正是由于学生没有自己的思想、见解和观点,讨论时要么冷场,要么东拉西扯,课堂讨论形同虚设.

(3)教师角色定位不清.

一旦学生进入了课堂讨论这一环节,很多教师确实像蝴蝶般地穿梭在每个小组之间,看似很忙,实际上大多在摆样子,还有的教师在讲台边等待.此种情况下,教师并没有真正参与和投入到课堂讨论的过程中去,更没有对学生的课堂讨论进行指导和调控.

(三)课堂讨论效果的提升

1. 选择适宜的讨论内容

课堂讨论,就是围绕某个问题或现象,引导学生自由发表见解或进行论证.要想让学生能有话可说,有理可辩,讨论话题的选择应该经过精心策划、深思熟虑,而不是信手拈来,不是什么都可以拿来讨论的.课堂讨论话题是受教学目的制约的,组织学生讨论要花费较多的教学时间,因而选择讨论内容要谨慎.

一般来说,适合让学生讨论的内容须符合以下条件.

(1)是数学教学内容中的重点兼难点,这类内容仅仅由教师讲解的话会有不少学生难以理解透彻;

(2)绝大多数学生对之都怀有比较浓厚的兴趣,这是确保讨论顺利进行的基础;

(3)讨论的问题具有多种理解方式,或存在分歧,通过讨论能拓宽学生思维的视野,在加深学生对教学内容理解的同时,使学生在思维方法等方面也能得到较多的启迪.

讨论题目如果游离于课堂教学内容之外,或者与课堂内容联系不紧密,那么,即使题目能够使学生产生浓厚的兴趣,也是不可取的.

2. **明确讨论的要求**

讨论前,需要明确的要求包括多个方面.

(1) 讨论需要学生做什么准备?若需要学生在讨论前有所准备,则要提前告知,让学生有充分的时间准备.

(2) 讨论是否有明确的目标?教师要让学生明白讨论要想达到什么目的.有时是一个数学问题可以分解为几个部分,每组分别负责讨论其中一部分;有时是让学生集思广益用多种方法解决一个关键问题.

(3) 还需考虑讨论的时间是多久?可能会分为哪几个阶段?讨论的形式是什么?学生在讨论过程中若需要寻求帮助是否可行?学生是否清楚需要从何处入手解决问题?讨论的期待结果包括什么?是否有每个学生给出的解答,或者是小组共同完成的书面报告?是否需要学生上台展示,汇报的时间和形式有何要求?

3. **教师准备充分**

教师希望学生在讨论中展示自己的才华,但有时讨论会出现不理想的局面.究其原因,主要有两个:一是教师对讨论过程的监控不够;二是教师对讨论中的节外生成难以驾驭.

课堂讨论的有效组织要注意以下几方面:① 小组分工要到位,并给学生提出在讨论中要尊重他人的要求;② 讨论前给学生充分的独立思考时间;③ 要求学生在讨论中不能偏离主题,教师应巡视并给予指导;④ 教师也要做好充分准备,对学生在交流中可能出现的情况和问题要有一定的预见性.

综上,教师在权衡时间的同时要注重培养学生的表达能力和倾听能力,使学生具有良好的讨论习惯,以提升课堂讨论的效果.

4. **实现讨论的多元效益**

(1) 讨论中各种学生都要受益.性格外向的学生要学会尊重他人观点、学会给他人表达的机会.性格内向的学生、反应较慢的学生或表达能力欠佳的学生,也要在讨论中积极扮演各自的角色,克服在公众面前谈话的畏惧感,锻炼表达能力.

(2) 讨论中不仅关注产生的结果,也要关注在讨论过程中的收获.这种教学形式的过程性经验往往胜于结果性经验,学生的交流表达和倾听能力均得以提高,求异思维、批判性思维和合作意识均得到发展.

(3) 合理正确的结论是有价值的,有失偏颇的观点也是有价值的,要允许学生犯错,错误观点可以引出学生们的相互质疑和相互补充,成为教学资源,这是讨论中最期待的环节之一.在观点交锋之中形成学生的思维历程,在不断反思之中使学生对问题获得进一步的认识.

5. **给予讨论有效反馈**

有效的反馈不仅包括讨论之后的总结,还包括讨论过程中的及时反馈.

讨论是生成性的教学活动,过程复杂且多变,教师要根据具体情境把握课堂讨论的节奏,积极参与,适时介入,及时引导,做好讨论的组织调控工作.

当学生纠缠于枝节而忽视主题时,当出现事实上的错误或逻辑错误时,当各组发言不均时,当出现无人发言局面时,当观点被重复提出时,当思维出现停滞时,当出现争执不休时等,课堂上就应该及时出现教师的声音,适时、适量地介入讨论,以确保讨论的顺利进行.在讨论过程中的某些中间环节上,教师还可以适时地做简短的阶段性小结,以明确当前面临的问题.这既可以帮助学生概括已走过的思维轨迹,预示下一步的讨论方向,又教会了学生讨论的方法.对于学生的回答或汇报,教师应该做出画龙点睛式的点评或给予激励性的、客观真实的评价,也可采用学生的相互评价和自我评价等形式.

案例透视 "复数"教学片段

（一）教师备课并布置讨论主题

根据"复数"这一章的教学要求,计划进行两个课时的"讨论班"式教学.提前给学生提出了 4 个问题,明确要求学生在课后查阅资料,自行探究这几个问题并获得自己的答案,以便在讨论班上和同学们一起分享自己的收获,或者提出自己学习时遇见的困难与疑问.这 4 个问题是：

① 什么是复数？（希望学生对概念有较为清晰的理解）

② 为什么要有复数？（了解复数存在的意义）

③ 如何进行复数的运算？（了解复数的代数运算规则）

④ 为什么要如此进行运算？（理解复数的几何意义,直观感受虚数的存在）

（二）学生准备

学生在课后,自行通过各种途径,寻求上述问题的答案.教师在期间了解学生（尤其是将进行主题发言的学生）的自学情况,并给以适当指导.

（三）课堂交流讨论

上课开始,教师主持讨论进程.

教师：现在我们先请 A 同学介绍一下关于复数起源的研究成果.

学生 A：远古时代……16 世纪,意大利数学家与医生卡尔丹提出：将 10 分成两份使其积为 40.这就引发了负数的平方根问题,从而产生了新的数——虚数,数就扩充到了复数集 C.

学生 B：我发现在自然数集 N 内进行"＋""×"运算,其结果仍在自然数集中；如果对"－"运算也保持这种性质,那么数集就要扩充到整数集 Z；再对"÷"运算也保持这种性质,那么数集就扩充到了有理数集 Q；对"$a^2+b^2=c^2$"运算仍然保持这种性质,对于正数进行"$\sqrt{}$"运算就需要无理数了,数集就扩充到了实数集 R,对于负数进行"$\sqrt{}$"运算,就需要另一种数——虚数,数集就扩充到了复数集 C.

教师：A 同学和 B 同学讲的都是数系的扩充过程,同学们的掌声已经说明,他们讲得非常好,各有特色.对于 B 同学说的运算性质,实际上我们把它叫作"封闭运算".我们定义：对于一个数集,如果其中任意两个数在进行一种运算后,结果仍在这个数集中,那么我们说这个数集对于这种运算是封闭的.

教师：A 同学以讲故事的方式给同学们讲述,特别的生动、风趣,特别有意思.B 同学则从封闭运算的角度来解释数系的扩充,很有做学问的风范,也别有一道风景.

学生C：虚数单位用很简洁的符号 i 来表示，这是由伟大的数学家欧拉创造的数学符号，据说数学界最重要的 5 个数：$0, 1, \Pi, e, i$，后三个都是欧拉给出的符号表示，简洁漂亮. 欧拉还把这 5 个数用一个数学表达式统一在一起：$e^{i\Pi}+1=0$，确实很漂亮，不过我不懂这是什么意思.

教师：学生 C 的发言引出了著名的欧拉公式，但这已经超出了预定的课程范围，我们肯定学生 C 的研究深度，现在我们将讨论主题回到复数的概念上，到底什么是复数？

学生D：复数是形如 $a+bi$ 的数. 式中 a, b 为实数，i 是一个满足 $i^2=-1$ 的数，在复数 $a+bi$ 中，a 称为复数的实部，b 称为复数的虚部，i 称为虚数单位. 当虚部等于零时，这个复数就是实数；当虚部不等于零时，这个复数称为虚数，虚数的实部如果等于零，则称为纯虚数.

教师感叹：哇！D 同学可以当老师了，分析得非常到位.

教师：如何进行复数的运算？

学生E：复数和向量通过直角坐标系形成一个一一对应的关系，所以复数的加减法结果也形成了一个一一对应的关系. 向量 $\boldsymbol{a}=(x_1, y_1), \boldsymbol{b}=(x_2, y_2)$，则 $\boldsymbol{a} \pm \boldsymbol{b}=(x_1 \pm x_2, y_1 \pm y_2)$；类比可以得到：若复数 $z_1=x_1+y_1 i, z_2=x_2+y_2 i$，则 $z_1 \pm z_2=(x_1 \pm x_2)+(y_1 \pm y_2)i$，但是，由于我们学的向量中没有定义乘法和除法，因此，我也无从得到复数的乘法和除法运算公式.

学生F：根据 B 同学所说的数系的扩充，我们知道实数范围内的加减乘除的运算律，在复数范围内仍然成立，所以，刚才我计算了一下：

$$z_1 \cdot z_2 = (x_1+y_1 i) \cdot (x_2+y_2 i)$$
$$= x_1 x_2 + x_1 y_2 i + x_2 y_1 i + y_1 y_2 i^2$$
$$= (x_1 x_2 - y_1 y_2) + (x_1 y_2 + x_2 y_1)i$$

除法可以设未知数，利用乘法求解得到最后结果.

教师引导，接下来的课堂中，同学们继续讨论自己对于复数的理解和观点.

参考文献：

徐莉芳. 中学数学"讨论班"式教学的实践与探索[J]. 数学教学研究，2013，(7)：35-39.

评析：

这种上课方式，很新鲜，学生很投入，思考更积极了，虽然有时学生讲不清楚，但有老师的及时讲解，同学们各有各的讲述方式，而"我"可以从他们的思维方式和研究方法中得到很多启发. 学生通过"备课"，对所学知识进行深层次的研究，也锻炼了自己的综合能力，这种教学方式，更有共同语言，学生容易懂. 让学生自主探索、自主学习，课堂气氛活跃，让学生们在讨论中学习，思路更开阔，学生充分学到了复数的内容. 有的学生将知识拓展丰富，知识面横向跨度大，生动形象；有的学生稳扎稳打，脚踏实地，知识理解彻底，大家都各有千秋. 如此开展教学活动，只是需要教师在学生的自学研究过程中给以更多的指导.

七、课堂小结

课堂小结是对学习过程的系统梳理,经梳理后将所学纳入知识体系之中,使学生于复杂的教学内容中简化了应该存储的信息.在课堂上对师生探寻和发现的问题和规律加以总结,对学生的学习有很大的帮助.

(一)课堂小结的功能

1. 梳理知识,突破重难点

教师利用下课前几分钟时间,简要地对本节课的内容进行归纳总结,在学生回忆所学内容的同时,将大量零碎的信息建立成系统结构的知识网络.如学习相似三角形时可以和全等三角形进行比较,归纳出它们的相同点与不同点,发展学生的类比思想,引领学生感受新旧知识之间的联系.这样做既可以帮助他们进行知识梳理,辨清知识之间的联系,加深他们对知识的巩固,又可以进一步强调这节课的重点和难点,帮助学生建立和完善他们的认知结构,提高他们解决问题的能力.

2. 首尾呼应,集中注意力

当教师讲授完新课后,随着下课时间的临近,学生的注意力由高度集中到逐渐分散,为此,教师适时运用课堂小结组织好教学过程的第二次"飞跃",通过巧设疑问、营造氛围,能提高学生的注意力,培养学生的思维能力.很多小结采用首尾呼应的形式,例如,在学习勾股定理时,设计这样的引入学生会很感兴趣:圆柱的高为12厘米,底面半径为3厘米,在A处有一只蚂蚁,B处是一块蛋糕,现在蚂蚁想沿着圆柱爬着去吃蛋糕,请问蚂蚁需要爬行的最短路程是多少?学生一开始很难下手解题,通过学习后,就知道实际上就是求圆柱的展开图中直角三角形的斜边长.下课前教师可呼应课前的引入做一小结,这样的课堂小结方式,既能巩固课堂所学知识,又能使学生充分感受到所学知识的完整性和实用性,为以后的学习打下扎实的基础.

3. 思维拓展,激发求知欲

课堂小结,对于独立的一堂课而言可能是一个终点,但对于一段数学学习而言可能是另一个起点.短短40分钟所能学到的知识是有限的,但对于知识所引发的思考和探索是无限的,我们不仅要教会学生数学知识,培养学生解题能力,还应拓宽学生视野,拓展学生思维,由此及彼,由点到面,促进每一个学生的全面发展.有些小结采用了新颖的形式,例如,"请用'如果……那么……'的形式说说你今天学到了什么?"或"请提出你心中仍存在的一个疑问."这些形式都很好地唤起了学生的反思意识,激发了他们探索未知的欲望.

(二)课堂小结的方式

1. 总结概括式

为了使学生对课堂所学习的内容有一个完整而深刻的印象,在一节课要结束时,教师可以用简单明了、准确简练的语言和图表等方法,对整堂课的内容进行归纳总结,概括出知识的脉络与主线,深化主题,强化重点,明确关键性知识,使学生对所学知识的认识形成条理,起到突出主题的作用.

采用总结概括式的小结方法,开始可由教师引导学生共同完成,随着学生知识的增长,概括总结能力提高了,可逐步过渡到学生自己总结,教师帮助修改完善,这样能给学生更多的思考、归纳、总结知识的时间和机会,使学生的思维能力、动手能力得到训练,真正成为学习的主体.让学生相互讨论、总结所学习的某一堂课或某一部分的内容,学生讨论的过程就是总结知识、参与教学、强化记忆的过程,也是锻炼思维能力的过程.

2. 分析比较式

为了使学生对课堂所学内容的本质特征有一个明确的认识,一个知识点到结尾处,教师可采取总结、提问、列表等方法,将新学知识的各个部分以及新知识与原有知识进行比较分析,明确它们的内在联系或找出它们各自的相同或不同的特点,以起到更准确、更深刻理解知识的作用.这种方式的小结一般用于表达形式非常相近、知识结构十分相似或学生容易混淆的内容.

3. 架设悬念式

这种小结方式一般用于讲授和学生日常生活密切相关或具有突出承上启下作用的知识内容的教学,使学生能在既有相关知识的理论,又有生活经验的实践中去积极思考,努力探索,从而活跃他们的思维.教师把一节课的主要内容设计成问题的形式,口头提问或用其他方式逐一展示给学生,由学生集体口答或单独回答,并将要掌握的知识利用结论加以强化,再由教师重复强调正确知识并纠正学生回答中的错误和不当之处.这样就有利于把总结、复习、巩固、检查融为一体.

4. 首尾照应式

有些老师喜欢在开始上课时以提出问题、设置悬念的方式引入新课,用以激发学生强烈的求知欲望和学习兴趣.对于这种情况,在课堂小结时,就不要忘记引导学生用本节课所学到的知识,分析解决上课时所提出的问题,消除一开始上课时老师所设置的悬念.这种小结方式既能巩固本节课所学到的知识,又照应了开头,从而使一节课成为一个完美的整体.

5. 回顾反思式

课堂结束时,教师可以通过小结与学生一起回顾新知识,加强学生的记忆,巩固新知识.小结时也可以用板书,让学生归纳出有哪些知识点、重点、难点.这样可以提高学生的口语表达能力和概括能力.同时,也可以转换一下课堂总结用语,例如:

这节课,你觉得你自己有什么收获?有什么属于个人的独特感受?

这节课中,你比较佩服谁?为什么?

学了这节课,你想对老师说点什么?你有什么建议?

通过这节课的学习,你得到了哪些启示?你认为以后在课堂上应如何学习才能提高效率?

(三)课堂小结效果的提升

教师的结课语言恰似一首乐曲的"终曲","终曲"如果能做到"余音绕梁",言已尽而意无穷,令学生感到课已下而兴未尽,那么它便为这堂课增添了一份精彩.

1. 紧扣重点结论而不忽视过程

课堂小结必须针对教学内容和学生特点,具有鲜明的针对性.凡是学生难理解、难掌握和容易出错的概念、法则、公式等都应及时阐明.力求突出重点、突破难点,使学生进一步巩固所学知识,提高综合运用知识的能力.例如,在学习解分式方程时,教师要带领学生总结出解分式方程的一般步骤:(1)把分式方程转化为整式方程;(2)求出整式方程的解;(3)验根.

同时,小结还承载着对过程性收获进行梳理的任务,对学生的发展而言,学习的价值不只是记住几个数学结论,解决几个习题而已,而是让学生在解决问题的过程中体会到数学思想方法和数学的价值.例如,在总结解分式方程步骤的同时,还要让学生回味到底为什么这时要验根,增根是如何产生的,等等.

2. 多方面小结而不面面俱到

教学目标包括知识与技能、过程与方法、情感态度与价值观三个维度,小结也不能仅仅针对所学知识,还要对数学思想方法或其他收获做以小结.如数学中有分类、转化、类比等思想方法,针对这些内容小结会对学生拓展解题思路、提高思维能力起到潜移默化的作用.例如,在学习三角形内角和的内容时,教师要让学生认识到解决问题中运用了转化等思想.

但是,每一节课都有其教学侧重点,在小结时也要有所侧重,不必面面俱到.有的教师课堂上凡是小结必谈思想方法、情感态度,其实是不可取的.

3. 联系而不孤立

数学知识具有一定的系统性和条理性,往往前一个结论是后一个规律的基础.只有通过适当的方式引导学生将所学内容与前后的知识相联系,学生才能学得活,学得好,才能真正掌握所学的内容.因此,课堂小结时教师应抓住知识之间的内在联系,让学生自行建构起知识网络.

4. 深化而不重复

课堂小结并不是单纯地将所讲内容简单地重复,而是要浓缩提炼,起到深化知识体系的作用.对于学生来说,在课堂上刚建立的知识体系往往是不稳定、不牢固的,特别对新旧知识,学生容易产生混淆,可能会出现想不清、理不顺等现象.因此,教师有必要采取措施帮助学生理顺知识,掌握学习方法.

案例透视 "直线的倾斜角与斜率"的课堂小结

师:这节课你有哪些收获?可以从知识、方法、思想等方面谈一谈.

活动预设:

数学知识:倾斜角与斜率的定义、斜率的坐标计算公式及其适用范围.其逻辑关系如图15-5所示.

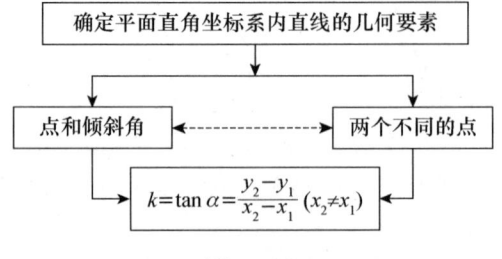

图 15-5

数学方法——坐标法:建立坐标系,以坐标表示点;用直线与 x 轴所形成的角——倾斜角区分过 P 点的直线;引进斜率表示倾斜程度;将几何条件翻译成代数表示——用直线上两点的坐标表示斜率;注意对与 x 轴平行、垂直时的分析和讨论.

　　数学思想:数形结合,分类讨论,化归与转化等.

　　师:同学们,我们要像笛卡儿那样,"师古,而不泥古",独立思考,集百家之长,树一人之言. 让我们在笛卡儿"数形结合思想"的引领下,在数学学习上取得更大的进步!

参考文献:

王芝平. 直线的倾斜角与斜率[J]. 中小学数学(高中版),2013,(6):1-5.

第三节　数学课堂生成

　　传统教学设计实质上是一种静态的教学设计方式,其静态性主要表现在两个方面:一方面,传统教学设计是基于教师对教学内容以及对学生的前有认识而展开的,在每一次教学设计中,教师的这种前有认识都是相对固定与静止的,这使得传统教学设计所基于的认识基础是静态的;另一方面,在传统教学设计中,教师一旦完成教学方案的设计,便着手实施这一方案,执行过程中不再对教学方案加以改变. 但教学是实践活动,自然的教学是动态变化的,是自发生长的,学生会不断生成认识,教师也要不断给出反馈. 在动态教学之中审视静态教学设计,其实是思考预设与生成关系的问题.

一、对预设与生成的认识

　　数学教育学界提出关注课堂中的生成后,涌现出了众多关于预设与生成关系的观点,这些观点可以分为以下四类[1].

　　第一类观点是用肯定教学过程的生成性来否定预设的必要性. 认为预设就是事先把一切都安排好,教学只能成为执行预设完全排除了生成可能的过程. 应该说这类观点指出了传统课堂教学中过分强调预设与实施一致性的弊端,它不仅至今在实践中还大量可见,甚至已化为不少教师的"惯习",确实需要改变.

　　第二类观点与前一类相比进了一步,他们认为要改变课堂教学缺乏生成的弊病,不是不要预设,而是要改变预设单一、过细、过详的弊病,应有开放的意识,给学生不同可能的回答留有空间. 教师要加强对这种可能的预设,即要预先想好学生可能的多种答案或问题,以便教师上课时选择预设好的不同应对方案. 这类观点在认同预设必要性的同时,提出了预设的开放性和学生回答多样性的可能,这是与前一类相比进步的一面.

　　第三类观点将预设与生成分别配置给教师与学生. 教师的任务是根据课程目标,在对本班级学生实际状况深入了解的基础上作好教学的预设;而生成则主要是通过教学,体现在学

---

[1] 叶澜. 功夫重在论外[J],课程教材教法. 2013(5):3-13.

生的成长变化上,即将生成归结为教学的结果,尤其是学生可测定的显性变化上.如新知识的掌握,熟练技巧的形成,学习方法和习惯的改变等.

第四类观点确实关注了过程的生成,但把它看作只有当教学出现意外的情境:或学生提出意外的问题,或做出与众不同且出乎所料的回答,或产生激烈的争论等情况时,才有产生的可能.于是就要求教师提高对课堂上出现意外情境与信息的敏感性,并练就随机回应、重新调整教学过程、形成新生长点的智慧和能力.

各种观点都有其合理性,但也存在弊病.第一种观点无视教师对生成的预期,所以认为生成是无法预先确定反馈方案的;第二种观点认同教师预先设计应对的能力,但仍然将生成视为可预设的生成;第三种观点在教学中割裂了教师和学生的角色;第四种观点将生成视为偶然事件,忽视了偶然中的必然.

在对以上四类观点的梳理和分析基础上,叶澜提出了以下关于预设与生成的一些认识.

第一,课堂教学中的"预设与生成"是课前预先设计与课堂实施生成的简称,它是完成课堂教学任务所必需的、前后相连、密切相关且相互构成的两个阶段.预设与生成关系的提出,主要是针对传统教学中预设与执行要一致这一支配众多教师教学行为的观念.

第二,需要进一步研究教学预设的基本任务,以改变对其简单化或片面化的理解,并为课堂实践的改革创造条件.

第三,教学预设的实践是教师和学生在多向互动中不断生成、充满生机和活力的课堂生活过程,也是促进师生不同方面共同发展的过程.

二、如何把握好预设与生成的关系

课堂教学既需要有预设,也需要有生成,预设体现教学的计划性和目的性,生成体现教学的动态性和开放性.

1. 充分预设

预设是必要的,凡事预则立,不预则废.课堂教学是一种有目的、有意识的教育活动,预设是课堂教学的基本特性,是保证教学质量的基本要求.为了创设合理、科学的教学预设,教师在课前必须对教学目的、任务和过程有一个清晰、理性的思考和安排.一方面要对所讲数学内容有深刻的把握,做到对知识来龙去脉有清晰的认识,对知识的学习方式有合理取舍;另一方面要深入了解学生的思维水平和认知风格,基于学生的认知水平做出教学设计.在课堂上,教师也需要按预先设计开展教学活动,保证教学活动的计划性和效率性.

2. 理解生成

生成性可以说是课堂教学的一个特征,它体现了课堂教学的丰富性、开放性、多变性和复杂性,师生的创造性和智慧潜能得以在教学实践中激发,从而使课堂真正焕发出生命活力.教师要给课堂生成创设宽松的氛围,尊重学生思考的权利、质疑的权利和创造的权利.首先,教师要使学生成为课堂参与的主体,当学生意识到自己可以和教师平等对话,会展现出很多有价值的思考.其次,教师要鼓励学生个性化的理解,当学生用自己朴素的语言表达观点而未遭受批评,他们会更有自信,也会有意识地反思和调整自己的回答.再次,对挑战教师权威的观点、质疑的观点和批判的观点,教师都要表现出宽容,观点虽然未必都是正确的,但一定可以在讨论之中激发思考,在碰撞之中提升师生的思想,也进一步影响教师的教学调控.

要强调的是,生成不是以是否超越教学目标为衡量标准的,教学中鼓励学生有创造,但不欣赏天马行空、偏离轨迹的神来之笔.

3. 有效应对

预设重视和追求的是显性的、结果性的、共性的、可预知的目标;生成是隐性的、过程性的、个性的、不可预知的目标.为了实现预设和生成的统一,教师要灵活有效地应对生成.为此,教师要吃透所教数学内容,不断增长教学机智.例如,在几何概型的教学中,学生举例说,吃西瓜时,随便吃一口,能否吃到西瓜子,就是几何概型的例子.对如此开放的举例,教师很意外,但立即分辨了例子是否恰当,并向同学们询问:几何概型的基本特征是什么?这个例子符合几何概型的基本特征吗?分析发现,这并非"等可能",也非"无限",因此不是几何概型.教师随即又问道,如果将这个例子更改,是否可以满足几何概型呢?学生们献计献策的过程中,又对几何概型的特征有了更深刻的认识.

在应对课堂生成时,教师不能盲目维持原来的设计,但一定要把握好教学的主干,不能偏离预设的教学目标.

案例透视

案例1:"任意角"的教学设计

(一)创设情境,引出课题

教师:(播放视频片段,让学生注意听解说员的解说)2002年11月22日,在匈牙利德布森举行的第26届世界体操锦标赛中,"李小鹏跳"——"踺子后手翻转体180°接直体前空翻转体900°",震惊四座.这里的转体180°、转体900°是什么意思?

学生:应该是一个角的意思.

教师:对!它是指运动员绕着某个支点所旋转的角度.哪些场合我们经常遇到?

学生:除体操外,花样滑冰、跳台、跳水等比赛中也常常出现.

教师:这说明什么?

学生:说明我们原来所学习的角度已经不够用了.

设计意图:创设课堂情景,使学生产生认知上的冲突,说明角的概念推广的必要性,同时激发学生的学习兴趣和主动探究的精神.

(二)完善情境,概念探究

教师:很好!说明我们原来所学的角的概念需要扩充了,原来我们学习的角最大是多少度?

学生:好像是180°,但我也听说过360°的.

教师:对,除了前面我们提的超过360°的角外,你们还在哪些场合遇到过?

学生甲:广告上听过!广告上有"361°"!(众生笑)

教师:"361°"原意是什么意思?

学生:……

教师:我查过资料,意思是:一超越完美;二从1°重新开始.说明企业不能满足原来的"周到",还得继续"前进",即创新.如果用旋转的观点来看角的大小,我们原来的仅局限在360°内的角度似乎已经不够用了,我们也要像运动员和企业家一样创新.大家想一下,假如一个体操运动员的动作是"踺子前手翻转体180°接直体后空翻转体900°",人们还会称之为"李小鹏跳"吗?

学生:不能,根据人们的习惯动作,难度不一样.比如我向前跑步和向后倒退,显然由于难度不一样,速度差异很大.

教师:很好!直接应用上面的问题,除了角度量的推广以外,还涉及"向内转体"和"向外转体"等说法,从而产生角的方向的问题.大家取出自己的手表,假如我们要校准时间,会如何操作?

学生:我发现分针可以顺时针或逆时针旋转,有时候旋转不到一周,有时候要旋转一周以上才能校准.

设计意图:让学生关注旋转中心、旋转方向、旋转量这三个要素.让学生在问题解决的过程中感知任意角.

参考文献:

方均斌.数学教学设计与案例分析[M].杭州:浙江大学出版社,2012.

评析:

在学生说出361°的广告词的时候,教师的回答体现出了在备课过程中做了充分的预设,设想到了学生的回答,并为回答准备了充足而合理的材料,通过提问和讲解相结合的方式,引出了本节课要讲的重点.除此之外,结合生活中的实例来引入任意角的概念,能够帮助学生更好地去理解.

案例2:"三角函数线"的教学设计

单位圆与x轴的正半轴交于$A(1,0)$,过A点作单位圆的切线,这条切线与角α的终边或其反向延长线相交于点T.根据正切函数的定义和相似三角形的知识,有:$\tan\alpha=\dfrac{y}{x}=\dfrac{MP}{OM}=\dfrac{AT}{OA}=AT$,这条与单位圆有关的有向线段$AT$,叫作角$\alpha$的正切线.

(定义完三角函数线后,有学生小声发问.)

为什么正切线都是以 $(1,0)$ 为起点的有向线段呢?

(此时,也有其他学生疑惑地附和着.)

(教师在备课时,没想过这个问题,认为这是个概念,课本怎么定义就怎么教.但此时,显然若用这个理由向学生解释是没有信服力的.所以,尽管教师对这个问题的生成事先并没有预设,但考虑到这确实是一个问题,如果把它忽略掉的话,可能会对学生理解概念造成影响,也违背了平时一贯鼓励学生要有大胆质疑的精神.所以,教师决定要正视这个问题.)

师:那你觉得可以用哪个点作正切线的起点呢?

生1:$A'(-1,0)$.

师:好,那我们一起来讨论.如果 α 的终边在第二象限,我们过 A' 点作单位圆的切线,交 α 的终边为 T',那么可以用 $A'T'$ 定义 α 的正切函数吗?

(学生纷纷讨论开来)

生2:不可以,因为 α 是第二象限的角,它的正切值是负的,而 $A'T'$ 与 y 轴的正方向同向,具有正值.所以不可以用 $A'T'$ 定义 α 的正切函数.

师:这位同学说的对不对呢?

生:对!

(学生用赞赏的眼光看着这名同学,该同学也非常高兴.)

师:大家再考虑一下这个问题,如果角 α 的终边在第三象限或者是在第四象限的话,会是什么情景?

(学生才把问题听完,就急急忙忙拿出笔和草稿纸写了起来.)

生3:角 α 的终边在第三象限的话,也不可以选择 A'.

生4:角 α 的终边在第四象限的话,可以选择 A 作为起点.

师:我们发现,过 $A(1,0)$ 点作单位圆的切线,这条切线与角的终边或其反向延长线相交于点 T,有向线段 AT,叫作角 α 的正切线.这个定义就避免出现刚才我们所讨论的情况.

师:由这个概念,大家可以感受到前辈数学家们,他们所下的定义是非常严谨的,学好数学,也要具有这种严谨的学习态度.当然也要敢于质疑,积极思考,要多问为什么.

(学生不断点头,表示赞同.)

参考文献:

何美华.高中数学课堂教学动态生成研究[D].昆明:云南师范大学,2009.

评析:

在定义完三角函数线后,有学生小声发问,教师在备课的时候并没有想过这个问题,但还是很鼓励课堂生成,主动去问学生可以用哪个点作为正切线的起点,并且学生回答了与课本上不相同的定义,教师做出了有效的应对,教师没有直接否定学生并直接去讲解书上的定义,而是针对生1提出的观点和学生一起进行了新的讨论,通过不断地质疑和总结,选取了最合适的定义.

本章知识结构

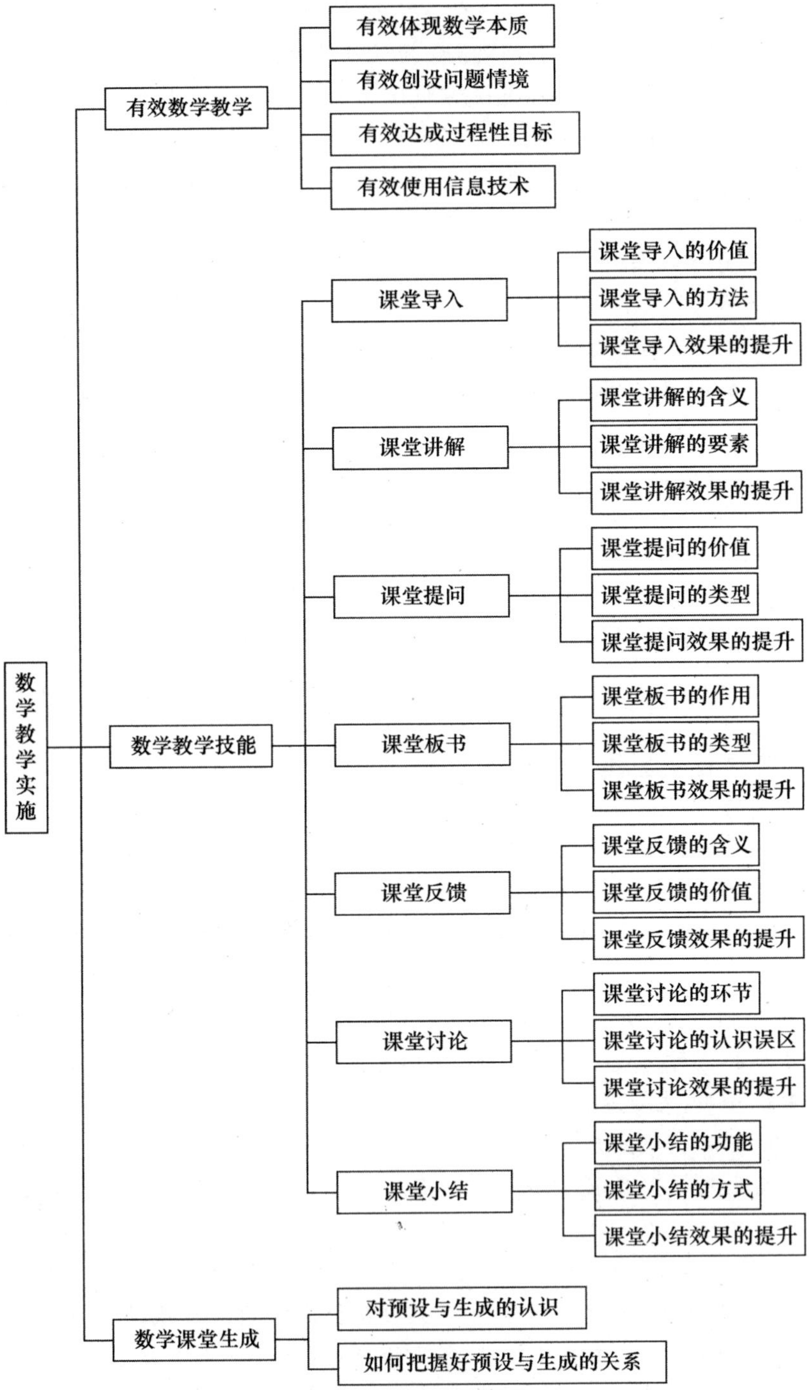

- 数学教学实施
  - 有效数学教学
    - 有效体现数学本质
    - 有效创设问题情境
    - 有效达成过程性目标
    - 有效使用信息技术
  - 数学教学技能
    - 课堂导入
      - 课堂导入的价值
      - 课堂导入的方法
      - 课堂导入效果的提升
    - 课堂讲解
      - 课堂讲解的含义
      - 课堂讲解的要素
      - 课堂讲解效果的提升
    - 课堂提问
      - 课堂提问的价值
      - 课堂提问的类型
      - 课堂提问效果的提升
    - 课堂板书
      - 课堂板书的作用
      - 课堂板书的类型
      - 课堂板书效果的提升
    - 课堂反馈
      - 课堂反馈的含义
      - 课堂反馈的价值
      - 课堂反馈效果的提升
    - 课堂讨论
      - 课堂讨论的环节
      - 课堂讨论的认识误区
      - 课堂讨论效果的提升
    - 课堂小结
      - 课堂小结的功能
      - 课堂小结的方式
      - 课堂小结效果的提升
  - 数学课堂生成
    - 对预设与生成的认识
    - 如何把握好预设与生成的关系

本章小结

一、本章主要内容

　　数学教学实施的目的是实现学生在数学上的有效发展,因而本章将有效教学作为教学实施的依据.文中从有效体现数学本质、有效创设问题情境、有效达成过程性目标和有效使用信息技术等几方面阐述了有效教学的特征及保障方式.继而,对数学课堂教学各个环节应如何有效实施做了较为充分的讨论,包括课堂导入、课堂讲解、课堂提问、课堂板书、课堂反馈、课堂讨论和课堂小结.最后,对课堂教学实施中预设与生成的关系做出了分析,对处理好课堂生成给出了指导建议.

二、本章重点和难点

　　本章的学习重点是数学教学技能的几个主要方面应如何实施.本章的学习难点是进行有效的课堂导入、课堂讲解、课堂提问、课堂板书、课堂反馈、课堂讨论和课堂小结;把握好课堂预设与课堂生成的关系.

三、学习时要注意的问题

　　在学习本章时,首先要体会有效数学教学的要素是什么,深入领会如何有效体现数学本质、有效创设问题情境、有效达成过程性目标和有效使用信息技术,在此基础上提升教学技能,并综合应对课堂生成.

备考指南

　　本章内容常以案例分析题和教学设计题的形式出现.

　　在历年的考试中,根据考纲要求创设合理的数学教学情境、进行有效教学是考查的重点.考生应掌握数学教学实施的建议,体会创设数学教学情境应注意的问题,学会如何激发学生的数学学习兴趣、有效地进行数学课堂教学,正确处理高中数学教学中的各种问题;考生要在把握理论要点的同时,将其正确地运用到教学实践当中,提升教学效果.

自测训练

一、案例分析题

　　下面是一位教师执教"函数奇偶性"及课后交流时的实录.阅读下面材料,分析其中存在的问题.

　　教师:同学们,今天我们学习函数的奇偶性,它是非常重要的函数的性质,在高考中经常被考查,我先给出函数奇偶性的定义.

　　(教师边板书,边讲解定义)

　　教师:从定义可以得到判断奇偶性的方法和步骤……下面我们讲例题.

　　(以上分析讲解不到6分钟,教师接着讲了三种类型的问题:判断、证明函数的奇偶性以及简单应用.接着就是学生的练习,教师的点评.在例题讲解、练习与分析的过程中,学生也积极地参与交流、踊跃发言.)

课后评课时,上课的教师自信地说,自己十分重视学生的活动,例题讲解清楚,问题分析到位,过程书写规范,充分保障练习,学生在考试中定能考出好成绩.当听课教师提出教学过程中对函数奇偶性概念建立过程没有很好地展开时,执教教师说:概念就是规定,让学生记住是主要的,没有什么好讲的,有时讲与不讲效果差不多,这样也是为了节省更多的时间来解题.上述观点也得到不少教师的赞同.

二、教学设计题

1. 某班级数学课要学新课,内容是"对数的概念",请联系生活实际为本节课设计一个新课导入.

2. 针对"函数$y=A\sin(\omega x+\theta)(A>0,\omega>0)$的图像"中有关图像变换的问题,很多学生抓不住相位变换的实质,请你对此设计几个问题,通过设问使学生能更好地掌握.

自测训练答案

第十六章　数学教学评价

> **考纲内容**

能采用不同的方式和方法,对学生知识与技能、过程与方法和情感、态度与价值观等方面进行恰当地评价.

能对教师数学教学过程进行评价.

能够通过教学评价改进教学和促进学生的发展.

> **考纲解读**

本章针对数学学习评价与数学教学评价两个方面展开.学习本章的过程中,要正确理解数学教育评价的理念,理解不同评价方法的特点,掌握在数学教学过程中对不同对象、内容、环节进行评价时的评价方法,能够对学生的数学学习、教师的数学教学进行评价.考生在复习的时候要注意如何灵活运用多种评价方式进行评价,进而实现对教学的改进.

《基础教育课程改革纲要(试行)》中指明了教学评价的发展方向:

(1)建立促进学生全面发展的评价体系.评价不仅要关注学生的学业成绩,而且要发现和发展学生多方面的潜能,了解学生发展中的需求,帮助学生认识自我、建立自信.发挥评价的教育功能,促进学生在原有水平上的发展.

(2)建立促进教师不断提高的评价体系.强调教师对自己教学行为的分析与反思,建立以教师自评为主,校长、教师、学生、家长共同参与的评价制度,使教师从多种渠道获得信息,不断提高教学水平.

(3)建立促进课程不断发展的评价体系.周期性地对学校课程执行的情况、课程实施中的问题进行分析评估,调整课程内容、改进教学管理,形成课程不断革新的机制.

由此可见,新课程提倡的教学评价的内涵是非常丰富的,不但关注学生的全面发展,还关注教师的专业成长和教学活动的互动性及其效果.

第一节 学生数学学习评价

《标准》中提出了学习评价的目的,即"为了全面了解学生数学学习的过程和结果,鼓励学生学习和改进教师教学."因此,对于学生学习的评价,其重要的意义之一就是了解学生的学习过程和结果,激励学生学习;二是使教师能够更好地改进教学.

一、学生数学学习评价概述

(一)学生学习评价的现状

我国在基础教育评价实践上做了大量有价值的探索,许多评价改革证明,教育评价的功能集中在教育选拔,这是我国教育评价独特的历史背景.不得不认可,在国家层面的教育评价改革中,标准化改革之后的高考促使对学生成绩的评定和学业判断更为客观、科学.随着素质教育的推进,我国也正在通过倡导先进评价理论来构建发展性评价体系.

但是从评价与教育实践的关系进行思考后会发现,教育评价演进中存在着诸多弊端.一方面应试化评价使得人们千方百计地力求学生的水平达到某一标准;另一方面,选拔性考试和发展性评价体系存在现实的冲突,这种冲突很难满足以评价推进教育改革的实际需求.利益至上,导致教育评价的价值主体与评价主体分离、评价主体与评价客体分离、评价标准与评价情景分离;准评价、伪评价现象不容忽视;重视数字和分数但又少有人去深究数字背后的原因等现象普遍存在.

在对教育评价现状进行批判反思之际,要找到改进方法,为教育评价塑造更合理健康的环境,用积极、良性的力量去推进数学教育评价发展.

(二)学生数学学习评价的理念

1. 评价的语义学分析揭示评价的教育价值

"评价"的两种常用英文表述是 Evaluation 和 Assessment. Evaluation 更侧重于"引出"的意味,强调自上而下的评价模式,引出和阐发教育的价值;而 assessment 的词根的意义是"从旁就座",强调了多方参与共同构建的平等评价模式①. 从评价手段看,前者采用的是测验等公平性高的方式;后者采用的是观察、半结构化考试等方式. 现在西方研究者更多地使用 Assessment 作为学生学习评价的表述.

2. 关注过程性评价

评价应更加关注学生自身的发展,关注如何使学生的学习过程与结果实现效果最大化. 教育评价是从特定的教育目的出发,根据一定的标准,通过特定的程序对已经完成或正在从事的教育活动进行检测,找出反映活动进程的质量或活动成果的水平的资料或数据,从而对特定的教育活动的质量或成果的水平做出合理判断的活动.②因此,评价不仅要关注如何更公平地测查学生的水平,还要强调对过程性评价的重视.

---

① 霍力岩,赵清梅. 多元智力评价的理论与实践[M]. 北京:教育科学出版社,2010.
② 任子朝,孔凡哲. 数学教育评价新论[M]. 北京:北京师范大学出版社,2011.

3. 评价方式方法多样化

评价在全球课程改革的背景下,其关注点聚焦在促进学生的发展和促进教师的发展上.测量形式的评价和非测量形式的评价并非不可融合,定性与定量相结合的评价手段日益受到重视,实际运用的评价方法也日益多样.终结性评价的权重得到削弱,形成性评价和延迟性评价彰显价值,这使得评价更加公平、更加真实也更加多元化.

> **链接阅读**
>
> 美国学者格朗兰德于1971年提出,评价是为了确定学生达到教学目标的程度,收集、分析和解释信息的系统过程;评价包括对学生的定量描述(测量)和定性描述(非测量)两个方面[①].

4. 评价与数学教学相结合

数学教学的主要目标之一是使学生学会学习.学会学习的含义主要是指学生能够在自身已有知识经验的基础上,通过探索与分析积极主动地掌握数学知识.因此,要把评价与教学结合起来,将评价作为促进教学改进的手段,无论是终结性测验还是过程性评价,都要挖掘其发展性功能.

学生数学学习的一个重要特点是内隐性.所谓内隐性,是指学生成长主要表现为身心结构和机能的内在提升,不易察觉和直接测定.而测试或评价的重心落在学生的可刻画的行为表现上,因此,通过一次评价来对学生的数学学习做出综合判断是存在局限的,要在长期评价中得出对学生数学学习水平的合理考评.

(三)学生数学学习评价的功能与目的

评价不是目的而是手段.根据美国《国家科学教育标准》,在科学教育的新视野中,评价和学习是一枚硬币的两面.用可测量的方式收集教学资料,确定教师应该教什么和学生应该学什么,同时,当学生参加评价活动时,他们应当从中学习[②].学生学习评价的功能与目的主要有以下几方面.

1. 导向

学生学习评价的导向目的是指评价可以引导学生学习.在学生学习评价中,对学生所做的价值判断都是依据评价目标进行的,这些评价目标指引着学生的发展方向,也指引着教师的教学重点设计,体现了数学教学的观念与理念.学生学习评价在教育评价中所占地位高低也会影响教师和学生对数学学习的重视程度.要克服多年来数学教育中重记忆轻理解、重技能轻思想的倾向,就必须加大对学生理解能力和数学思想方法评价的力度.

2. 诊断

学生学习评价是对教育教学效果的分析,评价的结果是一种反馈信息,通过此信息师生可以掌握学生数学学习中取得的成效和存在的缺陷.合理的学生数学学习评价不仅能正确

---

① 格朗兰德 N E. 教学测量与评价[M]. 郑军,郭玉英,等译. 石家庄:河北教育出版社,1991.
② 阿瑟 A 卡琳. 教作为探究的科学[M]. 北京:人民教育出版社,2008.

估计学生在多大程度上掌握了数学知识,还能在一定程度上解释学生理解障碍的产生原因或问题的症结所在.学生数学学习评价的内容常常是考查学生对数学知识的掌握,但它通常伴随着对过程方法和情感态度的考察,因此,诊断不仅包括对知识与技能掌握情况的诊断,还包括针对过程体验、方法感悟、情感态度形成与价值观树立等各方面的效果诊断.

3. 激励

人的一切行为都是由某种动机引起并受其支配,它对人的行动起到激发、推动、加强的作用.学生学习评价具有激励功能.较高的评价能给学生以心理上的满足和精神上的鼓舞,可以激发他们向更高目标努力的积极性;即使评价较低,也能催人深思,激起师生奋进的情绪,起到推动、督促和改进的作用.因而,在教学过程中,有效利用评价的激励功能可以充分激发学生的学习积极性,唤起他们的内在发展动力,促进其不断进步.

4. 反思

教育评价可以促进个人进行反思等自我意识活动.学生数学学习评价可以使教师及时反思自己的教学、认识学生的数学学习方式;可以使学生反思自己的学习、摸索适合自己发展的数学学习方式.评价可以促进师生反思,为师生调整和改进教学行为提供客观依据.评价前对评价标准的讨论与认同、评价中的任务分析与策略选择、评价后的相互交流和原因分析都可以促进师生交流和生生交流,提高他们的自我认识能力,在自觉内省与反思中认真总结前期行为,并思考下一步计划,形成良好的反思与总结习惯.

学生学习评价的目的涵盖很多方面,上述几点只是简析其中较为典型的部分.在具体评价活动中,没有必要毫无遗漏地评价所有方面,在每个不同的教学阶段,教师都可以依据所学数学内容和需求确定相应的目的.

(四) 学生数学学习评价方法的选择

1. 质性评价与量化评价相结合

按照评价实施方法划分,可以将教育评价分为质性评价和量化评价两类.

质性评价方法力图通过自然的调查全面反应评价对象的特征,充分揭示和描述对象的发展轨迹,彰显其中的意义,促进对对象的理解.其收集信息与资料的途径通常包括观察法、访谈法、调查法、记录袋法等.这种评价方法全面、深刻,在某种程度上是评价者对教育现象的解读,更适用于评价较为复杂的教育现象.具体的评价方法与评价内容相互依存,常用的质性评价方法有表现性评定、成长记录袋评价、观察、谈话、评语、评定量表等.

量化评价方法力图把复杂的教育现象简化为数量,从数量的分析与比较中推断出某一个评价对象的特点和效果,其收集信息与资料的途径通常借助于教育测量.这种方法简单、明了,直接反映出评价对象的特征,适用于结果性评价和对单一维度教育现象的评价.

随着各种类型的质性评价研究的兴起,教育评价中评价方法的发展方向应是质性评价和量化评价相结合的趋势.

2. 长期方案、中期方案和短期方案相结合

学生学习的评价方案一般分为长期方案、中期方案和短期方案.长期方案一般指一个学期或一个学年教师对评价进行的构想,这种方案的执行度不宜过低,每学期至少进行两次,多伴随日常教学开展;中期方案一般指对一个学习单元进行评价的规划,这种方案在内容上更具针对性,依据具体数学知识而选择评价方式;短期方案通常指教师对某一次评价所进行

的规划,一般是隶属于长期方案中,也可以是在教学活动中生成的评价方案.

3. 各种评价方式相结合

要灵活运用多种评价方式动态评价学生的数学学习.单一的评价方式难以提供大量信息,多种评价方式不仅能从多个方面、多个角度对学生进行评价,还能了解学生在进行数学活动和思维创造时表现出的自我反思能力,可以鼓励学生发展其多角度深层次的数学思考.要综合考查学生的数学学习水平,学生的数学学习是一个持续发展的过程,蕴含着方方面面的复杂因素,因此必然要采用多种方式综合考查.评价方式要适合学生的当前认知水平,并具有人文色彩,为真实、客观、全面地评价学生的数学理解提供有力的保障.

教师要创设能吸引学生积极探究的评价环境.评价材料及评价环境的设置应适合于展现学生的问题解决活动,评价情境要能激发并鼓励学生积极参与、积极探索并发现,鼓励学生与同伴交流,并能够保证学生有充分的空间对学习策略进行选择.

二、学生数学学习评价方式

(一)课堂评价

科学的数学学习活动应当是一个生动活泼的、主动的和富有个性的过程.因此,学生学习行为的评价应该重点关注学生在数学学习活动中的各种表现,诸如参与状态、行为方式、情绪状态和思维状态等.

1. 关注学生的个体学习行为

在课堂上,可以通过课堂问答、课堂观察等方法对学生的学习行为进行评价.

(1)课堂问答.

课堂问答是基于问题的师生对话.教师通过课堂问答,了解学生的学习状况,引导学生的进一步学习.学生通过课堂问答,不断地深入理解所学的数学知识,提高数学交流与表达能力.通过有效的课堂问答,还可以调动学生的学习积极性,调节数学课堂的教学气氛.

新课程要求我们要公平对待每一位学生,让每一位学生都有学好数学的自信心.因此,我们要尽量正面鼓励学生的表现,但不能无原则地过度表扬.对于回答错误或不完整的学生,教师除了尽量采用启发、追问和请其他同学帮助等正面方法来反馈外,也可以结合适当的否定性评价,但不要嘲笑学生.

(2)课堂观察.

课堂观察法不但简便易行而且实用性强,是数学课堂教学评价中的重要方法.作为一种科学的观察方法,它不同于一般意义上的观察.它是指观察者或研究者带着明确的目的,凭借自身感官(如眼、耳等)及有关辅助工具(观察表、录音录像设备等),直接或间接从课堂情境中收集资料,并依据资料作相应研究的一种科学研究方法.

学生的数学学习是存在差异的.可以通过学生学习行为观察量表来重点评价学习优秀或学习不良学生的数学学习行为,以便我们进一步分析或改进学生的数学学习.根据观察目的,在对学生行为分类和简化的基础上,制作数学课堂主要行为记录表.学生数学课堂学习行为记录表示例如表16-1所示:

表 16-1

学生姓名_____ 记录时间_____

时间	L	R	E	P	Q	R	I	O	N
总数									
初步分析结果									
初步建议									

注：L 表示认真听讲；R 表示阅读资料；E 表示独立思考或练习；P 表示在黑板上展示；Q 表示提出问题；R 表示回答问题；I 表示小组讨论；O 表示其他学习行为；N 表示非学习行为.

2. 关注全体学生的学习行为

数学新课程非常强调学生在数学教学活动中的主体地位和"以学论教"的理念. 为了体现新课程理念在课堂的实施情况，有学者提供了一个兼顾教师教学行为和学生学习行为的"中学数学课堂教学评价表"，具体如表 16-2[①] 所示.

表 16-2

评价维度		具体表现	表现水平（优良中差）	对比因素
一级	二级			
参与状态	参与形式	参与学习活动的形式多样，如师生谈话、合作交流、动手实践、自主探索等		学生无精打采或只有少数学生在按老师要求学习，只重视练习阶段时学生的参与，学生参与方式单一
	投入	学生是否积极参与教学的全过程		
	展开	不同层次的学生是否都能积极参与		
	深入	学生在参与学习中，师生、生生能进行深层次的思考和交流，即能进行实质性的参与		
	拓展	学生不仅参与学，还参与教；不仅课内，而且延伸到课外		
情绪状态	气氛活跃	学生是否具有适度的紧张感和愉悦感		课堂气氛沉闷，学生情绪低落，注意力分散，课堂秩序较乱
	及时反馈	学生能否善于自我控制，调节学习情绪，保持良好的注意状态		
交往状态	交流充分	能否构建师生、生生及媒体间信息交流的立体结构，信息交流充分		师生配合不够，缺少民主，师生或生生之间讨论的内容属浅层次、低水平或没有经过个体精思熟虑就匆忙展开合作讨论，或合作讨论不充分，只追求表面形式，无视实际效果
	有效合作	合作讨论的内容是否有思考性、有价值；是否具有明确分工；是否注重合作前的独立思考（多少时间）；是否有足够的时间和空间展开合作讨论（多少时间）		

---

① 曾美露.中学数学课堂教学评价表[J].数学教育学报，2003(11).

续表

评价维度		具体表现	表现水平 (优良中差)	对比因素
一级	二级			
思维状态	主动积极参与思考	能否引发大多数学生积极思考,展现出解决问题的强烈愿望,举手答题率80%以上,学生是否敢于提出问题,发表见解(这样的人次有多少)		学生举手答题率比较低;学生很少有发表见解的机会或对学生的质疑缺乏及时、深入的研讨.学生自主、独立思考的实践很少
	思维得到深层次发展	学生提出的问题与见解具有挑战性与独创性(引发了学生主动创造)(这样的人次有多少),学生能够把经过猜想和探索发现的结论作为新的思维材料,去努力探索新的发现(这样的人次有多少)		
生成状态	成就感	学生是否都能各尽所能,感到踏实和满足.学生是否保持一种积极进取的状态,有强烈的成功欲望,对学习更有信心和兴趣		学生学习态度被动或紧张,缺乏上进心、自信心;不积极参与思考或分析问题思路狭窄,不灵活;易受不良情绪干扰
	严谨感	学生能否调控自己学习的消极心理,调整不利于积极思维的定势思维、惰性、畏惧、自卑、闭锁等不良心理		

3. 关注小组合作学习行为

小组合作学习作为一种能够有效承载"以学生发展为中心,使每个学生都能有成功体验"理念的学习方式在数学课堂教学活动中运用得越来越普遍.小组合作学习,不但要有明确的规范,还要求任务分工明确,平等合作,交流充分和教师合理引导等.因此,为了提高小组合作学习的效益,避免形式化,应及时对数学小组合作学习活动进行评价.在这里,我们主要关注小组成员的表现、收获和对合作小组的整体评价,表16-3为小组合作学习个人评价表,表16-4为小组合作学习小组评价表.

表 16-3

学生姓名_____ 组别_____ 时间_____

姓名	分工任务	自评与互评[只在合适你(或他)的表现情况的一栏中打"√"]								得分
		(优6分)积极参与,能完成分工任务,提出的解决方法作用大,尊重和理解他人见解,在解决问题过程中获益大		(良5分)积极参与,能完成分工任务,提出的解决方法有一定作用,尊重和理解他人见解,在解决问题过程中有获益		(一般4分)积极参与,能完成分工任务,提出的解决方法作用不大,尊重和理解他人见解,在解决问题过程中有获益		(较差2分)积极参与,基本完成分工任务,提出的解决方法作用不大,不太能尊重和理解他人见解,在解决问题过程中获益不大		
		自评	互评	自评	互评	自评	互评	自评	互评	

表 16-4

组别_____　　时间_____

等级	教师打分				
	A	B	C	D	E
小组成员都能明确合作的目标					
小组成员能理解小组合作的基本规则					
小组成员对组内成员的情感和态度有反馈					
小组成员能倾听个人的意见和肯定该成员的贡献					
小组的所有成员都参加了活动					
小组的气氛是否和谐、开放,是否鼓励小组中的成员提出不同的意见					
小组长是否能及时总结小组中成员的意见,是否能使所有的成员都既有分工又有合作					
小组长采取的是轮换制					
小组学习经常变换模式,模式的变换对小组成员的活动没有太大的影响					
在小组学习中,每个成员的角色都是固定的					

此外,为了解小组成员的具体活动情况,还可以采用访谈法,对组内学生进行个别访谈.比如个别访谈时可以提出如下问题:在小组合作学习中,除了知识以外,你还学到了什么?你认为你在本小组所起的作用是什么样的?请举例描述等.

案例透视　习题讲解节选

课题:若方程 $2\sin x^2 - \sin x + a - 1 = 0$ 有实数解,求实数 a 的取值范围.

师生互动	设计意图
师:有解题思路吗? 生:可令 $\sin x = t$. 师:(板书 $2t^2 - t + a - 1 = 0$)下面利用 $\Delta \geq 0$ 可得到 a 的不等式,解出即可. (沉默,看着学生)这样做对吗? 生1:对. 生2:不对. 师:对或者不对是要有理由的. 生1:方程有实数解的充要条件是 $\Delta \geq 0$,而 $\Delta \geq 0$ 恰可以表示成 a 的不等式. 生2:$\Delta \geq 0$ 不是这个方程有实数解的充要条件,因为 t 的范围是有限制的,此时判别式可能失效. 师:(看着生1)你同意吗? 生1:同意!	引导学生分析问题. 有意识地犯学生易犯的错误,引导学生对教师的解法进行质疑、评价. 引导学生互评. 在交流与碰撞中,学生在用自己的观点评价别人的同时,也在用别人的观点来修正自己.争论者与倾听者都经历了数学问题解决的过程.引导学生自评,培养反思力.

师生互动	设计意图
师：好，就请大家想一想这道题怎么解？谁能分析一下解题思路？ 生3：$2t^2-t+a-1=0$ 的根是…… 师：请等一下，你能不能先说明，现在这个问题可以转化为怎样的一个等价问题？ 生3：现在问题转化为，如果方程 $f(t)=0$ 在区间 $[-1,1]$ 上有根，求 a 的取值范围. 师：好！下面就是怎样用 a 刻画这个问题了. 生3：方程 $2t^2-t+a-1=0$ 的根是 $\dfrac{1\pm\sqrt{9-2a}}{4}$，因此，只要解不等式组 $\begin{cases} -1\leqslant\dfrac{1+\sqrt{9-2a}}{4}\leqslant 1 \\ -1\leqslant\dfrac{1-\sqrt{9-2a}}{4}\leqslant 1 \end{cases}$ 师：（沉默、观察，看着一个表情疑惑的同学）你有什么问题吗？ 生4：我认为他的解法太麻烦了. 师：稍等一下，我问的是生3的解法有问题吗？ 生4：还没想好！ 师：过一会儿，我会让你讲你的解法？请坐，谁对生3的解法有疑问？ 生5：我认为用上述不等式组刻画方程在 $[-1,1]$ 上有解不对.	教学目标定位是分析与解决问题的能力，这是下一阶段学习评价的依据. 教师察觉到学生要叙述解题细节，这不符合当前的教学目标，所以打断他，让他分析思路. 分析的过程就是问题转化的过程，因此，引导学生叙述转化后的等价命题，明确问题目标. 明确解题思路后，进入细节. 这还是学生易犯的错误，教师并没有及时纠正，而是把机会留给学生自我反思与互评. 虽然生4有新的、简便的解法，但偏离了当前的目标.（教学中，总是有各种各样的因素影响着教学走向，教师必须判断出哪些指向目标，哪些偏离了目标）

参考文献：

邬红. 高中数学课堂教学评价研究[D]. 呼和浩特：内蒙古师范大学，2009.

评析：

在讲解题目之前，教师"有解题思路吗？"将全体学生的注意力转移到了这道题目上. 在生1和生2做出了不同的回答时，教师的对或者不对是要有理由的，对于两个学生的作答做出了很好的总结和评价，可以引导学生去分别分析两种情况；在讲解一段时间后，教师突然沉默、观察，看着一个表情疑惑的同学问"你有什么问题吗？"这样的提问表现了教师对于学生课堂上的评价关注到了每一个学生，并且在学生有疑惑的时候，引导学生去作评价，实现了评价主体的转换，让更多学生参与到了讨论的过程中. 总之，在讲解这道题目的过程中教师关注了个体和全体学生，使得教学更加有效.

（二）作业作品评价

1. 作业作品的内涵与功能

作业通常有两种：一种是课堂内，在教师的直接指导下，学生当堂操练的练习，叫课堂作业或课内作业；另一种是在课外进行的，一般称为课外作业或家庭作业.

家庭作业不但可以加深学生对学习内容的记忆和理解，提高学生的学习技能，改善学生对学习的态度,培养学生的责任心和独立性,而且还能使家长在一定程度上参与学校教育的过程.由于数学学科的高度抽象性、逻辑严谨性和应用广泛性等特点,数学作业对于数学课程目标的实现就显得更为重要.作业作品既可以帮助学生理解和巩固数学基础知识,形成数学基本技能和积极的情感态度,又可以使学生积累基本数学活动经验,培养自主学习意识和增强问题解决能力,还可以促进师生交流,获得数学学习和教学的反馈.

2. 作业作品的形式

(1) 日常作业.

对于中学生而言,数学的高度抽象性会成为他们学习的瓶颈,给他们的数学理解带来困难.这就需要学生通过每日适量的、有针对性的数学练习对课堂45分钟所学的数学知识加以理解、消化和巩固.常规性的数学作业基本上都是为了实现此功能而设计的.作为数学学与教的交汇点,数学作业与数学课堂教学相比,无论是在交流时间上还是在交流范围上都显得更为丰富和有效.一方面,数学作业集中地反馈了学生对教学内容的理解与掌握水平;另一方面,学生通过数学教师对作业的反馈,可以更为有效地进行学习反思,增强数学学习的自信心.

数学教学活动不但要努力使全体学生达到课程目标的基本要求,同时还要关注学生的个体差异,促进每个学生在原有基础上的发展.学习有困难的学生、学习一般的学生和学有余力并对数学感兴趣的学生,他们对数学教师的要求是不一样的.分层作业的设计和评价,可以有效满足每一层次同学的学习需求,促进他们的全面发展.

(2) 数学周记.

数学周记不但是学生数学表达与交流的载体,也是学生自我反思的载体,还是学生表达数学思想、数学体验的有效方式.通过写数学日记、周记,学生既可以反思当天或本周数学学习过程中不理解的问题、错误产生的原因,还可以反思自己的学习习惯和学习方法等.

数学周记的类型有很多,除了一般性的论文外,还可以是学生自由创作的数学小品、数学故事、数学童话、数学相声等[1].

数学周记宜采用评分和评语相结合的评价方式.平时的批改中,教师采用评语批改的方式;学期末,教师会依据周记要求和学生的投入程度给数学周记打分.同学们还要进行自评,并选出代表作参加全班的汇报展示.

针对反思型数学周记可以围绕着理解水平、数学意义、语言表达三个方面去评定,如表16-5[2]所示.

表 16-5

维度	表现	分值
理解水平	深刻理解学习内容,对数学观点提供了严谨的逻辑依据,具有清晰的逻辑顺序和较强的分析能力,前后联系合理有力,有一定创新反思	3
	基本理解了所学内容,对写作中的部分观点提供了逻辑依据,具有一定分析能力,前后联系基本合理,可以进行反思	2
	没有表现出对所学内容的理解,难以对写作中的问题提供逻辑依据,缺乏对问题进行分析的能力,逻辑顺序较为混乱,缺乏问题间的前后联系,缺乏对问题的反思	1

---

[1] 陈会彦.数学日记领我走进孩子的世界[J].人民教育,2004(20).
[2] 王瑞霖.初中生数学理解评价研究[D].北京师范大学,2012.

续表

维度	表现	分值
数学意义	写作突出了数学核心概念的意义,紧密围绕该数学概念展开,能够对数学概念或思想有清晰准确的认识,体现了严谨的数学推理能力和数学推理意识	3
数学意义	写作对数学核心概念的意义的思考有限,表现出较少的对数学概念和思想的理解和认识,有一定数学推理意识	2
数学意义	写作中没有对数学知识意义的思考,或出现较大纰漏,对数学概念或思想的认识不足,缺乏数学推理能力	1
语言表达	写作具有合理的结构,具有较强的条理,能综合运用符号语言、图示语言和文字语言等数学语言,能恰当使用数学符号,文字表达清晰	3
语言表达	写作具有较合理的结构,有一定条理,能选择符号语言、图示语言和文字语言等数学语言进行写作,能使用数学符号,文字表达较为清晰	2
语言表达	写作结构混乱,不具条理性,不能有效运用符号语言、图示语言和文字语言等数学语言,使用数学符号不当,文字表达不够清晰	1

对于应用型的数学周记,评价时应关注模型意识、解决问题、语言表达这三个方面.如表16-6[①]所示.

表 16-6

维度	表现	分值
模型意识	写作反映出学生能有效将外部世界与数学建立起联系,具有较强的抽象能力和数学化能力,能够有效借助数学表示关系,具有模型思想和应用意识	3
模型意识	写作反映出学生能将外部世界与数学建立起联系,具有一定的抽象能力和数学化能力,能够借助数学表示关系,具有初步的模型思想和应用意识	2
模型意识	写作反映出学生缺乏将外部世界与数学建立起联系的能力,不具备基本的抽象能力和数学化能力,不能借助数学表示关系,不具备基本的模型思想和应用意识	1
解决问题	具备发现问题和提出问题的能力,能够提炼出问题的主体和问题的目标,具有有效选择问题解决策略的能力,问题解决的可执行性较强	3
解决问题	未表现出分析问题和提出问题的能力,表现出问题解决的能力,能清楚说明问题解决的过程	2
解决问题	不具备发现问题和提出问题的能力,写作缺乏对问题解决的解释,解决方式不具备可操作性	1
语言表达	写作具有合理的结构,具有较强的条理,能综合运用符号语言、图示语言和文字语言等数学语言,能恰当使用数学符号,文字表达清晰	3
语言表达	写作具有较合理的结构,有一定条理,能选择符号语言、图示语言和文字语言等数学语言进行写作,能使用数学符号,文字表达较为清晰	2
语言表达	写作结构混乱,不具条理性,不能有效运用符号语言、图示语言和文字语言等数学语言,使用数学符号不当,文字表达不够清晰	1

(3) 档案袋.

档案袋评价也称档案袋评估、成长记录袋评价等,是指收集、记录学生自己、教师或同伴做出评价的有关材料,学生的作品、反思,还有其他相关的证据与材料等,以此来评价学生学

[①] 王瑞霖.初中生数学理解评价研究[D].北京师范大学,2012.

习和进步状况的一种教学评价方式①.档案袋评价记录了学生在某一时期一系列的成长轨迹,是评价学生进步过程、努力程度、反省能力及其最终发展水平的理想方式.

在档案袋中,根据学生作品的功能进行评价,考查所选的作品是否反映了学习目的的要求.档案袋中的内容一般可以分为知识梳理归纳型、能力发展型、情感交流型等几类.②

3. 作业作品评语的使用方法

教师的评语是在等级评价的基础上,有针对性地通过激励性的、指导性的、赏识性的或批评性的话语对学生在数学作业中出现的闪光点、疑惑点和错误点加以评价.教师评语可以使学生明确其在作业中的精彩表现和出现不足之处,并总结成功经验和分析错误原因.数学教师通过适切性的评语,还可以增强师生间情感和思想的交流,增强师生间的互信,营造良好的师生关系.

(1) 激励性的评语.

当数学教师发现学生数学作业中存在点滴进步的时候,通过使用带有感情色彩的评语,让学生感受到教师对他们的关爱.在运用鼓励性评语时要充分考虑不同层次的学生,如对作业一直书写认真、正确率高的优秀学生可使用这样的语言:"看到你的作业老师真开心,这简直是一种享受!""批改你的作业,老师感到很幸福、快乐!"对学习困难的学生,更多的是使用激励性的语言,及时地发现他们的闪光点.例如:"你的书写比以前正规、漂亮了,继续加油!""你进步真快!""看到你的进步我十分高兴,希望你更上一层楼!"当学生作业中出现完全做对但书写不认真、格式不规范问题,或出现创新性的解法时,也可以使用激励性评语.

(2) 指导性的评语.

当作业中出现审题、分析和计算等方面的错误时,教师可以通过指导性的评语来指导学生应该复习的知识、加强的技能,引导学生对自己的解答过程进行回顾、检查,找出错误原因及正确的解答过程.如学生的错误是由于审题不清,马虎大意造成的,就要写上类似"认真审题,弄清题意,再认真解题好吗?"的内容.

(3) 批评性的评语.

当学生作业出现态度极不认真、错误较为严重、错误太多或解答很不完整时,教师可以使用批评性的评语,让学生认识到自己的错误,从而加以改正.但是,教师要注意用语委婉一些,以便于学生能够接受.如果学生出现多次错误情况,教师就应该和学生面谈,以分析出现问题原因.③

(4) 拓展性评语.

当学生作业出现因基础知识不扎实或基本技能不熟练而导致的错误较多时.教师可以通过评语指出出现问题的基础知识或技能,并给学生安排一些类似习题让学生加以练习.

---

① 马复,綦春霞.新课程理念下的数学学习评价[M].北京:高等教育出版社,2004:180.
② 同上书,第191—197页.
③ 付传姝.初中生数学作业发展性评价的实证研究[D].东北师范大学,2007.

链接阅读

案例1

这道题出现如此低级的错误！实在是不应该．下阶段要提高运算的准确性．努力吧，小伙子，老师相信你能成功！

分析：

"这道题出现如此低级的错误"属于批评性的评语，让学生认识到了自己的错误，结尾句"老师相信你能成功"，把批评与鼓励相结合，可以让学生感受到教师对他的关心和期望，另外，"下阶段要提高运算的准确性"给学生提出了明确的努力方向，让学生找到自己的不足以及今后学习努力的方向．

案例2

对于一名明显有抄袭行为的学生，老师给了这样的评语：老师希望能看到你独立的解题方式，下次展示给老师看好吗？

对于作业只完成了一部分的学生，老师给了这样的评语：老师希望你能全班第一个完成作业，给老师一个惊喜，可以吗？

分析：

这两句评语都十分具有针对性，对于学生作业没有认真完成的同学，教师没有使用过于批判性的语言，而是针对具体情况给出了适切性的评语，可以使得学生感受到教师对于自己的关心，评语量身定做可以使得学生转变自己的学习态度．

第二节 教师数学教学评价

一、教师数学教学评价概述

（一）教师教学评价的内涵

随着教育的发展和教育研究的深入，逐渐扭转了单纯以学生学习成绩评价教师的观点，而关注对教学过程的评价和对教师成长的评价．

对教师教学的评价，是依据教育方针和评价理念，采用科学的评价方法和技术，对教学过程中教师的教学进行描述并作出价值判断，进而调整、优化教学过程．

（二）教师数学教学评价的目的

教师教学评价是教学过程的重要环节和有机组成部分，其主要目的为：

1. 促进教学设计的优化

教学设计是教学理论和教学实践之间的桥梁，是一种比较科学的逻辑过程．由于教师教学理念或教学时间的限制，会使得部分教师的教学设计过程中掺杂了一些非科学的和非逻辑的过程．数学教学设计的评价，从整体上考虑了各个因素及相应的参考指标，如教学理念是否先进、教学目标是否清晰、教学内容是否科学、教学过程是否合理等,这将有助于促进当前教学设计的优化.同理,数学教师在课后的教学反思,不但可以进一步优化本节课的教学设计,还会帮助后继教学设计的改进与完善.

2. 促进数学教师的专业发展

教学反思是促进教师的专业发展、提高教师素质的重要途径,它能够引领教师专业成长,利于教师成长为研究型、专家型、学者型的教师.教师在进行教学评价时,由于有基于教学设计和课堂教学实践基础上的自觉反思,因此,所得出的评价将有实实在在的教学行为作为其支撑点,使评价得出来的结果将不再是空洞的、乏力的.这样的评价将成为每位教师甚至是教育研究者的宝贵资源.另外,通过对教学设计的评价,可以加快教师吸取现代课堂教学设计的新理念和新方法的速度,促进教师现代课堂教学设计自觉化行为的形成,最终促进教师的专业发展.

二、教师数学教学评价方式

教师的教学评价包括很多方面,下面对其中最重要的教学设计评价及课堂教学评价进行介绍.

(一)教学设计评价

1. 数学教学设计评价的内容

教师的教学设计是直接影响数学教学活动效果的重要因素之一.因此,对教师的数学教学设计进行评价是非常重要的.

通过对数学教学设计的评价,可以得出教师对学生知识能力基础的了解程度、教师对课程标准的理解程度、教师对教学内容的整体把握和教师的数学教学理念等.评价结果不但有利于优化教师的数学教学设计,还有利于引导数学教师不仅要把注意力集中在研究教学内容方面,而且要深入理解课程标准和研究学生学习状态、生活经验和潜在的发展需要.

2. 数学教学设计评价的要求

新课程理念的实施必须贯穿于数学教学全过程,特别是数学课堂教学过程中.数学教学设计是数学课堂教学的蓝图,是数学课堂教学的整体规划与综合设计.教学方案的形成依赖于教师对教材的理解、钻研和再创造.其中,理解和钻研教材,应以《课标》为依据,把握好教材的编写意图和教学内容的教育价值.因此,数学教学设计活动与成果中必须体现数学新课程的理念.

对教师数学教学设计的评价包括以下三方面内容.

(1)关注数学教学设计的系统性.

数学教学过程是一个教师、学生、教学内容、教学目标和教学方法等多个要素共同作用的动态系统,这些要素相互作用,相互影响,必须全面考虑它们在教学系统中的作用,而不是只重视其中的一个或几个.因此,在数学教学设计中,教师必须真正地将数学教学构成作为一个动态的、开放的系统来设计.教师必须从整体上综合考虑数学教学系统中的各个要素,使它们协调统一,相辅相成,实现系统的整体功能,优化数学教学过程,提高数学教学质量.系统论要求我们从教学内容分析入手,结合学生学情制定教学目标,发展教学计划,进行教学活动,并有效运用系统反馈进行教学设计修正,从而达到教学系统的整体优化.

(2) 关注数学教学设计的发展性.

促进学生全面、持续、和谐发展是数学教学设计的基本出发点.教师在设计教学时,一切教学内容和活动设计都要为学生全面发展和个性充分发展服务.教师要自觉实现角色转变,成为学生学习的促进者、引导者、组织者.学生的发展是全面的发展,包括知识与技能,过程与方法,情感、态度与价值观等方面的发展.数学教师要用发展的眼光来进行数学教学设计,注重创设能够启发学生积极、主动地进行学习的情境,注重深度挖掘教学内容中知识的、情感的、价值观的因素,让学生参与到教学中来,师生共研讨、共探索、共提高、共发展.

(3) 关注数学教学方法设计的适切性.

作为一种生动的、活泼的和富有个性的活动过程,数学教学必然要以一定的形式来体现教师、学生、内容以及环境等因素之间的关系和结构,这样就形成了教学方法,即教师与学生之间相互作用的方式.《课标》指出:有效的数学学习过程不能单纯地依赖模仿与记忆,教师应引导学生主动地从事观察、实验、猜测、验证、推理与交流等数学活动,从而使学生形成自己对数学知识的理解和有效的学习策略.

教学方法选择或组合的适切性是数学教学设计过程中必须加以重点考虑的.教师要根据数学教学内容、教授班级学生和教师自身的特点,结合学校的实际教学资源来选择或组合教学方法,以提高其适切性,切记方法是为完成教学任务服务的.

3. 数学教学设计评价的指标

为了实现评价目标,评价活动必须贯穿于数学教学设计活动始终.根据数学教学设计的一般结构,数学教学设计评价的指标一般包含以下六个方面.

(1) 教学设计的理念.

数学教学设计的核心理念是促进学生的学习,教是为了不教.教师的设计理念将直接影响数学教学设计的整体质量.无论是在集体备课中,还是在教师的个性化设计中,都必须体现新课程理念对数学教学设计的要求.

(2) 教学起点的分析.

教学设计的起点分析包括教材分析、《课标》分析和学生分析等.在教材分析中,教师要整体把握教学内容的逻辑关系和所处地位;在《课标》分析中,教师要深入理解和把握《课标》对教学内容的要求;在学生分析中,教师要对学生的知识基础、能力基础和学习风格进行系统分析.

(3) 教学目标的确定.

主要考查教学目标的科学性和可行性,包括目标的完整性、规范性、重要性如何;目标定位是否明确;目标阐述是否合适、具体;目标是否符合学生身心发展水平的要求等.

(4) 教学重难点的确定.

评价主要关注教学重难点确定的合理性,即教学重点是否与教学内容自身的逻辑地位吻合,教学难点是否考虑且符合本班学生的认知实际.

(5) 教学方法和媒体的选择.

评价主要关注教学方法选择的合理性,即教学方法的选择是否有利于教学目标的实现;是否符合教师的教学风格;是否符合本班学生的认知风格等.教学媒体选择的合理性主要从教学媒体的功能、教学内容的需要、使用的经济和便利性等方面的组合来考查.

(6) 教学过程的设计.

教学过程设计的合理性主要从以下几个方面考查：教学环节的整体设计,教学情境的创设,数学问题的设计和数学例题、练习题的设计等.

(二) 课堂教学评价

在新课改评价理念的指导下,数学课堂教学评价逐渐从关注教师的"教"到关注学生的"学". 现代数学教学评价既关注学生的全面发展和教师的专业成长,还强调要在课堂效果和学习效果中综合评价教师的教学.

1. 数学课堂教学评价的内容

数学课堂教学评价关注教师的教学态度、教学组织、教学方法和教学个性等方面. 教师应积极创设有效学习情境,激发学生的学习积极性和学习潜能；要创造性地使用教材,积极开发、利用各种教学资源,为学生提供丰富多彩的学习素材；要关注学生的个体差异,有效地实施有差异的教学,使每个学生都得到充分的发展；要重视现代教育技术在教学中的应用,有条件的地区,要尽可能合理、有效地使用计算机和有关软件,提高教学效益；向学生提供充分从事数学活动的机会,帮助他们在自主探索和合作交流的过程中真正理解和掌握基本的数学知识与技能、数学思想和方法,获得广泛的数学活动经验.

具体来讲,包括以下几个方面：

(1) 教学目标是否切实在教学中得以实现,过程与方法目标及情感、态度与价值观目标是否落实；

(2) 教学过程中学生是否积极参与,是否体现了学生在学习活动中的主体地位,教学活动是否清晰有效,时间分配是否合理；

(3) 教学方法的选择是否恰当,多媒体的选用是否得当；

(4) 教师的提问是否有层次、有价值,是否体现对不同学生的不同要求；

(5) 课堂检测内容是否有针对性,是否符合目标要求.

2. 数学课堂教学评价的要求

(1) 关注数学课堂教学的过程性.

传统教学的误区就在于重结论传授,轻过程探究,从源头上剥离了知识学习和全面发展的内在关系,排斥学生的个体思考,不利于学生创新精神的培养. 数学课堂教学要重视过程,重过程在于让学生"会学",重在让学生亲自体验知识的发生、发展的过程,掌握学习的方法,主动探究知识,体验到学习成功的乐趣,增强学习的直接动机.

(2) 关注数学课堂教学的情境性.

学生经历数学知识的形成与应用的过程离不开问题情境的创设和学生自身的体验. 教师要善于创造有助于学生自主学习和体验的良好的学习环境,激发和改善学生学习的心态与学习行为,为每一个学生提供并创造成功的条件和机会,使学生能以愉悦的学习促进学习的愉悦. 因此,在教学中教师首先要精心设计教学情境,让学生积极参与到教学活动中来,获得成功的体验,经历挫折与失败的考验.

(3) 关注数学课堂教学的探究性.

教学中教师要向学生提供充分从事数学活动的机会,帮助他们在自主探索和合作交流的过程中真正理解和掌握基本的数学知识与技能、数学思想和方法,获得广泛的数学活动经验.

同时,社会文化学习观也认为,数学课堂实践应当是学生提出问题,形成猜想,证明或反驳猜想,从事数学探究的社会化活动.人的记忆、推理等高级心理活动需要工具和符号作为中介,首先发生在社会层面,然后才能内化到人的心理层面.因此,数学探究的课堂,要基于学生的最近发展区,在教师和其他同学的帮助下,尽可能让全体学生都能实现数学思维活动的内化过程.

3. 数学课堂教学评价的指标

教育是尊重学生的人格、生命价值,改善学生成长的环境,促进其可持续性发展的活动.数学课堂教学评价不但要体现教育的理念,还要促进数学课堂教学的改进、学生的成长和教师的专业发展.作为参考,在此提供一个具有可操作性的数学课堂教学评价表(如表16-7所示).

表 16-7

执教教师_____ 教学课题_____ 执教年级_____

评价维度	评价标准	等级			
		优	良	中	差
基本要求	教师基本素质、数学课堂教学的基本要求达标				
教学目标与落实	注重数学思想方法的提炼和活动经验的积累				
	注重学生情感态度与价值观的培养				
教学内容与组织	创造性地使用教材、教参等显性教学资源,有效利用学生的生成性资源				
	体现了数学知识间、数学与生活或其他学科间的联系				
	展现数学知识的发生发展过程,促进学生数学操作或思维活动的深入				
教学手段与方法	合理使用各种信息技术工具,与传统教学手段有机结合				
	教学方法多元化,面向全体学生				
	较好地体现教师的主导作用				
关注学生	情境创设具有现实性、数学性和挑战性,有助于激发学生的兴趣和探究欲				
	关注学生良好数学学习习惯的培养				
	学生主动参与学习,并能提出问题和发现问题				
	关注学生数学思维的深度和广度				
	关注学生个性差异,注重自学方法的指导				
课堂文化	师生关系民主、和谐,学生思维活跃,形成学习的共同体				
	师生、生生有情感交流,保持一个愉快的数学课堂氛围				
教学效果	教学目标达成度高,不同层次的学生都有收获				
	学生有成功体验和进一步学习、探索的欲望				
综合评价	优点: 不足: 创新之处:				
改进建议					
评价等级		评价人			

案例透视 不等式的性质

教师：首先回顾一下前面两节课所学的内容：

1.（板书）两个实数的大小比较

师生：（板书）对 $a,b \in \mathbf{R}$，有

$a > b, a - b > 0$

$a = b, a - b = 0$

$a < b, a - b < 0$

教师：这是本章内容的理论基础，也是不等式证明的主要依据．

2.（板书）不等式的性质

师生：（板书）

(1) $a > b \Leftrightarrow b < a$

(2) $a > b, b > c \Leftrightarrow a > c$

(3) $a > b \Leftrightarrow a + c > b + c$

(4) $a > b, c > d \Rightarrow a + c > b + d$

(5) $a > b, c > 0 \Rightarrow ac > bc$，$a > b, c < 0 \Rightarrow ac < bc$

(6) $a > b > 0, c > d > 0 \Rightarrow ac > bd$

(7) $a > b > 0 \Rightarrow a^n > b^n (n \in \mathbf{Z}, n > 1)$

(8) $a > b > 0 \Rightarrow \sqrt[n]{a} > \sqrt[n]{b} (n \in \mathbf{Z}, n > 1)$

教师：不等式的性质比较多，掌握起来有一定的难度．我们必须想个办法解决这个问题．先从形式上看，定理1我们把它称为——

学生：反对称性．

教师：对（在性质1后面的括号内用彩色粉笔板书"反对称性"），那么定理2呢？

学生：传递性．

教师：好（在性质2后面的括号内用彩色粉笔板书"传递性"），对其余3个推论我们是否也可以用类似形象的名词来帮助我们理解、记忆它们呢？譬如定理3的推论可叙述为——

师生：两个同向不等式可以相加，且不等号的方向不改变．

教师：我们不妨称之为不等式的（手势示意）——

学生：可加性．

教师：很好（在相应的性质后面的括号内用彩色粉笔板书"可加性"），那么，定理4的推论应该叫作不等式的——

学生：可乘性．

教师：好（在相应的性质后面的括号内用彩色粉笔板书"可乘性"），还剩下四条性质怎么办？我们先来研究它们的特点．（手势示意）它们的特点分别是——

学生：加、乘、乘方、开方．

教师：这与我们熟悉的代数运算"加、乘、乘方、开方"不谋而合,我们何不用这四种运算的名称帮助我们理解和掌握它们呢?

学生：(赞同)对!

教师：那么,剩下的4条性质(手势示意)依次可以叫作不等式的——

学生：加法运算、乘法运算、乘方运算、开方运算.

教师：经过我们的加工处理,现在的不等式性质既美观又容易掌握了.大家看,不等式的性质共8条,前两条分别是——

学生：不等式的反对称性、传递性.

教师：然后有不等式的四种运算(手势示意),即——

学生：加、乘、乘方、开方四种运算.

教师：最后是——

学生：不等式的可加性和可乘性.

(设计感悟：把知识进行必要的形式化是必不可少的,使知识便于存储记忆,但要适可而止,恰到好处.过于形式化会加重学生的负担,因此,要"强调本质,注意适度形式化".)

教师：要理解、掌握不等式的性质还不够,我们还要通过它们之间的内在联系,深刻体会其中蕴含的数学思想方法,例如：比较法,函数思想(该班数学老师介绍,上节课他们把定理3定义为函数的单调性)等.这就要求我们会证明它们.这还不够,我们还要领悟这些性质的本质,也就是这里的字母具有任意性,它们可以是任意数,也可以是任意的式,因而具有广泛的应用,这也是定理、公式等数学定理与一般性结论的区别.另外,性质(2)、(4)、(6)还可以推广到有限个的情形.

[设计感悟：数学知识是人们在(包括科学研究在内的)社会活动中抽象的客观规律,并通过形式化(定义,定理,公式,法则等)把它表达出来,教学中要引导学生透过现象(形式化)看到数学的本质,并运用通俗的(但不失科学性)语言使学生领会数学的本质.这里我们用"字母的任意性"帮助学生领会不等式性质的本质.]

教师：一般地,我们学习数学知识要经历以下三个过程：

(1) 对所学知识进行加工处理,使之条理化、系统化,形成完整的知识体系,并按照一定规律形式化,便于存储记忆;

(2) 通过知识间的内在联系,体会其中蕴含的数学思想方法,这是数学的灵魂;

(3) 要注意对知识本质的认识和理解,并通过运用知识解决实际问题的过程不断深化对知识本质的认识.

做到以上三点,你就站在一定高度了,有居高临下之感,有道是："会当——"

学生："(兴奋地)(会当)凌绝顶,一览众山小".

(设计感悟：对学生进行学法指导,使学生学会学习是教学法的根本任务之一.然而,对高一学生来说做到上面的三点是很难的,这就需要教师的悉心指导,使学生逐步体会直到掌握学习数学的方法.)

教师：很好！下面我们通过几个实例，一方面进一步巩固不等式的性质的有关知识，另一方面也真正地体会一下这些知识如何运用．

例1　判断下列不等式是否成立，若不成立，请说明理由．

(1) 若 $a<b$，则 $ac>bc$

(2) 若 $a>b$，则 $ac<bc$

(3) $a>b \Rightarrow ac^2>bc^2$

(4) $a>b>0$，且 $c<d$ 则 $ac<bd$

学生回答：不对．

教师：有不同意见吗？

学生：没有．

教师：若使命题成立，需要添加什么条件？

学生有不同的回答．

教师：(手势指向未添加条件的原命题)逆命题成立吗？

进行变式练习，学生自己分析回答．

例2　已知 $a>b,c>d,cd\neq 0$，则下列不等式：① $a-c>b-d$ ② $a+c>b+d$ ③ $c-d>b-z$ ④ $ac>bd$，其中正确的个数是(　　)

A. 1　　　　B. 2　　　　C. 3　　　　D. 4

学生：只有③正确，选 A．

教师：能说说你是怎么选的吗？

学生：举反例排除错误的．

教师：正确的呢？

学生：可以证出．

教师：你是说正确的可以证明，错误的可以举反例排除？

学生：是．

教师：很好！其实，也可以直接与某个性质比较，如不等式④与"可乘性"的条件不符．

(设计感悟：教学过程教师不能包办，要点到为止，但必须点到位，力求恰到好处．)

例3　(1) 若 $a>b>0,c>d>0$，试比较 $\dfrac{b}{c}$ 与 $\dfrac{a}{c}$ 的大小，并证明你的结论．

教师：请大家分析一下用什么方法比较？

学生：(基本一致地)比较法．

教师：好，我们共同来完成这一过程．

(教师板书)

教师：比较法是比较两个数大小和不等式证明的最基本、最重要的方法之一，我们对它并不陌生，研究函数的单调性也常用比较法，这种方法的步骤是——

学生：作差—变形—判断．(教师用彩色粉笔板书)

教师：还有其他方法吗？（稍停，见学生不语）本题有两问，（手势示意）比较大小及证明，比较法是把它们合二为一一起处理了．

学生：还可以猜出大小，再证明．

教师：大家看如何？

学生：可行．

学生取特殊值，猜想．

教师：如何证明？

学生：还可以用比较法．

学生：直接从条件出发证明．

（设计感悟：这是综合法，教师以此为契机拓宽思路，但要把握有度）．

教师：多么好的一种方法啊！还有吗？（稍停）也可以去分母等价转换再证明（即分析法）．我们曾学过一种重要而又独特的证明方法——反证法．当然，我们可以用反证法来证明你的猜想．可见，猜出结果，证明思路就多了，先猜想再证明是一种很好的数学方法．

先猜想—再证明．（教师用彩色粉笔板书）

（设计感悟：一题多解开拓思路，也为后继学习不等式的证明奠定基础，而本例的结果可以看作不等式的"除法运算"．）

教师：下面我们解决——

(2) 若 $c>1$，试比较 $\dfrac{1}{\sqrt{c+1}-\sqrt{c}}$ 与 $\dfrac{1}{\sqrt{c}-\sqrt{c-1}}$ 的大小，并证明你的结论．

学生：比较法，作差，转化为比较两个数的大小……（觉得有点繁，质疑自己的思路）

教师：可行吗？

学生：（面色难看，犹豫地）可行．

教师：依据是（手势指向性质8）——

学生：不等式的开方法则．

教师：（坚定地）对！这个思路是可行的，但是可以预见证明过程比较复杂，还有更好的方法吗？

学生：（窃窃私语）有理化．

教师：对！有理化．这种结构我们并不陌生，利用化归的思想把分母有理化．在陷入困境时，能够把陌生的问题化归为熟悉的问题，往往会峰回路转，柳暗花明．

例4　甲乙两外贸企业2000年出口创汇额相同，2005年出口创汇额也相同．已知甲企业从2001年起每年都比前一年增加相同的外汇收入额，而乙企业的外汇收入额则从2001年起每年都比前一年以相同的速度增长，试问从2000年到2005年这6年，哪个企业累计为国家创汇多？

教师：（读一遍题，并在读题过程中利用语气的轻重缓急，帮助学生正确理解题意）想想看，怎样分析解决这个问题？（给学生充分的思考时间）

学生：甲企业外汇收入额是等差数列，乙企业外汇收入额是等比数列．

教师：数列又可以看作是特殊的——

学生：（关于年份的）函数．

学生：可以利用函数的图像．分析得出甲企业累计为国家创汇多．

教师：这是一个实际应用问题，我们通过分析把它化归为不等式中两个数的大小比较问题，又利用函数的图像和不等式的知识成功地解决了这一问题．其中涉及了数形结合与化归两种重要的思想方法．

（设计感悟：通过数学与经济的联系，进一步培养学生的积极性．）

小结：

教师：这节课我们回顾了两个实数的大小比较和不等式的性质，并把不等式的性质按照一定的规律进行处理．又通过例题进一步深化了对这些知识的理解和掌握，初步体会了这些知识的运用．

通过本节课的学习，我们要明确学习数学知识应努力做到学规律，学本质，学思想方法，并通过例题进一步深化对所学知识的理解和掌握，直至达到灵活运用的目的．一般地，学习数学知识有以下三个过程：

（1）对所学知识进行加工处理，使之条理化、系统化，形成完整的知识体系．

（2）通过知识间的内在联系，体会其中蕴含的数学思想方法，这是数学的灵魂．

（3）要注意对知识本质的认识和理解，并通过运用知识解决实际问题的过程不断深化对知识本质的认识．

本节课的学习涉及了特殊化、数形结合、猜想证明以及化归等数学思想方法．化归思想能够帮助我们把陌生的问题化归为具体的问题；把疑难的问题化归为易解的问题．什么是化归的思想？匈牙利女数学家罗莎在她的《无穷的玩艺》中有一个精彩的比喻：摆在你面前有水龙头、水壶、煤气灶和火柴，任务是烧开水，你将怎么办？毋庸置疑，答案是打开水龙头，把水壶注满水，并放在煤气灶上，然后划着火柴，点着煤气灶，烧开即可．大家说数学家将怎样回答？

学生：（稀少又微弱的）倒掉水壶中的水．

教师：对，看来这几位同学将来很可能成为数学家．

学生：（笑）

教师：罗莎说数学家的回答是，把水壶里的水倒掉，并声称自己把一问题化归为最初提出的问题了．罗莎最后说数学家思想的独到之处，就是善于运用这种化归思想．我们也要逐步学会并善于运用化归思想解决数学问题．今天的课就上到这里，下课！

参考文献：

郑强，邱忠华．走进高中数学教学现场[M]．北京：首都师范大学出版社，2008．

评析：

教师对这节课的整体把握很得当，课前采用给性质命名的方法来教学新知，通过学生对于式子的理解来强调了不等式各个性质的本质，注意到了适度的形式化．

在整个教学过程中渗透了函数的思想和化归的思想,并通过分析不等式之间的关联,教会学生在学习的过程中要注重分析知识之间内在的、本质的联系.

在对不等式性质证明部分的教学中,引导学生去思考证明的方法时教师语速适中,在学生需要思考的地方稍停顿,对于重点内容还使用了彩色粉笔标记以突出.

在讲解过程中关注到了全体同学,有同学窃窃私语的作答,教师讲了出来让大家一起来分析.

整个课堂氛围都十分的融洽,不仅在教学内容上有所交流,师生在情感上的沟通表现的也十分突出.最后还结合了小故事再次强调了本节课的重点.

本章知识结构

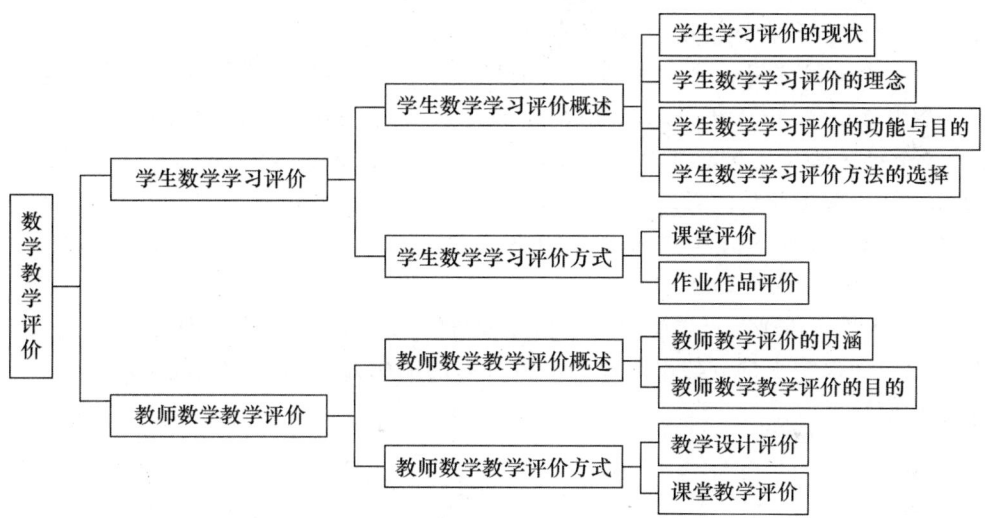

本章小结

一、本章主要内容

本章将数学教学评价分为学生学习评价和教师教学评价两部分.在阐述了学生学习评价的现状、理念、目的和方法后,从课堂评价和作业作品评价两个方面介绍了具体的学习评价方式.在阐述了教师教学评价的内涵和目的后,从教学设计评价和课堂教学评价两方面介绍了具体的教学评价方式.

二、本章重点和难点

本章的学习重点是学生学习评价的方法和教师教学评价的方法.本章的学习难点是灵活运用多种评价方式进行评价,以及评价指标的确立.

三、学习时要注意的问题

在学习本章时,要掌握评价理论的一些基本概念,在不同的评价方式中理解这些基本概念.此外,要结合学习理论和教学理论认识学习评价和教学评价,提升自己综合分析问题的能力.

备考指南

本章内容常以案例分析题和教学设计题的形式出现.

在历年考试中,本章内容多与教学知识、课程知识相联系进行考查,考生需要在理解的基础上准确运用本知识模块的知识.要注意到评价包括对学生学习的评价和对教师教学的评价,这里更应该关注对学生学习的评价.不仅要关注评价的方式,还要关注评价的理念,如突出过程性评价、以评价促进教学等.

自测训练

解答题

1. 利用行为评价(定性评语)评价某学生对某一学习领域的学习情况.

2. 分析下列数学教学情境,指出其存在的问题.

情境一:金阳广场是一个边长为400米的正方形休闲广场,广场的四个角上建有a,b,c,d共四个生活小区.小区欲安装煤气管道,但煤气公司只将煤气主管接到a区,另外3个小区的煤气管道将由他们自行铺设并与a区连通.请设计与a区相连的最短煤气管道铺设方案.

情境2:在弧度制的引入中,教师在黑板上画了一个角,然后拿出一段绳子,问:同学们,如何度量这个角?

3. 分析下题是如何考查学生对函数概念的理解的:向高为 h 的水瓶中注水,注满为止.如果注水量 v 与水深 h 的函数关系的图像如图16-1所示,那么水瓶的形状应该是

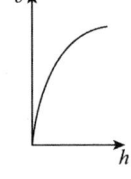

图 16-1

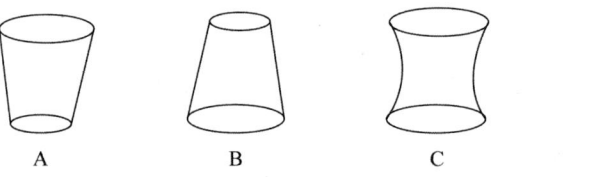

4. 汪洋是某中学学生,成绩一直不好,在数学课上他不认真听讲,所以老师经常在课堂上用教鞭抽打他,因此王洋一想到数学课就感到害怕,请问我们应该怎样评价这位教师?

自测训练答案

后　　记

　　《数学学科知识与教学能力（高级中学）》由首都师范大学专家团队依据国家教师资格考试笔试大纲，精心策划、认真组织并亲自参与撰写而成．本书作为国家高中数学教师资格考试指导教材，既可为师范大学与中学数学教学相关课程的教学用书，也可为针对高中数学教师资格考试的教学辅导教材和自学用书．

　　本书由张景斌教授主持撰写组织工作，张景斌、张海山、李延林教授、王瑞霖博士共同讨论确定了本书的篇章框架．本书撰写主要执笔者如下：第一篇"数学学科基础知识"由张海山执笔；第二篇"高中数学基本知识"由李延林负责组织撰写，其中第五章至第八章分别由董武、黎栋材、刘向军、马萍执笔，第九章由王坤、王芝平执笔，第十章由关健执笔，第十一章由王立东执笔；第三篇"高中数学课程与教学的理论与实践"由张景斌负责组织撰写，其中第十二章由李延林执笔，第十三章由王瑞霖、张景斌执笔，第十四章至第十六章由王瑞霖执笔．张景斌对全书进行了认真的审读，对每一章节提出了修改意见或亲自动笔进行了修改．

　　本书的出版得到了北京大学出版社的支持，本书的责任编辑也对本书的出版付出了努力．在本书付梓之际，对所有为其出版做出贡献的人们谨表诚挚的谢意．

作　者

2017 年 2 月